华章经典·金融投资

# 蜡烛图精解

## 股票和期货交易的永恒技术

CANDLESTICK CHARTING EXPLAINED

Timeless Techniques for Trading Stocks and Futures, 3rd Edition

|典藏版|

[美] 格里高里·莫里斯 赖安·里奇菲尔德 著　王柯 译

GREGORY L. MORRIS　RYAN LITCHFIELD

 机械工业出版社

CHINA MACHINE PRESS

图书在版编目（CIP）数据

蜡烛图精解：股票和期货交易的永恒技术（典藏版）/（美）格里高里·莫里斯
（Gregory L. Morris），（美）赖安·里奇菲尔德（Ryan Litchfield）著；王柯译.
—北京：机械工业出版社，2018.7（2025.5 重印）
（华章经典·金融投资）
书名原文：Candlestick Charting Explained：Timeless Techniques for Trading
　　　　　 Stocks and Futures

ISBN 978-7-111-60213-2

Ⅰ. 蜡⋯　Ⅱ.①格⋯　②赖⋯　③王⋯　Ⅲ.①股票交易 - 基本知识　②期货交易 -
基本知识　Ⅳ. F830.9

中国版本图书馆 CIP 数据核字（2018）第 122325 号

北京市版权局著作权合同登记　图字：01-2012-6062 号。

　　Gregory L. Morris, Ryan Litchfield. Candlestick Charting Explained：Timeless Techniques for
Trading Stocks and Futures, 3rd Edition.
　　ISBN 978-0-07-146154-2
　　Copyright © 2006 1992, 1995, 2006 by Gregory L. Morris.

# 蜡烛图精解：
# 股票和期货交易的永恒技术（典藏版）

出版发行：机械工业出版社（北京市西城区百万庄大街 22 号　邮政编码：100037）
责任编辑：程　琨　　　　　　　　　　　　责任校对：李秋荣
印　　刷：北京建宏印刷有限公司　　　　　版　　次：2025 年 5 月第 1 版第 10 次印刷
开　　本：170mm×230mm　1/16　　　　　印　　张：27.75
书　　号：ISBN 978-7-111-60213-2　　　　定　　价：88.00 元

客服电话：（010）88361066　68326294

| 目录 |

我在 21 岁时就投身于投资领域，而且恰逢其时。1982 年 6 月，我开办了我的第一家公司，两个月后，股市就进入了长达 18 年的大牛市（我想我就是市场变好的催化剂）！我很年轻，而且无所不知——至少我是这样认为的。但好景不长，我很快就认识到，我不仅不是无所不知，实际上我是一无所知。投资领域是一个巨大的舞台，一个令人困惑的事实是：不存在一个"正确"的投资方法。有很多优秀的想法和交易策略，但它们都不是完美的。

在我 21 岁的时候，我自认为已经很成熟了，但谢天谢地，只有我一个人是这样认为的。几乎没有人来排队向一个毛孩子请教投资建议，这是一件好事，这样我就没有机会给其他人造成任何伤害。

年轻的好处之一就是对各种想法保持开放的心态，幸运的是，在我的起步阶段，我逃脱了大型经纪公司的传统教育。没有人给我洗脑，使我相信他们的方法是唯一的成功之路，因此我能够在没有很多先入为主的概念的情况下自己学会倾听和学习。正如一句美国南方谚语：我是一张白纸，有无限的可能性。

当时我们正处在历史上前所未有的大牛市中，我第一次体验到的市场变化是 1987 年的大崩溃。"黑色星期一"的短期影响是造成人们神经紧张，没过多长时间，周期性的熊市就成了那些关注基本面、购买并持有股票的人们炫耀自己有多么"正确"的另一个资本。每一次回调只不过是一次买入机会，熊市不会长久，赔掉的钱很快就会再赚回来。我真的相信这一点。

1990 年的熊市与 1987 年的熊市类似，持续时间不长，在不到一年的时间内就恢复了，但对我来说却不同，因为那时我已经拥有了真正的客户，手里掌握着真金白银！人们向我提出如何在一个资产组合中管理风险的问题，我无言以对。这正是我开始关注技术市场分析的原因。

1991 年，唐·比斯利（Don Beasley）和我成立了 PMFM 公司的前身，一家利用市场技术分析提供理财投资顾问的公司。我们的目标是在不坐"过山车"和规避"购买并持有"风险的前提下为客户提供合理的回报。

在当时，技术分析仍然不是"主流"，因为对于经纪人和投资顾问来说，购买并持有的方法显然要容易得多，但在最近的熊市之后，投资者终于认识到技术分析的重要性。2000～2002 年，一头凶猛的熊破门而入，打破了所有自 1982 年以来形成的根深蒂固的市场"真理"。这次熊市持续时间较长，在市场下跌达到 20% 的时候仍然不是好的买入机会，对市场的总体破坏十分严重。在那次下跌开始的 5 年之后，大多数指数还远没有达到下跌开始前的水平。很不幸，借助这次自大萧条以来最严重的熊市，技术市场分析才得到应有的重视，但令我感到欣慰的是，我们的方法使我们保住了客户的钱，实际上在这噩梦般的 3 年中，我们还为客户带来了正的回报。

在过去十几年中，我很高兴看到人们在技术分析上付出了巨大的努力。可行的模型与指标多得数不过来——有一些是基础的、简单的，有一些十分复杂。但不管怎样，它们只不过是优秀技术分析师的工具。我们都会对熟悉的东西感到安心，这可能就是日本蜡烛图常常被忽略、任其留在工具箱里的原因。乍看之下，它似乎很晦涩、神秘，几乎令人无法理解，到目前为止都是这样！

　　天才的市场分析师、优秀的图书作者格里高里·莫里斯通过他特有的方式将日本蜡烛图分析技术活生生地展现在我们眼前。很高兴莫里斯能够加入我们的 PMFM 公司。本书提供的信息直截了当、简单明了，而最重要的是易于应用。不论你是正在为客户提供更优质服务的投资专家，还是正在学习管理个人资产的独立交易者，《蜡烛图精解》一书都是一本重要的指导手册，它将使你成为一位更好的投资者或交易者。

蒂姆·查普曼（Tim Chapman）

PMFM.com

作为一名专门收集首版图书的收藏家，在我的藏品中不仅包括 1900 年以前写成的关于天文学的各种文学作品，如珀西瓦尔·罗威尔（Percival Lowell）的经典小说《火星》（*Mars*），该书是第一部推测这个红色星球上可能存在生命的作品，受它的影响和启发，儒勒·凡尔纳（Jules Verne）写了著名的科幻小说《星际战争》（*The War of the Worlds*）；还有一本奇特的小册子，该书于 1852 年出版，书中声称太空人威廉·赫舍尔（William Hershel）通过望远镜在月球上发现了绵羊。

另外，在我的藏品中还包括 200 多本商业方面的著作，这些书的作者大多接受过我的采访。其中，伊凡·博斯基（Ivan Boesky）签名的《并购狂潮》（*Merger Mania*）在几年前就可以卖到 200 美元了。

但是，我最喜欢的还是一本已经十分陈旧甚至有些破烂的书，书中满是道琼斯工业和交通指数图表，这些图表可以追溯到 1896 年 12 月 18 日，现代道琼斯指数的诞生日（小问题：道琼斯工业指数第一天的收盘点位是多少？答案：38.59 点）。回想当年，工业指数有 12 只成分股，而交通指数有 20 只股票，并且都是铁路公司。

FNN 节目的忠实观众，一位来自弗吉尼亚州、年过 90 岁的耄耋老人在 1985 年秋天将此书转赠给我。

"从 20 世纪 20 年代早期开始，我就对这个市场感兴趣，但是从来没有痴迷于其中，"他写道，"我经历过 1929 年的股市崩盘和过度狂热后的经济大萧条。"

"到了 90 岁，我只关注'成长型'的股票和安全的投资，我不再对'投机'感兴趣了。"所以老人想知道我是否对他的那本满是图表的书有兴趣。

我当然有兴趣，因此我用一本有乔·格兰维尔（Joe Granville）亲笔签名的书将这本书换了回来。

这本书于 1931 年由罗伯特·雷亚（Robert Rhea）编辑出版。雷亚是查尔斯·道的著名弟子，也是最早的技术分析理论——道氏理论的信徒。这本书记录了 1896~1948 年的道琼斯指数，每一页上都印着一年内的所有交易数据。

这本书很大，绿色的封面已经褪色，有 18 英寸<sup>⊖</sup>长、11 英寸宽，两个锈迹斑斑的螺钉将厚厚的硬纸片封面钉在一起。

我时常翻看这本书，惊异于它的简洁。每天的收盘价都由一段很短的水平细线小心地绘在图上。

没有任何说明，也没有标明每天的最高价、最低价、趋势线，甚至没有点数和数字的表示，就像原始人的记录。

1899 年 12 月市场出现了恐慌，工业指数在 13 个交易日内从 76 点跌到了 58 点。

1914 年的 7~12 月，市场由于受到第一次世界大战的影响而关闭，留给那一年的页面有一半是空白的，令人感到十分怪异。

当然也少不了 1929 年，9 月 3 日，道琼斯工业指数达到最高点 381.17 点，可是在随后的日子里则一落千丈，3 年后的 1932 年 7 月，道琼斯工业指数仅为 41.22 点，达到最低点。

---

⊖　1 英寸＝0.025 4 米。

这本书使我受益匪浅。它不仅向我展示了一段历史、一些数字、一些经济事件，另外它还是一本很好的心理学教材。这一切使我对神秘的股市规律有了一定的了解。

一名优秀的记者应该对他报道的领域永远保持开放的思维。就像报道政治事件的记者，不仅应该了解共和党的观点，也应该熟悉民主党的思维一样，作为一名成功的财经记者，不应该只是简单地对市场唱多或者是唱空，他同样要精通基本面和技术面的分析。

我清楚地记得，1981年秋天我曾采访了一位技术派的市场分析家，当时我还没有开始主持《财经新闻》。这位分析家向我阐述了34天周期、54周循环、头肩形的底部以及楔形整理等一大堆理论。我一直认为这些都是废话，直到1982年夏天，正当从事基本面分析的市场分析者在哀叹经济衰退的负面影响时，牛市却已经开始悄悄启动。从那时起，我真正意识到了技术分析的价值。

也许格里高里·莫里斯并不知道，但正是他教会了我技术分析，更准确一点说是他发明的"N-Squared"软件，教会了我技术分析。20世纪80年代中期，我每日必读纽约证券交易所的报道，并且把一些市场指数的收盘价输入我的电脑，然后再利用"N-Squared"软件把它们制成图表，并标上趋势线（我当时还不知道什么是调制解调器，也不会从数据库中下载数据）。

这种漫长而枯燥的学习过程帮助我建立起了一种对市场的第六感觉。每当看到计算机屏幕上各种各样的图表时，我都认为这是一堂精彩的、关于供给与需求的市场心理学课程。

我想我知道技术分析是如何发挥作用的，但"为什么是这样的"这一问题却一直在困扰着我。例如，我能理解供给与需求背后折射出的支撑位与阻力位的水平，我也很欣赏上升三角形和底部不断升高的图形背后的理论，但真正的原因我却无从知晓。

即便是这样，我仍然惊异于究竟是什么使技术分析有效：为什么一些无形的东西会使分析师事先对市场做出同样的判断。为什么他们经常说，市场已经太疲惫了，或是市场正在向我们传递某种信息，或是市场总会在新闻报道之前了解一切。

据我所知，技术分析师常常会忽视市场人性化的一面。毕竟，技术分析既是一门艺术，又是一门科学。但是，太多的分析师都具有一个数学上的盲点，我把这一问题归罪于计算机。虽然，图表的确代表着数量关系，但它们同样也反映了人类的感知与行为。

酒田蜡烛图将美国技术分析的定量推论与日本哲学中的直觉艺术精妙地结合在了一起。在本书中，格里高里·莫里斯以大量图例的形式巧妙地讲述了这种理论。

我认为，日本蜡烛图是20世纪90年代进行技术分析最完美的形式。我同意畅销书《2000年大趋势》（*Megatrends 2000*）的作者约翰·奈斯比特（John Naisbett）和帕特里夏·阿伯迪妮（Patricia Aburdene）在书中的一句话："我们正走入一个精神至上的时代，公开严谨的时代已经不重要了，我们可能正在探索一种微妙而直觉的力量，以便在事件发生之前去感知结果。"这将是一个把东方哲学同西方实践相结合的时代。

这对于蜡烛图分析来说也是适用的。它不仅是建立在精确和严谨的理论体系上的，而且在表达上也丰富多彩、绘声绘色，如伞状（蜡烛）图形或纺锤（蜡烛）图形等。

现在，轮到格里高里·莫里斯向诸位介绍他的理论了。希望我那位90岁的老朋友也能读到此书，我想他一定会喜欢这本书的。

**比尔·格里菲斯（Bill Griffeth）**
**CNBC《财经直击》主持人**
**纽约里奇花园**

　　本书第 2 版的序中已经说出了我想说的大部分话，以下只想补充几点。

　　自本书第 1 版于 1992 年出版以来，出现了许多新的蜡烛图形态。这些新形态的出现是为了填补最初日本蜡烛图形态中的空白。日本蜡烛图的最初形态中有很大一部分没有互补形态或相反形态，有些只有看涨形态，或者只有看跌形态，或者两者都没有。

　　这些空白已经被填补上了，同时也产生了大量的新形态。当你考察这些年来所有新出现的形态时，你就能很容易地看出这些新形态是如何形成的。史蒂夫·诺思（Steve North）和诺思系统公司（North Systems）是这些互补形态和新形态的创始者。如果你在其他关于蜡烛图的书或文章中看到这些形态，一定要问问作者是从哪里获得这些信息的。

　　那么，14 年来，发生了哪些改变？计算机已经普及了，当然，计算能力的提高速度甚至超过了摩尔法则（Moore's Law）的预言。所有的市场数据都可以以公开的价格获得。而在 1992 年，正如我在第 6 章中所述，情况并非如此。互联网提供的图表服务几乎使终端软件变得毫无用处，你只要有一个浏览器就行了。盘中数据的传输更快了。在利用蜡烛图形态分析除每日数据之外的其他问题时，我还有一个问题。日本人坚信，一日收盘后与次日开盘前之间的时间对于投资者的心理有重大影响。一根 10 分钟的蜡烛图线结束与另一根 10 分钟线开始之间的时间则并没有那么重要。来不及对市场产生一种心理上的展望，对不对？

没有改变的是什么呢？我仍然能够看到，人们似乎在忘记了主要的、最基本前提的情况下使用蜡烛图形态分析。你必须在识别出市场趋势后，才能开始寻找蜡烛图形态。如果不是处在下降趋势之中，你如何拥有一个看涨反转？这当然不可能。记住，这些交易者的短期心理变化是建立在市场趋势基础上的。

我还听说和看到一些分析师利用蜡烛图形态分析去做一些超出其能力的事。蜡烛图不是万能的，不是魔法，也不是能立刻为你带来利润的圣杯，它只不过是一种短期市场分析与交易的优秀工具。这里我再次强调，蜡烛图形态分析是一种辅助工具，应该和其他技术分析方法结合起来一同使用。

在这一版中，我加入了更多利用其他技术分析指标衡量蜡烛图形态成功与否的内容。我还使用更多的数据再次验证了本书第 1 版中讲述的蜡烛图形态过滤概念的统计信息。

同时，我还缩短了蜡烛图形态的有效期。在第 1 版中，我声称它们在大约 9 个交易日内是相当可靠的。今天，我坚信，任何事情如果超过 5 天就是一种巧合和随机事件了。如果一个蜡烛图形态导致了有史以来最大的上涨，那么这一上涨一定不是由于这一形态造成的，蜡烛图形态只不过有助于识别趋势的起始部分。

最后，赖安·里奇菲尔德为我们贡献了"用蜡烛图交易"这一十分重要且必要的章节。如果你是一位交易者，那么你一定喜欢第 10 章。如果你不是交易者，第 10 章的内容也不会令你失望。

格里高里·莫里斯
于 BigCanoe，佐治亚州
2006 年

无论是在股票市场还是在商品期货等其他金融市场中，日本蜡烛图及其分析技术都是用来进行市场分析和确定交易时机的一种利器。这个论点乍听起来可能有些言过其实，有些交易者对蜡烛图不屑一顾，认为蜡烛图技术被滥用或只是徒有其名而已。出现这种质疑的原因很简单，除了史蒂夫·尼森的作品之外，市面上缺少一本可以完整地介绍如何判定和使用蜡烛图形态的详细说明书。本书不仅可以解决上述这些问题，同时还会激发读者的求知欲，进而使读者真正地感受到蜡烛图分析的魅力。

日本蜡烛图实际上为当前市场中交易者的心理提供了一种可视化的分析方法，而不是像某些人向你鼓吹的那样，日本蜡烛图中隐藏着什么神秘的远古魔法。数百年使用蜡烛图进行交易分析的历史已经证明，蜡烛图分析技术的确可以帮助交易者有效地分析和判断股票与期货市场的交易时机。当蜡烛图同其他的技术指标配合使用的时候，更会提高交易者捕捉交易时机的能力，从而提升实际的交易绩效。

非常遗憾的是，这种有效的技术分析方法介绍到西方的时候被冠以"蜡烛图"这样一个名词，而不是像酒田战法或者是酒田五法这类比较恰当或更能吸引人的术语。如果当年蜡烛图法被介绍到西方的时候被称为"酒田战法——古老的日本图表分析技术再发现"，我相信它可能会更快地被大家所接受，并传播得更广泛。但是这些命名上的瑕疵丝毫不能掩盖蜡烛图对技术分析所做出的巨大贡献。

1992年1月，我结束了在日本为期一周的学习，这次学习是同一位独立的期货交易员Takehiro Hikita先生一起进行的。在他家中，我们就对与蜡烛图相联系的日本文化领域进行了深入的探讨。Hikita先生广博的知识和卓有成效的研究成果使我茅塞顿开。他坚持认为在学习蜡烛图的某些图形概念时，理解形态背后的市场心理变化，可以使你在交易时事半功倍。所以，我希望我能在此书中传递这种宝贵的理念。

本书不仅包括基础的形态介绍，也提供了判断和使用各种蜡烛图形态的具体方法。在学习了本书中讲述的分析方法和识别方法之后，你就再也不会在面对一张蜡烛图时束手无策了。这本书不仅介绍了所有可能出现的图例，还讨论了图例背后反映的市场心理，由此可以加深你对日本蜡烛图的认知，更加准确地判断市场时机并制定决策。另外需要说明的是，在利用蜡烛图进行日常分析之前，首先要对它进行参数设置。只有对图形的分析范围进行限定或说明，才能对它进行分析。

我一直试图消除日本蜡烛图分析中的主观因素，但这种努力将成为本书最先被攻击的对象。许多利用蜡烛图进行分析的人都承认图形只有在市场中才有效，这种观点完全正确，但是某些人却往往以此为借口逃避图形分析中会涉及的复杂的数学方法，这就有些以偏概全了。

我将在涉及"统计测试和评估"的章节中，对使用的假设和结果进行详细说明。这些严格的测试不仅包括股票、期货，还包括指数（例如股指）。测试的结论是惊人的，也具有一定的预测性。所有的结论都将有利于读者对本书内容的理解和对理论的实际运用。

通过对图表的分析来确定市场的走势，进而确定自己的投资行为是一件枯燥乏味的事情。当市场已经做出了某种反应时，我再告诉投资者应该如何操作是没有实际意义的。本书中的图例仅仅是为了方便读者学习蜡烛图理论，并且全部数据都是市场的真实数据。

正是因为我相信日本蜡烛图在进行市场分析和选择市场时机上的有效性，所以我才把这种方法介绍给读者。在过去的15年间，我几乎翻阅了每一本技术分析书籍，测试了每一种技术指标，跟踪了无数份分析报告，并且开发了使用指数运算的技术分析软件。相信我，如果蜡烛图只是昙花一现的分析方法，这本书也就没有价值了。

我认为在书籍的写作过程中采用直接表述的方式最容易为读者所接受和认可。当我购买书籍学习新的技术分析方法时，我最希望见到这样的写作风格。因此，本书也采用了直接表述的写作风格。

本书不仅介绍和解释了日本蜡烛图的内在运行规律，而且也可以作为一本参考手册供读者日后查阅。每一种图形范例都给出了标准的定义和详细说明，便于读者快速查询。另外，我还将在书中介绍一种被称为"蜡烛图过滤"的新分析方法，这也是我多年研究的成果，有利于读者对蜡烛图形的识别和判定。它为未来的研究和分析提供了良好的基础，并逐渐为大家所接受，同时流行开来。

在日本蜡烛图的分析中加入其他技术分析指标，可以提高分析效率并加强交易者对市场的理解。即便你把蜡烛图作为你的主分析方法，其他技术分析指标也可为你提供有益的参考。蜡烛图、蜡烛图分析以及蜡烛图过滤都将成为你分析市场、提高交易水平的利器。现在让我们一起来感受蜡烛图的魔力，使用它并好好享受它带给你的回报吧！

格里高里·莫里斯
得克萨斯州达拉斯市
1992 年

## | 致　谢 |

有许多人同这本书的问世息息相关，没有他们就没有本书的诞生。我应该首先感谢谁呢？这可真是一个难题，一点儿都不比本书的写作容易！

任何人都不应该忘本。毫无疑问，在我的记忆中，我清楚地记得我的优点大多得益于我的双亲——迪维特·莫里斯（Dwight Morris）和玛丽·莫里斯（Mary Morris），而那些陋习则是我在美国海军当飞行员的 6 年中沾染上的。

感谢上帝赏赐我美丽的妻子和可爱的孩子。他们的支持使我信心坚定，从不动摇。

诺曼·诺思（Norman North）先生原来是我生意上的伙伴，后来成为我的挚友。他独特的观点和敏锐的洞察力也为我的研究提供了不少帮助。可以说，没有诺思，就没有这本书的问世。

我永远不会忘记 Takehiro Hikita 先生为我提供的访问日本的机会。在他家中居住的那段日子里，他帮助我了解了日本文化。可以说，1992 年在日本学习蜡烛图分析的经历使我终身受用。Hikita 先生对蜡烛图形态的独到见解贯穿于本书的各个章节。

我永远不会忘记 1988 年在凤凰城参加市场技术协会的会议上，约翰·布林格（John Bollinger）先生鼓励我对蜡烛图进行研究的情景。我希望有机会对布林格先生说："谢谢你，约翰，我没有辜负你的期望。"

索尔特资产管理公司的罗恩·索尔特（Ron Salter）先生总是给我一些有关经济和市场方面独到而深邃的见解，这些观点大多得到了证实。非常感谢他允许我在书中使用他的这些观点。

史蒂夫·尼森（Steve Nison）是将蜡烛图分析引入西方技术分析的先驱。在这方面，他理应得到尊重和荣誉。他的技术分析名著《日本蜡烛图技术》（*Japanese Candlestick Charting Techniques*）由纽约金融学院/Simon & Schuster 出版公司出版，该书为读者讲述了蜡烛图的发展历史和分析方法。尼森为蜡烛图定义的许多英文名称至今仍在西方使用。西方现在使用的许多有关蜡烛图的概念仍然源于尼森的努力，并且已经为广大蜡烛图爱好者所接受。本书不会试图改变这种现实。

第一本被翻译成英文的日本蜡烛图作品是《日本的图表分析技术》（*The Japanese Chart of Charts*），作者是 Seiki Shimizu 先生，由格雷格·尼克尔森（Greg Nicholson）先生翻译成英文。该书讲述的许多知识依然为大家喜爱。另外一本很有价值的书是由日本技术分析师协会在 1988 年出版的《股票价格分析》（*Analysis of Stock Price*）。

我还要感谢奇普·安德森（Chip Anderson）以及 StockCharts.com 公司的所有员工，是他们帮助我生成了本书新版中的大多数图形。我还要特别感谢凯利·艾尔兰森（Kellie Erlandson），是他将这些图形转换成可用的格式，当我要改变一些图形时，他从来没有抱怨过。我还要感谢埃德加·艾斯德罗（Edgar Isidro）将书稿录入到 Word 中。我想当我在 1991 年写作本书的第 1 版时，使用的一定是基于 DOS 的文字处理软件或其他早就被淘汰的软件。

感谢杰森·霍尔科比（Jason Holcombe）在我所有的日文书中寻找新的图线形态，并为新的形态进行了翻译。

感谢雷蒙德·福克斯（Raymond Fowkes），在将 Excel 表格转换成本书第 3 章和第 4 章中的"形态详细信息表"时，他提供了专业的帮助。

我需要特别感谢赖安·里奇菲尔德，他为本书的新版做出了重大贡献。赖安拥有一套独特的观察市场和进行交易的方法，在这一版的写作中，我们的合作显著提升了本书的价值。本书第 10 章将令你获益匪浅。

作为一个惯例，本书中的任何错误和遗漏当然都由我负责。

# 第 1 章

# 简　介

日本蜡烛图分析技术被公认是一种行之有效的技术分析手段，在整个技术分析领域占有举足轻重的地位。那些梦想着一夜暴富的人正是因为没有掌握正确的使用方法，最终他们总是无法逃离亏损的泥潭。我们应该本着正确的学习态度来研究这种新的技术分析方法。希望本书能减少大家对于蜡烛图分析技术的困扰。

## ◈ 技术分析

就技术分析而言，我们应该牢记这样一个原则：事物的后续发展常常和它们之前的表象并不一致。我们自以为了解的很多事实并不是真正的事实，一些看起来显而易见的事情，有时也并非如此。许多人都相信在水流漫过浴缸的边缘时会瞬间加速，但这并不是事实。一些人可以像鱼那样喝水，但事实上鱼并不喝水。乔治·华盛顿勇于承认是自己砍倒了樱桃树的故事，以及他不捡路边的美元银币，而将其扔过波托马可河⊖的故事，这些都是传记作家

---

⊖　美国东部的重要河流，流经首都华盛顿林肯纪念堂前。——译者注

的杜撰。狗也并不是通过舌头上的汗腺出汗，事实上除了舌头，狗全身都有汗腺，它经常吐舌头是通过唾液蒸发来降温。奥迪汽车并不具备神奇的加速能力。著名的邦克山战役也并不是发生在邦克山，事实上这场战役是发生在波士顿附近的布雷德山。

一位优秀的侦探会告诉你，一些最不可靠的证词往往来源于目击证人。人们在观察事物时，总不可避免地会受到自己的背景、教育程度以及其他一些主观因素的影响。所以，侦探们在犯罪现场要做的最重要的一件事就是避免目击者间相互交谈，因为大多数目击者会受到别人关于犯罪过程描述的影响。

同时，我们在观察事物的过程中也会受到自身缺陷的影响。人类的大脑并不擅长处理大量纷杂的数据或观念。每年有数以千计的人死于交通意外，可是公众却好像并不过多在意，但是一次死亡人数仅有几十个人的飞机坠毁事件却可以使全国人民陷入悲痛之中。面对数万名艾滋病患者，我们仅仅会适度地表示同情，但当看到一名无辜的儿童间接地感染上艾滋病，我们却会感到心灵的震撼。当事情或形势与本人相关时，人们的关注度也会增大。我们会被我们的情绪或情感蒙骗，这些情绪会影响我们的感知。在我们投资组合的净值开始下降时，我们就会不断胡乱空想出一大堆的利空消息，诸如经济衰退、债务危机、战争、政府预算赤字、银行倒闭等。因此为了避免成为错觉和情绪的牺牲品，我们应该学习技术分析。

几乎所有的技术分析方法都可以提供有价值的市场信息，这些信息进一步揭示了市场行为，从而加深了投资者对市场的理解程度。同时，那些失败的惨痛经历也会使投资者认识到，仅仅通过技术分析并不能保证实际的交易成功。对于那些在交易中蒙受损失的投机者来说，失败的原因不仅仅是错误的市场分析，而且他们缺乏将市场分析转化为实际操作的能力。投资者必须学会克服恐惧、贪婪和欲望等因素，才能真正地将技术分析运用在实际的交易之中。具体来说，在我们遇到暂时不利的因素时，首先要学会控制住自己的焦躁情绪，不要轻易地放弃自己正确的分析结果。我们要秉持自己的原则，坚信自己的判断是通过正确的技术分析得到的，不要被别人的言语和市场的假象左右。

## ◆ 日本蜡烛图分析

日本蜡烛图技术和蜡烛图形态分析将为学习它的每个交易者提供一种全新的、令人兴奋的技术分析方法。通过这种分析手段，交易者能在股票和期货市场中更好地分类与控制各种突发因素及持续存在的外在干扰或影响。

蜡烛图与西方传统的高低线图（柱状图）相比，究竟为我们提供了哪些额外的信息呢？两种图形都能显示实际数据，在这一点上两者没有什么明显的差异。但是，蜡烛图有更好的视觉效果，同时能更好地揭示数据间的内在关系。根据最近对交易心理学所做的一些研究，我们发现，在投资者使用蜡烛图一段时间，对蜡烛图分析技术有了一定程度的了解之后，蜡烛图就成为其进行交易分析的首选，并且交易者很可能以后再也不会去重新使用传统的柱状图进行交易分析了。

蜡烛图可以迅速地为市场分析人士提供一张短期市场的交易心理图，使我们聚焦于市场当下的走势。正是这一原因，使得蜡烛图从众多的技术分析方法中脱颖而出。在市场交易中，价格受交易者心理诸如恐慌、贪婪和欲望等各种情绪影响，但我们无法使用传统的统计学方法测量或量化市场整体的心理状况，因此我们就需要使用一种可以量化市场心理因素变化的技术分析方法。日本蜡烛图技术可以通过当下的价格走势直观地揭示投资者现在的心理变化。日本蜡烛图不仅仅为我们提供了易于识别辨认的各种形态组合，同时也形象地反映了市场上多空双方间的相互博弈。日本蜡烛图使得交易者可以更加深入地了解金融市场，这些都是其他技术图表所不具备的功能。此外，蜡烛图的运用领域十分广泛,不仅可以在股票市场中使用,也可以在商品期货市场上使用。其他一些与蜡烛图相关的分析技术,例如蜡烛图形态的过滤和蜡烛能量图(即单根蜡烛图时间内的成交量)会帮助你进行更准确的市场分析并更好地选择入场时机。

本书不仅为读者提供了日本蜡烛图的详细绘制方法和蜡烛图形态分析,而且还提供确凿的证据证明了蜡烛图分析技术的有效性。所有的分析方法和设想都是开放式的,在读完本书后,读者可以马上利用蜡烛图进行市场分析和出入场的时机判断,或者可以坚定日后自己对蜡烛图技术进行更进一步研究的信心。

## ❯ 日本蜡烛图和交易者

一旦你习惯了使用日本蜡烛图进行市场分析,你就会发现传统的柱状图在提供信息的完备性上有很大的局限性。离开了蜡烛图,你总会感觉价格图形并不完整,好像少了些内容。日本蜡烛图除了可以为交易者提供易于辨析的各种形态组合之外,同时还具有很强的视觉吸引力。同传统的线图或柱状图相比,蜡烛图使价格数据之间的内在联系跃然纸上(或者计算机的屏幕上)。

## ❯ 蜡烛图与柱状图之比较

在本书中,我们分析的主时间周期被假定为一个交易日。这意味着单根的柱状图或蜡烛图代表着一个交易日内的价格走势,同时我们应该明白,无论是柱状图还是蜡烛图,所代表的时间周期都是可以由交易者自行设定的,不一定是以单日为准。但是,以每个交易日为交易分析的时间周期最具有普遍性,也最具有代表意义。此外,在本书中我们提到的,例如投资者、投机者和交易者,这只是一种泛称,并没有刻意的定义或分类。

## 标准柱状图

　　绘制标准的柱状图，我们需要下面四个要素：开盘价、最高价、最低价和收盘价，当然这些要素都是对应于特定的时间周期。在柱状图中，竖直线段的长度代表交易日中最高价和最低价之间的跨度（见图1-1）。最高价指的是交易日内最高的成交价格；反之，最低价指的是交易日内最低的成交价格。

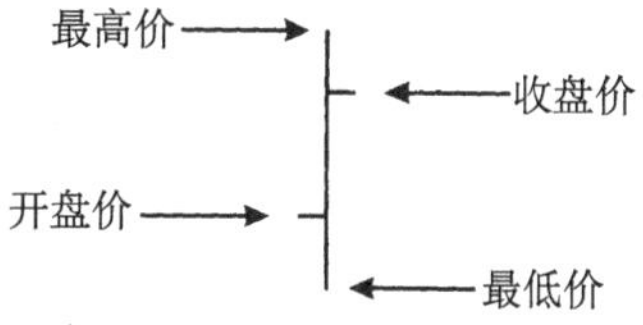

图　1-1

　　多年来，交易者一直重视的价格要素就是收盘价。收盘价在图形上是在由最高价到最低价绘成的垂直线段上向右侧伸出的一小段水平线段。近来，开盘价也被加入了柱状图，它是在由最高价到最低价绘成的垂直线段上向左侧伸出的另一小段水平线段。这就构成了柱状图，也就是商品期货或股票数据商所提供的一切价格要素。另外，由于数据的取得比较简便，因此在商品期货和其他期货交易中经常使用开盘价这个价格要素。

　　通常，大多数的柱状图都在图的底部绘出对应时间段的成交量。数据图形服务商，即交易平台还可以在图上提供其他一些常用的技术分析指标，特别是一些专业面向技术分析功能的软件还允许用户按自己的习惯设定柱状图。利用技术分析软件，我们可以把标准柱状图、成交量、持仓兴趣以及其他的一些技术指标同时显示在一张图上（见图1-2）。

## 蜡烛图

　　日本蜡烛图与柱状图相比，并不包含其他的数据。开盘价、最高价、最低价和收盘价，利用这些同样的数据就可以绘制出蜡烛图。有时数据供应商不提供当天的开盘数据，这时你也可以用前一天的收盘价来代替。但是，这种方法是颇受争议的，关于这一点我们将在第6章中详细讨论。

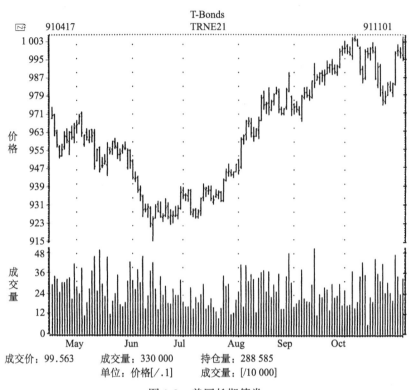

图 1-2　美国长期债券

注：Jan=1 月；Feb=2 月；Mar=3 月；Apr=4 月；May=5 月；Jun=6 月；Jul=7 月；Aug=8 月；

　　Sep=9 月；Oct=10 月；Nov=11 月；Dec=12 月。

## 蜡烛图的实体部分

由开盘价和收盘价组成的 K 线箱体部分被称作蜡烛图的实体（JITTAI）[⊖]。

实体的长度由交易日内开盘价和收盘价之间的距离确定。如果实体部分是黑色的，则代表当日的收盘价低于开盘价，如果当日的收盘价高于开盘价，则实体部分就是白色的，如图 1-3 所示。

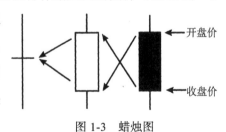

图 1-3　蜡烛图

---

[⊖]　括号中为日语的罗马音，下同。在下一章开始部分有详细解释。——译者注

## ⊙ 蜡烛图的影线

　　在蜡烛图中，实体部分的上方和/或下方可能还会各有一条细细的线段。这两条线段被称为影线，分别代表交易日内所能达到的最高价和最低价。上方的影线（uwakage）代表市场的最高成交价，下方的影线（shitakage）代表市场的最低成交价。一些日本交易者还形象地把上影线称为头发，把下影线称为尾巴。这些影线就像蜡烛芯，使蜡烛图从外形上看起来更像蜡烛。

　　日本人在手绘蜡烛图的时候一般用红色，而不是白色来表示价格上涨日（当日的收盘价高于开盘价）。但是我们发现，在使用计算机绘制图形的时候，这种做法并不适用，因为大多数打印机会把红色打印成黑色，因此价格上涨日和价格下跌日的图形颜色都是黑色，这会给交易者带来困扰。同样，复印机也会把红色复印成黑色。

　　如果将图1-4和图1-5进行比较，我们可以发现，其实日本蜡烛图和西方标准柱状图在图形显示上并没有什么明显区别。但是，一旦我们习惯了蜡烛图，你就会倾向选择蜡烛图，因为蜡烛图更为清晰，可以使我们更加快速、更加准确地理解数据之间的内在联系，这也是本书阐述的内容。日本蜡烛图的绘制和分析方法正在不断地为更多的交易者所接受，并越来越为交易者所青睐，并且为能正确使用这种分析方法的人带来了丰厚的回报。

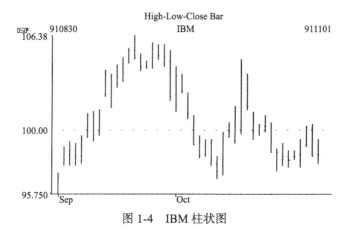

图1-4　IBM柱状图

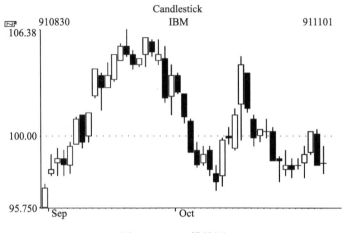

图 1-5　IBM 蜡烛图

# 第 2 章

# 单根蜡烛图

无论在股票还是商品期货市场中，每个交易日的价格走势都可以通过单个的价格线段或柱状图表示出来，在这一点上，日本蜡烛图和西方传统的柱状图没有什么显著的区别，不同的是蜡烛图表达的信息更为清晰，更容易被投资者理解。

单根蜡烛图所传递的信息远比交易者在乍看之下所得到的信息要多很多。通过一些特定的蜡烛形态，可以为交易者揭示图形背后隐藏的市场心理，关于这些特定的形态我们将在本书后面几章中一一为读者进行解析。此外，有一些反转的蜡烛形态是由单根的蜡烛图组成的。关于这一点，我们将在下一章反转形态中详细阐述。

每一种典型的蜡烛图都有一个特定的名称，并代表着这一交易日内的交易状况。这些名称有些用日文表达，有些用英文表达。只要有可能，我们都会在英文名称后面加注日语原名，这些日语原名用罗马音的方法拼写出来，这样即便是那些不会说日语的读者也可以直接利用字母读出读音。单根的蜡烛图通常也被称为阴线或阳线，这一名称来源于中国人的传统习惯，但在当今的西方社会，阴阳这一概念也被广泛运用于表述事物的两种对立的极端状态，例如进和出、开和关、上和下、富余和缺乏等（日本人也使用这一理念，他们的表述为 inn 和 yoh）。所谓阴线指的是收盘价低于开盘价的熊市，阳线主要描绘的是收盘价高于开盘价的牛市。在蜡烛图分析中，有 9 种最基本的阴线和阳线。为了能更为清晰地解释市场中的各种可能性，这 9 种基本形态又可以被扩充为 15 种不同的蜡烛图。在后面的章节中，我们还将介绍如何把大多数的蜡烛图形态进行合并，在保持其原先的看跌或者是看涨的倾向前提下，将其进一步简化为单根蜡烛图的方法。

## ❯ 大阴蜡烛图和大阳蜡烛图

在各种介绍日本蜡烛图技术分析的著作中，大阴线和大阳线（long days）[⊖]（有时也被称为长阳线或长阴线）是一个随处可见的概念。如图 2-1 所示，这里的"大或长"实际上描述的是，在交易时段内开盘价和收盘价之间构成的蜡烛实体部分的长度。这种大阴或大阳的蜡烛图表示交易日内市场交易价格出现了较大的波动，换言之就是在交易日内开盘价和收盘价之间存在着比较大的价差。

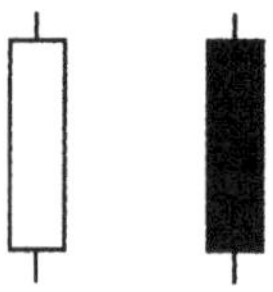

图　2-1

那么，开盘价和收盘价之间到底存在多大的价格差异才可以把这个交易日称为大阴日或大阳日呢？这里我们必须考虑具体的环境，这里的"长"是与什么比较的？因此，最好的衡量标准就是用最近一段时间内价格的变动情况来判定当前交易日的蜡烛图是否"长"。日本蜡烛图分析技术本身就是以价格的短期波动作为分析基础的，那么大阴和大阳蜡烛图的判定也不应例外。我们使用当日之前 5~10 天的价格走势作为分析依据。当然还有一些其他判定大阳或大阴的方法，我们将在形态的识别与判定一章中进行更深入的探讨。

---

[⊖] 大阳蜡烛图在中国一般俗称为大阳线。本章中我们使用较为书面的名称，读者应认识到大阴蜡烛图、大阴线、大阴等，都是同一形态组合的不同名称，下同。——译者注

## ◈ 小阳蜡烛图或小阴蜡烛图

图 2-2 表示的是小阴和小阳蜡烛图（short days），也被简称为小
阴线和小阳线，它的判定方法与大阴和大阳的蜡烛图类似，与之前　图　2-2
5～10 天的价格走势进行比较确定。这两种图形在实际的市场走势中随处可见。

## ◈ 光头光脚蜡烛图

在日语里，marubozu 的意思是"最后割断、切断"，另一层潜在的含义
是"秃头"或者"光头"。在这两种情况下，都代表没有上影线，或没有下影
线，或者上下影线都没有，只有实体部分的蜡烛图。

### 黑色光头光脚蜡烛图

如图 2-3 所示，黑色光头光脚蜡烛图（black marubozu）是没有上下影线，
实体部分为黑色的蜡烛图。这是一种市场极为疲软的信号。通常出现在看跌
的趋势继续形态或者看涨的反转形态中，如果这种蜡烛图在下跌趋势中出现，
那么它的效应将更为强烈。蜡烛图的颜色是黑色的，这表明市场在不断走弱。
一个很长的黑色光头光脚蜡烛图也可能是下跌的最后阶段，因此这种
形态常常出现在许多市场看涨反转形态的第一天，这正应了中国的那
句古话，阴尽阳生。　　　　　　　　　　　　　　　　　　　　　　图　2-3

### 白色光头光脚蜡烛图

如图 2-4 所示，白色光头光脚蜡烛图（white marubozu）是没有
上下影线，实体部分为白色的蜡烛图。这种图形表明市场较为强势。
与黑色光头光脚蜡烛图相反，这种蜡烛图形态通常出现在看涨的趋
势继续形态或者看跌的反转形态中。这种情况也就是我们说的阳尽　图　2-4
阴生。

### 光头收盘蜡烛图或光脚收盘蜡烛图

光头收盘蜡烛图或光脚收盘蜡烛图（closing marubozu），在中国被称为光头阳线和光脚阴线，这两种形态指的是，以最高价或最低价收盘，收盘价方向没有延伸出的影线，蜡烛图的实体颜色可以是白色，也可以是黑色（见图 2-5）。如果蜡烛线的实体部分是白色的，那么蜡烛实体的顶部应该没有上影线，收盘价就是交易时段的最高价；同样，如果蜡烛线的实体部分是黑色的，实体的底部就应该没有下影线，收盘价就是交易时段的最低价。黑色的光脚蜡烛图（日语称为 yasunebike）代表市场较疲弱，白色的光头蜡烛图则代表市场较为强势。

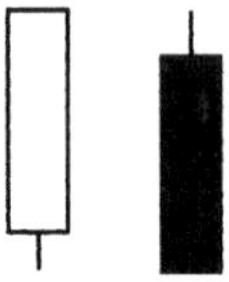

图　2-5

### 光头开盘蜡烛图或光脚开盘蜡烛图

如图 2-6 所示，光头开盘蜡烛图或光脚开盘蜡烛图（opening marubozu），在中国被称为光脚阳线和光头阴线，这两种形态指的是，自从开盘后，开盘价就没有被跌破过，在开盘价下方（阳线）或上方（阴线）没有延伸出的影线。如果蜡烛图的实体部分是白色的，这就意味着没有下影线，代表着市场较为强势；如果蜡烛图的实体部分是黑色的（日语称为 yoritsuki takane），意味着实体的顶部没有影线，代表着市场较疲弱。请读者注意，光头开盘蜡烛图或光脚开盘蜡烛图和光头收盘蜡烛图或光脚收盘蜡烛图所反映的市场强度并不相同。

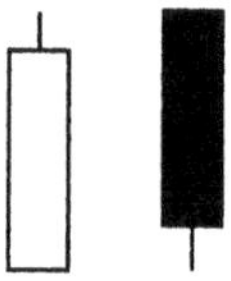

图　2-6

### ⊙ 纺锤蜡烛图

如图 2-7 所示，纺锤线（koma）指的是实体很小，但有很长的上下影线，而且影线的长度要远长于实体部分的蜡烛图形态，它代表市场上的多空双方间的力量平衡，没有一方能占有明显的优势。对于纺锤线来说，实体的颜色和影线的长度并不重要，重要的是影线与实体部分长度之间的比例。

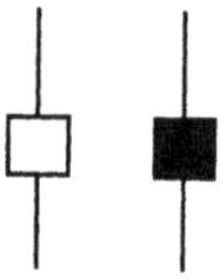

图　2-7

## ▶ 十字蜡烛图

当蜡烛图的实体部分很小，以至于开盘价与收盘价接近相等的时候，我们就把这种图形称作十字蜡烛图（doji）<sup>⊖</sup>。十字蜡烛图通常的定义是，交易日内市场的开盘价和收盘价相等，或者十分接近。十字蜡烛图的影线长度没有特别的限定。从定义上说，完美的十字蜡烛图应该有相同的开盘价和收盘价，但是有些情况可以例外，因为理论上开盘价和收盘价的绝对相等要求的交易数据过于精确，这样在实际的交易图形中就很难出现完美的十字蜡烛图。如果开盘价和收盘价之间的差价只有几个最小波动点<sup>⊜</sup>，我们就可以将它们认定为是相等的。

十字蜡烛图的认定原则与我们此前认定大阴线或大阳线的判定原则相似，没有硬性规定，只有一些指导性的原则。我们需要考察此前一段交易周期的价格变化趋势。如果在前一段交易的时间周期内出现了许多十字蜡烛图<sup>⊜</sup>，那么这些十字蜡烛图的重要性就不是很大。但是，如果在一段交易的时间周期内只出现了一个十字线，那么就应该引起我们的警觉。因为它说明市场正处于一种多空僵持的状态下。在几乎所有情况下，单根十字蜡烛图还不足以完全确定价格趋势要发生改变，只是一种趋势即将变化的预警。如果在上升趋势中出现了十字蜡烛图，随后紧跟着出现了一根大阴蜡烛图，那么市场转为下跌趋势的可能性就会大大增加。这种蜡烛图形态组合又称为看跌十字星（具体内容详见第 3 章）。市场位于上升趋势中，突然出现一根十字星，上涨趋势出现了停滞，这时我们就要密切关注，十字星代表了市场中的不确定性，说明多空双方正处于博弈的平衡状态之中。

---

⊖ doji 的日语原意是同时或同步，在中国因为其形态类似汉字"十"，故将其命名为十字蜡烛图。——译者注

⊜ ticks 这里译为最小波动点，即最小报价单位。1 个点（pips）之内一般有超过 20 个最小报价单位（ticks）。——译者注

⊜ 这里原文有误，应为随后出现了一根大阴线。——译者注

根据史蒂夫·尼森<sup>⊖</sup>的理论，十字星对市场顶部预测的有效性要高于对市场底部预测的有效性。这个观点的理论基础是，市场如果要继续保持上升状态，就必须不断有新的买家入场，而市场如果要下跌，却可以无量阴跌。因此，我们经常把十字星称为"上涨趋势破坏者"。

## 长腿十字蜡烛图

如图 2-8 所示，长腿十字蜡烛图有很长的上下影线，开盘价和收盘价位于当日交易区间的中间位置，充分反映出在交易日内多空双方都犹豫不决、旗鼓相当，揭示了市场中存在着不确定性。在交易日内，市场急剧地运行至高点，又快速地下跌至低点，或相反，但是最后收盘时又重新回到开盘价附近的位置。如果开盘价和收盘价位于当日价格变化的中心位置，我们就把这样的十字星称为长腿十字星，日语中称为 juji，其含义为"十字架"。

图 2-8

## 墓碑十字蜡烛图

墓碑十字蜡烛图（hakaishi）如图 2-9 所示，它是十字蜡烛图的另一种变化形式，开盘价和收盘价都位于当天价格的最低点附近。

像许多日本术语一样，墓碑十字蜡烛图也有其形象的含义。实际上，墓碑十字蜡烛图代表了多空双方在市场争夺中失败一方的墓地。

图 2-9

墓碑十字线的上影线越长，就说明看跌倾向越强。这说明在交易日内，市场价格一直在高位运行，但在收盘时又下跌至开盘价附近，同时也是当天的最低价，这只能说明，在交易日多头数次尝试上攻，使上升趋势得以延续，但空头力量更为强大，屡次挫败多头的计划，并在收盘时将价格重新打落至开盘价，也就是最低价附近。市场顶部出现的墓碑十字蜡烛图是流星蜡烛图（参见第 3 章）的一种特定形态，不同的是流星蜡烛图还有很小的一段蜡烛实

---

⊖ 史蒂夫·尼森是《日本蜡烛图技术》一书的作者。——译者注

体部分，而墓碑十字蜡烛图就像它的名字一样根本就不存在实体。一些日本蜡烛图技术分析的文献还认为墓碑十字蜡烛图只能在市场的底部而不是顶部出现，这意味着这种十字蜡烛图更多的是看涨信号，而非看跌信号⊖。毫无疑问，这种形态揭示市场中充满了犹豫的情绪，即不确定性和一个趋势即将改变的可能性。

## 蜻蜓十字蜡烛图

蜻蜓十字蜡烛图 tonbo（发音为 tombo），正如图 2-10 所示，开盘价和收盘价都位于当天价格的最高点。同其他类型的十字蜡烛图一样，蜻蜓十字蜡烛图一般出现在市场趋势的转折点。在本书稍后的章节中，读者会发现这种十字蜡烛图实际上是"上吊线"和"锤子线"这两种形态的特例。带有长下影线的蜻蜓十字蜡烛图也称为"探水竿"（日语中称为 takuri），在市场下降趋势结束时，出现探水竿线一般意味着下降趋势的结束，具有很强的看涨倾向。

图 2-10

## 四价合一蜡烛图

如图 2-11 所示，当交易日内开盘价、收盘价、最高价和最低价都相等时，我们就有了一个四价合一十字蜡烛图（four price doji，在中国一般称为一字图或一字板），当然这种情况不经常出现。这种一字线也会在交投极为清淡或者数据提供商数据缺失（只有开、收盘价数据，没有其他中间报价）时出现。期货交易者应该注意这种图形和涨跌幅限制之间的区别。⊖一般来说，交易数据的传输很少出现错误，因此四价合一十字蜡烛图还能反映市场中蔓延着犹豫或不确定性。

图 2-11

⊖ 这一点正如文中所说，是有争议的，在实际交易中，在市场顶部我们也经常可以看到墓碑线。——译者注

⊖ 这就是一字图，例如期货中 1 分钟线有时会出现，或一字板，例如一字涨停，因为我们的股票市场中也有涨跌幅限制。——译者注

## ❷ 星蜡烛图

如图 2-12 所示，星蜡烛图（一般称为星线）的实体较小，并且在它的实体和它前一天较长的蜡烛图的实体之间形成了一个跳空缺口，这种缺口可以是向上跳空，也可以是向下跳空。一般来说，星线的实体部分应该高于此前蜡烛图的影线，但这也并不是必要条件。星线的出现意味着市场中存在不确定因素。星线在许多蜡烛图形态中都扮演着重要的角色，特别是在反转形态中。

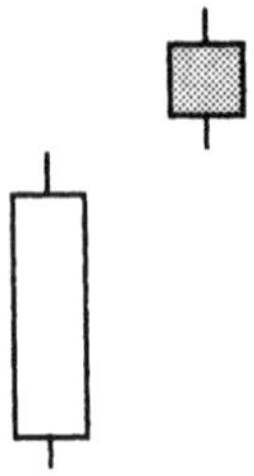

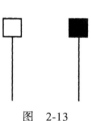
图　2-12

## ❷ 纸伞蜡烛图

如图 2-13 所示，这种蜡烛线在下一章关于蜡烛图形态的介绍中也会多次被提及。正如我们此前曾提到的一些蜡烛图形态一样，纸伞蜡烛线也具有很强的反转倾向。它和蜻蜓十字星所代表的反转倾向的强度相当。根据它在趋势中出现的位置不同，纸伞蜡烛线又可以分为锤子线和上吊线。

图　2-13

## ❷ 结论

单一的蜡烛图形态在日本蜡烛图的技术分析中占据着重要地位。通过识别这些单根蜡烛图形态或将它们与其他的蜡烛图形态结合在一起使用，可以为我们揭示市场参与者的心理或预期的变化。这些单根蜡烛图形态或组合形态的分析方法都是酒田战法的一部分（详见第 5 章）。但是，本书在酒田战法的基础上，增加了一些新的形态和分析方法。这些形态有的是市场中新出现的，有的则是原始图形的一种演化。

| 第 3 章 |

# 反 转 形 态

　　一个蜡烛图形态可以由单根蜡烛图或多根蜡烛图组成，但总数很少会超过 5 根或 6 根。在一些日本的有关蜡烛图的著作中，偶尔我们也会发现一些蜡烛图形态是由 5 根以上的蜡烛图组成的，关于这些内容我们将会在蜡烛形态构造一章中具体讲述。下面我们会依次为读者介绍一些特定的蜡烛图形态，请读者注意，我们并不是按照这些形态在市场分析中的重要性和预测能力的准确性进行排序的，而是基于每个形态所需的交易日数或时间周期，从单根蜡烛图形态（即单日）开始，在同一类别的形态中，我们再依照这种形态在市场中出现的频次为读者进行详细的解读。

　　大多数蜡烛图形态具有逆相关性，这就是说，每一个看涨的蜡烛图形态一定有一个看跌的蜡烛图形态与之对应。这两种形态间最大的区别在于，它们在市场的短期趋势中出现在不同的位置上。看涨形态和看跌形态的名称可以相同，也可能不同。本章中我们将使用相同的基本格式对各种形态进行解析，因此读者可以将本章内容作为日后实际交易时的参考。一些蜡烛图形态还保留着原先的日文名称，而另一些蜡烛图形态却只有英语意译的名称。一小部分蜡烛图形态虽然在结构上完全相同，却有着不同的名称。它们之间的具体区别，我们在随后将逐一进行讨论。

此外，需要提醒读者注意的是，我们在分析每一种蜡烛图形态的时候，都会用 3 根很小的垂直线段来表明市场此前的趋势方向，这些线段不应该作为形态间相互关系的直接参考。

## ❯ 反转形态与持续形态

为了便于读者的阅读和日后的检索，我们将分不同的章节来介绍反转形态和持续形态，其中这一章中我们主要学习反转形态，持续形态将会在第 4 章中讲述。另外，有一点需要注意，我们在判断一个蜡烛形态组合是看涨倾向还是看跌倾向时，这里的倾向仅指随后的价格走势，而与此前的趋势方向无关，相同的蜡烛图形态出现在趋势的不同位置，所代表的含义也不尽相同。正因为如此，此前的趋势只是为我们进行了蜡烛图形态的确认，而不能作为预测此后价格运动的判断基础。无论出现了持续形态还是反转形态，交易者自行决定是否进行交易，即便你决定不进行交易，你也必须自主决策。这里的具体决策流程我们将在第 6 章中为读者展开。

大多数投资者都更喜欢看到市场天天上涨，而不是天天下跌。这种天生的看多倾向在大家学习蜡烛图的时候也会出现，因此我们将从下跌的熊市转为上涨的牛市的看涨反转形态开始讲解，当然，有些时候与看涨反转形态对应的看跌反转形态更加容易在市场中出现，这时我们就先去了解这些看跌反转形态。有些看涨或看跌倾向的蜡烛图形态没有与之对应的相反形态，出于互补性的考量，本书中将原创一些蜡烛图形态补全，在这种情况下，我们将优先介绍原版的蜡烛图形态，随后介绍我们原创的形态。

## ❯ 本章格式

为了便于日后查询，本章中的大多数蜡烛图形态会按照一定的标准格式进行讲解。对于一些相对简单或者一些与其他形态类似的蜡烛图形态，我们的讲解会比较简洁。有一些形态只是其他某些基本形态的变形，我们也简单带过，不再赘述。在我们举的市场实例中，一些蜡烛图形态和其相对应的相反倾向的蜡烛图有时候会一同出现。为了方便日后的检索，我们将一并进行讲解。下面是我们讲解的格式。

- 形态详细信息表

| 形态名称：相同低价形态 + | | | | | 类型：R+ | |
|---|---|---|---|---|---|---|
| 日文名称：*niten zoko/kenuki* | | | | | | |
| 趋势要求：是 | | | | 确认：不需要 | | |
| 形态之间平均间隔天数（MDaysBP）：590　　　　频繁出现 | | | | | | |
| 形态统计来自 7 275 只常见流通股票基于 1 460 万个交易日中的数据 | | | | | | |
| 间隔（日） | 1 | 2 | 3 | 4 | 5 | 6 | 7 |
| 获利比例（%） | 69 | 64 | 62 | 61 | 60 | 59 | 59 |
| 平均收益（%） | 3.63 | 4.71 | 5.42 | 5.98 | 6.64 | 6.98 | 7.37 |
| 亏损比例（%） | 31 | 36 | 38 | 39 | 40 | 41 | 41 |
| 平均亏损（%） | −2.60 | −3.42 | −3.92 | −4.39 | −4.75 | −5.13 | −5.48 |
| 净收益 / 净亏损 | 1.23 | 1.43 | 1.55 | 1.65 | 1.77 | 1.79 | 1.82 |

每个形态，无论看涨还是看跌，都可以用上面的方式进行归类。形态详细信息表的主要内容如下。

蜡烛图形态的名称：后面的 "+" 代表看涨形态，"-" 代表看跌形态。

类型：反转形态，符号为 "R"，意指 reversal patterns。持续形态，符号为 "C"，意指 continuation patterns。

日文名称：日语罗马音。

趋势要求分为两类：是、否。

是否需要确认分为三种：必须、推荐、不需要。

这里有些问题我们需要注意。我们将蜡烛图形态大致分为两类。一类形态单独出现时的成功率极高，这就是不需要确认的一类；另一类蜡烛图形态单独出现时的成功率较低，这就是需要确认的那一类。实际上在交易中还会出现一类蜡烛图形态，因为有些蜡烛图形态原先的成功率极高，但随着市场的演变，其成功率开始下降。这一类被我们列为推荐类，即经过确认后的成功率较为可靠。本书在随后会进一步，甚至是有些大胆地声明，所有的蜡烛图形态都必须和其他技术分析结果进行确认后方为有效。在本书的稍后部分，我们将为大家详细介绍一些能与蜡烛图形态形成有效结合的其他技术分析方法。

形态之间平均间隔天数（MDaysBP）：这是指某个形态在市场中连续两次出现的（平均）时间间隔。我们将它分为下列 5 类：非常频繁、频繁出现、平均水平、较为少见、极为少见。

我们同时对此形态超过 7 天的表现进行统计：获利比例（%）、平均收益（%）、亏损比例（%）、平均亏损（%）及每笔交易的净盈利或净亏损。

我们会在后面的章节中对这些形态组件的详细信息进行进一步的解释。

- 形态介绍
  对蜡烛图形态的描述
  西方（传统）的与之对应的形态
- 经典蜡烛图形态的图形
  介绍具体的图形（用带影线的阴线或阳线来表示）
- 形态识别的标准
  快速判别的简单法则
  形态识别的标准
- 蜡烛图形态背后的交易情境及市场心理分析
  可能会出现的交易情境
  形态中每日的市场心理综合解析
- 形态的灵活性
  形态出现的位置不同，形态的有效性也会发生改变

标准形态可能允许的偏差或变形

对于计算机编程和建立数字模型有用的信息

- 形态的简化

将蜡烛图形态还原成单一的蜡烛图

- 相关的形态

相似的形态

构成该形态的各种（更小级别的）形态

- 市场实例

# 单日反转形态

## 锤子线和上吊线形态

| 形态名称：锤子线 + | | | | | 类型：R+ | | |
|---|---|---|---|---|---|---|---|
| 日文名称：*kanazuchi/tonkachi* | | | | | | | |
| 趋势要求：是 | | | | 确认：必须 | | | |
| 形态之间平均间隔天数（MDaysBP）：284　　非常频繁 | | | | | | | |
| 形态统计来自 7 275 只常见流通股票基于 1 460 万个交易日中的数据 | | | | | | | |
| 间隔（日） | 1 | 2 | 3 | 4 | 5 | 6 | 7 |
| 获利比例（%） | 41 | 43 | 44 | 44 | 45 | 46 | 47 |
| 平均收益（%） | 3.06 | 3.96 | 4.47 | 5.33 | 5.93 | 6.51 | 6.96 |
| 亏损比例（%） | 59 | 57 | 56 | 56 | 55 | 54 | 53 |
| 平均亏损（%） | −3.25 | −4.05 | −4.66 | −5.17 | −5.70 | −6.15 | −6.52 |
| 净收益 / 净亏损 | −0.57 | −0.54 | −0.47 | −0.46 | −0.40 | −0.33 | −0.23 |

| 形态名称：上吊线 – | | 类型：R− |
|---|---|---|
| 日文名称：*kubitsuri* | | |
| 趋势要求：是 | 确认：不需要 | |
| 形态之间平均间隔天数（MDaysBP）：117　　非常频繁 | | |
| 形态统计来自 7 275 只常见流通股票基于 1 460 万个交易日中的数据 | | |

（续）

| 间隔（日） | 1 | 2 | 3 | 4 | 5 | 6 | 7 |
|---|---|---|---|---|---|---|---|
| 获利比例（%） | 69 | 66 | 64 | 62 | 61 | 60 | 59 |
| 平均收益（%） | 3.63 | 4.10 | 4.49 | 4.87 | 5.21 | 5.54 | 5.84 |
| 亏损比例（%） | 31 | 34 | 36 | 38 | 39 | 40 | 41 |
| 平均亏损（%） | −2.81 | −3.85 | −4.60 | −5.23 | −5.77 | −6.25 | −6.71 |
| 净收益／净亏损 | 1.32 | 1.20 | 1.05 | 0.95 | 0.85 | 0.76 | 0.67 |

### 形态介绍

如图 3-1 和图 3-2 所示，锤子线形态（又称锤头线）和上吊线形态都是由单一的蜡烛图组成的。它们都有较长的下影线，实体部分相对较小，并主要集中在当日交易价格区间的上半部分。在第 2 章"纸伞蜡烛图"一节中，我们曾对它们做过介绍。它们也是蜻蜓十字线和探水竿线的特殊变形。

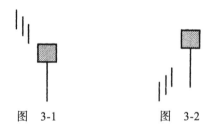

图　3-1　　　　　　图　3-2

锤子线形态通常出现在下跌趋势中，形如其名，意味着夯实市场的底部。在日语里，锤子（tonkachi）还有"地板和土地"的意思。

上吊线形态通常出现在上升趋势中，形如其名，好像一个人被高高地挂在市场的上方。

另外，和锤子线形态相似的蜡烛图是探水竿线。这个单词在日语中还有"沿着绳子向上爬"和"向上牵引"的意思。就像用手用力拉起船锚一样，当你换手的时候，船锚的上升趋势会稍有停顿。如果是一条探水竿线，其下影线的长度至少应当达到其实体长度的 3 倍；如果是一条锤子线，其下影线的长度则至少应当是其实体长度的 2 倍。

**形态识别的标准**

1. 蜡烛图有很小的实体，并且位于交易价格的顶部。

2. 实体部分的颜色并不重要。

3. 下影线的长度应该远大于实体部分的长度，通常是实体部分的 2～3 倍。

4. 蜡烛图不应该有上影线，即使有也很短。

## 蜡烛图形态背后的交易情境及市场心理分析

### 锤子线形态

市场位于下降趋势中，即市场处于熊市状态，开盘后随着卖盘的不断涌出，价格一度快速下跌。但是随着卖盘的减少，价格开始逐渐企稳回升，并最终收于当日价格的高位附近，市场中空方的力量得到释放。在这种情况下，市场中的悲观情绪随之减少，交易者不愿再继续持有看跌的头寸。如果当日的收盘价高于开盘价，形成了带白色实体的锤子线，那么市场状况将对多方更为有利。我们可以用第二天是否有更高的开盘价和更高的收盘价来验证市场下跌趋势的改变。

### 上吊线形态

对于上吊线来说，市场位于上升趋势中，即市场处于牛市状态。开盘后，交易价格一直远在开盘价之下运动，最后在高点附近收盘，形成了很长的下影线，这样我们就会看到上吊线形态，下影线形成的原因就在于市场中交易者开始做空。如果第二天开盘价低于前一天的收盘价，多方就会找机会卖出头寸。根据史蒂夫·尼森的研究，我们知道确认上吊线为下跌信号的标志为，当天上吊线的实体是黑色的（即上吊线是阴线），其次第二天开盘价低于前一天的收盘价。

### 形态的灵活性

极长的下影线、没有上影线、很短的实体部分（几乎形成了十字线）、此前急剧的单边趋势、蜡烛实体的颜色，这些都可以增加锤子线形态和上吊线形态所代表的当前市场趋势将开始反转的可能性。如果上述特征都出现在了锤子线形态中，我们也可以把锤子线称为探水竿线。通常，探水竿形态比锤子线形态更具看涨特征。

上吊线和锤子线实体部分的颜色也增加了趋势预测的力度。黑色上吊线比白色上吊线更具有看跌倾向，同样，白色锤子线也比黑色锤子线更具有看涨倾向。

对于像锤子线和上吊线，这种由单一蜡烛图组成的蜡烛图形态，等待市场确认信号的出现，是判断市场是否开始反转的关键。通常，我们利用次日的开盘价进行确认，为了保险起见也可以等到次日收盘价的出现。例如，假定某一交易日出现了锤子线，那么如果次日的收盘价高于前一日的收盘价，那么市场开始转入上升趋势的可能性将大大提高。

此外，下影线的长度至少应该是实体部分长度的2倍，上影线的长度应该在价格变化幅度的5%～10%之间，锤子线形态实体部分的底部应该低于此前趋势的低点，上吊线形态实体部分的高点应该高于此前趋势的高点。

### 形态的简化

作为单一蜡烛图形成的锤子线形态和上吊线形态已经不能再继续简化了，参见第2章"纸伞蜡烛图"一节。

### 相关的形态

我们在第2章中曾介绍过的"蜻蜓十字蜡烛图"是上吊线和锤子线的特例。在大多数情况下，蜻蜓十字线形态比上吊线形态更具有看跌倾向。

### 市场实例

锤子线形态和上吊线形态如图3-3A和图3-3B所示。

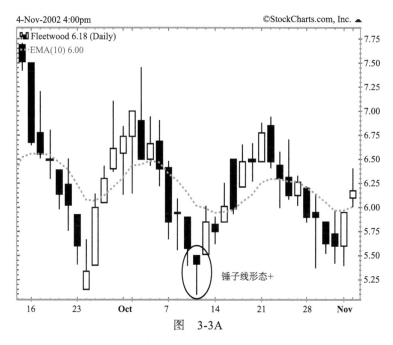

图　3-3A

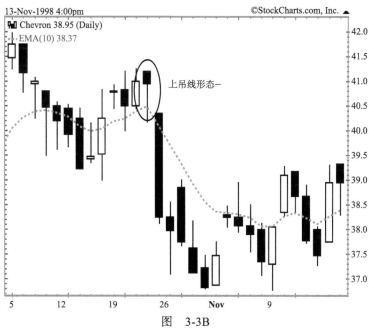

图　3-3B

## 执带线形态

| 形态名称：执带线 + | | | | | | 类型：R+ | |
|---|---|---|---|---|---|---|---|
| 日文名称：*yorikiri* | | | | | | | |
| 趋势要求：是 | | | | | 确认：推荐 | | |
| 形态之间平均间隔天数（MDaysBP）：6 466 | | | | 一般 | | | |
| 形态统计来自 7 275 只常见流通股票基于 1 460 万个交易日中的数据 | | | | | | | |
| 间隔（日） | 1 | 2 | 3 | 4 | 5 | 6 | 7 |
| 获利比例（%） | 49 | 49 | 52 | 53 | 52 | 52 | 52 |
| 平均收益（%） | 2.95 | 3.93 | 4.82 | 5.30 | 5.94 | 6.20 | 6.64 |
| 亏损比例（%） | 51 | 51 | 48 | 47 | 48 | 48 | 48 |
| 平均亏损（%） | -2.55 | -3.81 | -4.61 | -5.10 | -5.74 | -6.12 | -6.48 |
| 净收益/净亏损 | 0.14 | -0.02 | 0.25 | 0.35 | 0.33 | 0.24 | 0.31 |

| 形态名称：执带线 − | | | | | | 类型：R− | |
|---|---|---|---|---|---|---|---|
| 日文名称：*yorikiri* | | | | | | | |
| 趋势要求：是 | | | | | 确认：必须 | | |
| 形态之间平均间隔天数（MDaysBP）：6 772 | | | | 一般 | | | |
| 形态统计来自 7 275 只常见流通股票基于 1 460 万个交易日中的数据 | | | | | | | |
| 间隔（日） | 1 | 2 | 3 | 4 | 5 | 6 | 7 |
| 获利比例（%） | 48 | 48 | 47 | 46 | 46 | 45 | 46 |
| 平均收益（%） | 2.72 | 3.29 | 3.93 | 4.71 | 5.02 | 5.48 | 5.63 |
| 亏损比例（%） | 52 | 52 | 53 | 54 | 54 | 55 | 54 |
| 平均亏损（%） | -2.69 | -3.68 | -4.07 | -4.42 | -5.02 | -5.59 | -6.07 |
| 净收益/净亏损 | -0.10 | -0.33 | -0.33 | -0.22 | -0.34 | -0.57 | -0.72 |

### 形态介绍

执带线形态，也可以称为"光头开盘蜡烛图或光脚开盘蜡烛图"（我们在第2章中曾经讲述过这种蜡烛图）。首先让我们回忆一下光头开盘蜡烛图或光脚开盘蜡烛图的定义，没有影线从以开盘价结束的实体部分延伸出来。看涨执带线形态（见图3-4）是出现在下跌趋势中的白色光脚开盘蜡烛图（光脚阳线）。首先市场低开于前一天收盘价之下，多方的力量迅速得到凝聚，市场开始一路走高，最后市场小幅回调，以接近当日最高价的价格收盘。看跌执带线形态（见图 3-5）是出现在上升趋势中的黑色光头开盘蜡烛图（光头阴线）。与前一种形态不同的是，首先市场以高于前一天收盘价的价格开市，然后一路下跌，最后市场小幅回调，以接近最低价的价格收盘。执带线形态的实体越长，说明市场反转的可能性越大。

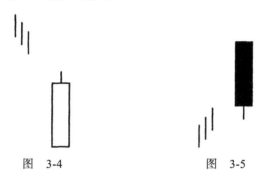

图　3-4　　　　　　　图　3-5

同大多数由单一蜡烛图组成的形态一样，如果在一段时间内多次出现相同或者类似的执带线，该形态的市场含义就失效了。在日语中，yorikiri 的意思是"拉出、拉起"，史蒂夫·尼森把它称为"执带线形态"。

### 形态识别的标准

1. 执带线形态中的蜡烛图的一端没有影线。
2. 对于白色看涨执带线形态来说，开盘价就是最低价，没有下影线。
3. 对于黑色看跌执带线形态来说，开盘价就是最高价，没有上影线。

### 蜡烛图形态背后的交易情境及市场心理分析

市场在确定的趋势中运行，突然出现一个价格跳空缺口，该缺口的跳空方向同市场当时的发展趋势相同，这种情况在技术分析中也被称为衰竭跳空。从这个跳空缺口开始，市场就改变方向，原先的趋势方向不再延续，这一切促使场内的投资者开始重新考虑头寸的安排，他们或者获利了结，或者积极买入，这些行为更进一步加剧了市场的反转可能性。

### 形态的灵活性

因为是由单一蜡烛图组成的形态，所以没有变化的空间。

### 形态的简化

由单一蜡烛图形成的形态不能被进一步简化。

### 相关的形态

执带线形态同我们在第 2 章中讲述的光头开盘蜡烛图或光脚开盘蜡烛图是一样的。与光头开盘蜡烛图或光脚开盘蜡烛图一样，执带线形态是许多更为复杂的形态组合的第一个形态。

### 市场实例

执带线形态如图 3-6A 和图 3-6B 所示。

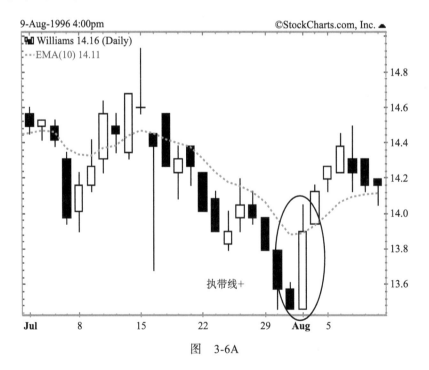

图　3-6A

第 3 章 | 反 转 形 态　29

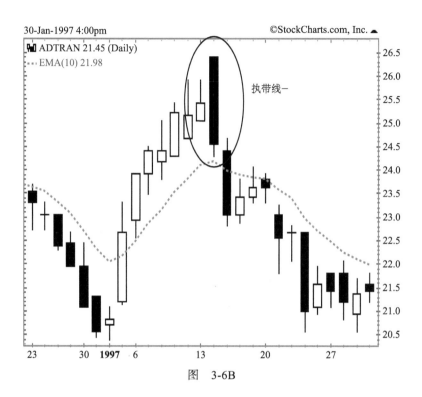

图　3-6B

## ⊙ 双日反转形态

### 吞没形态

| 形态名称：吞没形态＋ | | | | 类型：R＋ | | |
|---|---|---|---|---|---|---|
| 日文名称：*tsutsumi* | | | | | | |
| 趋势要求：是 | | | 确认：推荐 | | | |
| 形态之间平均间隔天数（MDaysBP）：74　　　非常频繁 | | | | | | |
| 形态统计来自 7 275 只常见流通股票基于 1 460 万个交易日中的数据 | | | | | | |
| 间隔（日） | 1 | 2 | 3 | 4 | 5 | 6 | 7 |
| 获利比例（％） | 44 | 45 | 46 | 47 | 47 | 47 | 48 |
| 平均收益（％） | 2.76 | 3.73 | 4.51 | 5.14 | 5.71 | 6.23 | 6.71 |
| 亏损比例（％） | 56 | 55 | 54 | 53 | 53 | 53 | 52 |
| 平均亏损（％） | −2.74 | −3.54 | −4.18 | −4.70 | −5.18 | −5.63 | −6.04 |
| 净收益 / 净亏损 | −0.27 | −0.27 | −0.18 | −0.11 | −0.06 | 0.00 | 0.02 |

| 形态名称：吞没形态 – | | | | | | 类型：R– | |
|---|---|---|---|---|---|---|---|
| 日文名称：*tsutsumi* | | | | | | | |
| 趋势要求：是 | | | | 确认：必须 | | | |
| 形态之间平均间隔天数（MDaysBP）：73 | | | | 非常频繁 | | | |
| 形态统计来自 7 275 只常见流通股票基于 1 460 万个交易日中的数据 | | | | | | | |
| 间隔（日） | 1 | 2 | 3 | 4 | 5 | 6 | 7 |
| 获利比例（%） | 45 | 45 | 45 | 46 | 46 | 46 | 45 |
| 平均收益（%） | 2.29 | 3.08 | 3.70 | 4.23 | 4.68 | 5.10 | 5.48 |
| 亏损比例（%） | 55 | 55 | 55 | 54 | 54 | 54 | 55 |
| 平均亏损（%） | –2.55 | –3.38 | –4.07 | –4.66 | –5.23 | –5.74 | –6.20 |
| 净收益 / 净亏损 | –0.34 | –0.44 | –0.52 | –0.58 | –0.66 | –0.76 | –0.88 |

### 形态介绍

如图 3-7 和图 3-8 所示，吞没形态是由两根蜡烛图组成的，两根线的实体颜色相反，第二根蜡烛图的实体将第一天的实体部分完全吞没，在这种形态中不必考虑上下影线的作用。⊖由于从形态上说，第二天的实体部分完全包含了第一天的实体，所以我们也可以把这种形态称为抱线形态（daki）。如果这种形态出现在市场的顶部，或者是上升趋势中，我们认为它反映市场中交易者的心态正在出现变化，投资者更倾向于做空。在下一章中，我们将介绍看跌吞没形态——酒田战法的一种，它通常出现在上升趋势之后，因此又被称为最后的抱线形态。

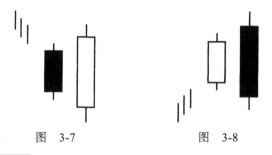

图 3-7                图 3-8

⊖　有另一种说法，吞没形态的第二根 K 线最好能将前一根 K 线（包括影线）完全吞没，这种形态的反转倾向更强。——译者注

在吞没形态中，第一天的实体很短，而第二天的实体很长，这就说明第二天市场中价格波动更为剧烈，市场此前的趋势将很有可能结束。如果在一大段上升趋势后，出现了看跌吞没形态，这就说明大多数的多头已经入市交易，现在市场可能会转入下跌，因为没有足够的做多资金重新入市进一步推动市场继续上行。

吞没形态和西方传统技术分析中的外包线（outsideday）形态比较类似。与吞没形态一样，外包日线的出现将会突破以前的价格趋势范围，它意味着以前市场趋势的结束，其收盘方向就是新趋势的方向。

## 形态识别的标准

1. 市场此前的趋势必须明确。

2. 第二天的实体部分必须完全吞没前一天的实体。但是，这并不是说两个实体的顶部或底部不能相等，它只是意味着两个实体的顶部和底部不能都相等。

3. 第一根实体的颜色应该能反映出前期市场的发展趋势：黑色（阴线）为下跌趋势，白色（阳线）为上升趋势。

4. 在吞没形态中，第二根蜡烛图实体部分的颜色应该和第一根的相反。

## 蜡烛图形态背后的交易情境及市场心理分析

### *看跌吞没形态*

市场处在上升趋势中，出现了一根带很小实体的白色蜡烛图（阳线），同时成交量不大。次日开盘价创出新高，然后迅速回落。卖盘不断涌出，成交量也持续放大，最后收于前一日的开盘价以下。市场中看涨的情绪受到了打击，如果下一日（第三日）的市场价格仍然走低，那么上升趋势将可能发生反转。

看涨吞没形态与之类似，只是方向相反。

## 形态的灵活性

在吞没形态中，如果第二天蜡烛图的实体部分不仅吞没了第一天蜡烛图的实体，还吞没了它的影线，那么我们判定反转趋势出现的成功概率就会大大增加。

第一天蜡烛图的颜色可以反映此前市场的趋势。在上升趋势中，第一天
应该是一条阳线，在下跌趋势中则为阴线。第二天，即吞没日的蜡烛图颜色
应该同第一天相反。

吞没意味着第一天 K 线的实体部分必须小于第二天出现的 K 线的实体，
如果第一天的实体只有第二天实体的 70%，或者更小，那么趋势反转的可能
性将大大增加。

### 形态的简化

看涨吞没形态可以简化为纸伞蜡烛图或锤子线形态，反映市场即将出现
转折（见图 3-9）。如果第一天蜡烛图的实体很小，看跌吞没形态可以简化为
类似启明星或墓碑十字线的形态（见图 3-10）。将看跌吞没形态和看涨吞没形
态简化为单一的蜡烛图并不会改变它们看涨或看跌的倾向。

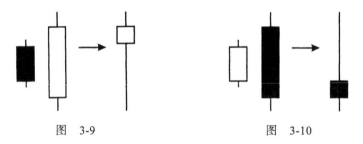

图    3-9                              图    3-10

### 相关的形态

吞没形态实质上反映了三外升形态中前两日的市场变化。如果第三日的
收盘价高于前两日的收盘价，看涨吞没形态就演变为三外升形态。反之，如
果第三日的收盘价低于前两日的收盘价，看跌吞没形态就演变成三外降形态。

吞没形态还同我们后面将介绍的刺透形态和乌云盖顶形态相关，所以希
望读者要牢记这种重要的形态。

### 市场实例

吞没形态如图 3-11A 和图 3-11B 所示。

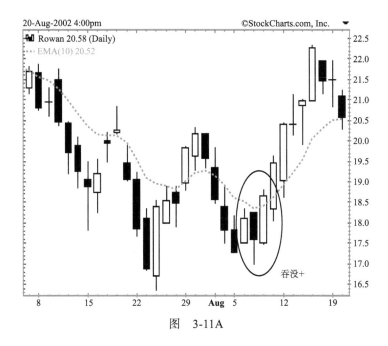

图　3-11A

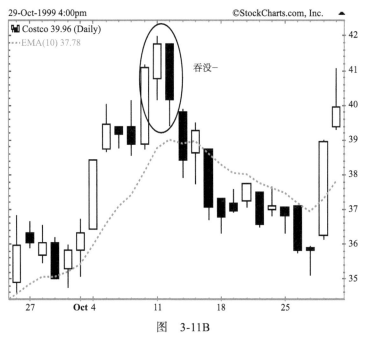

图　3-11B

## 孕线形态

| 形态名称：孕线 + | | | | | | 类型：R+ |
|---|---|---|---|---|---|---|
| 日文名称：*harami* | | | | | | |
| 趋势要求：是 | | | 确认：不需要 | | | |
| 形态之间平均间隔天数（MDaysBP）：69 | | | 非常频繁 | | | |
| 形态统计来自 7 275 只常见流通股票基于 1 460 万个交易日中的数据 | | | | | | |
| 间隔（日） | 1 | 2 | 3 | 4 | 5 | 6 | 7 |
| 获利比例（%） | 49 | 50 | 50 | 51 | 51 | 51 | 52 |
| 平均收益（%） | 2.69 | 3.67 | 4.43 | 5.12 | 5.70 | 6.24 | 6.77 |
| 亏损比例（%） | 51 | 50 | 50 | 49 | 49 | 49 | 48 |
| 平均亏损（%） | −2.46 | −3.34 | −4.01 | −4.60 | −5.11 | −5.56 | −6.00 |
| 净收益 / 净亏损 | 0.07 | 0.12 | 0.23 | 0.35 | 0.44 | 0.50 | 0.58 |

| 形态名称：孕线 – | | | | | | 类型：R– |
|---|---|---|---|---|---|---|
| 日文名称：*harami* | | | | | | |
| 趋势要求：是 | | | 确认：必须 | | | |
| 形态之间平均间隔天数（MDaysBP）：59 | | | 非常频繁 | | | |
| 形态统计来自 7 275 只常见流通股票基于 1 460 万个交易日中的数据 | | | | | | |
| 间隔（日） | 1 | 2 | 3 | 4 | 5 | 6 | 7 |
| 获利比例（%） | 50 | 49 | 49 | 49 | 49 | 49 | 49 |
| 平均收益（%） | 2.15 | 2.91 | 3.50 | 3.99 | 4.44 | 4.84 | 5.21 |
| 亏损比例（%） | 50 | 51 | 51 | 51 | 51 | 51 | 51 |
| 平均亏损（%） | −2.28 | −3.17 | −3.91 | −4.48 | −4.99 | −5.47 | −5.89 |
| 净收益 / 净亏损 | −0.08 | −0.17 | −0.25 | −0.28 | −0.32 | −0.36 | −0.43 |

## 形态介绍

如图 3-12 和图 3-13 所示，孕线形态是由与吞没形态完全相反的两根蜡烛图组成的，在大多数例子中，同吞没形态一样，两根 K 线的实体颜色相反。在日语中，harami 是"怀孕"的意思。

读者可能已经发现，孕线形态和传统技术分析中的内包日线（insideday）形态比较类似，两者的区别在于内包日线

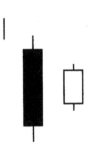

图　3-12

形态使用交易日中的最高价和最低价进行分析，而孕线形态只对实体部分（交易日内的开盘价和收盘价）进行分析。在日本蜡烛图技术分析理论中，利用开盘价和收盘价来代替最高价和最低价是这种分析方法的一个基本思路。在孕线形态中，只要求第二天 K 线的实体完全被第一天 K 线的实体吞没。

图　3-13

### 形态识别的标准

1. 在市场趋势图中出现了大阴线或大阳线。

2. 第一天长蜡烛的颜色并不重要，但是可以利用它判定出市场的趋势。

3. 在大阴或大阳后的交易日，它的实体部分应该完全包含在前一天的实体范围内。同吞没形态一样，两根蜡烛图实体顶部或底部可以相同，但是顶部或底部不能同时相同。

4. 在孕线形态中，第二根蜡烛图实体部分的颜色应该和前一根的相反。

### 蜡烛图形态背后的交易情境及市场心理分析

#### 看涨孕线形态

市场一直处于下降趋势中，这时一根长的黑色蜡烛图（大阴线）的出现坚定了空方的信心，当日的成交量不太大也不太小。第二天的开盘价高于前一天的收盘价，空头感到震惊，开始转变对市场的看法，一些倾向于短线操作的空头开始平仓，进一步推动市场价格上扬，由于后期进场的交易者认为该交易日是弥补前一日踏空的好机会，所以市场价格逐步温和升高。成交量也较前一交易日有所放大，这表明市场短期趋势将出现改变。如果第三天市场价格继续走高，说明趋势的反转得到了确认。

#### 看跌孕线形态

市场一直处于上升趋势中，这时一根长的白色蜡烛图（大阳线）的出现坚定了多方的信心，当日的成交量也随价格的上涨有所放大。第二天市场低开

（以低于前一天收盘价的价格开盘），全天价格在一个很窄的范围内波动，收盘价更低，但是实体部分并未超过前一天的实体范围。鉴于这种突然恶化的趋势，一部分交易者开始怀疑市场能否维持上涨趋势，特别当第二天成交量开始下降时，更能说明市场趋势可能面临变化。如果第三天市场价格继续走低，说明此前上升趋势的反转得到了确认。

### 形态的灵活性

大阴或大阳代表着市场以前的趋势，在上升趋势中，第一天应该是大阳线，而在下降趋势中，第一天应该是一根大阴线。从图形上，我们应该能很清楚地看出第一天的蜡烛图吞没了第二天的蜡烛图，第二天的实体应该小于第一天实体的70%。请读者记住，大阴或大阳的判定是相对于此前趋势中的蜡烛图而言的。

### 形态的简化

看涨孕线形态可以简化为纸伞蜡烛图或锤子线形态，代表着市场即将出现转折（见图3-14）。看跌孕线形态可以简化为流星线，这也是一种看跌形态（见图3-15）。将看跌和看涨孕线形态简化为一根蜡烛图不会改变它们原有的看涨或看跌的倾向。

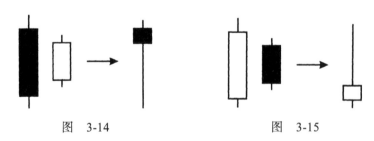

图　3-14　　　　　　　　图　3-15

### 市场实例

孕线形态如图3-16A和图3-16B所示。

图　3-16A

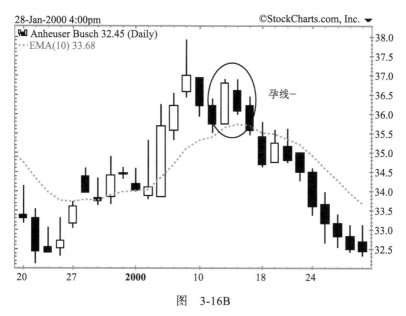

图　3-16B

## 十字孕线形态

| 形态名称：十字孕线 + | | | | | | 类型：R+ |
|---|---|---|---|---|---|---|
| 日文名称：*harami yose sen* | | | | | | |
| 趋势要求：是 | | | 确认：不需要 | | | |
| 形态之间平均间隔天数（MDaysBP）：355 | | | 非常频繁 | | | |
| 形态统计来自 7 275 只常见流通股票基于 1 460 万个交易日中的数据 | | | | | | |
| 间隔（日） | 1 | 2 | 3 | 4 | 5 | 6 | 7 |
| 获利比例（%） | 52 | 52 | 52 | 52 | 53 | 53 | 53 |
| 平均收益（%） | 2.86 | 3.75 | 4.47 | 5.11 | 5.65 | 6.13 | 6.66 |
| 亏损比例（%） | 48 | 48 | 48 | 48 | 47 | 47 | 47 |
| 平均亏损（%） | −2.65 | −3.37 | −3.94 | −4.44 | −4.92 | −5.33 | −5.64 |
| 净收益 / 净亏损 | 0.17 | 0.25 | 0.34 | 0.47 | 0.56 | 0.63 | 0.74 |

| 形态名称：十字孕线 – | | | | | | 类型：R– |
|---|---|---|---|---|---|---|
| 日文名称：*harami yose sen* | | | | | | |
| 趋势要求：是 | | | 确认：必须 | | | |
| 形态之间平均间隔天数（MDaysBP）：299 | | | 非常频繁 | | | |
| 形态统计来自 7 275 只常见流通股票基于 1 460 万个交易日中的数据 | | | | | | |
| 间隔（日） | 1 | 2 | 3 | 4 | 5 | 6 | 7 |
| 获利比例（%） | 51 | 51 | 51 | 50 | 50 | 50 | 50 |
| 平均收益（%） | 2.17 | 2.73 | 3.23 | 3.62 | 3.97 | 4.29 | 4.57 |
| 亏损比例（%） | 49 | 49 | 49 | 50 | 50 | 50 | 50 |
| 平均亏损（%） | −2.41 | −3.11 | −3.72 | −4.17 | −4.62 | −5.02 | −5.43 |
| 净收益 / 净亏损 | −0.05 | −0.11 | −0.17 | −0.21 | −0.25 | −0.32 | −0.39 |

### 形态介绍

孕线形态是由一根长实体的蜡烛图和其后一根较短实体的蜡烛图组成的。该形态的重要性取决于两根蜡烛实体部分的相对大小。大家可以回想一下我们对十字蜡烛图的解释，它说明在该交易日内开盘价同收盘价接近相等，反映出市场处于一种犹豫不决的状态中。因此，我们可以得出这样一个结论：在大阴或大阳日后出现较小实体的蜡烛图，说明市场中多空双方的博弈并未能分出结果，没有一方占有明显的优势。市场中的犹豫不决和不确定性越高，趋势发生改变的可能性就越大。如果第二天的蜡烛图实体变成了十字线（见图 3-17 和图 3-18），孕线形态就会演变成十字孕线形态，也被称为孕线十字形态。十字孕线形态比单纯的孕线形态具有更强的反转倾向。

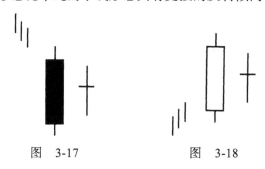

图　3-17　　　　　　　图　3-18

### 形态识别的标准

1. 在市场趋势明确的情况下出现了大阴线或大阳线。

2. 第二天出现了十字线（开盘价与收盘价相等）。

3. 第二天出现的十字线没有超过第一天大阴线或大阳线的范围。

### 蜡烛图形态背后的交易情境及市场心理分析

关于十字孕线形态的心理学分析同前文讲述孕线时的市场心理分析大致相同。市场原本在已经确定的趋势中运行，可是突然在某个交易日内，市场价格开始出现较大的波动，但是价格的波动并没有超过前一交易日的价格范围，更糟糕的是，收盘时价格被打压至开盘价，同时当日的成交量有所放大。这一切都说明市场内的交易者未能对市场下一步的走势达成共识，一个重要的反转信号就此出现。

### 形态的灵活性

大阴或大阳可以反映市场的此前趋势。出现十字线的交易日内，当且仅当前一段交易期内没有大量出现十字蜡烛图，只有在这种前提下，开盘价和收盘价之间的价格差异才允许有 2%~3% 的差异，我们还将其认定为十字孕线形态。

### 形态的简化

看涨十字孕线形态和看跌十字孕线形态可以如图 3-19 和图 3-20 所示那样进行简化。简化后的单一蜡烛图的实体部分可以比纸伞蜡烛图或锤子线形态的实体部分长一些。无论是看跌十字孕线形态还是看涨十字孕线形态，我们进行的简化都不会改变它们的市场含义。

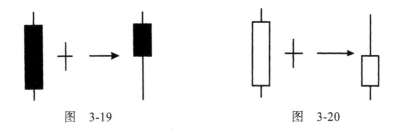

图　3-19　　　　　　　　　　　图　3-20

### 相关的形态

十字孕线形态很可能是上升三法形态或下降三法形态的开端，这要看后面几个交易日的价格走势情况。上升三法形态和下降三法形态是持续形态中的两种形态，这本身就是和十字孕线形态所表达的反转倾向相反的地方。也就是说，在出现十字孕线时，其本身具有反转倾向，但我们要根据随后交易日的具体走势判断，是否会形成具有持续倾向上升三法形态或下降三法形态，这一点请读者务必留意。

### 市场实例

十字孕线形态如图 3-21A 和图 3-21B 所示。

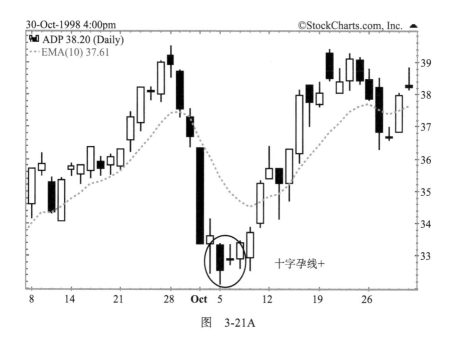

图 3-21A

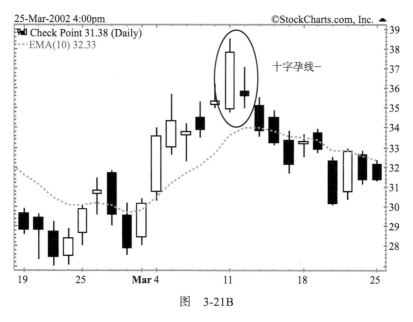

图 3-21B

## 倒锤子线形态和流星线形态

| 形态名称：倒锤子线 + | | | | | | 类型：R+ |
|---|---|---|---|---|---|---|
| 日文名称：*tohba* | | | | | | |
| 趋势要求：是 | | | 确认：不需要 | | | |
| 形态之间平均间隔天数（MDaysBP）：1 226　　平均水平 | | | | | | |
| 形态统计来自 7 275 只常见流通股票基于 1 460 万个交易日中的数据 | | | | | | |
| 间隔（日） | 1 | 2 | 3 | 4 | 5 | 6 | 7 |
| 获利比例（%） | 67 | 64 | 61 | 61 | 60 | 60 | 59 |
| 平均收益（%） | 4.06 | 4.67 | 5.23 | 5.90 | 6.33 | 6.90 | 7.43 |
| 亏损比例（%） | 33 | 36 | 39 | 39 | 40 | 40 | 41 |
| 平均亏损（%） | −2.74 | −3.51 | −4.05 | −4.67 | −5.15 | −5.52 | −5.99 |
| 净收益 / 净亏损 | 1.44 | 1.46 | 1.42 | 1.55 | 1.59 | 1.74 | 1.81 |

| 形态名称：流星线 – | | | | | | 类型：R– |
|---|---|---|---|---|---|---|
| 日文名称：*nagare boshi* | | | | | | |
| 趋势要求：是 | | | 确认：必须 | | | |
| 形态之间平均间隔天数（MDaysBP）：3 418　　平均水平 | | | | | | |
| 形态统计来自 7 275 只常见流通股票基于 1 460 万个交易日中的数据 | | | | | | |
| 间隔（日） | 1 | 2 | 3 | 4 | 5 | 6 | 7 |
| 获利比例（%） | 46 | 47 | 48 | 49 | 49 | 49 | 49 |
| 平均收益（%） | 2.77 | 3.73 | 4.36 | 4.99 | 5.47 | 5.92 | 6.26 |
| 亏损比例（%） | 54 | 53 | 52 | 51 | 51 | 51 | 51 |
| 平均亏损（%） | −3.28 | −4.34 | −5.03 | −5.58 | −6.19 | −6.87 | −7.22 |
| 净收益 / 净亏损 | −0.44 | −0.54 | −0.50 | −0.43 | −0.44 | −0.62 | −0.67 |

## 形态介绍

### 倒锤子线形态

　　如图 3-22 所示，倒锤子线形态也被称为倒锤头形态，同它的嫡亲锤子线形态，都是一种用来判断市场是否见底的形态。这种形态一般出现在下跌趋势中，它的出现代表着市场趋势可能会发生反转。与其他一些由单一蜡烛图或双蜡烛图组成的形态一样，如果要利用倒锤子线来判断市场的下跌是否终

结，必须等待市场给出的其他确认信号，对于倒锤子线来说，我们必须等待
市场给出其他的做多信号，如果次日市场以高于倒锤子线的
实体最高价的价位开盘，这就是一个确定信号。由于倒锤头
蜡烛图的收盘价接近当日的最低价，次日市场却一直走高，
这就说明市场做多的力量较强，这样的确认信号就更为可靠。
另外，这一形态在日文文献中很少出现。

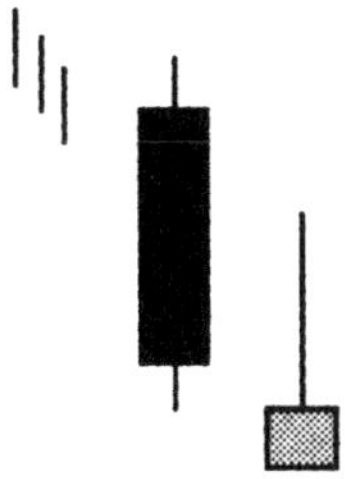

图 3-22

### 流星线形态

如图 3-23 所示，流星线形态也是由单一的蜡烛图组成的，利用它可以判
断市场上升趋势是否结束，但它并不是最重要的反转信号。流星线从图形上
看同倒锤子线一样，所不同的是流星线形态只能出现在市场的顶部。开盘后，
多方的做多能量迅速被消耗，最后市场在全日最低点收盘。流星线的实体同
前一日的蜡烛图实体之间形成了一个小的向上跳空缺口，因此我们在学习流
星线形态的时候必须关注前一日的市场变化。如果要利用流星线作为反转指
标，最好与前一日的蜡烛图形态一起共同考量。

### 形态识别的标准

#### 倒锤子线形态

1. 小的实体部分出现在当日价格范围的低位。

2. 在下跌趋势中，图形中不必出现向下的跳空缺口，只
要整体形态向下就可以判定为倒锤子线形态。

3. 上影线的长度通常不超过实体部分长度的 2 倍。

4. 蜡烛图上不存在下影线。

#### 流星线形态

1. 在向上的市场趋势中，开盘时出现一个向上的跳空缺口。

2. 小的实体部分出现在全天价格范围的低位。

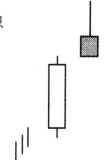

图 3-23

3. 上影线的长度至少是实体部分长度的 3 倍。

4.蜡烛图上不存在下影线。

## 蜡烛图形态背后的交易情境及市场心理分析

### *倒锤子线形态*

市场原本在确定的下降趋势中运行，可是突然在某个交易日内，市场的开盘价同前一日的收盘价之间形成了一个向下的跳空缺口。市场上攻失败，最终报收于较低的价格。同锤子线形态和上吊线形态一样，次日的市场走势是判断市场是否能成功反转的关键。如果次日市场的开盘价高于倒锤子线实体最高价，说明潜在的反转可能性使得短线空头开始转而做多，这种行为会进一步刺激价格继续上涨。倒锤子线日很容易演变成看涨启明星形态中中间的那一天，我们会在本章稍后部分为读者详细讲解启明星形态。

### *流星线形态*

在上升趋势中，市场出现了一个向上的跳空缺口，价格创出新高，但是上升的趋势没有得到支持，价格开始回落，收盘时只是稍高于开盘价。这种向上的跳空开盘，和随后下跌的走势只能被认定为是看跌形态。毫无疑问，这种走势必然会刺激多方获利了结，落袋为安。

### 形态的灵活性

作为由单一蜡烛图组成的形态，倒锤子线形态和流星线形态没有什么变化的空间。影线的长度将决定这种反转形态的强度。上影线的长度至少应是实体部分长度的2倍，并且最好没有下影线，即使有下影线，其长度也不应该超过实体长度的5%～10%。与大多数情况相似，蜡烛实体部分的颜色可以帮助我们更好地了解市场中交易者的实际情绪。

### 形态的简化

虽然倒锤子线形态和流星线形态都是由单一蜡烛图组成的形态，但是对前一天市场行情的分析可以增加我们判断的成功率。倒锤子线形态可以简化为一根大阴线（见图 3-24），如果单独考虑简化后的图形，它必然具有看跌倾向；流星线形态可以简化为一根大阳线（见图 3-25），如果单独考虑简化后的图形，它必然具有看涨倾向。这时，我们发现经过还原的蜡烛图形态同它们原本具有的含义自相矛盾，因此在具体运用时，我们需要结合稍后的市场走势进行进一步的确认。

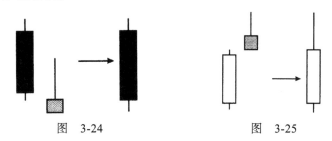

图 3-24 　　　　　　　　　图 3-25

### 相关的形态

正如锤子线形态和上吊线形态与蜻蜓十字线密切相关一样，流星线形态和倒锤子线形态也同墓碑十字线是表亲。

### 市场实例

倒锤子线和流星线形态如图 3-26A 和图 3-26B 所示。

## 刺透线形态

| 形态名称：刺透线 + | | | | 类型：R+ | | |
|---|---|---|---|---|---|---|
| 日文名称：*kirikomi* | | | | | | |
| 趋势要求：是 | | | 确认：推荐 | | | |
| 形态之间平均间隔天数（MDaysBP）：1 212　　　　平均水平 | | | | | | |
| 形态统计来自 7 275 只常见流通股票基于 1 460 万个交易日中的数据 | | | | | | |
| 间隔（日） | 1 | 2 | 3 | 4 | 5 | 6 | 7 |
| 获利比例（%） | 47 | 46 | 48 | 49 | 49 | 51 | 50 |
| 平均收益（%） | 2.61 | 3.43 | 4.21 | 4.69 | 5.33 | 5.81 | 6.21 |
| 亏损比例（%） | 53 | 54 | 52 | 51 | 51 | 49 | 50 |
| 平均亏损（%） | −2.54 | −3.45 | −4.03 | −4.60 | −5.11 | −5.49 | −5.89 |
| 净收益 / 净亏损 | −0.13 | −0.26 | −0.10 | −0.03 | 0.04 | 0.21 | 0.19 |

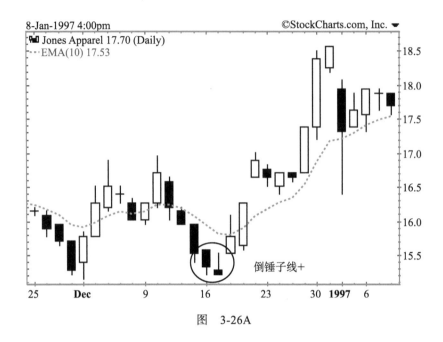

图　3-26A

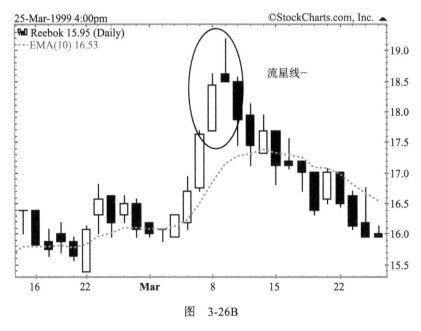

图　3-26B

## 形态介绍

如图 3-27 所示，刺透线形态与下面我们将要介绍的形态，乌云盖顶形态（详见下一个形态）是正好相反的两种形态。刺透线形态是一种判断市场是否已经形成底部的重要标志，这种形态通常出现在下跌趋势中，由两根蜡烛图或两个交易日的价格变动组成。第一日是一根阴线，意味市场处于下跌趋势中。第二日是一根大阳线，开盘价即创出新低，然后市场价格一路走高，最终以阳线收盘，并收盘在前一日阴线的中间位置之上。在日语中，kirikomi 的意思是"消减"和"折返"。

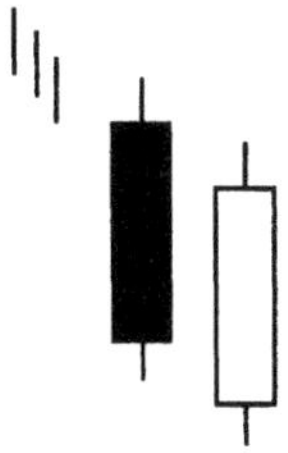

图 3-27

## 形态识别的标准

1. 刺透线形态出现的第一日是一根大阴线，说明市场仍处在下跌趋势之中。

2. 第二日是一根大阳线，并且它的开盘价要低于前一日的最低价（而不是收盘价）。

3. 第二日的收盘价应该高于前一日大阴线实体部分的中间位置。

## 蜡烛图形态背后的交易情境及市场心理分析

在下降趋势中出现的大阴线说明市场仍处于下跌趋势之中。第二天市场向下跳空开盘更加证明了这一点，但随后市场开始走高，并且当日的收盘价高于前一天大阴线的中间位置。这种走势提示了市场可能将形成底部，空头们继续做空的信心受到打击，一些短线空头们开始获利平仓，这进一步促进了市场筑底。日本蜡烛图生动地为我们绘制了这样一幅市场中交易者的心理变化图，但是西方传统的标准柱状图在这方面不能给我们太大帮助。

## 形态的灵活性

第二日阳线实体应该达到前一天阴线长度的一半（即收盘在前日阴线实

体部分的一半以上）。如果这一前提未能满足，交易者应该耐心等待更多的做多信号出现。刺透线形态不存在其他的变化形式，刺透线的实体必须达到前一天阴线实体长度的一半。同刺透线形态相似的还有切入线形态、待入线形态和插入线形态（详见第4章），正因为这些形态，刺透线的定义必须非常严格。这三种形态与刺透线形态极为类似，但这三种形态中，随后的交易日内市场上涨的动能不足，多头的力量不够强，无法改变原先的下跌趋势，反而由于上攻失败消耗了多头的力量和信心，因此它们属于看跌持续形态。

在刺透线形态中，阳线收盘价所覆盖阴线部分越多，市场出现转势的可能性就越大。大家可以回想一下，如果阳线的实体整个超过了阴线，那么刺透线形态就演变成了看涨吞没形态。

请大家牢记这条法则：刺透线形态是由一根大阴线和一根大阳线组成的，第二天阳线的收盘价必须要高于第一天阴线实体部分的中间位置。

### 形态的简化

刺透线形态可以简化为纸伞形态和锤子线形态，它是市场发展趋势即将发生变化的标志（见图3-28）。这种形态简化不会改变其原有的看涨倾向。

### 相关的形态

同刺透线相似的形态还有切入线形态、待入线形态和插入线形态（详见第4章），但是这三种形态与刺透线形态不同，刺透线形态反映的是市场趋势即将发生变化，而另外三种形态更多地被认为是下跌趋势继续的信号。看涨吞没形态可以看成是刺透线形态的扩展形态，具有更强的反转倾向。

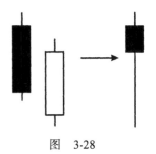

图　3-28

### 市场实例

刺透线形态如图3-29所示。

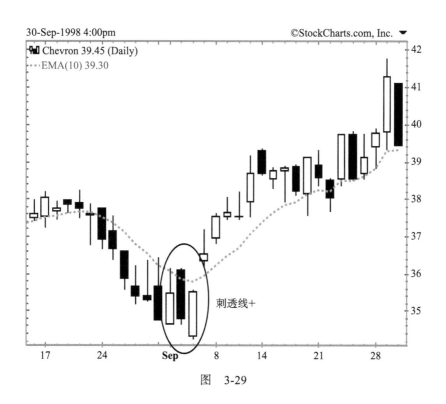

图　3-29

# 乌云盖顶形态

| 形态名称：乌云盖顶 – | | | | 类型：R– | | |
|---|---|---|---|---|---|---|
| 日文名称：*kabuse* | | | | | | |
| 趋势要求：是 | | | 确认：必须 | | | |
| 形态之间平均间隔天数（MDaysBP）：903　　　频繁出现 | | | | | | |
| 形态统计来自 7 275 只常见流通股票基于 1 460 万个交易日中的数据 | | | | | | |
| 间隔（日） | 1 | 2 | 3 | 4 | 5 | 6 | 7 |
| 获利比例（%） | 47 | 46 | 46 | 46 | 47 | 47 | 47 |
| 平均收益（%） | 2.25 | 3.03 | 3.69 | 4.22 | 4.69 | 5.16 | 5.54 |
| 亏损比例（%） | 53 | 54 | 54 | 54 | 53 | 53 | 53 |
| 平均亏损（%） | –2.51 | –3.33 | –4.07 | –4.78 | –5.41 | –5.90 | –6.42 |
| 净收益 / 净亏损 | –0.25 | –0.38 | –0.47 | –0.58 | –0.65 | –0.72 | –0.81 |

### 形态介绍

如图 3-30 所示,乌云盖顶形态同我们刚刚介绍过的形态刺透线形态(见图 3-27)正好相反。这种形态通常出现在市场的上升趋势中,它是一种看跌反转形态。第一日的阳线表明市场仍处于上升趋势之中,次日市场先是向上跳空开盘,随后逐步下探,最后在前一天阳线的实体中间位置以下收盘。请大家注意,这又是一种利用市场高低价进行定义的蜡烛图形态。第二日阴线的低点应低于第一日阳线的中心点。

同刺透线形态相似,开盘乌云盖顶形态也表明市场趋势即将发生反转,所不同的是对交易者心态的影响,因为市场首先高开,随后却一路走低,这说明市场上涨无力,很可能转入下跌。该形态不存在其他的变化。在日语中,kabuse 的意思是"掩盖起来"和"包裹住"。

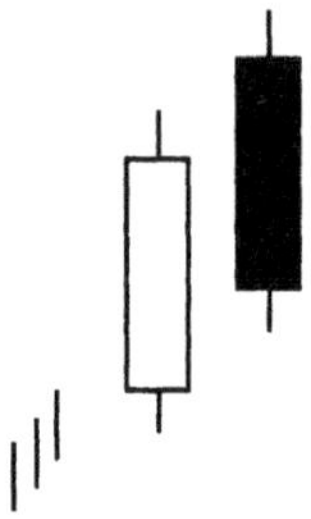

图 3-30

### 形态识别的标准

1.乌云盖顶形态的第一根蜡烛图是一根大阳线,这说明市场仍处在上升趋势中。

2.第二天是一根大阴线,它的开盘价要高于前一天的最高价(注意是最高价,不是收盘价)。

3.第二天的(阴线)收盘价应该低于前一天大阳线实体的中心点。

### 蜡烛图形态背后的交易情境及市场心理分析

市场处在上升趋势中,大阳线的出现更加证明了这一点。第二天市场向上跳空高开,然而,这就是上升趋势的谢幕曲,随后市场开始下跌,最后收盘在前一日的大阳线之内,准确地说,收盘在前日大阳线的中心点之下。在这种市场情形下,多头开始犹豫,重新审视他们的既定策略。同刺透线形态一样,乌云盖顶形态也是市场中典型的趋势反转信号。

### 形态的灵活性

在乌云盖顶形态中，第二天阴线的收盘价超过前一天阳线中心点越多，说明市场趋势出现顶部反转的可能性就越大。另外，在乌云盖顶形态中，第一天是大阳线，第二天的向上跳空缺口很明显，这两个特征都强调说明了市场情绪正在发生改变。

### 形态的简化

乌云盖顶形态可以被还原为流星线形态，它是市场即将下跌的信号（见图 3-31）。如果第二日阴线的实体将第一日阳线的实体完全吞没，那么我们可以将形态简化为墓碑十字线形态，毫无疑问，该形态属于顶部反转信号。

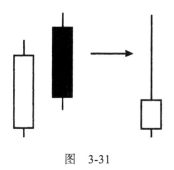

图　3-31

### 相关的形态

乌云盖顶形态可以看成是看跌吞没形态的初始状态。正因为如此，我们认为看跌吞没形态的看跌反转倾向要强于乌云盖顶形态。

### 市场实例

乌云盖顶形态如图 3-32 所示。

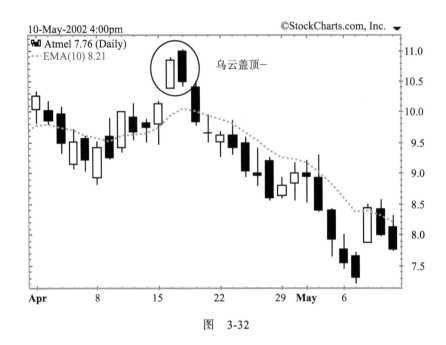

图 3-32

## 十字星形态

| 形态名称：十字星+ | | | | | 类型：R+ | |
|---|---|---|---|---|---|---|
| 日文名称：*doji bike* | | | | | | |
| 趋势要求：是 | | | 确认：不需要 | | | |
| 形态之间平均间隔天数（MDaysBP）：539 | | | 频繁出现 | | | |
| 形态统计来自 7 275 只常见流通股票基于 1 460 万个交易日中的数据 | | | | | | |
| 间隔（日） | 1 | 2 | 3 | 4 | 5 | 6 | 7 |
|---|---|---|---|---|---|---|---|
| 获利比例（%） | 53 | 53 | 54 | 54 | 54 | 54 | 54 |
| 平均收益（%） | 2.98 | 4.03 | 4.75 | 5.47 | 6.11 | 6.65 | 7.17 |
| 亏损比例（%） | 47 | 47 | 46 | 46 | 46 | 46 | 46 |
| 平均亏损（%） | −2.53 | −3.58 | −4.30 | −4.82 | −5.30 | −5.78 | −6.28 |
| 净收益/净亏损 | 0.36 | 0.46 | 0.54 | 0.69 | 0.82 | 0.93 | 1.00 |

| 形态名称：十字星 – | | | | | | 类型：R– | |
|---|---|---|---|---|---|---|---|
| 日文名称：*doji bike* | | | | | | | |
| 趋势要求：是 | | | | 确认：推荐 | | | |
| 形态之间平均间隔天数（MDaysBP）：416 | | | | 非常频繁 | | | |
| 形态统计来自 7 275 只常见流通股票基于 1 460 万个交易日中的数据 | | | | | | | |
| 间隔（日） | 1 | 2 | 3 | 4 | 5 | 6 | 7 |
| 获利比例（%） | 53 | 53 | 52 | 52 | 52 | 52 | 51 |
| 平均收益（%） | 2.27 | 3.13 | 3.78 | 4.35 | 4.81 | 5.22 | 5.62 |
| 亏损比例（%） | 47 | 47 | 48 | 48 | 48 | 48 | 49 |
| 平均亏损（%） | −2.43 | −3.45 | −4.17 | −4.77 | −5.33 | −5.78 | −6.20 |
| 净收益 / 净亏损 | 0.07 | 0.01 | −0.02 | −0.05 | −0.07 | −0.09 | −0.16 |

## 形态介绍

如图 3-33 和图 3-34 所示，十字星形态是市场趋势即将发生变化的预警信号。第一根蜡烛图的实体部分很长，代表着此前市场趋势。在下降趋势中应该形成一个黑色实体，而在上升趋势中则形成白色实体。第二天市场沿着原趋势运动方向出现一个跳空缺口，然后价格回落到开盘价附近（或刚好等于开盘价）形成收盘价。市场原趋势的减弱立刻引起交易者的关注。相对于西方传统的柱状图，或者是只用收盘价绘成的折线图，十字星形态为我们证明了蜡烛图在图形显示方面的优势，如果交易者使用前面两种图形，就很难发现市场趋势的这种衰退变化。通过蜡烛图，我们可以清楚地发现按照原趋势方向出现的价格跳空使得市场做多（或者做空）的能量迅速得到释放。

## 形态识别的标准

1.第一日是大阳线或大阴线。

2.第二日的价格跳空是顺着市场此前的趋势方向。

3. 第二日的市场图形是十字线。

4. 十字线的上下影线不能太长，特别是对看涨反转信号来说。

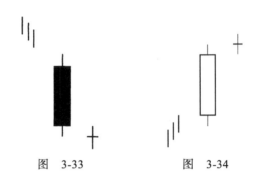

图 3-33 图 3-34

**蜡烛图形态背后的交易情境及市场心理分析**

下面以看跌十字星形态为例，说明十字星形态背后的市场心理。市场原本在已经确定的上升趋势中运行，一根大阳线的出现更确定了市场的既有趋势。第二天市场向上跳空开盘，但是全天价格波动不大，收盘时价格又回落到开盘价（或开盘价附近）。这种价格变动实际上消耗了市场多头（或者空头）的信心，投资者会重新考虑应该持有何种头寸，这种市场中犹豫的情绪，在图表上的表现就是十字线形态。如果再下一日市场以较低的价格开盘，说明市场趋势的反转过程已经开始了。

**形态的灵活性**

如果第二天的跳空缺口在前一日的影线之下（下跌趋势中）或之上（上升趋势中），即次日开盘价低于前日最低价（下跌趋势），高于前日最高价（上升趋势），这样的信号就增大了趋势改变的可能性。形态中第一天蜡烛图实体的颜色也应该与以前的市场趋势相符。

**形态的简化**

如图 3-35 所示，看涨十字星形态可以简化为一根单独的大阴线，但是这种简化显然与看涨十字星形态的看涨倾向截然不同。如图 3-36 所示，看跌十字星形态可以简化为一根单独的大阳线，但是这种简化显然与看跌十字星形态的看跌倾向截然不同。所以，这种简化后的形态与原形态的实际含义是矛盾的，因此十字星形态不能被简化。

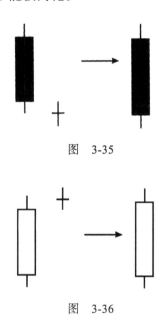

图　3-35

图　3-36

## 相关的形态

十字星形态是十字启明星形态和十字黄昏星形态的组成部分，它反映了这两种形态中市场前两日的变化。

## 市场实例

十字星形态如图 3-37A 和图 3-37B 所示。

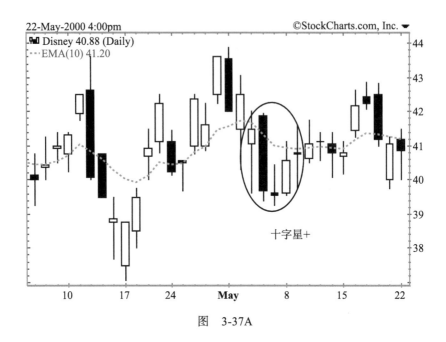

图 3-37A

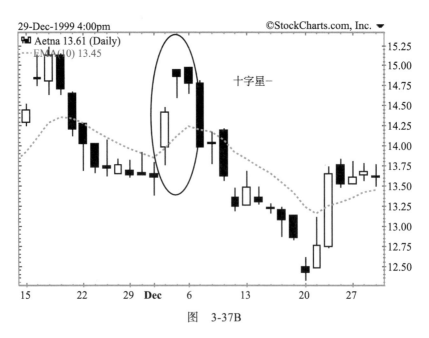

图 3-37B

## 约会线形态

| 形态名称：约会线 + | | | | | 类型：R+ | |
|---|---|---|---|---|---|---|
| 日文名称：*deai sen* | | | | | | |
| 趋势要求：是 | | | 确认：推荐 | | | |
| 形态之间平均间隔天数（MDaysBP）：3 132 | | | 平均水平 | | | |
| 形态统计来自 7 275 只常见流通股票基于 1 460 万个交易日中的数据 | | | | | | |
| 间隔（日） | 1 | 2 | 3 | 4 | 5 | 6 | 7 |
| 获利比例（%） | 45 | 48 | 48 | 48 | 50 | 50 | 51 |
| 平均收益（%） | 2.78 | 3.55 | 4.33 | 4.94 | 5.52 | 6.06 | 6.57 |
| 亏损比例（%） | 55 | 52 | 52 | 52 | 50 | 50 | 49 |
| 平均亏损（%） | −2.61 | −3.24 | −3.95 | −4.43 | −4.86 | −5.22 | −5.58 |
| 净收益/净亏损 | −0.14 | −0.01 | 0.03 | 0.06 | 0.27 | 0.43 | 0.53 |

| 形态名称：约会线 – | | | | | 类型：R– | |
|---|---|---|---|---|---|---|
| 日文名称：*deai sen* | | | | | | |
| 趋势要求：是 | | | 确认：必须 | | | |
| 形态之间平均间隔天数（MDaysBP）：2 732 | | | 平均水平 | | | |
| 形态统计来自 7 275 只常见流通股票基于 1 460 万个交易日中的数据 | | | | | | |
| 间隔（日） | 1 | 2 | 3 | 4 | 5 | 6 | 7 |
| 获利比例（%） | 47 | 49 | 48 | 49 | 50 | 49 | 49 |
| 平均收益（%） | 2.27 | 2.93 | 3.52 | 3.96 | 4.25 | 4.71 | 4.96 |
| 亏损比例（%） | 53 | 51 | 52 | 51 | 50 | 51 | 51 |
| 平均亏损（%） | −2.83 | −3.70 | −4.28 | −4.97 | −5.51 | −5.87 | −6.27 |
| 净收益/净亏损 | −0.35 | −0.41 | −0.47 | −0.53 | −0.59 | −0.62 | −0.73 |

### 形态介绍

约会线形态，有时也被称为相逢线形态，此形态由两根颜色相反且具有相同收盘价的蜡烛图组成。在一些日本蜡烛图的技术分析著作中，该形态又被称为"反击线形态"（counterattacklines）。在日语中，deaisen 的意思是"约会的地点"，而 gyakushusen 的意思是"反击的地方"。

### 看涨约会线形态

该形态通常出现在下跌趋势中。如图 3-38 所示,该形态的第一根蜡烛图是一根大阴线,第二天市场向下跳空,然后低开高走,一路上扬,最后收盘于前日的收盘价处。从形态上来看,看涨约会线形态同刺透线形态有些类似,两者的不同之处在于第二天的反弹力度。约会线形态的反弹力度要小于刺透线形态,在刺透线形态中,第二天收盘价向上超越了前一天蜡烛图实体的中心点,而约会线形态中的第二天收盘价只涨到第一天的收盘价。另外,请读者注意,不要将看涨约会线形态同待入线形态(我们将在第 4 章中详细介绍该形态)混淆。

### 看跌约会线形态

对于看跌约会线形态来说,与它类似的形态是乌云盖顶形态。如图 3-39 所示,在看跌约会线形态中,第二天市场向上跳空高开,创出新高,然后一路下行,最后收市于第一天的收盘价处,而乌云盖顶形态的第二根蜡烛图向下超越了前一根蜡烛图实体的中心点。

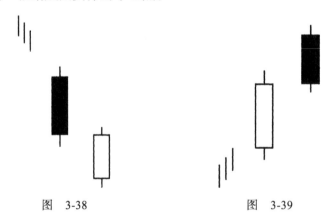

图 3-38                    图 3-39

### 形态识别的标准

1.两根蜡烛图都要具有实体部分,并代表各自的市场趋势。

2.第一根蜡烛图的颜色应与原趋势相符,下跌趋势中第一根蜡烛图应为黑色,上升趋势中第一根蜡烛图应为白色。

3. 第二根蜡烛图的颜色与第一根蜡烛图颜色相反。

4. 两日的收盘价相同。

5. 这两根蜡烛图的实体应较长，即大阴线或大阳线。

## 蜡烛图形态背后的交易情境及市场心理分析

### *看涨约会线形态*

市场处在下跌趋势中，而且第一天大阴线的出现更坚定了这种市场观点。第二天市场低开，形成向下的跳空缺口，这时市场中的多头开始组织反攻，人气重新得到凝聚，最后收市于第一天的收盘价处。这一现象说明了市场前一日的收盘价对于次日价格的影响，市场中多头的力量已经转强，成功地收复了原先向下的价格跳空缺口，并使价格在前日的收盘价（附近）企稳，这为交易者揭示了潜在的转势可能性。如果第三天市场高开，我们就可以认为市场的转势得到确认。

### 形态的灵活性

在约会线形态中，两天的蜡烛图都应该有比较长的实体。然而在通常情况下，第二天的实体比第一天的要小，这种变化不会改变形态的意义，但无论哪种情况，我们都推荐对该形态进行确认。当然，如果两根蜡烛图都是我们在前一章讲过的光头或光脚收盘蜡烛图，那么形态的反转意味将更为强烈。

### 形态的简化

如图 3-40 和图 3-41 所示，约会线形态可以简化为一根蜡烛图，简化后的单一的蜡烛图与形态中的第一根蜡烛图含义相同，都代表了市场的原趋势方向，第二根蜡烛图只是形成了影线，毫无疑问，简化后的单根蜡烛图并不意味着市场将发生反转。请读者谨记，在这种形态中，简化后蜡烛图的含义与未简化的原形态的含义截然相反，因此这种简化是无效的。

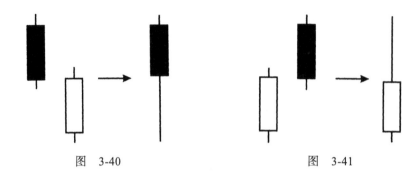

图    3-40                              图    3-41

## 相关的形态

在持续形态中（详见第 4 章），同约会线形态相反的是分手线形态。此外，如果第二根蜡烛图的实体能够突破至第一根蜡烛图的实体内，看涨约会线就演化成了刺透线形态，看跌约会线形态将演化为乌云盖顶形态。

## 市场实例

约会线形态如图 3-42A 和图 3-42B 所示。

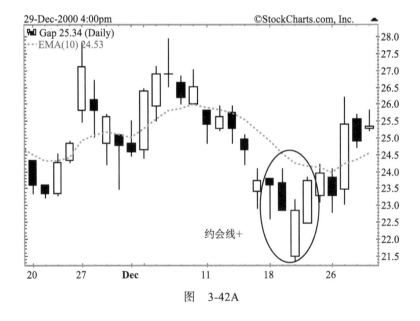

图    3-42A

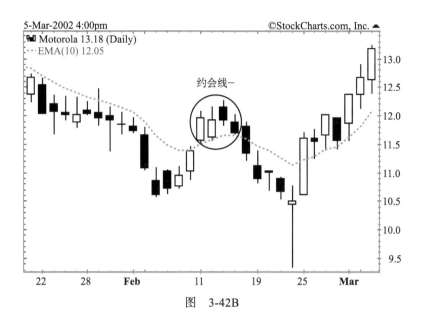

图 3-42B

## 信鸽形态

| 形态名称：信鸽 | | | | | | 类型：R+ |
|---|---|---|---|---|---|---|

| 日文名称：*shita banare kobato gaeshi* | | | | | | |
|---|---|---|---|---|---|---|

| 趋势要求：是 | | | 确认：不需要 | | | |
|---|---|---|---|---|---|---|

| 形态之间平均间隔天数（MDaysBP）：648 | | | 频繁出现 | | | |
|---|---|---|---|---|---|---|

形态统计来自 7 275 只常见流通股票基于 1 460 万个交易日中的数据

| 间隔（日） | 1 | 2 | 3 | 4 | 5 | 6 | 7 |
|---|---|---|---|---|---|---|---|
| 获利比例（%） | 54 | 54 | 54 | 54 | 54 | 54 | 55 |
| 平均收益（%） | 3.20 | 4.25 | 5.09 | 5.81 | 6.55 | 7.02 | 7.64 |
| 亏损比例（%） | 46 | 46 | 46 | 46 | 46 | 46 | 45 |
| 平均亏损（%） | −2.57 | −3.54 | −4.20 | −4.81 | −5.31 | −5.88 | −6.26 |
| 净收益/净亏损 | 0.49 | 0.62 | 0.75 | 0.86 | 1.01 | 1.08 | 1.28 |

### 形态介绍

如图 3-43 所示，信鸽形态和孕线形态十分相似，它们都由两根蜡烛图组成，前一根蜡烛图吞没后一根蜡烛图。所不同的是，在孕线形态中，两根蜡烛图的颜色是相反的，而在信鸽形态中，两根蜡烛图的颜色保持一致，都是黑色的。

### 形态识别的标准

1. 在下跌趋势中出现了一根大阴线。

2. 小阴线（第二根阴线）完全被第一根阴线吞没。

### 蜡烛图形态背后的交易情境及市场心理分析

市场已经在下降的趋势中运行，第一天，大阴线的出现更证明了这种趋势。第二天，市场高开，盘中价格在前一天形成的价格区域中波动，最后以较低的价格收盘。在考虑第一天和它之前的市场走势后，我们认为第二天虽然价格仍在下降，但是反映出这种下跌的力度在减弱，它表明市场可能存在反转机会。

### 形态的灵活性

显而易见，信鸽形态不具有其他的变化形式。

### 形态的简化

如图 3-44 所示，信鸽形态可以简化为一根带有下影线的大阴线，这种单一蜡烛图很明显不具有看涨意味，所以需要对其进行确认。

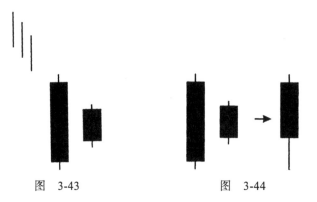

图 3-43　　　　　　　　图 3-44

## 相关的形态

从图形上看，信鸽形态与孕线形态相关。不同之处在于，在信鸽形态中，两根蜡烛图必须都是阴线。

## 市场实例

信鸽形态如图 3-45 所示。

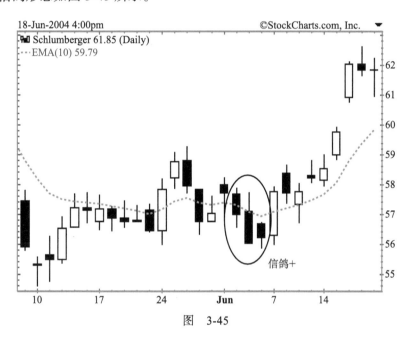

图 3-45

# 俯冲之鹰形态

| 形态名称：俯冲之鹰 – | | | | | 类型：R– | |
| --- | --- | --- | --- | --- | --- | --- |
| 日文名称：*kakouchu no taka* | | | | | | |
| 趋势要求：是 | | | | 确认：推荐 | | |
| 形态之间平均间隔天数（MDaysBP）：545　频繁出现 | | | | | | |
| 形态统计来自 7 275 只常见流通股票基于 1 460 万个交易日中的数据 | | | | | | |
| 间隔（日） | 1 | 2 | 3 | 4 | 5 | 6 | 7 |
| 获利比例（%） | 56 | 55 | 54 | 53 | 52 | 52 | 52 |

（续）

| 平均收益（%） | 2.39 | 3.00 | 3.57 | 3.98 | 4.38 | 4.70 | 5.05 |
|---|---|---|---|---|---|---|---|
| 亏损比例（%） | 44 | 45 | 46 | 47 | 48 | 48 | 48 |
| 平均亏损（%） | −2.36 | −3.28 | −3.91 | −4.59 | −5.06 | −5.56 | −6.05 |
| 净收益/净亏损 | 0.28 | 0.16 | 0.09 | −0.01 | −0.11 | −0.19 | −0.28 |

### 形态介绍

如图 3-46 所示，俯冲之鹰是一个两日看跌反转形态。建立这一形态是为了对看涨的信鸽形态提供一个补充。

### 形态识别的标准

1. 在上涨趋势中形成一根大阳线。

2. 两根蜡烛图的实体部分必须是白色的。

3. 第二天蜡烛图的实体必须完全被第一天蜡烛图的实体所吞没。

4. 这两根蜡烛图的实体应较长。

图 3-46

### 蜡烛图形态背后的交易情境及市场心理分析

俯冲之鹰形态的第一根蜡烛图是大阳线。第一根蜡烛图的中心点必须在 10 日移动平均线的上方，这意味着市场已经处于上涨趋势中。大阳线进一步强化了早已存在的看涨心态。第二日，开盘价较低，交易不太活跃，最终收盘于接近当天最高价附近。如果下一日（第三日）的开盘价低于前一日的收盘价，且第三日的收盘价低于第一日的收盘价，那么你就可以确认这一形态。

### 形态的灵活性

俯冲之鹰的两根蜡烛图的实体部分必须较"大"。蜡烛图的实体部分是指开盘价与收盘价之间的部分。在这一形态之中，"大"实体指实体部分在最高

价与最低价的价格范围内所占比例超过 50%。不要将长实体（即大阴或大阳）
这一要求与一天中价格波动范围大的要求混为一谈。根据定义，俯冲之鹰形
态的两根蜡烛图的影线应该相对较短。

### 形态的简化

如图 3-47 所示，俯冲之鹰形态可以简化为一
根带长上影线的阳线。在实际使用时，我们推荐
对这一形态进行确认。

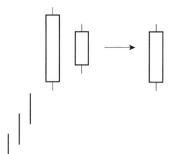

### 相关的形态

俯冲之鹰形态与看跌孕线形态类似。俯冲之
鹰形态的第二根蜡烛图是阳线，而看跌孕线的第
二根蜡烛图是阴线。

图　3-47

### 市场实例

俯冲之鹰形态如图 3-48 所示。

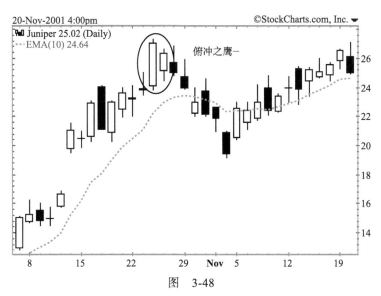

图　3-48

## 相同低价形态

| 形态名称：相同低价 + | | | | | 类型：R+ | |
|---|---|---|---|---|---|---|
| 日文名称：*niten zoko/kenuki* | | | | | | |
| 趋势要求：是 | | | 确认：不需要 | | | |
| 形态之间平均间隔天数（MDaysBP）：590　　频繁出现 | | | | | | |
| 形态统计来自 7 275 只常见流通股票基于 1 460 万个交易日中的数据 | | | | | | |
| 间隔（日） | 1 | 2 | 3 | 4 | 5 | 6 | 7 |
| 获利比例（%） | 69 | 64 | 62 | 61 | 60 | 59 | 59 |
| 平均收益（%） | 3.63 | 4.71 | 5.42 | 5.98 | 6.64 | 6.98 | 7.37 |
| 亏损比例（%） | 31 | 36 | 38 | 39 | 40 | 41 | 41 |
| 平均亏损（%） | −2.60 | −3.42 | −3.92 | −4.39 | −4.75 | −5.13 | −5.48 |
| 净收益 / 净亏损 | 1.23 | 1.43 | 1.55 | 1.65 | 1.77 | 1.79 | 1.82 |

### 形态介绍

相同低价形态所遵循的原则与竖状三明治（稍后在三日反转形态中解释）形态较为类似。实际上，如果把竖状三明治形态中间的阳线去掉，就可以得到相同低价形态。如图 3-49 所示，市场一直处在下跌的趋势中，第一天出现的大阴线更是证明了市场继续下跌的可能性，次日虽然市场跳空高开，但是这种上扬趋势未能延续，价格回落并最终收盘于前一日的低点。在相同低价形态中，两根蜡烛图的实体底部（收盘价）是相同的。这个形态预示市场底部已经确立，即使在未来几天再次试图创出新低，也仅仅是一种短期的试探性行为（例如市场中的毛刺，刺探出新低，但很少收出新低），而不能说明下跌趋势的延续。我们可以利用该形态找出市场的支撑位。

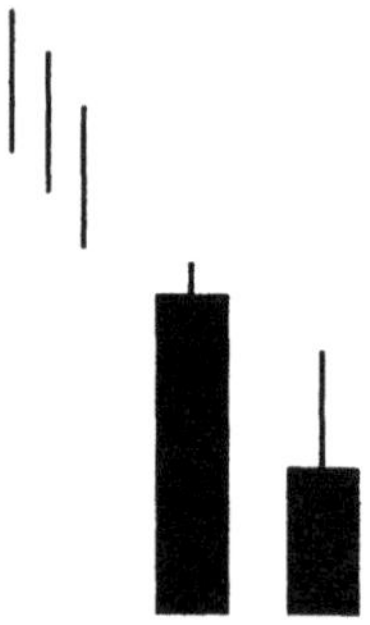

图　3-49

### 形态识别的标准

1.第一天出现一根大阴线。

2. 第二天也是一根阴线，它的收盘价和前一天的收盘价相同。

## 蜡烛图形态背后的交易情境及市场心理分析

市场已经在下跌的趋势中运行了一段时间，第一天的大阴线再次证明了这种趋势。次日，市场高开，盘中的交易价格可能高于开盘价（这时就会出现上影线），但是收盘时市场仍然保持下跌，并且收盘价和前一天收盘价相同。相同低价形态是一种经典的短线支撑形态，通常会立刻引起短线空头的警觉。这些做空的投资者，一般会比较谨慎地持有空头头寸，一旦出现任何风吹草动，他们就会立即平仓，减少风险。所以，相同低价形态会使这些短线空头迅速平仓。

这种形态的有趣之处在于，虽然市场没有达成共识，但是心理作用促成市场最后在相同的价位收盘。

### 形态的灵活性

两根蜡烛图的实体可长可短，它不会影响该形态的市场含义。

### 形态的简化

如图 3-50 所示，相同低价形态可以简化为一根大阴线，我们知道大阴线通常具有看跌倾向，所以该形态在实际运用时需要对其进行进一步确认。

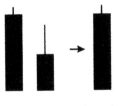

图　3-50

### 相关的形态

如果从图形上看，相同低价形态比较像信鸽形态，但是由于两根蜡烛图的收盘价相同，所以第二天不能认定是被第一天吞没的。

### 市场实例

相同低价形态如图 3-51 所示。

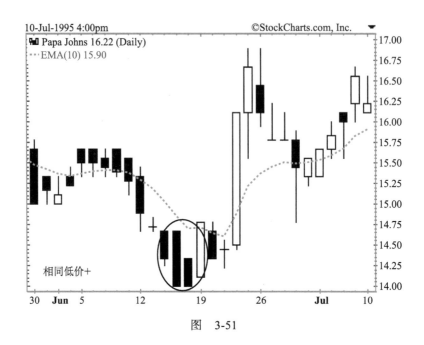

图 3-51

# 相同高价形态

| 形态名称：相同高价 – | | | | | | 类型：R– |
|---|---|---|---|---|---|---|

| 日文名称：*niten tenjo* | | | | | | |
|---|---|---|---|---|---|---|

| 趋势要求：是 | | | 确认：不需要 | | | |
|---|---|---|---|---|---|---|

| 形态之间平均间隔天数（MDaysBP）：499 | | 非常频繁 | | | | |
|---|---|---|---|---|---|---|

形态统计来自 7 275 只常见流通股票基于 1 460 万个交易日中的数据

| 间隔（日） | 1 | 2 | 3 | 4 | 5 | 6 | 7 |
|---|---|---|---|---|---|---|---|
| 获利比例（%） | 70 | 66 | 64 | 62 | 61 | 60 | 59 |
| 平均收益（%） | 2.79 | 3.22 | 3.56 | 3.90 | 4.18 | 4.40 | 4.70 |
| 亏损比例（%） | 30 | 34 | 36 | 38 | 39 | 40 | 41 |
| 平均亏损（%） | −2.22 | −3.09 | −3.76 | −4.27 | −4.70 | −5.01 | −5.38 |
| 净收益 / 净亏损 | 0.99 | 0.90 | 0.78 | 0.68 | 0.61 | 0.54 | 0.48 |

### 形态介绍

如图 3-52 所示,相同高价形态是一种两日看跌反转形态。建立这一形态是为了对相同低价形态进行补充。

### 形态识别的标准

1. 在上涨趋势中,第一天出现一根大阳线。
2. 第二天的收盘价与第一天的收盘价相同。
3. 两天的蜡烛图都没有上影线或上影线很短。

### 蜡烛图形态背后的交易情境及市场心理分析

相同高价形态的第一天是一根大阳线。第一天价格波动范围的中心点在 10 日移动平均线的上方,说明市场已经在上升趋势中运行。大阳线强化了早已存在的看涨氛围。

图　3-52

第二天的收盘价与第一天的收盘价相同。两天的蜡烛图都没有上影线或上影线很短。这一形态的决定因素是两天的收盘价相同。因此,我们不必考虑第二天蜡烛图线的长度或实体部分的长度(但要注意第二天蜡烛图有不存在上影线或上影线很短的要求),这一形态表明顶部很可能已经形成。如果你看到下一交易日的开盘价低于前一日的收盘价,同时下一交易日的收盘价低于第一日的开盘价,那么市场转势的可能性就大大增强。

### 形态的灵活性

相同高价形态的第一根蜡烛图必须具有很长的实体。蜡烛图的实体是指开盘价与收盘价之间的部分。长实体是指实体占最高价与最低价之间价格波动范围的 50% 以上。

请注意:如果第二天的收盘价与第一天的收盘价之间的差别在 1/1 000 之内,我们就可以视为两天的收盘价相同。因此,如果第一天的收盘价是 20 美元，那么第二天的收盘价可以在 19.98 美元和 20.02 美元之间。

### 形态的简化

如图 3-53 所示，相同高价形态可以简化为一根
带下影线的大阳线，因而这种形态在实际使用时需
要进一步确认。

### 相关的形态

相同高价形态与俯冲之鹰形态类似。

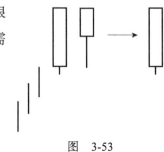

图　3-53

### 市场实例

相同高价形态如图 3-54 所示。

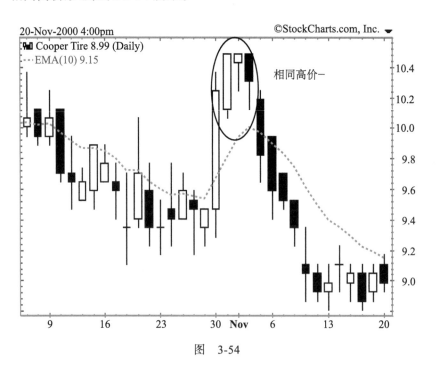

图　3-54

## 反冲形态

| 形态名称：反冲 + | | | | | 类型：R+ | |
|---|---|---|---|---|---|---|
| 日文名称：*keri ashi* | | | | | | |
| 趋势要求：否 | | | 确认：必须 | | | |
| 形态之间平均间隔天数（MDaysBP）：6 189　　　平均水平 | | | | | | |
| 形态统计来自 7 275 只常见流通股票基于 1 460 万个交易日中的数据 | | | | | | |
| 间隔（日） | 1 | 2 | 3 | 4 | 5 | 6 | 7 |
| 获利比例（%） | 43 | 43 | 44 | 45 | 44 | 45 | 47 |
| 平均收益（%） | 2.91 | 3.74 | 4.47 | 4.75 | 5.09 | 5.41 | 5.80 |
| 亏损比例（%） | 57 | 57 | 56 | 55 | 56 | 55 | 53 |
| 平均亏损（%） | −3.18 | −3.73 | −4.21 | −4.77 | −5.12 | −5.60 | −5.82 |
| 净收益 / 净亏损 | −0.49 | −0.50 | −0.37 | −0.49 | −0.56 | −0.61 | −0.39 |

| 形态名称：反冲 − | | | | | 类型：R− | |
|---|---|---|---|---|---|---|
| 日文名称：*keri ashi* | | | | | | |
| 趋势要求：否 | | | 确认：必须 | | | |
| 形态之间平均间隔天数（MDaysBP）：6 819　　　平均水平 | | | | | | |
| 形态统计来自 7 275 只常见流通股票基于 1 460 万个交易日中的数据 | | | | | | |
| 间隔（日） | 1 | 2 | 3 | 4 | 5 | 6 | 7 |
| 获利比例（%） | 40 | 41 | 41 | 42 | 42 | 42 | 42 |
| 平均收益（%） | 2.39 | 3.22 | 3.70 | 3.97 | 4.42 | 4.83 | 5.40 |
| 亏损比例（%） | 60 | 59 | 59 | 58 | 58 | 58 | 58 |
| 平均亏损（%） | −3.71 | −4.24 | −4.78 | −5.39 | −5.71 | −6.03 | −6.32 |
| 净收益 / 净亏损 | −1.07 | −1.04 | −1.17 | −1.36 | −1.41 | −1.39 | −1.37 |

### 形态介绍

从图形上看，反冲形态和分手线形态有些相似。所不同的是，在分手线形态中，两根蜡烛图的开盘价相同；在反冲形态中，两根蜡烛图之间存在一个跳空缺口。看涨反冲形态由一根黑色光头光脚蜡烛图和一根白色光头光脚蜡烛图组成（见图 3-55），看跌反冲形态由一根白色光头光脚蜡烛图和一根黑色光头光脚蜡烛图组成（见图 3-56）。一些日本的技术分析师认为，不必理会该形态中原有的市场趋势，实体部分较长的蜡烛图预示着未来市场的趋势方向。所以，我们在利用该形态判定未来市场走势时，可以不考虑原有的市场趋势，这是其他蜡烛图形态所不具备的。

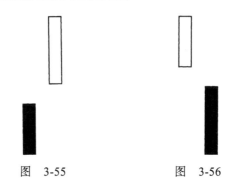

图　3-55　　　　　　图　3-56

**形态识别的标准**

1. 第一天出现一根光头光脚蜡烛图，第二天又出现一根光头光脚蜡烛图，但颜色与第一天相反。

2. 两根蜡烛图之间必须存在一个跳空缺口。

**蜡烛图形态背后的交易情境及市场心理分析**

市场已经在一定的趋势中运行，突然某一天开盘时出现了一个跳空缺口，而且市场价格没有再回到以前的价格区域内，仍持续上升（或下降），最终形成一个很大的跳空缺口。

**形态的灵活性**

反冲形态不存在任何变化形式。如果两根蜡烛图之间不存在跳空缺口，就形成了分手线形态（持续形态的一种）。

**形态的简化**

如图 3-57 所示，看涨反冲形态可以简化为一根本身就具有看涨倾向的大阳线。如图 3-58 所示，看跌反冲形态可以简化为一根本身就具有看跌倾向的大阴线。

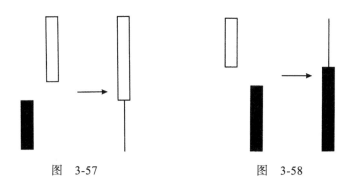

图　3-57　　　　　　　　　图　3-58

## 相关的形态

如果从图形上看，反冲形态与分手线形态相关。所不同的是，分手线形态不存在跳空缺口，另外它是持续形态的一种。

## 市场实例

反冲形态如图 3-59 和图 3-60 所示。

图　3-59

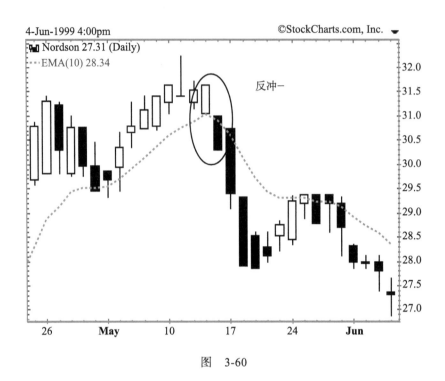

图 3-60

# 白色一兵形态

| 形态名称：白色一兵 + | | | | | 类型：R+ | |
|---|---|---|---|---|---|---|
| 日文名称：*shiroki heishi* | | | | | | |
| 趋势要求：是 | | | | | 确认：推荐 | |
| 形态之间平均间隔天数（MDaysBP）：355 非常频繁 | | | | | | |
| 形态统计来自 7 275 只常见流通股票基于 1 460 万个交易日中的数据 | | | | | | |
| 间隔（日） | 1 | 2 | 3 | 4 | 5 | 6 | 7 |
| 获利比例（%） | 47 | 48 | 49 | 49 | 50 | 50 | 50 |
| 平均收益（%） | 2.76 | 3.75 | 4.47 | 5.05 | 5.64 | 6.18 | 6.59 |
| 亏损比例（%） | 53 | 52 | 51 | 51 | 50 | 50 | 50 |
| 平均亏损（%） | −2.61 | −3.50 | −4.04 | −4.52 | −4.99 | −5.44 | −5.87 |
| 净收益 / 净亏损 | −0.09 | −0.04 | 0.10 | 0.21 | 0.29 | 0.32 | 0.32 |

### 形态介绍

如图 3-61A 所示，白色一兵形态是一种两日看涨反转形态。白色一兵是一种并列排列且颜色相反的（tasuki）蜡烛图形态，这种形态中当日开盘价高于前一日的收盘价且当日的收盘价高于前一日的最高价。日语 tasuki 的原意指"吊住和服长袖的带子"。

### 形态识别的标准

1. 白色一兵形态的第一根蜡烛图是大阴线。

2. 第二天是一根大阳线，其开盘价等于或高于前一天的收盘价，而其收盘价接近当天的最高价，并高于前一天的最高价。

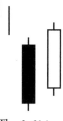

图　3-61A

### 蜡烛图形态背后的交易情境及市场心理分析

白色一兵形态的第一根蜡烛图是大阴线，第一天价格波动范围的中心点在 10 日移动平均线之下，这意味着下降趋势已经确立。大阴线强化了这种既有的下跌趋势。

第二天出现了一根大阳线，其开盘价等于或高于前一天的收盘价，最后以接近当天最高价收盘，并且超过前一天的最高价。

从市场中的交易心理来说，下降趋势已经被破坏。如果下一日的价格继续走高，那么下跌趋势就很可能出现反转。

### 形态的灵活性

白色一兵的两根蜡烛图都是大阴线或大阳线。当价格波动范围出现下面的情形时，就可以被认定为出现长蜡烛图：①高于中心点的 1.5%；②高于前 5 日最高价和最低价差价平均值的 0.75 倍，这是确定某一日蜡烛图线长度的不同方法。价格波动范围是指某一日最高价与当日最低价之差。中心点是某一日最高价与最低价的中间值。

两根蜡烛图的实体部分也要比较长。蜡烛图的实体是指开盘价与收盘价之间的部分。长实体是指实体占最高价与最低价之间价格波动范围的 50% 以上。

### 形态的简化

如图 3-61B 所示,白色一兵形态可以简化为一根带长下影线的小阳线。该形态在实际交易时需要进行进一步确认。

### 相关的形态

白色一兵形态与刺透线形态、看涨吞没线形态和看涨孕线形态类似。

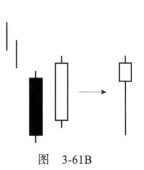

图　3-61B

### 市场实例

白色一兵形态如图 3-62 所示。

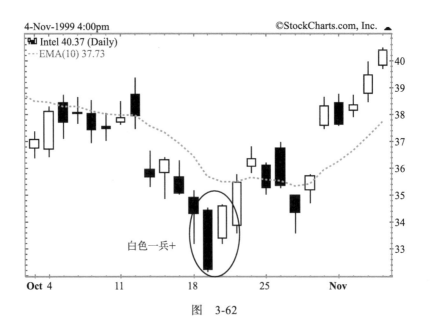

图　3-62

## 一只黑乌鸦形态

| 形态名称：一只黑乌鸦 – | | | | 类型：R– | | |
|---|---|---|---|---|---|---|
| 日文名称：*karasu* | | | | | | |
| 趋势要求：是 | | | 确认：必须 | | | |
| 形态之间平均间隔天数（MDaysBP）：451　　非常频繁 | | | | | | |
| 形态统计来自 7 275 只常见流通股票基于 1 460 万个交易日中的数据 | | | | | | |
| 间隔（日） | 1 | 2 | 3 | 4 | 5 | 6 | 7 |
| 获利比例（%） | 45 | 45 | 46 | 46 | 46 | 46 | 46 |
| 平均收益（%） | 2.16 | 2.92 | 3.49 | 3.95 | 4.38 | 4.81 | 5.19 |
| 亏损比例（%） | 55 | 55 | 54 | 54 | 54 | 54 | 54 |
| 平均亏损（%） | −2.50 | −3.20 | −3.87 | −4.29 | −4.75 | −5.18 | −5.59 |
| 净收益 / 净亏损 | −0.39 | −0.43 | −0.50 | −0.49 | −0.52 | −0.54 | −0.64 |

### 形态介绍

如图 3-63 所示，一只黑乌鸦形态是一种两日看跌反转形态。一只黑乌鸦是一种并列排列且颜色相反的（tasuki）蜡烛图形态，这种形态中当日开盘价低于前一日的收盘价且当日收盘价低于前一日的最低价。日语 tasuki 的原意指"吊住和服长袖的带子"。

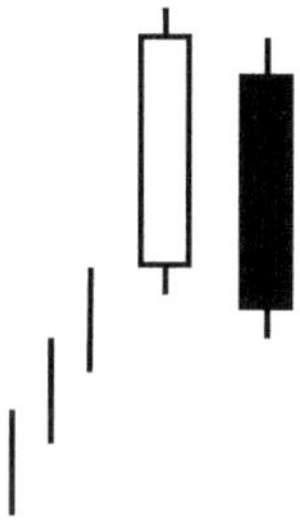

#### 形态识别的标准

1. 一只黑乌鸦形态的第一根蜡烛图是大阳线。

2. 第二天是一根大阴线，其开盘价等于或低于前一日的收盘价，收于当天的最低价附近，最终收盘价低于前一天的最低价。

图 3-63

#### 蜡烛图形态背后的交易情境及市场心理分析

一只黑乌鸦形态的第一根蜡烛图是大阳线。第一天价格范围的中心点高于 10 日移动平均线，这意味着上涨趋势已经确立。大阳线强化了看涨心态。

第二天出现了一根大阴线，其开盘价等于或低于前一日的收盘价，然后报收于当天的最低价附近，最终收盘价低于前一天的最低价。从市场中的交易心理来说，上涨趋势已经被破坏。如果后一日的价格持续下跌，那么上涨趋势就很可能出现反转。

### 形态的灵活性

与上一种形态一样，两个交易日的蜡烛图必须是大阳线或大阴线，具有很长的实体，其价格波动范围必须满足以下两个条件之一：①高于中心点的1.5%；②高于前5日最高价和最低价差价平均值的0.75倍。价格波动范围是指某一日最高价与当日最低价之差。中心点是某一日最高价与最低价的中间值。

### 形态的简化

如图 3-64 所示，一只黑乌鸦形态可以简化为带很长上影线的小阴线。该形态在实际交易时需要进行进一步确认。

### 相关的形态

一只黑乌鸦形态与乌云盖顶形态、看跌吞没形态和看跌孕线形态类似。

图　3-64

### 市场实例

一只黑乌鸦形态如图 3-65 所示。

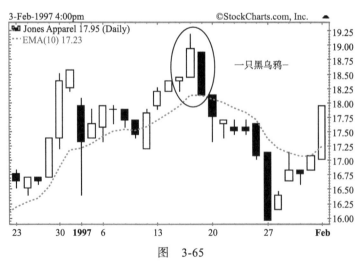

图　3-65

## ◈ 三日反转形态

### 启明星形态和黄昏星形态

| 形态名称：启明星 + | | | | | 类型：R+ | |
|---|---|---|---|---|---|---|
| 日文名称：*sankawa ake no myojyo* | | | | | | |
| 趋势要求：是 | | | 确认：必须 | | | |
| 形态之间平均间隔天数（MDaysBP）：2 978　　平均水平 | | | | | | |
| 形态统计来自 7 275 只常见流通股票基于 1 460 万个交易日中的数据 | | | | | | |
| 间隔（日） | 1 | 2 | 3 | 4 | 5 | 6 | 7 |
| 获利比例（%） | 45 | 45 | 47 | 46 | 47 | 47 | 48 |
| 平均收益（%） | 2.74 | 3.61 | 4.41 | 5.11 | 5.68 | 6.21 | 6.53 |
| 亏损比例（%） | 55 | 55 | 53 | 54 | 53 | 53 | 52 |
| 平均亏损（%） | −2.92 | −3.70 | −4.42 | −4.96 | −5.36 | −5.82 | −6.15 |
| 净收益 / 净亏损 | −0.33 | −0.38 | −0.29 | −0.28 | −0.21 | −0.13 | −0.08 |

| 形态名称：黄昏星 − | | | | | 类型：R− | |
|---|---|---|---|---|---|---|
| 日文名称：*sankawa yoi no myojyo* | | | | | | |
| 趋势要求：是 | | | 确认：必须 | | | |
| 形态之间平均间隔天数（MDaysBP）：3 146　　平均水平 | | | | | | |
| 形态统计来自 7 275 只常见流通股票基于 1 460 万个交易日中的数据 | | | | | | |
| 间隔（日） | 1 | 2 | 3 | 4 | 5 | 6 | 7 |
| 获利比例（%） | 44 | 45 | 46 | 46 | 46 | 45 | 46 |
| 平均收益（%） | 2.24 | 2.93 | 3.45 | 3.91 | 4.21 | 4.64 | 4.94 |
| 亏损比例（%） | 56 | 55 | 54 | 54 | 54 | 55 | 54 |
| 平均亏损（%） | −2.75 | −3.44 | −4.17 | −4.71 | −5.33 | −5.71 | −6.16 |
| 净收益 / 净亏损 | −0.48 | −0.55 | −0.63 | −0.74 | −0.92 | −1.02 | −1.07 |

### 形态介绍

#### 启明星形态

　　启明星形态是看涨反转信号，又被称为黎明之星，顾名思义，它预示着市场价格将一路走高。如图 3-66 所示，此形态第一天是一根大阴线，第二天是一根向下跳空的小阴线，第三天是一根阳线，它将价格推进到第一天黑色实体所表示的价格波动范围内。理想的启明星形态是第二天的图形（即"星线"）应该和第一天的图形之间形成向下的跳空缺口，而第三天的阳线则应该在第二天的小阴线之间出现一个向上的跳空缺口。

**黄昏星形态**

如图 3-67 所示，黄昏星形态又被称为黄昏之星，同启明星形态正好相反，它是看跌反转的信号。它出现在市场的上升趋势之中，预示着上升趋势即将结束。第一天是一根大阳线，第二天是一根向上跳空的星线（或小阴线），要记住，星线的实体与前一天蜡烛图的实体之间要有跳空。星线较小的实体是市场犹豫不决的第一个信号。第三天向下跳空，其收盘价更低，这一形态就被确立了。同启明星形态一样，黄昏星第二天的图形应该和第一天的图形之间形成跳空缺口，而第三天与第二天之间也要出现跳空缺口。一些文献中并未提及第二个跳空缺口。

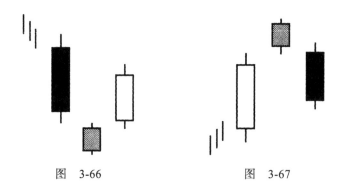

图　3-66　　　　　　　　图　3-67

**形态识别的标准**

1.第一天蜡烛图的颜色应与原趋势方向相符，即如果原趋势是上升的，黄昏星形态第一天则为大阳线，若原趋势为下跌的，启明星第一天则为大阴线。

2.第二天蜡烛图应出现跳空，而其颜色并不重要。

3. 第三天蜡烛图的颜色同第一天相反。

4. 第一天的蜡烛图和很多时候第三天的蜡烛图都是大阴线或大阳线。

### 蜡烛图形态背后的交易情境及市场心理分析

#### *启明星形态*

市场原本在已经确定的下降趋势中运行，一根大阴线的出现更加确定了这种趋势，市场看起来好像要继续下跌。但第二天市场向下跳空开盘，全天价格波动不大。蜡烛图的小实体反映了交易者对市场趋势的未来发展犹豫不决。第三天，市场以高于第二天收盘价的价格开盘，价格一路上行，并最终收盘于当日价格的高位，一个市场趋势反转的重要信号就此形成。

#### *黄昏星形态*

黄昏星形态的市场心理分析同启明星形态正好完全相反。

### 形态的灵活性

理想的启明星形态和黄昏星形态应该是第二天的"星线"同第一天的蜡烛图产生价格跳空缺口，第三天的蜡烛图同第二天的"星线"产生跳空缺口。第二个跳空缺口这个条件有时不一定被满足，这时我们可以根据具体的市场走势灵活处理。

如果第三天蜡烛图的收盘价格深深地进入了由第一天蜡烛图实体部分所形成的价格区域内，并且当日的成交量能够有效放大，这些都说明市场趋势改变的可能性将增大。另外，有些文献还认为第三天的收盘价应当超过第一天实体部分的中心点。

### 形态的简化

如图 3-68 所示，启明星形态可以简化为纸伞形态或锤子线形态，这种简化并不会改变启明星形态所代表的看涨倾向。如图 3-69 所示，黄昏星形态可以简化为流星线形态，这种简化也不会改变它原先所具有的看跌倾向。

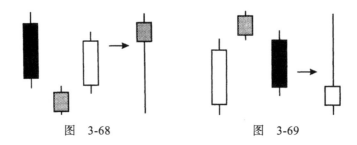

图 3-68       图 3-69

### 相关的形态

读者马上就会了解到同启明星形态和黄昏星形态相关的一些具体形态，包括十字启明星形态、十字黄昏星形态、弃婴形态和三星形态。

### 市场实例

启明星形态如图 3-70A 所示，黄昏星形态如图 3-70B 所示。

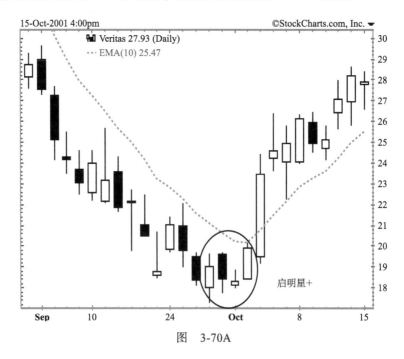

图 3-70A

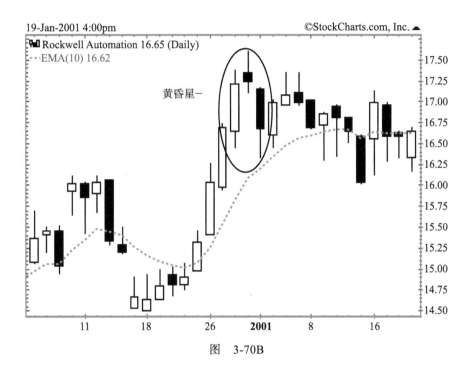

图 3-70B

## 十字启明星形态和十字黄昏星形态

| 形态名称：十字启明星 + | | | | | 类型：R+ | |
|---|---|---|---|---|---|---|
| 日文名称：*ake no myojyo doji bike* | | | | | | |
| 趋势要求：是 | | | | 确认：推荐 | | |
| 形态之间平均间隔天数（MDaysBP）：6 890 | | | | 平均水平 | | |
| 形态统计来自 7 275 只常见流通股票基于 1 460 万个交易日中的数据 | | | | | | |
| 间隔（日） | 1 | 2 | 3 | 4 | 5 | 6 | 7 |
| 获利比例（%） | 46 | 45 | 47 | 49 | 50 | 50 | 50 |
| 平均收益（%） | 2.78 | 3.56 | 4.35 | 4.90 | 5.39 | 6.10 | 6.59 |
| 亏损比例（%） | 54 | 55 | 53 | 51 | 50 | 50 | 50 |
| 平均亏损（%） | −2.57 | −3.43 | −4.16 | −4.71 | −5.32 | −5.79 | −6.01 |
| 净收益 / 净亏损 | −0.09 | −0.24 | −0.14 | −0.03 | 0.04 | 0.20 | 0.28 |

| 形态名称：十字黄昏星 – | | | | | 类型：R– | | |
|---|---|---|---|---|---|---|---|
| 日文名称：*yoi no myojyo doji bike minami jyuju sei* | | | | | | | |
| 趋势要求：是 | | | 确认：必须 | | | | |
| 形态之间平均间隔天数（MDaysBP）：6 772　　　平均水平 | | | | | | | |
| 形态统计来自 7 275 只常见流通股票基于 1 460 万个交易日中的数据 | | | | | | | |
| 间隔（日） | 1 | 2 | 3 | 4 | 5 | 6 | 7 |
| 获利比例（%） | 47 | 48 | 50 | 50 | 51 | 50 | 48 |
| 平均收益（%） | 2.41 | 3.11 | 3.85 | 4.37 | 4.79 | 5.29 | 5.66 |
| 亏损比例（%） | 53 | 52 | 50 | 50 | 49 | 50 | 52 |
| 平均亏损（%） | −2.42 | −3.21 | −3.89 | −4.47 | −4.96 | −5.83 | −6.39 |
| 净收益 / 净亏损 | −0.15 | −0.14 | 0.01 | −0.02 | −0.03 | −0.23 | −0.59 |

## 形态介绍

还记得我们在前面章节中提到的十字星形态吗？我们已经知道十字星形态是市场可能出现反转的信号，它的出现意味着市场中充满了犹豫情绪，多空双方正处于胶着状态。十字星的出现是一个警示信号，市场此前的走势可能会停止。在十字星蜡烛图出现的次日的走势是确认趋势是否即将发生反转的关键。十字启明星形态和十字黄昏星形态也同样符合这一特性。

### 十字启明星形态

如图 3-71 所示，市场处在下降趋势中，第一天是一根大阴线，第二天是一颗十字星。同前面我们讲过的启明星形态一样，第三天的走势将确认市场是否发生反转。启明星形态和十字启明星形态都是典型的市场反转信号，而且十字启明星形态的市场反转倾向比启明星形态更强。

### 十字黄昏星形态

如图 3-72 所示，市场处于上升趋势中，十字星后紧随着一根大阴线，并且收盘价进入了第一天蜡烛图的实体范围内，这是一种明显的顶部反转信号。一般来说，黄昏星形态中的星线还有一小段实体，而在十字黄昏星形态中，星线演化成了十字星。黄昏十字星形态更重要，它具有更强的市场反转意义。十字黄昏星形态也被称为南方十字线形态。

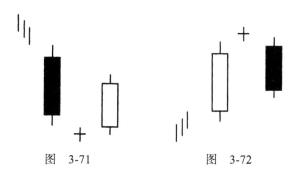

图 3-71　　　　　　　　　图 3-72

### 形态识别的标准

1. 同许多反转形态一样，第一天蜡烛图的颜色应与市场此前的趋势方向相符。
2. 第二天的图形必须是十字星（同时存在跳空缺口）。
3. 第三天的蜡烛图同第一天蜡烛图的颜色相反。

### 蜡烛图形态背后的交易情境及市场心理分析

十字启明星形态和十字黄昏星形态背后的市场心理分析同前面我们讲述过的启明星形态和黄昏星形态类似，只有一点不同，十字星本身就预示着潜在的反转可能，因此十字启明星形态和十字黄昏星形态的反转倾向更为强烈。

### 形态的灵活性

十字启明星形态和十字黄昏星形态可能的变化形态是指第三天蜡烛图实体突破到第一天蜡烛图实体的价格区间内，如果超过 50%，那么通过形态预示市场趋势将发生改变的成功率就会大大加强。

### 形态的简化

如图 3-73 所示，十字启明星形态可以简化为锤子线形态，有时还可以简化为蜻蜓十字线形态。如图 3-74 所示，十字黄昏星形态可以简化为流星线形态，有时还可以简化为墓碑十字线形态。第三天的收盘价能够突破第一天价格区域越多，形态的简化就越有效，同时也就越能预示市场将发生转变。

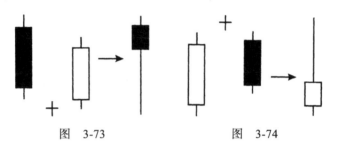

图　3-73　　　　　　　图　3-74

### 相关的形态

显而易见，十字启明星形态和十字黄昏星形态同十字星形态的相关性最强。同时也应牢记，在实际交易时对十字星形态必须进行确认。

### 市场实例

十字启明星＋和十字黄昏星－如图 3-75A 和图 3-75B 所示。

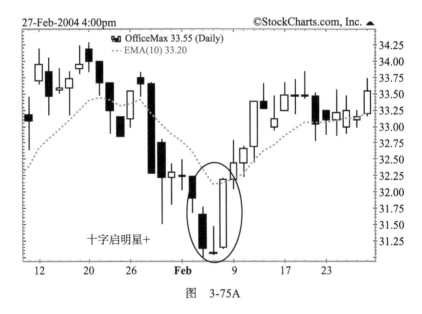

图　3-75A

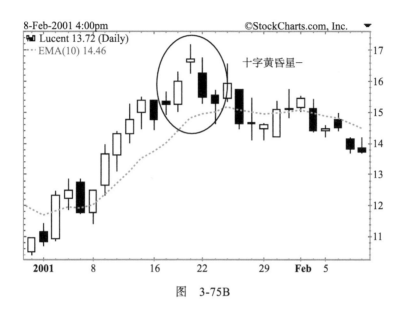

图　3-75B

# 弃婴形态

| 形态名称：弃婴 + | | | | 类型：R+ | | |
|---|---|---|---|---|---|---|
| 日文名称：*sute go* | | | | | | |
| 趋势要求：是 | | | | 确认：推荐 | | |
| 形态之间平均间隔天数（MDaysBP）：87 952　　较为少见 | | | | | | |
| 形态统计来自 7 275 只常见流通股票基于 1 460 万个交易日中的数据 | | | | | | |
| 间隔（日） | 1 | 2 | 3 | 4 | 5 | 6 | 7 |
| 获利比例（%） | 52 | 49 | 51 | 53 | 53 | 53 | 50 |
| 平均收益（%） | 2.11 | 3.08 | 3.14 | 3.82 | 4.71 | 5.32 | 6.16 |
| 亏损比例（%） | 48 | 51 | 49 | 47 | 47 | 47 | 50 |
| 平均亏损（%） | −2.32 | −3.64 | −4.19 | −5.15 | −5.43 | −5.89 | −5.91 |
| 净收益／净亏损 | 0.00 | −0.30 | −0.46 | −0.42 | −0.09 | 0.10 | 0.12 |

| 形态名称：弃婴 − | 类型：R− |
|---|---|
| 日文名称：*sute go* | |
| 趋势要求：是 | 确认：必须 |

（续）

| 形态之间平均间隔天数（MDaysBP）：89 571 | | 较为少见 | | | | |
|---|---|---|---|---|---|---|
| 形态统计来自 7 275 只常见流通股票基于 1 460 万个交易日中的数据 | | | | | | |
| 间隔（日） | 1 | 2 | 3 | 4 | 5 | 6 | 7 |
| 获利比例（%） | 48 | 48 | 48 | 48 | 54 | 53 | 54 |
| 平均收益（%） | 2.27 | 2.84 | 3.67 | 3.39 | 3.53 | 3.74 | 3.91 |
| 亏损比例（%） | 52 | 52 | 52 | 52 | 46 | 47 | 46 |
| 平均亏损（%） | −2.38 | −3.66 | −4.40 | −4.62 | −5.69 | −6.37 | −7.25 |
| 净收益／净亏损 | −0.14 | −0.50 | −0.51 | −0.77 | −0.71 | −1.02 | −1.16 |

## 形态介绍

　　同启明星形态和黄昏星形态一样，类似的市场反转信号还有弃婴形态。从图中我们可以发现，这种形态和十字启明星形态、十字黄昏星形态非常相似，但是如果仔细对照两类形态的图形，交易者就会发现，两者其实有一个重要的差别。如图 3-76 所示，第二天所形成的十字星的上下影线与第一天和第三天的蜡烛图并不重合，从图形上看，有两个明显的跳空缺口，这使得十字星就好像一个被遗弃的婴儿。同样，在图 3-77 中，我们看到在顶部有一颗被遗弃的十字星。请大家注意，在这种形态中，十字星（包括上下影线）同周围的几根蜡烛图之间一定要有完整的跳空缺口。当然这只是理论上的情况，在现实中这种形态是极少出现的。

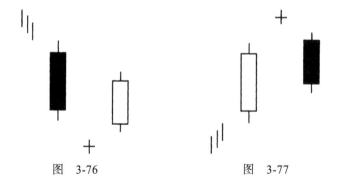

图　3-76　　　　　　　　　　　　图　3-77

### 形态识别的标准

1. 第一天的蜡烛图颜色应与市场原趋势相符。

2. 第二天的图形是一个十字星，其上影线或下影线与前一日的上影线或下影线之间存在着跳空缺口。

3. 第三天的蜡烛图同第一天蜡烛图的颜色相反。

4. 第三天的跳空缺口同第二天的跳空缺口方向相反，并且影线不能重叠。

### 蜡烛图形态背后的交易情境及市场心理分析

同大多数由三根蜡烛图组成的星形形态一样，弃婴蜡烛图形态背后的交易情境及市场心理分析也反映出市场内投资者的心态将发生变化。所不同的是，在弃婴形态中，第二天形成十字星，即十字星的跳空缺口更能反映出市场原先的趋势后继无力。

### 形态的灵活性

由于我们在定义该形态时加入了附加的前提条件（即十字星的上下影线始终不能与前后两天蜡烛图的上下影线重叠），所以弃婴形态基本上不会再出现其他的变化形态。实际上，弃婴形态可以看成是十字启明星形态和十字黄昏星形态的灵活性形态。

### 形态的简化

如图 3-78 和图 3-79 所示，简化的弃婴形态，无论是看涨还是看跌，它们都是十字启明星形态和十字黄昏星形态的变形。简化后的形态会形成比十字启明星形态和十字黄昏星形态更长的影线，同时也意味着它们对后市看涨或看跌的预示更强烈。和我们在前一节中所解释的一样，第三天的收盘价能够突破第一天价格区域越多，形态的简化就越有效，同时也就越能预示市场将转势。它们同样也可以简化为蜻蜓十字线形态和墓碑十字线形态。

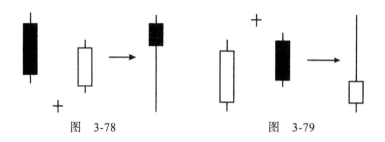

图　3-78　　　　　　　　图　3-79

## 相关的形态

弃婴形态是十字线形态的一种特例,它同前一天的蜡烛图之间形成跳空缺口,这个跳空缺口不仅超过了第一天和第三天蜡烛图的实体部分,而且还超过了它们的影线,这里需要注意,所形成的两个跳空缺口方向截然相反。

## 市场实例

弃婴 + 和弃婴 – 形态分别如图 3-80A 和图 3-80B 所示。

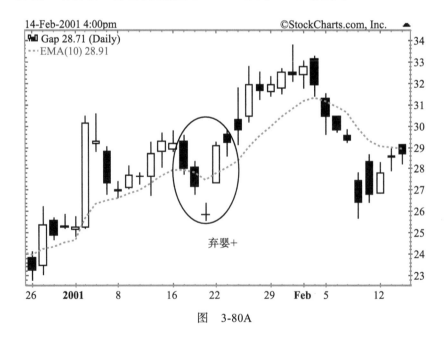

图　3-80A

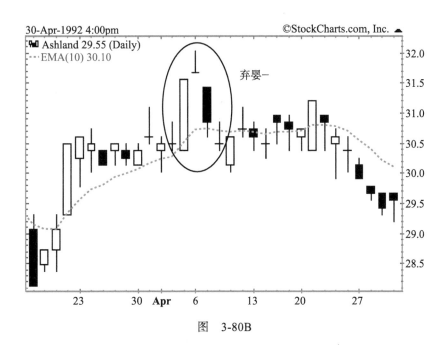

图　3-80B

# 三星形态

| 形态名称：三星 + | | | | | | 类型：R+ |
|---|---|---|---|---|---|---|
| 日文名称：*santen boshi* | | | | | | |
| 趋势要求：是 | | | 确认：推荐 | | | |
| 形态之间平均间隔天数（MDaysBP）：4 993　　平均水平 | | | | | | |
| 形态统计来自 7 275 只常见流通股票基于 1 460 万个交易日中的数据 | | | | | | |

| 间隔（日） | 1 | 2 | 3 | 4 | 5 | 6 | 7 |
|---|---|---|---|---|---|---|---|
| 获利比例（%） | 43 | 45 | 47 | 47 | 48 | 48 | 48 |
| 平均收益（%） | 2.70 | 3.50 | 4.29 | 4.96 | 5.68 | 6.29 | 6.63 |
| 亏损比例（%） | 57 | 55 | 53 | 53 | 52 | 52 | 52 |
| 平均亏损（%） | −2.61 | −3.26 | −3.78 | −4.13 | −4.61 | −4.89 | −5.24 |
| 净收益 / 净亏损 | −0.26 | −0.16 | −0.01 | 0.16 | 0.29 | 0.46 | 0.44 |

| 形态名称：三星 – | | | | | 类型：R– | |
|---|---|---|---|---|---|---|
| 日文名称：*santen boshi* | | | | | | |
| 趋势要求：是 | | | 确认：必须 | | | |
| 形态之间平均间隔天数（MDaysBP）：5 014　　　　平均水平 | | | | | | |
| 形态统计来自 7 275 只常见流通股票基于 1 460 万个交易日中的数据 | | | | | | |
| 间隔（日） | 1 | 2 | 3 | 4 | 5 | 6 | 7 |
| 获利比例（%） | 44 | 45 | 47 | 46 | 47 | 47 | 47 |
| 平均收益（%） | 2.12 | 2.74 | 3.25 | 3.65 | 3.97 | 4.31 | 4.59 |
| 亏损比例（%） | 56 | 55 | 53 | 54 | 53 | 53 | 53 |
| 平均亏损（%） | −2.15 | −2.84 | −3.52 | −4.01 | −4.39 | −4.85 | −5.14 |
| 净收益/净亏损 | −0.22 | −0.25 | −0.32 | −0.40 | −0.44 | −0.45 | −0.49 |

## 形态介绍

如图 3-81 和图 3-82 所示，三星形态是由史蒂夫·尼森最早提出的，它是由三根十字星线组成的，第二根十字星线代表着市场的转势。这种形态在现实中极少出现，但是一旦出现就应该引起我们的警觉。

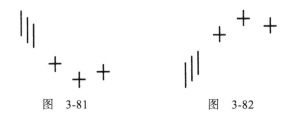

图　3-81　　　　　　　　　　图　3-82

## 形态识别的标准

1. 三天的蜡烛图都是十字星线。

2. 其中第二天的星线同第一天和第三天的蜡烛图形成两个跳空缺口，跳空缺口方向相反。

## 蜡烛图形态背后的交易情境及市场心理分析

市场可能已经维持了很长时间的上升趋势或下降趋势，但是原有的趋势开始显示出疲态，蜡烛图的实体部分开始变短。第一天出现的十字星线已经引起了市场的广泛关注，第二天的十字星线表明未来市场的方向尚不明朗，第三个十字星线的出现终于确定了市场的方向，将众多交易者的疑虑一扫而光。这个形态反映出交易者在这三天中一直犹豫不决，最后终于达成一致，市场趋势将出现反转。

### 形态的灵活性

由于三星形态出现的频率非常低，所以大家应该对它更为重视。如果第二根十字星线所产生的跳空缺口还低于或高于前一根十字星线的影线，那么它所代表的反转倾向就更为强烈。

### 形态的简化

如图 3-83 和图 3-84 所示，三星形态可以简化为纺锤线形态。它深刻地反映出市场犹豫不决的心态。由于这种形态出现的概率较小，因此关于三星形态的解释可能会存在异议，但是无论如何我们一定要重视这种形态。

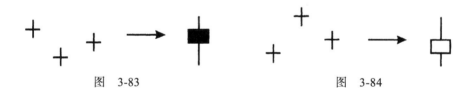

图　3-83　　　　　　　　　　图　3-84

### 相关的形态

基于我们前面的论述，这种形态在现实中极少出现，因此没有和它相关的形态。

### 市场实例

三星 + 和三星 – 形态分别如图 3-85A 和图 3-85B 所示。

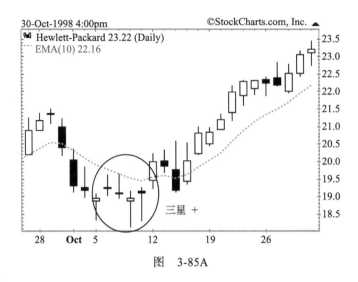

图　3-85A

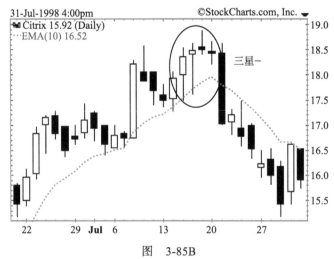

图　3-85B

## 向上跳空两只乌鸦形态

| 形态名称：向上跳空两只乌鸦 – | | 类型：R– |
|---|---|---|
| 日文名称：*shita banare niwa garasu* | | |
| 趋势要求：是 | 确认：必须 | |
| 形态之间平均间隔天数（MDaysBP）：317 391　极为少见 | | |

（续）

| 形态统计来自 7 275 只常见流通股票基于 1 460 万个交易日中的数据 | | | | | | | |
|---|---|---|---|---|---|---|---|
| 间隔（日） | 1 | 2 | 3 | 4 | 5 | 6 | 7 |
| 获利比例（%） | 44 | 45 | 46 | 42 | 43 | 44 | 48 |
| 平均收益（%） | 2.24 | 2.20 | 3.03 | 4.00 | 4.05 | 3.24 | 3.59 |
| 亏损比例（%） | 56 | 55 | 54 | 58 | 57 | 56 | 52 |
| 平均亏损（%） | −1.73 | −2.73 | −3.53 | −4.39 | −4.61 | −4.68 | −6.39 |
| 净收益/净亏损 | 0.03 | −0.47 | −0.53 | −0.83 | −0.85 | −1.13 | −1.62 |

## 形态介绍

如图 3-86 所示，该形态仅出现在上升趋势中。同大多数的看跌反转形态一样，在该形态中，第一根蜡烛图是白色的，它说明市场当时还是处在上升趋势中。但是随后的两根蜡烛图都同第一天的蜡烛图产生向上的跳空缺口，而且这两根蜡烛图都是黑色的，看上去就好像出现了两只黑色的乌鸦。

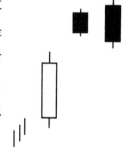

图　3-86

第三天（第二根阴线）高开低走，最后在第二天的收盘价之下收盘。虽然第三天收于第二天的收盘价之下，但是它依然与第一天的阳线的最高点之间有一个向上的跳空缺口。简单地说，就是第二根阴线吞没了第一根阴线。

### 形态识别的标准

1. 第一天的大阳线说明市场仍处在上升趋势中。

2. 随后的阴线同第一天的阳线之间要形成向上的跳空缺口。

3. 第二根阴线与第一根阴线之间存在一个向上的跳空缺口，并且最后收于第一根阴线的实体部分之下。第二根阴线的实体部分完全吞没了第一根阴线。

4. 第二根阴线的收盘价仍然高于第一天阳线的收盘价。

**蜡烛图形态背后的交易情境及社会心理分析**

同大多数的看跌反转形态一样，第一天的阳线通常表示市场当时处于上升趋势中。第二天市场高开，但是多方的力量遭到打压，最后高开低走，形成阴线。市场内并未因此而出现恐慌，因为第二天的收盘价依然高于第一天的收盘价，这说明上升趋势仍在延续。第三天市场仍然高开，可是盘中迅速回落，最后在第二天的收盘价之下报收，但是这时的成交价仍然高于第一天的收盘价。在这种情况下，多头的力量被极大地消耗，投资者的信心开始动摇。市场中连续两天的收盘价出现了下降，交易者开始怀疑市场能否继续走高。这一切都预示着市场可能会出现反转。

**形态的灵活性**

向上跳空两只乌鸦形态的认定相当严格，因此此形态通常不会发生变化。如果第三天（第二根阴线）的收盘价突破了第一天阳线的实体部分，这个形态就将演化成两只乌鸦形态（我们将在后面的章节中详细介绍）。

**形态的简化**

如图 3-87 所示，向上跳空两只乌鸦形态可以简化为带有很长的上影线的一根大阳线，它的实体部分甚至比第一天阳线的实体还要长些。但是我们知道带长上影线的阳线并不是看跌反转的信号，因此这种形态在实际使用时需要进行一步确认。

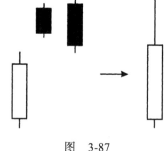

图　3-87

**相关的形态**

如果第三天阴线的开盘价未能略低于第二天的开盘价，而且第三天的阴线实体不能同第一天的实体形成跳空缺口，它将变成持续形态中的铺垫形态。铺垫形态是一种看涨持续形态，关于这种形态，我们将在第 4 章中详细为读者介绍。

同样，向上跳空两只乌鸦形态中的前两根蜡烛图可以演化为黄昏星形态，这取决于第三天的实际走势。

## 市场实例

向上跳空两只乌鸦 – 形态如图 3-88 所示。

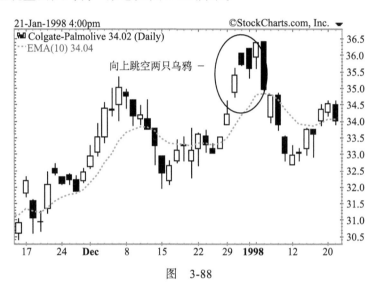

图　3-88

# 向下跳空两只兔子形态

| 形态名称：向下跳空两只兔子 + | | | | | 类型：R+ | |
|---|---|---|---|---|---|---|
| 日文名称：*shita banare nihiki usagi* | | | | | | |
| 趋势要求：是 | | | | 确认：不需要 | | |
| 形态之间平均间隔天数（MDaysBP）：442 424　　极为少见 | | | | | | |
| 形态统计来自 7 275 只常见流通股票基于 1 460 万个交易日中的数据 | | | | | | |
| 间隔（日） | 1 | 2 | 3 | 4 | 5 | 6 | 7 |
| 获利比例（%） | 67 | 73 | 71 | 59 | 64 | 58 | 55 |
| 平均收益（%） | 2.31 | 3.43 | 3.21 | 3.86 | 4.38 | 5.86 | 6.56 |
| 亏损比例（%） | 33 | 27 | 29 | 41 | 36 | 42 | 45 |
| 平均亏损（%） | −2.65 | −2.71 | −3.60 | −4.75 | −4.96 | −5.42 | −5.05 |
| 净收益／净亏损 | 0.60 | 1.76 | 1.16 | 0.35 | 0.98 | 1.07 | 1.28 |

### 形态介绍

如图 3-89 所示，向下跳空两只兔子形态是一种三日
看涨反转形态。向下跳空是指第二天阳线的实体部分与
第一天阴线实体部分之间出现的跳空缺口。最后两根阳
线代表两只蠢蠢欲动、准备跳出窝的兔子。

注意：向下跳空两只兔子形态很少出现。

### 形态识别的标准

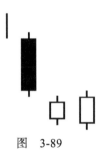

图　3-89

1. 在下降趋势中，这一形态的第一根蜡烛图是一根大阴线。

2. 第二天是一根向下跳空的阳线。

3. 第三天也是一根阳线，其开盘价低于前一阳线的开盘价，收盘价高于
前一阳线的收盘价。

### 蜡烛图形态背后的交易情境及市场心理分析

向下跳空两只兔子形态的第一根蜡烛图是大阴线，其价格变动的中心点
低于 10 日移动平均线，表明下降趋势已经确立。大阴线强化了市场中早已存
在的看跌心态。

第二天跳空低开，但是，盘中价格上涨，收盘时形成阳线。下跌趋势没
有因为这一天收于阳线而改变，因为阳线的收盘价仍然低于第一天的收盘价。
第三天的开盘价虽然更低，但在这一天市场看涨气氛很浓，收盘价高于前一
天的收盘价。市场中连续两天的收盘价出现了上升，交易者开始怀疑市场能
否继续下跌。这一切都预示着市场可能会出现反转。

### 形态的灵活性

第三天的蜡烛图实体必须完全吞没第二天蜡烛图的实体。另外，第三天
的最高价与最低价也必须完全吞没第二天的最高价与最低价。

　　所有三天的蜡烛图必须具有长实体。再强调一下，蜡烛图的实体是开盘价与收盘价之间的部分。长实体是指实体部分占最高价与最低价波动范围的 50% 以上。尽管第二天的阳线实体部分相对较小，但与最高价与最低价波动范围相比，仍然是一个长实体。

　　对于这一形态，第三天的收盘价应该低于第一天的收盘价。这使得第一天与第二天产生的跳空缺口仍然未能补上。

　　请注意：这一形态还要求第一天蜡烛图与第二天蜡烛图实体部分的跳空缺口大于第一天最高价与最低价差别的 10%。

### 形态的简化

　　如图 3-90 所示，向下跳空两只兔子形态可以简化为一根大阴线，而简化后的大阴线并不能说明趋势要出现反转，因此这种形态在实际使用时必须要进行进一步确认。

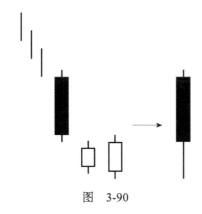

图 　3-90

### 相关的形态

向下跳空两只兔子形态与两只兔子形态类似。

### 市场实例

向下跳空两只兔子 + 形态如图 3-91 所示。

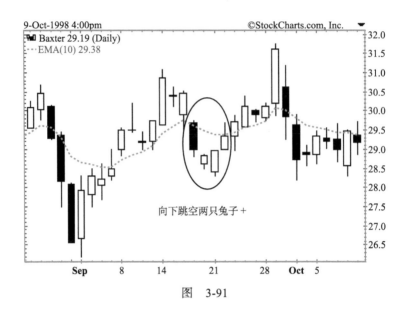

图 3-91

## 奇特三川底部形态

| 形态名称：奇特三川底部 + | | | | 类型：R+ | | |
|---|---|---|---|---|---|---|
| 日文名称：*sankawa soko zukae* | | | | | | |
| 趋势要求：是 | | | 确认：必须 | | | |
| 形态之间平均间隔天数（MDaysBP）：405 556　　　极为少见 | | | | | | |
| 形态统计来自 7 275 只常见流通股票基于 1 460 万个交易日中的数据 | | | | | | |
| 间隔（日） | 1 | 2 | 3 | 4 | 5 | 6 | 7 |
| 获利比例（%） | 55 | 48 | 51 | 44 | 42 | 50 | 53 |
| 平均收益（%） | 1.77 | 3.11 | 3.50 | 5.41 | 7.92 | 5.52 | 5.77 |
| 亏损比例（%） | 45 | 52 | 49 | 56 | 58 | 50 | 47 |
| 平均亏损（%） | -2.01 | -3.10 | -6.52 | -5.96 | -6.83 | -7.01 | -7.67 |
| 净收益/净亏损 | 0.05 | -0.08 | -1.33 | -0.91 | -0.69 | -0.75 | -0.57 |

### 形态介绍

如图 3-92 所示，奇特三川底部形态同启明星形态比较相似。市场处在下降趋势中，一根大阴线的出现更是确定了趋势方向。第二天市场高开，盘中创出最近一段时期以来的新低，但在接近当天最高价处收盘，形成了一根有较长下影线同时实体较小的蜡烛图。第三天市场低开，但是没有低于第二天创出的新低，当日收盘价比第二天收盘价略低，这样第三天就形成了一根实体较小的阳线。

注意：由于这一形态的定义要求极为严格，因此奇特三川底部形态一般极少出现。

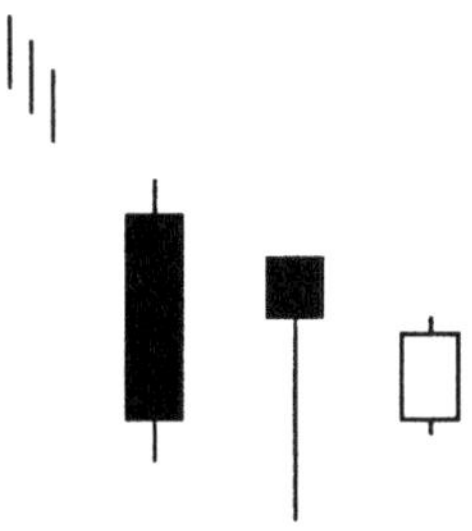

### 形态识别的标准

1. 第一天是一根大阴线。

2. 第二天是孕线形态，但是注意实体的颜色也是黑色。

3. 第二根蜡烛图有很长的下影线，意味着当天创出了新低。

4. 第三天是一根小阳线，收盘价低于第二天收盘价。

图　3-92

### 蜡烛图形态背后的交易情境及市场心理分析

由于市场处在下降趋势中，所以第一天出现了一根大阴线。第二天市场高开，但是空头的力量依然十分强大，推动市场下行，创出最近一段时期以来的新低，随后多头开始反攻，空头出现动摇。由于市场还是处在犹豫不决中，所以第三天市场低开，盘中多头逐渐占据优势，最终以小阳报收。如果在第四天价格继续上扬，说明真正的反转即将形成。

### 形态的灵活性

由于奇特三川底部形态一般很少出现，所以很少具有其他的变化形态。但是我们可以看出，第二根蜡烛图的下影线越长，潜在的反转力度就越大。在一些著作中，直接要求第二根蜡烛图是锤子线。同大多数的反转形态一样，反转时成交量越大，反转成功的可能性就越大。

### 形态的简化

如图 3-93 所示，奇特三川底部形态可以简化为类似锤子线的单一蜡烛图。按照锤子线的定义，下影线至少应该是实体部分长度的 2 倍。在奇特三川底

部形态中，第二根蜡烛图的下影线就很长，那么简化后成为锤子线的可能性
就很大。简化后的锤子线与奇特三川底部形态的
看涨意义完全吻合。

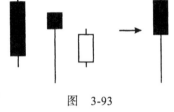

图 3-93

### 相关的形态

奇特三川底部可以演变成为启明星形态，从
图示中我们看不出两者有什么必然联系，但在一
些日文著作中却经常提到将两者归为一类一起讨论。本书将在酒田战法（见第
5 章）中详细介绍这些内容。

### 市场实例

奇特三川底部 + 形态如图 3-94 所示。

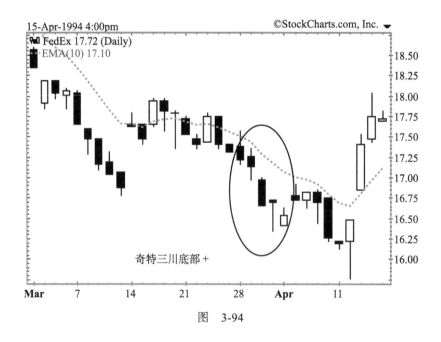

图 3-94

# 奇特三山顶部形态

| 形态名称：奇特三山顶部 – | | | | | 类型：R– | |
|---|---|---|---|---|---|---|
| 日文名称：*san yama no tenjo* | | | | | | |
| 趋势要求：是 | | | 确认：必须 | | | |
| 形态之间平均间隔天数（MDaysBP）：429 412 | | | | 极为少见 | | |
| 形态统计来自 7 275 只常见流通股票基于 1 460 万个交易日中的数据 | | | | | | |
| 间隔（日） | 1 | 2 | 3 | 4 | 5 | 6 | 7 |
| 获利比例（%） | 41 | 47 | 38 | 45 | 45 | 45 | 38 |
| 平均收益（%） | 1.00 | 1.99 | 1.90 | 1.95 | 2.31 | 4.22 | 4.17 |
| 亏损比例（%） | 59 | 53 | 62 | 55 | 55 | 55 | 62 |
| 平均亏损（%） | –2.58 | –4.45 | –4.06 | –5.88 | –6.47 | –9.16 | –8.81 |
| 净收益 / 净亏损 | –1.06 | –1.35 | –1.78 | –2.25 | –2.41 | –2.99 | –3.85 |

## 形态介绍

如图 3-95 所示，奇特三山顶部形态是一种三日看跌反转
形态。它是奇特三川底部形态的相反形态。

请注意：由于这一形态的定义要求极为严格，因此奇特三
山顶部形态极少出现。

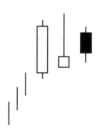

## 形态识别的标准

图　3-95

1. 出现在上升趋势中，第一天是一根大阳线。

2. 第二天低开，盘中创出新高，但收盘时价格接近当天的最低价，因此
形成了一根拥有很长上影线的小阳线。

3. 第三天高开，但没有超过第二天的最高价。

4. 第三天形成一根实体相对较小的阴线，其收盘价比第二天的收盘价高。

## 蜡烛图形态背后的交易情境及市场心理分析

奇特三山顶部形态的第一天是一根大阳线。第一天价格波动的中心点高
于 10 日移动平均线，说明上涨趋势已经确立。大阳线强化了市场中早已存在

的看涨气氛。

第二天低开后，多头将价格不断推高，在盘中创出了最近一段时间的高点，随后出现的价格明显地下跌，这使交易者做多的信心受挫，开始变得犹豫不决。第三天市场继续高开，但最终以一根小阴线报收，这时交易者的倾向开始发生改变，转为看空。如果第四天价格创出新低，趋势的反转就可以得到确认。

### 形态的灵活性

该形态要求第二天蜡烛图的实体部分不小于其最高价与最低价范围的27%。流星线形态对实体大小的要求也是如此。事实上，第二天的蜡烛图很像流星线。

第一天和第三天的蜡烛图的实体部分较长。如前所述，蜡烛图的实体是开盘价与收盘价之间的部分。长实体是指实体部分占最高价与最低价波动范围的50%以上。尽管第三天的阳线实体部分相对较小，但与最高价与最低价的波动范围相比，仍然是一个长实体。

### 形态的简化

如图3-96所示，奇特三山顶部形态可以简化为一根拥有长上影线的小阳线。这与看跌反转的市场含义并不完全吻合，因此这种形态在实际使用时需要进一步进行确认。

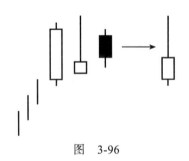

图　3-96

### 市场实例

奇特三山顶部－形态如图3-97所示。

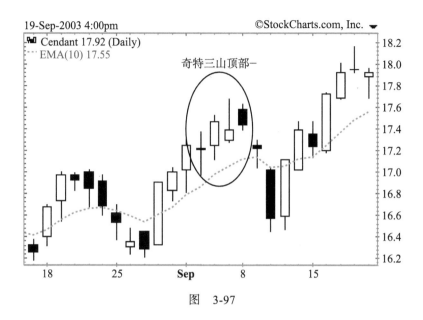

图 　 3-97

## 白色三兵形态

| 形态名称：白色三兵 + | | | | | 类型：R+ | |
|---|---|---|---|---|---|---|
| 日文名称：*aka sanpei* | | | | | | |
| 趋势要求：是 | | | 确认：不需要 | | | |
| 形态之间平均间隔天数（MDaysBP）：2 888 | | | 平均水平 | | | |
| 形态统计来自 7 275 只常见流通股票基于 1 460 万个交易日中的数据 | | | | | | |
| 间隔（日） | 1 | 2 | 3 | 4 | 5 | 6 | 7 |
| 获利比例（%） | 52 | 51 | 52 | 52 | 52 | 52 | 51 |
| 平均收益（%） | 2.42 | 3.38 | 4.05 | 4.63 | 5.14 | 5.54 | 5.95 |
| 亏损比例（%） | 48 | 49 | 48 | 48 | 48 | 48 | 49 |
| 平均亏损（%） | −2.13 | −3.00 | −3.66 | −4.27 | −4.86 | −5.35 | −5.79 |
| 净收益 / 净亏损 | 0.25 | 0.27 | 0.33 | 0.34 | 0.31 | 0.27 | 0.22 |

### 形态介绍

白色三兵形态，一般被简称为白三兵，是第 5 章 "酒田战法" 中的重要内容。如图 3-98 所示，它是由一系列大阳线组成的，这些阳线的收盘价逐步攀升。如果次日的蜡烛图在前一日实体中心点之上形成开盘价，那么形态的反转倾向就更强。这种逐级上升的形态具有很强的反转意义，它预示上升趋势的开始，下跌趋势戛然而止。

### 形态识别的标准

1. 连续出现三根大阳线，收盘价逐渐提高。

2. 每一根阳线都在前一日的实体内开盘。

3. 每天都在当日的最高点或接近最高点处收盘。

### 蜡烛图形态背后的交易情境及市场心理分析

图 　3-98

白色三兵形态通常出现在下降的市场趋势中，它是一种强烈的反转信号。虽然每天都低开，但收盘时都创出近一段时期以来的新高。这种市场走势的看涨意味很强，大家应密切关注。

### 形态的灵活性

第二天、第三天的开盘价都在前一天的实体范围之内，但最好是在实体的中心点以上开盘。请大家记住，每天开盘的时候，在前日收盘价以下总会存在一些卖盘，即总有交易者在前一天的收盘价之下做空。这种形态为交易者展示了一个"健康的"上涨趋势，这种上涨趋势总是伴随着一些卖盘的出现，因此次日的开盘价总是低于前日的收盘价，但这些卖盘在上升趋势中被逐渐消化，丝毫不能影响上升趋势的延续，因此每日的收盘价都是上升的，这种情况就是我们常说的稳步上涨。

### 形态的简化

如图 3-99 所示，白色三兵形态可以简化为一根极具看涨倾向的大阳线。这种简化并不会改变形态的市场含义，因此本形态在实际使用时无须进行确认。

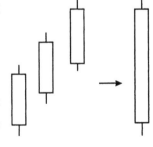

图 　3-99

## 相关的形态

请参看后面的前进受阻形态和深思形态。

## 市场实例

白色三兵 + 形态如图 3-100 所示。

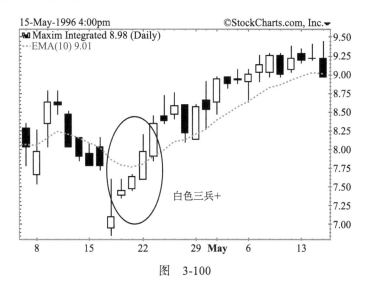

图 3-100

# 三只黑乌鸦形态

| 形态名称：三只黑乌鸦 – | 类型：R– |
|---|---|

| 日文名称：*sanba garasu* | |
|---|---|

| 趋势要求：是 | 确认：必须 |
|---|---|

| 形态之间平均间隔天数（MDaysBP）：2 154 | 平均水平 |
|---|---|

形态统计来自 7 275 只常见流通股票基于 1 460 万个交易日中的数据

| 间隔（日） | 1 | 2 | 3 | 4 | 5 | 6 | 7 |
|---|---|---|---|---|---|---|---|
| 获利比例（%） | 49 | 48 | 48 | 48 | 47 | 47 | 46 |
| 平均收益（%） | 2.33 | 3.09 | 3.78 | 4.36 | 4.91 | 5.19 | 5.64 |
| 亏损比例（%） | 51 | 52 | 52 | 52 | 53 | 53 | 54 |
| 平均亏损（%） | −2.56 | −3.67 | −4.46 | −5.14 | −5.75 | −6.22 | −6.80 |
| 净收益 / 净亏损 | −0.17 | −0.42 | −0.51 | −0.58 | −0.72 | −0.86 | −1.04 |

### 形态介绍

如图 3-101 所示，显而易见，三只黑乌鸦形态是白色三兵形态的相反形态，只需要将图形倒转过来即可。该形态通常出现在上升趋势中，三根大阴线顺次排列，收盘价逐步下跌。在东方有一句俗语"坏事传万里"，这句话用来描述三只黑乌鸦形态十分恰当。在东方，人们通常把乌鸦当成坏消息的预言家。在该形态中，开盘价虽然略高于前一天的收盘价，但是盘中价格不断走低，收盘价屡创新低。当这种市场情况重复发生三次以后，市场趋势将发生反转的信号就十分明显了。值得注意的是，这种趋势不会加速下降，其间会伴随着多次反弹。

图 3-101

### 形态识别的标准

1. 连续出现三根大阴线。

2. 连续三天，收盘价不断创出新低。

3. 每天都在前一天的实体价格范围内产生开盘价。

4. 每天的收盘价都是最低价，或者是接近最低价。

### 蜡烛图形态背后的交易情境及市场心理分析

市场逐渐接近顶部，或者已经在高位徘徊了一段时期。这时，一根大阴线的出现意味着市场可能开始进入下降趋势。随后两天由于场内卖空盘和获利了结盘的不断涌出，导致市场价格不断受到冲击。这种价格走势会严重打击多方的信心，并最终造成趋势的反转。

### 形态的灵活性

在三只黑乌鸦形态中，如果第一根蜡烛图（阴线）的实体部分在前一天阳线的最高价之下，该形态的看跌反转倾向就更强烈。

### 形态的简化

如图 3-102 所示，三只黑乌鸦形态可以简化为一根大阴线，简化后的单一蜡烛图和三只黑乌鸦形态所表达的看跌含义完全吻合，因此不需要确认。

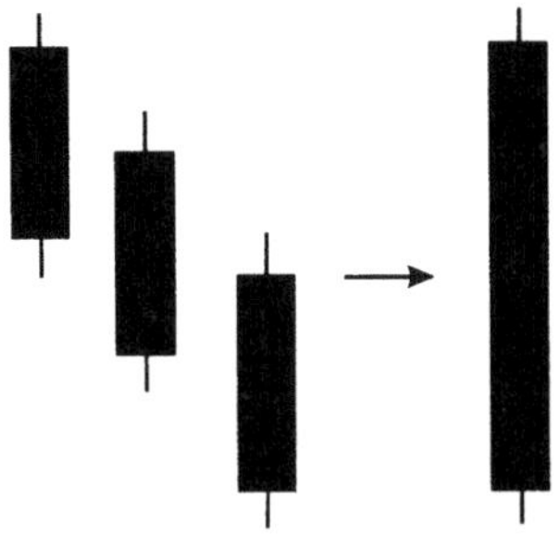

### 相关的形态

比三只黑乌鸦形态更具有顶部反转意味的是我们即将在后面介绍的"三只乌鸦接力形态"。

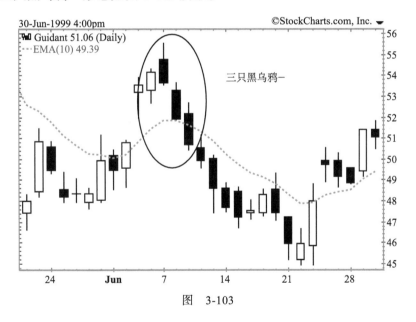

图　3-102

### 市场实例

三只黑乌鸦 – 形态如图 3-103 所示。

图　3-103

## 三只乌鸦接力形态

看跌反转形态。

无须对该形态进行确认。

### 形态介绍

如图 3-104 所示，我们发现三只乌鸦接力形态是三只
黑乌鸦形态的特例。其不同之处在于，第二天的开盘价等
于或接近第一天的收盘价，而第三天的开盘价等于或接近
第二天的收盘价。

### 形态识别的标准

1.三根大阴线逐级下降。

2.每一天蜡烛图的开盘价都是前一天蜡烛图的收盘价，
第一根蜡烛图可以例外。

图　3-104

### 蜡烛图形态背后的交易情境及市场心理分析

三只乌鸦接力形态实际上反映了市场的恐慌性抛售。每天的收盘价都成
为次日市场价格的阻力位，市场中多头溃不成军，再也无力组织反击，市场
价格最终暴跌不止。

### 形态的灵活性

由于三只乌鸦接力形态是三只黑乌鸦形态的一种特殊演变，所以该形态
不存在其他的变化形式。在后面的大部分章节中，这一形态也被排除在统计
分析之外。

### 形态的简化

如图 3-105 所示，三只乌鸦接力形态和三只黑乌鸦
形态一样都可以简化为一根大阴线，简化后的单一蜡
烛图和三只乌鸦接力形态所表达的看跌含义完全吻合。

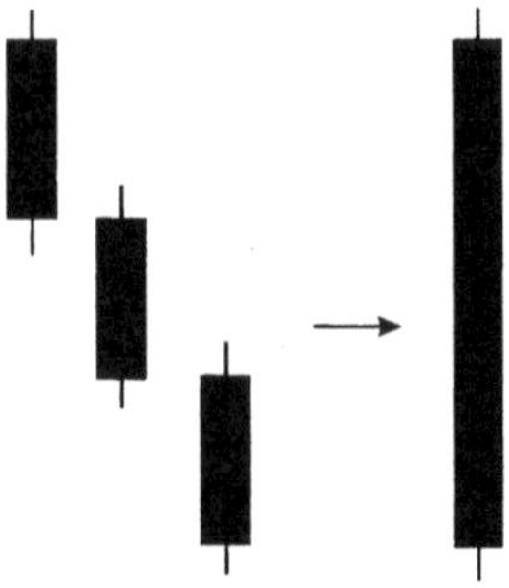

### 相关的形态

三只黑乌鸦形态即是三只乌鸦接力形态的相关形态。

图　3-105

## 市场实例

三只乌鸦接力 – 形态如图 3-106 所示。

图 3-106

# 前进受阻形态

| 形态名称：前进受阻 – | | | | | 类型：R– | | |
|---|---|---|---|---|---|---|---|
| 日文名称：*saki zumari* | | | | | | | |
| 趋势要求：是 | | | | 确认：必须 | | | |
| 形态之间平均间隔天数（MDaysBP）：60 833 | | | | 较为少见 | | | |
| 形态统计来自 7 275 只常见流通股票基于 1 460 万个交易日中的数据 | | | | | | | |
| 间隔（日） | 1 | 2 | 3 | 4 | 5 | 6 | 7 |
| 获利比例（%） | 46 | 45 | 48 | 50 | 48 | 45 | 48 |
| 平均收益（%） | 1.95 | 2.94 | 3.33 | 3.65 | 4.15 | 4.89 | 4.81 |
| 亏损比例（%） | 54 | 55 | 52 | 50 | 52 | 55 | 52 |
| 平均亏损（%） | −2.44 | −3.11 | −4.41 | −4.99 | −5.35 | −5.53 | −6.70 |
| 净收益 / 净亏损 | −0.38 | −0.36 | −0.71 | −0.62 | −0.75 | −0.86 | −1.16 |

### 形态介绍

如图 3-107 所示，前进受阻形态源于白色三兵形态，是白色三兵形态的演化形式。与白色三兵形态不同，它通常出现在上升趋势中，白色三兵形态通常出现在下降趋势中。另一不同点在于前进受阻形态的第二根和第三根蜡烛图都有很长的上影线，反映出上升趋势很难延续，上方阻力重重，市场在逐渐走弱。这是市场在大幅上涨后经常出现的状况。两根带很长上影线的小阳线表明市场内的投资者信心不足，开始产生犹豫情绪，特别是在市场经历了长时间的上涨后，这种心理反应就更明显。

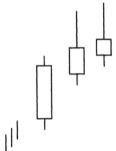

图　3-107

请大家记住，前进受阻形态一定出现在上涨趋势中。在该形态中，第一天是大阳线，它有助于判定市场当时的趋势，后两天的蜡烛图虽然都是小阳线，但是都带有很长的上影线。这一切都说明，场内的投资者在获利了结，落袋为安，这样的行为势必导致上升力度的减弱。

### 形态识别的标准

1. 连续出现三根大阳线，收盘价逐渐提高。
2. 每一根阳线都在前一日的实体内开盘。
3. 第二天和第三天带有很长的上影线，说明上升趋势的力度在逐渐减弱。

### 蜡烛图形态背后的交易情境及市场心理分析

前进受阻形态的市场心理分析同白三兵形态十分类似。然而，这种形态并不具备市场继续强势上升的基础，正好相反，这种形态的出现说明了市场中的上升趋势在减弱，因为在第一天的大阳线之后，第二天的收盘价明显低于当日的最高价。第三天的走势更是尽现市场疲势。最后，请读者记住，与白色三兵形态相比，前进受阻形态说明了市场处于弱势之中。

### 形态的灵活性

我们知道，要想定义一种衰退的形态是很困难的。虽然前进受阻形态开始看起来比较像白色三兵形态，但是它不能产生类似白色三兵形态那样强烈的市场上扬倾向。第二天和第三天的阳线都出现小实体、长影线，如果市场能继续上扬，那么第二天和第三天的收盘价应在当日的高点附近。

### 形态的简化

如图 3-108 所示，前进受阻形态可以简化为一根大阳线，但是它的长度没有白色三兵形态简化后形成的阳线长。另外，前进受阻形态简化后的阳线具有较长的上影线，它意味着市场不能在最高价附近收盘。正因如此，前进受阻形态才被认定为看跌反转形态。通常，如果市场中出现了这种形态，做多的投资者就应该警惕了。

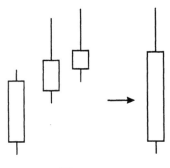

图　3-108

### 相关的形态

与前进受阻形态相关的形态是我们已经讲述过的白色三兵形态和将要阐述的深思形态。

### 市场实例

前进受阻 – 形态如图 3-109 所示。

图 3-109

## 下降受阻形态

| 形态名称：下降受阻＋ | | | | | | 类型：R＋ |
|---|---|---|---|---|---|---|
| 日文名称：*saki zumari kudari* | | | | | | |
| 趋势要求：是 | | | 确认：不需要 | | | |
| 形态之间平均间隔天数（MDaysBP）：35 012　　　　较为少见 | | | | | | |
| 形态统计来自 7 275 只常见流通股票基于 1 460 万个交易日中的数据 | | | | | | |
| 间隔（日） | 1 | 2 | 3 | 4 | 5 | 6 | 7 |
| 获利比例（％） | 52 | 52 | 51 | 53 | 53 | 50 | 53 |
| 平均收益（％） | 2.90 | 4.13 | 4.87 | 5.80 | 6.63 | 7.44 | 8.35 |
| 亏损比例（％） | 48 | 48 | 49 | 47 | 47 | 50 | 47 |
| 平均亏损（％） | −2.79 | −3.68 | −4.35 | −5.36 | −6.31 | −6.90 | −8.03 |
| 净收益／净亏损 | 0.14 | 0.39 | 0.33 | 0.57 | 0.56 | 0.34 | 0.67 |

### 形态介绍

如图 3-110 所示，下降受阻形态是一种三日看涨反转形态。建立这一形态是为了对前进受阻形态进行补充。

形态识别的标准

1. 这一形态出现在下降趋势之中，第一天是一根大阴线。

2. 后面两天也是阴线，每天的收盘价都在前一天收盘价之下。

3. 后两天的蜡烛图还具有较长的下影线。

### 蜡烛图形态背后的交易情境及市场心理分析

市场已经运行在下降趋势中，第一天是一根大阴线，其
价格的中心点位于 10 日移动平均线之下。第二天仍然是一根
阴线，其收盘价低于第一天的收盘价。连续两天收阴线后，
当前的下降趋势似乎确定无疑，空头一定很高兴。

下降趋势吸引了更多的新的空头入场，第三天又收了一
根阴线，其收盘价比前一天更低。在下降趋势中连续出现的
三根阴线使得空头心满意足。

图 3-110

但是，在我们进一步审视后就会发现，下降受阻形态显示出，当前的下
降趋势越来越弱。首先，蜡烛实体的长度一天比一天短。其次，每一天的开
盘价都在前一天的实体之内（在这一形态中没有实体之间的跳空）。最后，第
二天和第三天蜡烛图的下影线很长。特别是，下影线的长度一定要占当日最
高价与最低价波动范围的 40% 以上。

另外，在第二天和第三天的收盘价不断下降的同时，收盘价之间的差距
在不断缩小。这意味着下降趋势的强度在减弱，空头应该小心应对这种情况。

### 形态的灵活性

下降受阻形态的第一根蜡烛图必须具有长实体。实
体是指开盘价与收盘价之间的部分。长实体是指实体部
分占最高价与最低价之间价格波动范围的 50% 以上。

### 形态的简化

如图 3-111 所示，下降受阻形态可以简化为一
根大阴线，这一简化后的图形并不完全符合原形态

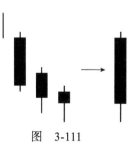

图 3-111

所具有的含义，因此这种形态在实际使用时必须要进一步进行确认。

## 市场实例

下降受阻＋形态如图 3-112 所示。

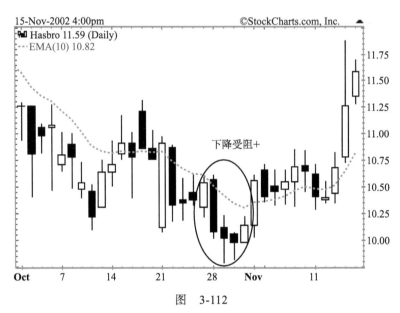

图　3-112

## 深思形态

| 形态名称：深思 − | | | | | | 类型：R− |
|---|---|---|---|---|---|---|
| 日文名称：*aka sansei shian boshi* | | | | | | |
| 趋势要求：是 | | | | 确认：推荐 | | |
| 形态之间平均间隔天数（MDaysBP）：1 291　　平均水平 | | | | | | |
| 形态统计来自 7 275 只常见流通股票基于 1 460 万个交易日中的数据 | | | | | | |
| 间隔（日） | 1 | 2 | 3 | 4 | 5 | 6 | 7 |
| 获利比例（％） | 52 | 52 | 52 | 52 | 53 | 52 | 52 |
| 平均收益（％） | 2.14 | 3.07 | 3.64 | 4.09 | 4.54 | 4.96 | 5.31 |
| 亏损比例（％） | 48 | 48 | 48 | 48 | 47 | 48 | 48 |
| 平均亏损（％） | −2.32 | −3.19 | −3.85 | −4.47 | −4.92 | −5.33 | −5.70 |
| 净收益／净亏损 | 0.00 | 0.04 | 0.01 | 0.00 | 0.05 | 0.01 | −0.02 |

| 形态名称：深思 + | | | | | | 类型：R+ | |
|---|---|---|---|---|---|---|---|
| 日文名称：*aka sansei shian boshi* | | | | | | | |
| 趋势要求：是 | | | | 确认：不需要 | | | |
| 形态之间平均间隔天数（MDaysBP）：1 796 | | | | 平均水平 | | | |
| 形态统计来自 7 275 只常见流通股票基于 1 460 万个交易日中的数据 | | | | | | | |
| 间隔（日） | 1 | 2 | 3 | 4 | 5 | 6 | 7 |
| 获利比例（％） | 53 | 52 | 54 | 54 | 54 | 55 | 55 |
| 平均收益（％） | 3.10 | 4.37 | 5.24 | 6.12 | 6.78 | 7.35 | 7.80 |
| 亏损比例（％） | 47 | 48 | 46 | 46 | 46 | 45 | 45 |
| 平均亏损（％） | −2.83 | −3.82 | −4.63 | −5.17 | −5.67 | −6.20 | −6.66 |
| 净收益 / 净亏损 | 0.27 | 0.46 | 0.68 | 0.94 | 1.06 | 1.19 | 1.31 |

## 形态介绍

### 看跌深思形态

如图 3-113 所示，看跌深思形态同样也源于白色三兵形态，是白色三兵形态的演化形式。它通常由两根大阳线和一根小阳线或星线组成，而且前两根大阳线创出这段时期的新高。在有些关于蜡烛图的著作中，该形态又被称为"停顿形态"（stalled pattern）。如果第三天的星线与第二天的大阳线之间能够形成一个向上的跳空缺口，那么深思形态的反转意义就更强烈。这根星线显示出市场对于是否能继续上升存在分歧，多空双方争夺不休。这种犹豫显示市场正在进行深思，从而判明下一步的发展方向。另外，深思形态经过确认后，还可以转化为黄昏星形态。

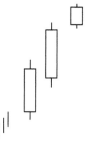

图　3-113

### 看涨深思形态

如图 3-114 所示，看涨深思形态是一种三日看涨反转形态。在下降趋势中，这一形态的前两天都出现了大阴线。建立这一形态是为了对看跌深思形态进行补充。

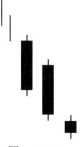

图　3-114

### 形态识别的标准

#### *看跌深思形态*

1. 形态的第一天和第二天是大阳线。

2. 第三天，市场在前一天的收盘价附近开盘。

3. 第三天是一根纺锤线，或者是一根星线。

#### *看涨深思形态*

1. 在下降趋势中，形态的第一天是一根大阴线。

2. 第二天仍然是一根大阴线。

3. 第三天是一根星线或相对较短的阴线，可能与前一天的黑色实体部分存在一个跳空缺口。

### 蜡烛图形态背后的交易情境及市场心理分析

#### *看跌深思形态*

同前进受阻形态一样，深思形态也为我们展示了市场处于弱势状态，它表明市场在短期内将走弱，所不同的是深思形态在第三天才显露出颓势，而前进受阻形态从第二天开始就显示出了弱势。深思形态通常发生在市场持续上涨了一段时间后，说明市场无力继续上涨。同前进受阻形态一样，市场趋势的减弱很难被确定，大家在判断和确认深思形态时要格外小心。

#### *看涨深思形态*

在两天连续收阴线后，当前的下降趋势似乎确定无疑，空方肯定会十分满意。下降趋势的强度吸引了新的空头，而第三天的开盘价等于或低于前一天的收盘价。第三天仍然是一根阴线。在下降趋势中连续收三根阴线，空头很可能会心满意足。

但是，通过仔细分析我们就会发现，看涨深思形态显示出当前下降趋势正在发出走弱的信号。首先，第三天的价格波动幅度小于第二天的波动幅度。特别是，它小于第二天价格波动幅度的 75%。其次，第三天蜡烛图的实体小于第二天蜡烛图的实体。这一形态要求它最好小于第二天实体大小的 50%。最后，尽管第三天的黑色实体可能与第二天的黑色实体之间存在跳空缺口，但缺口小于第二天价格波动范围的 20%。

## 形态的灵活性

### *看跌深思形态*

如果第三天的蜡烛图是一根星线，大家要注意，第四天极有可能出现黄昏星形态。

### *看涨深思形态*

在第二天与第三天的收盘价不断降低的同时，收盘价之间的差距不断缩小。这意味着下降趋势的强度正在减弱。如果第三天是一根星线或十字星线，那么就要注意，下一天很可能是启明星形态或十字启明星形态。

## 形态的简化

### *看跌深思形态*

如图 3-115 所示，看跌深思形态可以简化为一根大阳线。但是这与形态所具有的看跌倾向直接冲突，因此在使用时我们需要对这种形态进行进一步的确认。如果第四天出现了向下的跳空缺口，那么就形成了黄昏星形态，这和深思形态所表达的市场含义完全吻合。

### *看涨深思形态*

如图 3-116 所示，看涨深思形态可以简化为一根大阴线，其前两根阴线的实体部分必须很长。实体是指开盘价与收盘价之间的部分。长实体是指实体部分占最高价与最低价之间价格波动范围的 50% 以上。大阴线与这一形态的内在含义相矛盾。

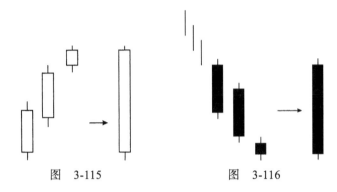

图　3-115　　　　　图　3-116

## 相关的形态

详见我们之前讲述过的白色三兵形态和前进受阻形态。

## 市场实例

深思 − 和深思 + 形态分别如图 3-117 和图 3-118 所示。

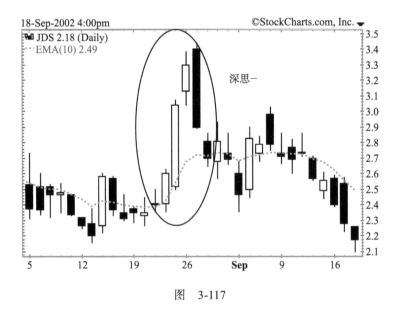

图　3-117

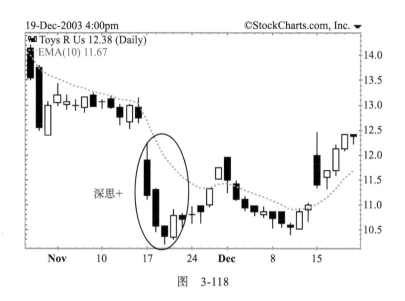

19-Dec-2003 4:00pm                    ©StockCharts.com, Inc. ▾

图    3-118

# 两只乌鸦形态

| 形态名称：两只乌鸦 – | | | | 类型：R– | | |
|---|---|---|---|---|---|---|
| 日文名称：*niwa garasu* | | | | | | |
| 趋势要求：是 | | | 确认：必须 | | | |
| 形态之间平均间隔天数（MDaysBP）：34 679　　较为少见 | | | | | | |
| 形态统计来自 7 275 只常见流通股票基于 1 460 万个交易日中的数据 | | | | | | |
| 间隔（日） | 1 | 2 | 3 | 4 | 5 | 6 | 7 |
| 获利比例（%） | 50 | 47 | 44 | 44 | 44 | 44 | 46 |
| 平均收益（%） | 2.41 | 3.76 | 4.63 | 4.98 | 5.78 | 6.25 | 6.44 |
| 亏损比例（%） | 50 | 53 | 56 | 56 | 56 | 56 | 54 |
| 平均亏损（%） | –2.71 | –4.13 | –4.61 | –5.23 | –5.99 | –6.13 | –6.55 |
| 净收益／净亏损 | –0.13 | –0.44 | –0.51 | –0.73 | –0.85 | –0.65 | –0.55 |

## 形态介绍

　　两只乌鸦形态只能预测顶部反转或者看跌反转形态。如图 3-119 所示，第一天的阳线支持了市场原有的上升趋势。第二天，市场高开低走，但仍留下一个向上跳空缺口。第三天，市场在第二天蜡烛图的实体部分内开盘，然后一路下滑，最后弥补了第二天的向上跳空缺口，突破到第一天的实体部分内。这样的图形让我们想起了乌云盖顶形态。如果把第二天和第三天的阴线合并为一根大阴线，我们会发现两只乌鸦形态可以演化为乌云盖顶形态。事实上，在该形态中缺口被快速回补，说明市场原有的上升趋势将出现反转。

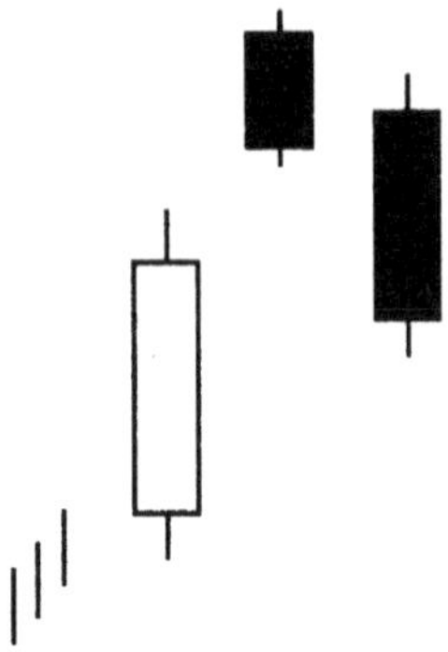

图 3-119

### 形态识别的标准

1. 第一天的大阳线表明了原有的市场趋势。

2. 第二天是阴线，而且出现了向上的跳空缺口。

3. 第三天也是阴线。

4. 第三天的开盘价在第二天的实体内产生，最后收盘于第一天的实体内。

### 蜡烛图形态背后的交易情境及市场心理分析

市场本来处在上升趋势中，可是虽然出现了向上跳空缺口，但是市场未能继续走强，多方能量被削弱，最后价格下跌形成了阴线。第三天虽然高开，但是依然未能高于前一天（第二天）的开盘价，市场中看涨情绪被侵蚀，短线交易者开始卖空，最后市场在第一天蜡烛图的实体内收盘。向上跳空缺口仅持续一天就被快速回补，说明空头的能量很强，短线市场将走弱。

### 形态的灵活性

因为第三天就是一根大阴线，并且进入第一天的实体价格区域内，所以两只乌鸦形态比向上跳空两只乌鸦形态的看跌意味更浓。第三天阴线的长度越长，收盘价越低，此形态看跌的倾向就越强烈。

### 形态的简化

如图 3-120 所示，两只乌鸦形态可以简化为一根流星线，这种简化完全符合两只乌鸦形态所具有的看跌倾向。

### 相关的形态

如果从短线市场顶部的判断来看，两只乌
鸦形态与乌云盖顶形态比较类似。在图形上，
如果将第二天和第三天的阴线合并成一根大阴
线，该形态就成为乌云盖顶形态。另外，两只
乌鸦形态和向上跳空两只乌鸦形态也有些类似，
所不同的是在向上跳空两只乌鸦形态中，第三
天的蜡烛图未能在第一根蜡烛图的实体内收盘。

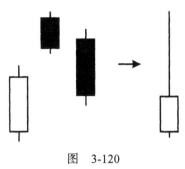

图　3-120

两只乌鸦形态还可以演化为黄昏星形态，只是在黄昏星形态中第二根蜡烛图与
第三根蜡烛图之间没有缺口，同时两只乌鸦形态看跌倾向的强度要稍弱一些。

### 市场实例

两只乌鸦－形态如图 3-121 所示。

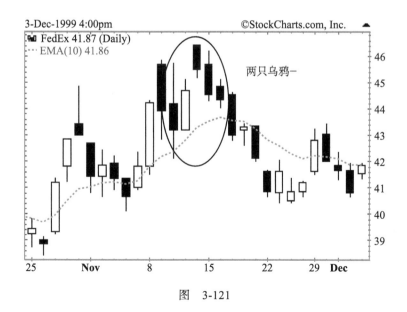

图　3-121

## 两只兔子形态

| 形态名称：两只兔子 + | | | | | 类型：R+ | | |
|---|---|---|---|---|---|---|---|
| 日文名称：*nihiki no usagi* | | | | | | | |
| 趋势要求：是 | | | | 确认：推荐 | | | |
| 形态之间平均间隔天数（MDaysBP）：48 026 | | | | 较为少见 | | | |
| 形态统计来自 7 275 只常见流通股票基于 1 460 万个交易日中的数据 | | | | | | | |
| 间隔（日） | 1 | 2 | 3 | 4 | 5 | 6 | 7 |
| 获利比例（%） | 48 | 50 | 52 | 55 | 57 | 53 | 49 |
| 平均收益（%） | 2.30 | 3.39 | 4.35 | 4.67 | 4.85 | 5.55 | 6.24 |
| 亏损比例（%） | 52 | 50 | 48 | 45 | 43 | 47 | 51 |
| 平均亏损（%） | −2.54 | −3.57 | −4.36 | −5.45 | −5.73 | −5.89 | −5.94 |
| 净收益 / 净亏损 | −0.21 | −0.07 | 0.14 | 0.12 | 0.25 | 0.19 | 0.02 |

### 形态介绍

如图 3-122 所示，两只兔子形态是一种三日看涨反转形态。最后两根阳线代表两只准备跳出巢穴的兔子。两只兔子形态与两只乌鸦形态恰好相反。

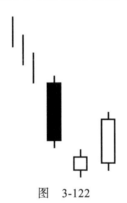

图　3-122

### 形态识别的标准

1. 市场处于下降趋势中，这一形态的第一天是一根阴线。

2. 第二天是一根向下跳空的阳线。

3. 第三天也是一根阳线，其开盘价位于第二天蜡烛图的实体内，而收盘价在第一天蜡烛图的实体内。

蜡烛图形态背后的交易情境及市场心理分析

两只兔子形态的第一天是一根大阴线。其波动范围的中心点位于 10 日移动平均线之下，这意味着市场处于下跌趋势中。大阴线强化了早已存在的看跌气氛。

第二天跳空低开，但新低点没有坚持住，这一天实际上形成了一根阳线。由于这一天阳线的收盘价仍然位于第一天的收盘价之下，所以下跌趋势并没有发生改变。

第三天的开盘价位于第二天的实体内，收盘价位于第一天的实体内。第一天与第二天出现了跳空缺口，按照传统的技术分析方法，向下跳空缺口的出现意味着下跌趋势将会持续，但在这一形态中，跳空缺口被快速地恢复，这一现象说明下跌趋势延续的可能性极小，趋势出现反转的可能性较大。

### 形态的灵活性

请注意，每一天与第二天蜡烛图实体之间的缺口必须大于第一天最高价与最低价之差的 10%。

所有三天的蜡烛图必须拥有长实体。蜡烛图的实体是开盘价和收盘价之间的部分。长实体是指实体部分占最高价与最低价之差的比例超过 50%。

### 形态的简化

如图 3-123 所示，两只兔子形态可以简化成锤子线。这一简化符合此形态原有的看跌倾向。

### 市场实例

两只兔子 + 形态如图 3-124 所示。

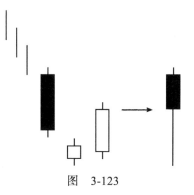

图　3-123

图 3-124

# 三内升和三内降形态

| 形态名称：三内升 + | | | | | 类型：R+ | |
|---|---|---|---|---|---|---|
| 日文名称：*harami age* | | | | | | |
| 趋势要求：是 | | | 确认：不需要 | | | |
| 形态之间平均间隔天数（MDaysBP）：530 | | | 频繁出现 | | | |
| 形态统计来自 7 275 只常见流通股票基于 1 460 万个交易日中的数据 | | | | | | |
| 间隔（日） | 1 | 2 | 3 | 4 | 5 | 6 | 7 |
|---|---|---|---|---|---|---|---|
| 获利比例（%） | 49 | 49 | 50 | 50 | 50 | 50 | 50 |
| 平均收益（%） | 2.59 | 3.58 | 4.27 | 4.88 | 5.47 | 5.96 | 6.38 |
| 亏损比例（%） | 51 | 51 | 50 | 50 | 50 | 50 | 50 |
| 平均亏损（%） | −2.33 | −3.17 | −3.82 | −4.42 | −4.94 | −5.41 | −5.85 |
| 净收益／净亏损 | 0.06 | 0.10 | 0.20 | 0.22 | 0.21 | 0.26 | 0.25 |

| 形态名称：三内降 – | | | | | 类型：R– | |
|---|---|---|---|---|---|---|
| 日文名称：*harami sage* | | | | | | |
| 趋势要求：是 | | | 确认：必须 | | | |
| 形态之间平均间隔天数（MDaysBP）：493 | | | 非常频繁 | | | |

（续）

| 形态统计来自 7 275 只常见流通股票基于 1 460 万个交易日中的数据 | | | | | | | |
|---|---|---|---|---|---|---|---|
| 间隔（日） | 1 | 2 | 3 | 4 | 5 | 6 | 7 |
| 获利比例（%） | 48 | 47 | 48 | 48 | 47 | 47 | 47 |
| 平均收益（%） | 2.21 | 3.02 | 3.62 | 4.21 | 4.74 | 5.14 | 5.53 |
| 亏损比例（%） | 52 | 53 | 52 | 52 | 53 | 53 | 53 |
| 平均亏损（%） | −2.43 | −3.35 | −3.98 | −4.52 | −5.11 | −5.56 | −5.94 |
| 净收益/净亏损 | −0.20 | −0.32 | −0.34 | −0.35 | −0.43 | −0.50 | −0.56 |

### 形态介绍

三内升和三内降形态实际上是孕线形态的进一步演化，是它的确认形态。如图 3-125 和图 3-126 所示，三内升和三内降形态前两天的蜡烛图形态和孕线形态一致，第三天的蜡烛图反映市场未来的走势是看涨还是看跌。三内升形态是看涨孕线形态的演化，在该形态中，第三天的蜡烛图是一根阳线，并且收盘在第二天的最高价之上。三内降形态是看跌孕线形态的演化，在该形态中，第三天的蜡烛图是一根阴线，并且收盘在第二天的最低价之下。

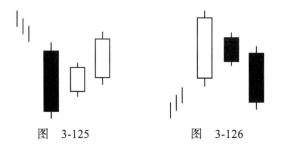

图　3-125　　　　　　图　3-126

三内升和三内降形态是作者自己总结出来的，在其他的日文著作中并未被提及，使用该形态可以帮助我们进一步确认孕线形态的具体倾向。事实证明，这种演化形态在实际交易时更为可靠。

### 形态识别的标准

1.首先利用前面所讲的内容判定孕线形态。

2. 在三内升形态中，第三天是阳线，并且收盘价更高；在三内降形态中，第三天是阴线，并且收盘价更低。

### 蜡烛图形态背后的交易情境及市场心理分析

作为孕线形态的确认形态，三内升和三内降形态说明孕线形态成功地预示了市场趋势的反转。

### 形态的灵活性

作为孕线形态的确认形态，三内升和三内降形态的灵活性形式与孕线形态是一致的。第一天蜡烛图实体对第二天蜡烛图实体的吞没量，可以帮助我们判定这个反转信号的强弱。

### 形态的简化

如图 3-127 所示，看涨三内升形态可以简化为一根锤子线，这根锤子线意味着市场下降趋势可能结束。如图 3-128 所示，看跌三内降形态可以简化为一根看跌流星线，这根流星线意味着市场上升趋势可能结束。

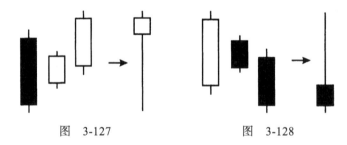

图　3-127　　　　　　　图　3-128

### 相关的形态

孕线形态和十字孕线形态是三内升和三内降形态的相关形态。

### 市场实例

三内升 + 和三内降 – 形态分别如图 3-129A 和图 3-129B 所示。

图　3-129A

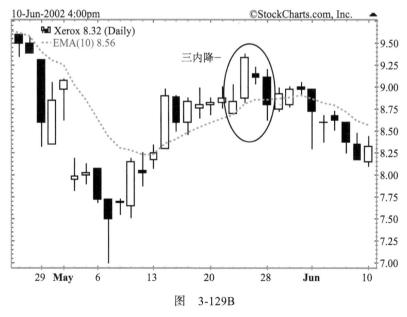

图　3-129B

## 三外升和三外降形态

| 形态名称：三外升 + | | | | | | 类型：R+ | |
|---|---|---|---|---|---|---|---|
| 日文名称：*tsutsumi aga* | | | | | | | |
| 趋势要求：是 | | | | 确认：不需要 | | | |
| 形态之间平均间隔天数（MDaysBP）：454　　频繁出现 | | | | | | | |
| 形态统计来自 7 275 只常见流通股票基于 1 460 万个交易日中的数据 | | | | | | | |
| 间隔（日） | 1 | 2 | 3 | 4 | 5 | 6 | 7 |
| 获利比例（%） | 48 | 49 | 49 | 49 | 49 | 49 | 49 |
| 平均收益（%） | 2.65 | 3.67 | 4.35 | 5.00 | 5.52 | 6.01 | 6.42 |
| 亏损比例（%） | 52 | 51 | 51 | 51 | 51 | 51 | 51 |
| 平均亏损（%） | −2.41 | −3.28 | −3.92 | −4.44 | −4.90 | −5.41 | −5.86 |
| 净收益 / 净亏损 | 0.00 | 0.10 | 0.15 | 0.21 | 0.22 | 0.20 | 0.19 |

| 形态名称：三外降 − | | | | | | 类型：R− | |
|---|---|---|---|---|---|---|---|
| 日文名称：*tsutsumi sage* | | | | | | | |
| 趋势要求：是 | | | | 确认：必须 | | | |
| 形态之间平均间隔天数（MDaysBP）：469　　非常频繁 | | | | | | | |
| 形态统计来自 7 275 只常见流通股票基于 1 460 万个交易日中的数据 | | | | | | | |
| 间隔（日） | 1 | 2 | 3 | 4 | 5 | 6 | 7 |
| 获利比例（%） | 47 | 46 | 47 | 46 | 46 | 46 | 45 |
| 平均收益（%） | 2.41 | 3.24 | 3.89 | 4.47 | 5.01 | 5.40 | 5.84 |
| 亏损比例（%） | 53 | 54 | 53 | 54 | 54 | 54 | 55 |
| 平均亏损（%） | −2.64 | −3.58 | −4.20 | −4.77 | −5.37 | −5.87 | −6.29 |
| 净收益 / 净亏损 | −0.27 | −0.40 | −0.40 | −0.46 | −0.55 | −0.72 | −0.85 |

### 形态介绍

　　如图 3-130 和图 3-131 所示，三外升和三外降形态实际上是吞没形态的演化，是它的确认形态。三外升和三外降形态的概念同前面我们讲述的三内升和三内降形态一致。在三外升和三外降形态中，第三天的蜡烛图反映市场未来的走势是看涨还是看跌。

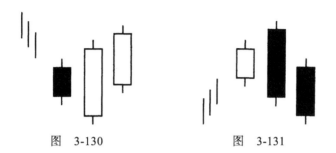

图　3-130　　　　　　　　　图　3-131

三外升和三外降形态是作者原创的，在日文著作中并未提及，利用该形态可以帮助我们进一步确认吞没形态的具体倾向。事实证明，这种演化形态在实际交易时更为可靠。

### 形态识别的标准

1. 首先利用前面讲述的内容判定吞没形态。

2. 在三外升形态中，第三天是阳线，并且收盘价更高。在三外降形态中，第三天是阴线，并且收盘价更低。

### 蜡烛图形态背后的交易情境及市场心理分析

作为吞没形态的确认形态，三外升和三外降形态说明吞没形态成功地预示了市场趋势的反转。

### 形态的灵活性

确认形态的灵活性不会多于其基础的形态。最后一天的市场实际走势将直接影响这一反转信号的强弱。

### 形态的简化

如图 3-132 所示，看涨三外升形态可能会简化为一根锤子线；如图 3-133 所示，看跌三外降形态可能会简化为一根流星线。请注意，在这里我们用"可能"，其原因在于，第一天开盘价和第三天收盘价之间的价格差异可能会很大，从而影响形态简化后能否被判定为锤子线和流星线，因为锤子线和流星线都要求影线长度和实体长度之比满足一定的要求。因此，简化后的蜡烛图实体的长度将是我们判定的关键要素。

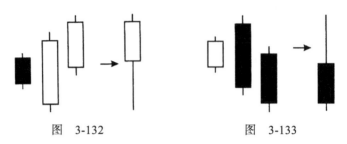

图 3-132          图 3-133

## 相关的形态

吞没形态是三外升和三外降形态的相关形态。

## 市场实例

三外升 + 和三外降 – 形态分别如图 3-134A 和图 3-134B 所示。

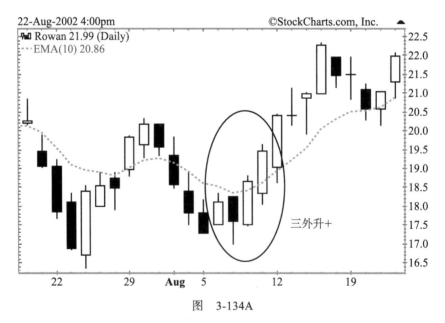

图 3-134A

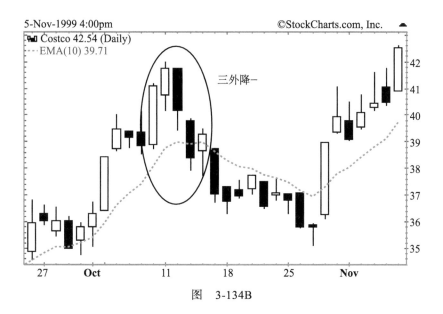

图 3-134B

## 南方三星形态

| 形态名称：南方三星 + | | | | | | 类型：R+ |
|---|---|---|---|---|---|---|

| 日文名称：*kyoku no santen boshi* | | | | | | |
|---|---|---|---|---|---|---|

| 趋势要求：是 | | | 确认：推荐 | | | |
|---|---|---|---|---|---|---|

| 形态之间平均间隔天数（MDaysBP）：417 143 | | | 极为少见 | | | |
|---|---|---|---|---|---|---|

| 形态统计来自 7 275 只常见流通股票基于 1 460 万个交易日中的数据 | | | | | | |
|---|---|---|---|---|---|---|

| 间隔（日） | 1 | 2 | 3 | 4 | 5 | 6 | 7 |
|---|---|---|---|---|---|---|---|
| 获利比例（%） | 59 | 45 | 61 | 64 | 52 | 48 | 39 |
| 平均收益（%） | 2.39 | 3.43 | 2.44 | 2.52 | 3.83 | 4.76 | 5.79 |
| 亏损比例（%） | 41 | 55 | 39 | 36 | 48 | 52 | 61 |
| 平均亏损（%） | −3.16 | −3.36 | −6.10 | −6.65 | −5.29 | −3.92 | −3.32 |
| 净收益/净亏损 | 0.13 | −0.26 | −0.87 | −0.77 | −0.56 | 0.28 | 0.26 |

### 形态介绍

如图 3-135 所示，这一形态显示出下跌趋势的减缓。价格每天都在下跌，连续创新低。

第一天的长下影线表明市场下跌时，逢低介入的买盘很积极，第二天市场又高开，虽然市场的收盘价没能上升，但是盘中的最低价已经较上一个交易日有所提高，第三天是一根黑色光头光脚蜡烛图，并且被包含在第二天的价格波动范围之内。

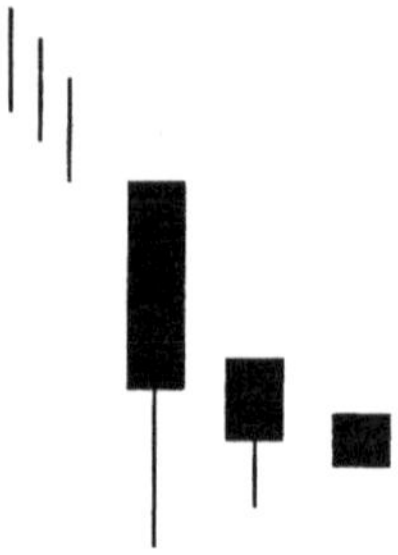

### 形态识别的标准

1. 第一天是一根带很长下影线的大阴线（类似锤子线，但是下影线没有达到实体的 2 倍）。

图    3-135

2. 第二天的图形类似于第一天，只是有所缩小，而且没有低于第一天的最低价。

3. 第三天是一根小的黑色光头光脚蜡烛图，开盘价和收盘价都在第二天的价格区间内。

### 蜡烛图形态背后的交易情境及市场心理分析

市场已经在下降趋势中徘徊了一段时期，创出新低后，多头开始顽强抵抗，最终收盘价高于最低价，形成很长的下影线。这种市场情境引起了一些短线多头的兴趣。第二天市场高开，短线客纷纷入场抢筹码。但是这种短期的上升趋势并没有得到持续，市场再一次开始下跌，最后收盘时，出现了收盘价的下跌，但第二天的收盘价却高于第一天的最低价，这引起了空头的警觉。因此第三天的市场价格波动不大，最终形成了一根较小的黑色光头光脚蜡烛图。

### 形态的灵活性

第三天的蜡烛图可以有较短的影线，但是这些影线不会影响最终结果。基本上，连续两天，前一天的蜡烛图都吞没了后一天的蜡烛图。

### 形态的简化

如图 3-136 所示，南方三星形态可以简化为一根大阴线，大阴线的市场含义通常是看跌的，这同该形态本来的市场含义有所不同，所以在实际使用时需要对南方三星形态进一步进行确认。

### 相关的形态

从图形上看，南方三星形态与三只黑乌鸦形态相似，但我们知道三只黑乌鸦形态是看跌反转信号，而南方三星形态是看涨反转信号。

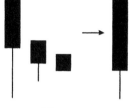

图 3-136

### 市场实例

南方三星 + 形态如图 3-137 所示。

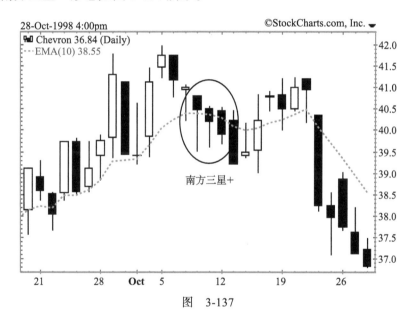

图 3-137

# 北方三星形态

| 形态名称：北方三星 – | | 类型：R– |
|---|---|---|
| 日文名称：*kita no mitsuboshi* | | |
| 趋势要求：是 | 确认：必须 | |

（续）

| 形态之间平均间隔天数（MDaysBP）：768 421　　极为少见 | | | | | | | |
|---|---|---|---|---|---|---|---|
| 形态统计来自 7 275 只常见流通股票基于 1 460 万个交易日中的数据 | | | | | | | |
| 间隔（日） | 1 | 2 | 3 | 4 | 5 | 6 | 7 |
| 获利比例（%） | 53 | 63 | 47 | 42 | 44 | 47 | 21 |
| 平均收益（%） | 0.96 | 1.44 | 1.36 | 1.67 | 1.68 | 1.46 | 2.27 |
| 亏损比例（%） | 47 | 37 | 53 | 58 | 56 | 53 | 79 |
| 平均亏损（%） | −2.65 | −3.21 | −3.23 | −4.61 | −8.93 | −10.40 | −6.68 |
| 净收益／净亏损 | −0.66 | −0.27 | −1.06 | −1.97 | −3.99 | −4.77 | −4.80 |

## 形态介绍

北方三星形态是一个三日看跌反转形态。它是一个与南方三星形态相反的形态（见图 3-138）。

## 形态识别的标准

1. 这一形态由三根阳线组成，第二天与第三天的最高价逐日降低，而最低价逐日提高。

2. 北方三星形态的第一天是一根大阳线。第一天价格的中心点位于 10 日移动平均线之上，这表明市场处于上升趋势中。

3. 第一天上影线的长度应该超过这一天价格范围的 40%，而且应该没有下影线或只有很短的下影线。如果有下影线，那么其长度不能超过当日价格范围的 7.5%。

图　3-138

4. 第二天的开盘价低于第一天的收盘价，然后价格不断上升，最终的收盘价高于第一天的收盘价。第二天的最高价低于第一天的最高价，其上下影线的要求与第一天相同。

5. 第三天是一根光头阳线，开盘价和收盘价都位于第二天的价格范围内。光头阳线是一根没有或只有很短上下影线的阳线。

### 蜡烛图形态背后的交易情境及市场心理分析

北方三星形态显示了一种上升形态的减弱，其每天的价格波动范围越来越小，最高价不断降低，而最低价不断提高。这一形态的第一天还有一根长上影线。长上影线对这一形态来说至关重要，因为它是空头进入市场的第一个信号。

### 形态的灵活性

由于这一形态在定义上有很多要求，因此它的出现十分罕见。实际上，我们必须放宽对蜡烛图微小变化的接受程度，否则这种形态可能永远也不会出现。我们知道，光头线出现的概率本来就不大，再加上对前两天的影线要求，则这种形态出现的概率就更低了。我们没有改变对前两天影线的要求，而是改变了对第三天蜡烛图实体部分的要求。我们不再要求第三天是一根光头阳线，而只要求其实体部分超过价格波动范围的 50%。一般来说，光头阳线要求其实体部分大于该日价格波动范围的 90%。

### 形态的简化

如图 3-139 所示，这一形态可以简化为一根大阳线，在实际使用时需要进行进一步确认。

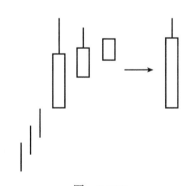

图　3-139

## 市场实例

北方三星 – 形态如图 3-140 所示。

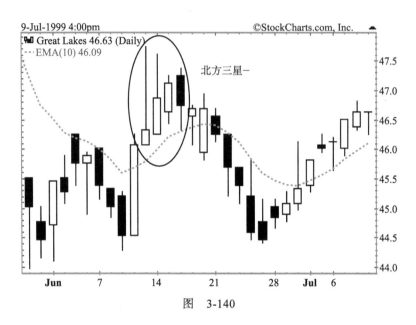

图 3-140

## 竖状三明治形态

| 形态名称：竖状三明治 + | | | | | 类型：R+ | |
|---|---|---|---|---|---|---|
| 日文名称：*gyakusashi niten zoko* | | | | | | |
| 趋势要求：是 | | | 确认：不需要 | | | |
| 形态之间平均间隔天数（MDaysBP）：19 338 | | | 较为少见 | | | |
| 形态统计来自 7 275 只常见流通股票基于 1 460 万个交易日中的数据 | | | | | | |
| 间隔（日） | 1 | 2 | 3 | 4 | 5 | 6 | 7 |
| 获利比例（%） | 59 | 56 | 57 | 60 | 59 | 58 | 57 |
| 平均收益（%） | 2.37 | 3.17 | 4.05 | 4.69 | 5.19 | 5.38 | 5.82 |
| 亏损比例（%） | 41 | 44 | 43 | 40 | 41 | 42 | 43 |
| 平均亏损（%） | −2.26 | −3.20 | −3.74 | −4.51 | −4.87 | −5.27 | −5.79 |
| 净收益 / 净亏损 | 0.44 | 0.35 | 0.66 | 0.98 | 1.00 | 0.89 | 0.80 |

| 形态名称：竖状三明治 – | | | | | 类型：R– | |
|---|---|---|---|---|---|---|
| 日文名称：*gyakusashi niten zoko* | | | | | | |
| 趋势要求：是 | | | | 确认：推荐 | | |
| 形态之间平均间隔天数（MDaysBP）：18 025 | | | | 较为少见 | | |
| 形态统计来自 7 275 只常见流通股票基于 1 460 万个交易日中的数据 | | | | | | |
| 间隔（日） | 1 | 2 | 3 | 4 | 5 | 6 | 7 |
| 获利比例（%） | 59 | 55 | 54 | 53 | 52 | 52 | 51 |
| 平均收益（%） | 1.86 | 2.58 | 2.93 | 3.25 | 3.62 | 4.06 | 4.33 |
| 亏损比例（%） | 41 | 45 | 46 | 47 | 48 | 48 | 49 |
| 平均亏损（%） | −1.88 | −2.41 | −2.85 | −3.31 | −3.76 | −4.33 | −4.81 |
| 净收益 / 净亏损 | 0.30 | 0.30 | 0.26 | 0.14 | 0.05 | 0.03 | −0.15 |

## 形态介绍

### 看涨竖状三明治形态

如图 3-141 所示，在看涨竖状三明治形态⊖中，两根阴线实体夹着一根阳线实体。两根阴线的收盘价必须相等。这样我们就找到了一个价格支撑位，趋势反转的可能性就会较大。

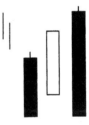

### 看跌竖状三明治形态

如图 3-142 所示，看跌竖状三明治形态是一种三日看跌反转形态。它是与看涨竖状三明治形态相反的形态。

图　3-141

## 形态识别的标准

### 看涨竖状三明治形态

1. 市场处于下降趋势中，一根阳线在一根阴线后出现，并且阳线的开盘价在前一天阴线的收盘价之上。

2. 第三天又出现了一根阴线，并且这根阴线的收盘价和第一根阴线的收盘价相等。

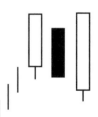

### 看跌竖状三明治形态

1. 市场处于上涨趋势中，这一形态的第一天是一根阳线。

图　3-142

---

⊖　有时被简称为三明治形态，国内也叫作肉夹馍形态。——译者注

2. 第二天是一根实体阴线，其开盘价低于前一天的收盘价，而其收盘价低于前一天的开盘价。

3. 第三天是一根实体阳线，吞没了第二天的阴线。

## 蜡烛图形态背后的交易情境及市场心理分析

### *看涨竖状三明治形态*

市场已经在下降趋势中运行，第一天阴线的出现更是证明了这种趋势。第二天，市场高开高走，在最高价或接近最高价处收盘，形成一根阳线。这种走势说明此前的下降趋势可能会发生变化，短线空头的信心开始减弱。第三天市场高开，空头受到打压，市场上开始出现平仓盘，但价格随后一路下探，市场无力再创新低，最终收盘于第一天收盘价处。至此，场中的交易者已经确认了当前价格的支撑位，市场开始企稳，其后的走势会证明这种判断。

### *看跌竖状三明治形态*

这一形态的关键点是第一天与第三天两根阳线的收盘价必须相等。看跌竖状三明治的第一天是一根阳线，其中心点位于 10 日移动平均线的上方，这意味着市场处于上升趋势中。第二天低开，然后一路下探，在最低价或接近最低价处收盘。这种走势表明上升趋势有可能发生逆转，投资者如果不清仓出场的话，也应该减少多头头寸。

## 形态的灵活性

### *看涨竖状三明治形态*

在一些日文文献中，把两根阴线的最低价作为市场价格的支撑位。但是，我们认为阴线收盘价的支撑作用更为显著，更能证明市场即将出现反转。

### *看跌竖状三明治形态*

请注意：构成看跌竖状三明治形态的三根蜡烛图对实体的长度并没有要求（第二天除外，它的实体必须较长，以便其收盘价接近最低价）。因此，第一根蜡烛图可能拥有一个小实体，有没有很长的上下影线并不重要。相应地，看跌竖状三明治可以分解为许多不同的蜡烛图，包括大阳线、上吊线或拥有很长上下影线的阳线。

还要注意：由于采用了十进制，因此你必须考虑到这一形态的微小差别。如果第三天收盘价与第一天收盘价的差距不超过 1/1 000，那么你就应该认为这两天的收盘价是一样的。例如，如果第一天的收盘价为 20 美元，那么第三天的收盘价可以是 19.98～20.02 美元之间的价格。

### 形态的简化

#### *看涨竖状三明治形态*

如图 3-143 所示，如果第一天阴线的实体部分比第三天阴线的实体小很多，看涨竖状三明治形态就可以简化为类似倒锤子线的形态。如果第一天阴线的实体部分较小，同时第三天阴线的实体长度是它的两三倍，那么竖状三明治形态就可以简化为看涨倒锤子线形态。如果不是这样，则该形态将简化为一根带有上影线的阴线，而它通常具有看跌的含义。所以，在实际使用时需要进一步对该形态进行确认。

#### *看跌竖状三明治形态*

如图 3-144 所示，强烈建议对其进行确认，因为这一形态可以简化为带有下影线而没有上影线的大阳线。

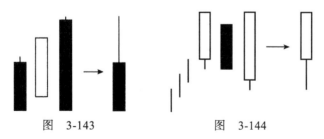

图　3-143　　　　　　　图　　3-144

### 相关的形态

#### *看涨竖状三明治形态*

这一形态的最后两天在很多情况下与看跌吞没形态类似。在此形态中，阴线的低点是一个很强的支撑位，而看跌吞没形态却代表着市场将继续下跌。

## 市场实例

竖状三明治＋和竖状三明治－形态分别如图 3-145 和图 3-146 所示。

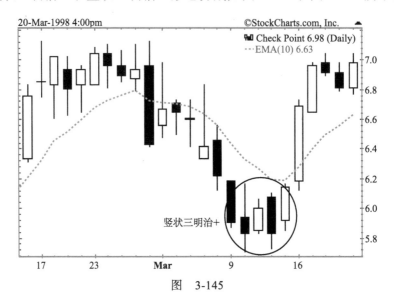

图　3-145

图　3-146

# 挤压报警形态

| 形态名称：挤压报警 + | | | | | 类型：R+ | |
|---|---|---|---|---|---|---|
| 日文名称：*tsukami* | | | | | | |
| 趋势要求：是 | | | | 确认：不需要 | | |
| 形态之间平均间隔天数（MDaysBP）：1 046 | | | 平均水平 | | | |
| 形态统计来自 7 275 只常见流通股票基于 1 460 万个交易日中的数据 | | | | | | |
| 间隔（日） | 1 | 2 | 3 | 4 | 5 | 6 | 7 |
|---|---|---|---|---|---|---|---|
| 获利比例（%） | 50 | 51 | 51 | 52 | 53 | 53 | 53 |
| 平均收益（%） | 2.88 | 4.24 | 5.29 | 6.11 | 6.83 | 7.46 | 8.08 |
| 亏损比例（%） | 50 | 49 | 49 | 48 | 47 | 47 | 47 |
| 平均亏损（%） | −2.52 | −3.78 | −4.64 | −5.32 | −5.93 | −6.58 | −7.05 |
| 净收益／净亏损 | 0.15 | 0.29 | 0.45 | 0.62 | 0.78 | 0.85 | 1.02 |

| 形态名称：挤压报警 − | | | | | 类型：R− | |
|---|---|---|---|---|---|---|
| 日文名称：*tsukami* | | | | | | |
| 趋势要求：是 | | | | 确认：必须 | | |
| 形态之间平均间隔天数（MDaysBP）：930 | | | 频繁出现 | | | |
| 形态统计来自 7 275 只常见流通股票基于 1 460 万个交易日中的数据 | | | | | | |
| 间隔（日） | 1 | 2 | 3 | 4 | 5 | 6 | 7 |
|---|---|---|---|---|---|---|---|
| 获利比例（%） | 52 | 52 | 52 | 52 | 51 | 51 | 51 |
| 平均收益（%） | 2.32 | 3.34 | 4.05 | 4.62 | 5.15 | 5.58 | 5.95 |
| 亏损比例（%） | 48 | 48 | 48 | 48 | 49 | 49 | 49 |
| 平均亏损（%） | −2.46 | −3.63 | −4.54 | −5.19 | −5.86 | −6.38 | −6.88 |
| 净收益／净亏损 | 0.00 | −0.02 | −0.09 | −0.11 | −0.19 | −0.26 | −0.36 |

## 形态介绍

### 看涨挤压报警形态

如图 3-147 所示，看涨挤压报警形态是一种三日看涨反转形态。这一形态说明市场处于小周期的三角形整理（震荡）中，可以随时向两个方向突破。因此这一形态出现之后，价格可能大幅上涨。但如果此形态出现在市场处于强烈的下跌趋势中时，市场随后也可能大幅下跌。

**看跌挤压报警形态**

如图 3-148 所示，看跌挤压报警形态是一种三日看跌反转形态。这一形态说明市场处于小周期的三角形整理（震荡）中，可以随时向两个方向突破。因此这一形态出现之后，价格可能大幅下跌。如果此形态出现在市场处于强烈的上升趋势中时，市场随后也可能大幅上涨。

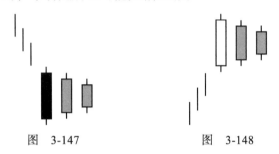

图 3-147　　　　　　　图 3-148

## 形态识别的标准

**看涨挤压报警形态**

1. 这一形态出现在下跌趋势中。

2. 这一形态的第一天是一根相对较长的阴线，第二天和第三天的最高价一天比一天低，而最低价则一天比一天高。

3. 三根蜡烛图的实体长度并不重要。

**看跌挤压报警形态**

1. 这一形态出现在上涨趋势中。

2. 这一形态的第一天是一根相对较长的阳线，因为第二天和第三天的最高价一天比一天低，而最低价则一天比一天高。

3. 三根蜡烛图的实体长度并不重要。

## 蜡烛图形态背后的交易情境及市场心理分析

**看涨挤压报警形态**

这一形态的重要之处在于它显示出市场正处于下跌趋势中，此形态的出现说明了市场下跌的力度开始减弱。如果这一形态出现后的第一天或第二天市场立即开始上涨，那么价格就会向上突破。如果这一形态出现后的第一天或第二天市场立即开始下跌，那么价格将向下突破。

### *看跌挤压报警形态*

这一形态的重要之处在于它显示出市场正处于上涨趋势中，此形态的出现说明了市场上涨的力度开始减弱。如果这一形态出现后的第一天或第二天市场立即开始下跌，那么价格将向下突破。如果这一形态出现后的第一天或第二天市场立即开始上涨，那么价格就会向上突破。

请注意：建立这一形态更多的是为了提供一种警示。你不应该急于采取行动，要首先观察这一形态出现后价格的趋势，然后再决定如何行动。

## 形态的灵活性

### *看涨挤压报警形态*

为了确定市场是否真的处于下跌趋势中，我们要求看涨挤压报警形态的第一天是一根阴线，而且此形态第一天的前一天也应该是一根阴线。

### *看跌挤压报警形态*

为了确定市场是否真的处于上涨趋势中，我们要求看跌挤压报警形态的第一天是一根阳线，而且此形态第一天的前一天也应该是一根阳线。

## 形态的简化

如图 3-149 和图 3-150 所示，在实际使用这一形态时，毫无疑问，我们必须等待随后的蜡烛图才能判定此形态的具体突破方向。

## 市场实例

挤压报警 + 和挤压报警 – 形态分别如图 3-151 和图 3-152 所示。

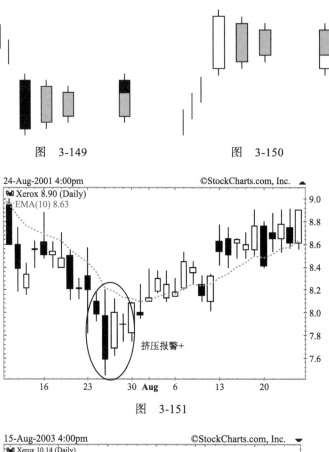

图　3-149　　　　　　　　　　图　3-150

图　3-151

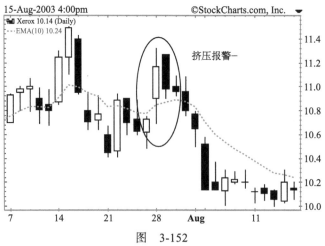

图　3-152

## ❯ 四日或多日反转形态

### 脱离形态

| 形态名称：脱离 + | | | | | | 类型：R+ | |
|---|---|---|---|---|---|---|---|
| 日文名称：*hanare sante no shinte zukae* | | | | | | | |
| 趋势要求：是 | | | 确认：推荐 | | | | |
| 形态之间平均间隔天数（MDaysBP）：97 333 | | | | 较为少见 | | | |
| 形态统计来自 7 275 只常见流通股票基于 1 460 万个交易日中的数据 | | | | | | | |
| 间隔（日） | 1 | 2 | 3 | 4 | 5 | 6 | 7 |
| 获利比例（%） | 53 | 50 | 56 | 56 | 54 | 51 | 49 |
| 平均收益（%） | 2.32 | 3.85 | 5.14 | 5.26 | 6.39 | 6.39 | 7.17 |
| 亏损比例（%） | 47 | 50 | 44 | 44 | 46 | 49 | 51 |
| 平均亏损（%） | −3.01 | −4.28 | −4.80 | −4.85 | −6.42 | −6.14 | −6.63 |
| 净收益/净亏损 | −0.16 | −0.21 | 0.80 | 0.84 | 0.46 | 0.21 | 0.13 |

| 形态名称：脱离 − | | | | | | 类型：R− | |
|---|---|---|---|---|---|---|---|
| 日文名称：*hanare sante no shinte zukae* | | | | | | | |
| 趋势要求：是 | | | 确认：推荐 | | | | |
| 形态之间平均间隔天数（MDaysBP）：97 333 | | | | 较为少见 | | | |
| 形态统计来自 7 275 只常见流通股票基于 1 460 万个交易日中的数据 | | | | | | | |
| 间隔（日） | 1 | 2 | 3 | 4 | 5 | 6 | 7 |
| 获利比例（%） | 49 | 50 | 44 | 52 | 56 | 55 | 56 |
| 平均收益（%） | 2.40 | 3.07 | 4.44 | 4.08 | 4.40 | 5.07 | 5.45 |
| 亏损比例（%） | 51 | 50 | 56 | 48 | 44 | 45 | 44 |
| 平均亏损（%） | −2.75 | −3.30 | −3.51 | −3.84 | −4.10 | −4.52 | −4.59 |
| 净收益/净亏损 | −0.20 | −0.11 | −0.02 | 0.30 | 0.69 | 0.75 | 0.99 |

### 形态介绍

#### *看涨脱离形态*

如图 3-153 所示，看涨脱离形态通常出现在下降的市场趋势中，意味着做空的头寸已经超卖，市场要脱离下降趋势。该形态的第一天是一根大阴线，第二天又是一根向下跳空的小阴线。在向下跳空缺口后，会出现一系列小阴线，市场不断创出新低，其中第三天的蜡烛图颜色可以是黑色的，也可以是白色的。跳空缺口后的这三根蜡烛图看起来同三只黑乌鸦形态有些类似，在这三天，市场不断出现新低。最后一天（第五天）是一根大阳线，一举收复市场前几日的下跌空间，并且突破到第一天和第二天形成的跳空缺口内。

**看跌脱离形态**

如图 3-154 所示，看跌脱离形态中第一天是一根大阳线，然后出现一个向上的跳空缺口，在跳空缺口后是三根连续的小阳线，市场不断创出新高，跳空缺口后的一系列阳线中，第二根蜡烛图（即第三天）可以是阳线，也可以是阴线。看跌脱离形态所表达的是，市场处于上升趋势中，并且不断创出近一段时期内的最高价，但是随着时间的推移，市场出现了超买情况。最后一天（即第五天）上升趋势开始出现反转，一根大阴线将价格打压到第一天和第二天形成的跳空缺口内。

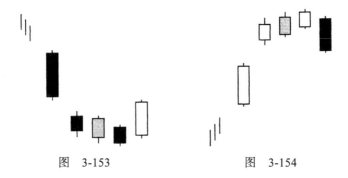

图　3-153　　　　　　图　3-154

在日文著作中，并没有关于看跌脱离形态的论述。但一些分析师认为这种反转形态是有效的，我们将在第 6 章中论证这种形态的有效性。

**形态识别的标准**

1.第一天的蜡烛图可能是大阳线，也可能是大阴线，蜡烛图的颜色代表了当前的趋势。

2. 第二天蜡烛图的颜色和第一天的相同，而且与第一天形成一个跳空缺口，跳空的方向和市场原来的趋势相同。

3. 第三天和第四天的蜡烛图仍然反映原有的市场趋势，而且不断创出新高（或新低）。在上涨趋势中，第三天最好是一根阳线。在下跌趋势中，第三天最好是一根阴线。

4. 第五天的蜡烛图与第一根蜡烛图颜色相反，同时收盘价要突破到第一天和第二天形成的跳空缺口内。

### 蜡烛图形态背后的交易情境及市场心理分析

脱离形态背后的市场心理分析十分重要。下面以看跌脱离形态为例简要说明它所反映的市场心理。市场原来处于上升趋势中，向上的跳空缺口的出现表明多头正在快速上攻，但是随后的几根小阳线说明做多的能量在逐渐得到释放，市场的上升趋势显示出疲态。在这时，突然出现的快速下跌一下子将前三天的上涨空间吞没。虽然这种下跌还没有完全填补第一天和第二天产生的跳空缺口，但是从短线上来看，反转趋势已经形成。

### 形态的灵活性

由于脱离形态是一种复杂的形态，所以此形态变化的空间有限。只要满足对该形态的基本判定标准，该形态还是有可能允许一些细微变化的。例如，只要最后一天的蜡烛图能够进入此前的跳空缺口的价格区域内，那么此前跳空缺口后的蜡烛图可以只有两根蜡烛图，也可以多于三根。

### 形态的简化

如图 3-155 所示，看涨脱离形态可以简化为一根锤子线。按照锤子线的定义，下影线应该是实体部分长度的 2 倍。第二天的跳空缺口越大，同时第三天和第四天蜡烛图创出的最低价越低，那么出现锤子线的可能性就越大，而简化后的锤子线形态就越支持形态本身的反转含义。

如图 3-156 所示，看跌脱离形态可以简化为一根带有很长上影线、很短下影线的大阳线。由于在第二天跳空缺口后继续出现阳线，所以该形态基本不可能被简化为流星线。因此在做空前，读者需要对看跌脱离形态进行进一步确认。

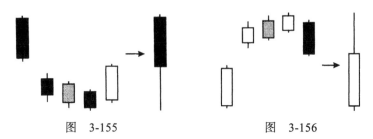

图 3-155　　　　　图 3-156

## 相关的形态

由于脱离形态比较复杂，所以它没有相关形态。

## 市场实例

脱离 + 和脱离 – 形态分别如图 3-157A 和图 3-157B 所示。

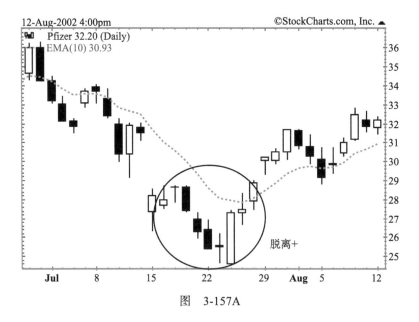

图 3-157A

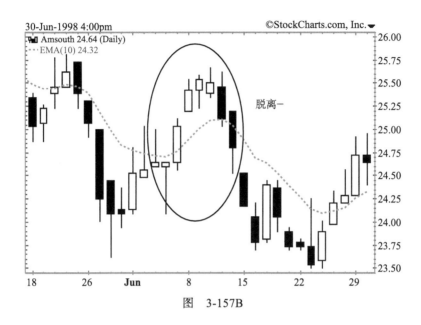

图 3-157B

## 藏婴吞没形态

| 形态名称：藏婴吞没 + | | | | 类型：R+ | | |
|---|---|---|---|---|---|---|
| 日文名称：*kotsubame tsutsumi* | | | | | | |
| 趋势要求：是 | | | 确认：不需要 | | | |
| 形态之间平均间隔天数（MDaysBP）：59 109 | | | 较为少见 | | | |
| 形态统计来自 7 275 只常见流通股票基于 1 460 万个交易日中的数据 | | | | | | |
| 间隔（日） | 1 | 2 | 3 | 4 | 5 | 6 | 7 |
| 获利比例（%） | 54 | 55 | 53 | 52 | 52 | 53 | 56 |
| 平均收益（%） | 3.13 | 4.63 | 6.43 | 7.47 | 8.52 | 8.55 | 8.63 |
| 亏损比例（%） | 46 | 45 | 47 | 48 | 48 | 47 | 44 |
| 平均亏损（%） | −3.75 | −5.33 | −5.20 | −5.73 | −6.63 | −6.76 | −7.78 |
| 净收益／净亏损 | −0.05 | 0.10 | 0.91 | 1.08 | 1.17 | 1.42 | 1.32 |

### 形态介绍

如图 3-158 所示，市场原有趋势是下降的。从图形上来看，第一天和第
二天两根黑色光头光脚蜡烛图的出现更是证明了这种下降趋势。但是，从第

三天开始，这种下跌力度开始得到缓解，盘中一度出现了价格上扬（高于开盘价，形成上影线）。特别值得注意的是，在这个形态中，第三天开盘时曾经出现一个向下的跳空缺口，但是这个缺口在盘中很快得到回补。第四天的蜡烛图完全吞没了第三天的蜡烛图，不仅包括实体部分，还包括它的上影线，尽管在这一天市场仍然创出了新低，但是下跌的速度明显得到抑制。在这种情况下，做空投资者应该考虑采取措施保护盈利，因为市场很有可能发生转势。

图　3-158

### 形态识别的标准

1.形态的前两天是两根黑色的光头光脚蜡烛图。

2.第三天是一根阴线，并形成向下的跳空缺口。虽然盘中创出新低，但是市场迅速拉升，形成一根很长的上影线，并且上影线深入了前一天的价格区域内。

3.第四天的蜡烛图完全吞没了第三天的蜡烛图，包括其上影线。

### 蜡烛图形态背后的交易情境及市场心理分析

市场已经在下降趋势中徘徊了一段时期，随着两根黑色光头光脚蜡烛图的出现，空头异常兴奋。第三天市场向下跳空开盘，更加刺激了空头。但是当日盘中的交易价格曾突破前一天的收盘价，虽然最后市场还是在最低价收盘，但是盘中的这种变化还是引起了某些交易者的注意。所以第四天市场跳空高开，虽然最后还是在最低价收盘，但这次下跌就是空头最后的平仓机会。

### 形态的灵活性

藏婴吞没形态的认定标准十分严格，所以基本上没有变化形式。第二天和第三天之间的向下跳空缺口是形态所必需的，而且第三天蜡烛图的上影线必须突破到第二天的实体内。第四天的蜡烛图必须完全吞没第三天的蜡烛图。这些条件必须全部满足，没有任何例外。

## 形态的简化

如图 3-159 所示，藏婴吞没形态可以简化为一根
大阴线。大阴线本身具有看跌倾向，这同简化前的形
态所具有的看涨倾向相违背，所以在实际使用时需要
进行进一步的确认。

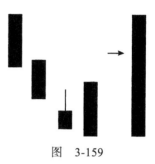

图　3-159

## 相关的形态

从图形上看，藏婴吞没形态与三只黑乌鸦形态和南
方三星形态都比较相似，但是三只黑乌鸦形态是熊市反转信号，通常出现在上升
趋势中，而该形态是看涨反转信号，一般出现在下降趋势中。另外，藏婴吞没形
态开始的蜡烛图组合看起来和梯形底部形态（随后我们将进行讲解）比较相似。

## 市场实例

藏婴吞没 + 形态如图 3-160 所示。

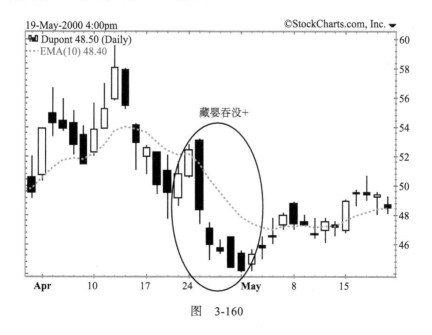

图　3-160

## 梯形底部形态

| 形态名称：梯形底部＋ | | | | | | 类型：R＋ | |
|---|---|---|---|---|---|---|---|
| 日文名称：*hashigo gaeshi* | | | | | | | |
| 趋势要求：是 | | | | 确认：不需要 | | | |
| 形态之间平均间隔天数（MDaysBP）：25 260　　　　较为少见 | | | | | | | |
| 形态统计来自 7 275 只常见流通股票基于 1 460 万个交易日中的数据 | | | | | | | |
| 间隔（日） | 1 | 2 | 3 | 4 | 5 | 6 | 7 |
| 获利比例（％） | 47 | 52 | 56 | 54 | 53 | 55 | 55 |
| 平均收益（％） | 3.14 | 4.10 | 5.22 | 5.88 | 6.91 | 7.27 | 7.38 |
| 亏损比例（％） | 53 | 48 | 44 | 46 | 47 | 45 | 45 |
| 平均亏损（％） | −2.72 | −3.95 | −4.55 | −5.00 | −6.19 | −6.58 | −6.67 |
| 净收益／净亏损 | 0.02 | 0.26 | 0.95 | 0.82 | 0.72 | 1.05 | 1.07 |

### 形态介绍

如图 3-161 所示，市场一直处在下跌趋势中，连续出现四根阴线，不断创出新低。但是在第四天出现了很长的上影线，这表明虽然市场还在创出新低，但是空头的力量已经在衰退，交易者对于市场能继续下跌的信心不足。次日（第五天）市场跳空高开，并且持续上升，最终收盘价远远高于前一两天的收盘价。

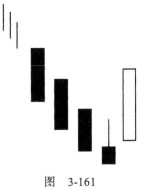

图　3-161

### 形态识别的标准

1. 连续出现三根大阴线，市场不断创出新低，这三天的图形看起来类似三只黑乌鸦形态。

2. 第四天是一根带上影线的阴线。

3. 最后一天是一根大阳线，并且同第四天之间形成一个向上的跳空缺口。

**蜡烛图形态背后的交易情境及市场心理分析**

市场已经在下跌趋势中运行了一段时期，空头完全占据市场的主动。在某一天，虽然市场仍然继续下跌，但在最近一段时期以来，市场价格首次出现反弹，并且几乎摸到前一天的最高价。这种市场行为立刻引起了做空交易者的注意，他们预期市场的下跌趋势可能不会再延续。他们开始重新考虑是否继续持有手中的空头头寸，他们决定，如果有一定利润，那么在次日（第五天）就平掉这些头寸。这种交易者的心理反应导致第五天市场高开，如果当天的成交量也有所放大，趋势的反转就可以成立。

**形态的灵活性**

梯形底部形态中第四天的阴线实体可以较长，也可以不是很长，但一定要产生市场新低。最后一天的蜡烛图必须是阳线，其实体部分可长可短，但其收盘价必须高于前一天的最高价。

**形态的简化**

如图 3-162 所示，梯形底部形态可以简化为锤子线形态。这种简化并不会改变该形态的看涨反转倾向。

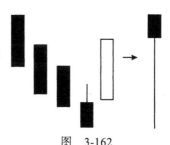

图　3-162

**相关的形态**

如果从图形上看，梯形底部形态开始有些像藏婴吞没形态。前三天的蜡烛图组合起来类似于三只黑乌鸦形态，但请注意，三只黑乌鸦形态是一种看跌反转形态，并出现在市场上升趋势中。

**市场实例**

梯形底部 + 形态如图 3-163 所示。

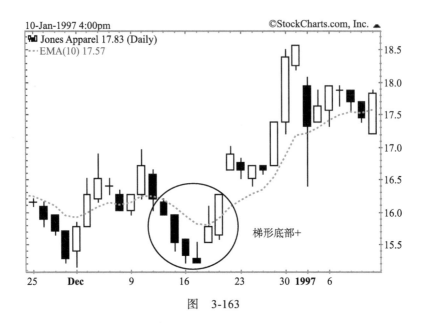

图　3-163

## 梯形顶部形态

| 形态名称：梯形顶部 – | | | | | | 类型：R– |
|---|---|---|---|---|---|---|
| 日文名称：*hashigo teppen* | | | | | | |
| 趋势要求：是 | | | | 确认：推荐 | | |
| 形态之间平均间隔天数（MDaysBP）：24 830　　　　较为少见 | | | | | | |
| 形态统计来自 7 275 只常见流通股票基于 1 460 万个交易日中的数据 | | | | | | |
| 间隔（日） | 1 | 2 | 3 | 4 | 5 | 6 | 7 |
|---|---|---|---|---|---|---|---|
| 获利比例（%） | 50 | 48 | 49 | 51 | 51 | 50 | 49 |
| 平均收益（%） | 2.41 | 3.54 | 3.99 | 4.30 | 4.53 | 4.94 | 5.10 |
| 亏损比例（%） | 50 | 52 | 51 | 49 | 49 | 50 | 51 |
| 平均亏损（%） | –2.14 | –2.89 | –3.68 | –4.24 | –4.91 | –5.05 | –5.33 |
| 净收益 / 净亏损 | 0.14 | 0.20 | 0.09 | 0.12 | –0.12 | –0.08 | –0.18 |

### 形态介绍

　　如图 3-164 所示，梯形顶部形态是一个五日看跌反转形态。它是与梯形底部形态相反的一种形态。

### 形态识别的标准

1. 这一形态的前三天都是阳线，开盘价和收盘价逐日提高。

2. 第四天仍然是一根阳线，但带有下影线，下影线应该深入至第三天的价格范围内。

3. 第五天是一根阴线，其开盘价在第四天的实体之下，其收盘价低于第四天的最低价。

图　3-164

### 蜡烛图形态背后的交易情境及市场心理分析

市场处于上升趋势中，梯形顶部形态的前三天是三根阳线。每一根阳线的中心点都位于 10 日移动平均线的上方。三根阳线的开盘价和收盘价逐日提高，此时多头肯定会笑逐颜开。

第四天仍然是一根阳线，但带有下影线，而且下影线延伸到前一天的价格范围内。特别是，第四天的最低价必须低于第三天价格范围的中心点。同时，尽管第四天的收盘价高于第三天的收盘价，但在大多数情况下，这种带有下影线的走势表明上涨的力量正在减弱，这一走势应该引起多头的注意。如果他们的仓位这时有浮盈，那么下一日为了保护盈利多头就将平仓出场。

### 形态的灵活性

请注意：对第四天的价格变化范围或实体长度没有要求，但第四天一定要带有下影线，并且下影线的长度必须超过第四天价格变化范围的 40%。因此，这四天中会有一天或几天（或每天）的蜡烛图实体较短，并带有长上影线或下影线。如果第四根蜡烛图的实体较短，它甚至可以带有上影线。对这四根阳线的要求是它们的开盘价和收盘价必须逐日提高。

第五天是一根阴线，其开盘价低于前一天的开盘价，形成一个向下的跳空缺口，而其收盘价要低于前一天的最低价。注意，对第五天的价格变化范围或实体长度没有要求。因此，我们并不要求第五天的蜡烛图必须具有长实体。

## 形态的简化

如图 3-165 所示，梯形顶部形态可以简化为流星线形态。流星线形态本身也具有一定的看跌倾向。如果第四根阳线的幅度很大，则这一形态可以简化为一根带有短上影线的大阳线。

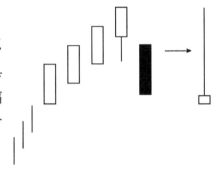

图　3-165

## 相关的形态

梯形顶部形态与执带线形态类似。这两种形态都出现在上升趋势中，前四天都是阳线，而第五天是一根阴线。执带线形态的反转强度由第五天的阴线长度及其以最高价开盘这一事实所保证。梯形顶部形态的反转强度来自上涨力量不断减弱（第四天的走势证明了这一点），而且第五天向下跳空低开，最终形成一根阴线。

## 市场实例

梯形顶部 – 形态如图 3-166 所示。

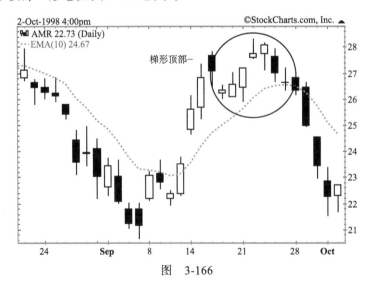

图　3-166

## 触底后向上跳空形态

| 形态名称：触底后向上跳空 + | | | | | 类型：R+ | |
|---|---|---|---|---|---|---|
| 日文名称：*tanizoko agari* | | | | | | |
| 趋势要求：是 | | | 确认：必须 | | | |
| 形态之间平均间隔天数（MDaysBP）：148 980 | | | | 极为少见 | | |
| 形态统计来自 7 275 只常见流通股票基于 1 460 万个交易日中的数据 | | | | | | |
| 间隔（日） | 1 | 2 | 3 | 4 | 5 | 6 | 7 |
| 获利比例（%） | 52 | 51 | 58 | 51 | 51 | 50 | 50 |
| 平均收益（%） | 3.06 | 3.04 | 3.47 | 4.01 | 4.24 | 5.06 | 5.58 |
| 亏损比例（%） | 48 | 49 | 42 | 49 | 49 | 50 | 50 |
| 平均亏损（%） | −2.45 | −4.04 | −4.81 | −4.84 | −5.81 | −6.66 | −7.89 |
| 净收益/净亏损 | 0.41 | −0.40 | −0.04 | −0.35 | −0.67 | −0.78 | −1.09 |

### 形态介绍

如图 3-167 所示，触底后向上跳空形态是一个五日看涨反转形态。

### 形态识别的标准

1. 这一形态出现在下跌趋势中，第一天为一根阴线。

2. 随后的两天仍然是阴线，且每一天的收盘价都低于前一天收盘价。

3. 第三天向下跳空低开，开盘价低于第二天的收盘价。

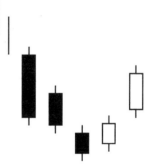

4. 第四天是一根大阳线。

图 3-167

5. 第五天也是一根阳线，并向上跳空高开，其开盘价高于前一天的收盘价。

### 蜡烛图形态背后的交易情境及市场心理分析

这一形态的五根蜡烛图的价格波动范围都比较大，实体也比较长。在下跌趋势中，一根大阴线出现了。随后的两天也是阴线，并持续创出新低。这加剧了市场的下跌趋势。实际上，第三天市场也跳空开盘，同时其开盘价低于第二天的收盘价。第四天是一根大阳线，表明下跌趋势可能将发生改变。第五天向上跳空高开，开盘价高于前一日的收盘价，最终也形成一根大阳线。而且，第五天的收盘价接近这一天的最高价，因此其实体较长。这表明市场做空的力量已经耗尽，反转已经开始。

### 形态的灵活性

对于这一形态来说，我们还要求第五天的收盘价低于第一天的最高价，不希望最后两天的上涨完全收复前三天的下跌。根据酒田战法，在市场底部之后，你应该在出现第三个缺口时平掉空头头寸。

这一形态中出现的向上跳空缺口被认为是第一个跳空缺口。如果这一跳空缺口后面连续出现两个以上向上跳空缺口，那么根据酒田战法，你就应该平掉空头头寸。

请注意：这一形态还要求，两个蜡烛图实体之间的跳空缺口（不管是向上的跳空缺口还是向下的跳空缺口）都应该大于第一天价格变动范围的10%。

### 形态的简化

如图3-168所示，这个五日形态可以简化为看涨锤子线。这符合触底后向上跳空形态的看涨反转倾向。

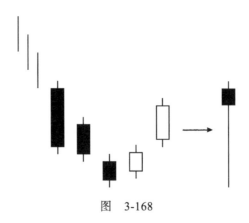

图 3-168

## 市场实例

触底后向上跳空 + 形态如图 3-169 所示。

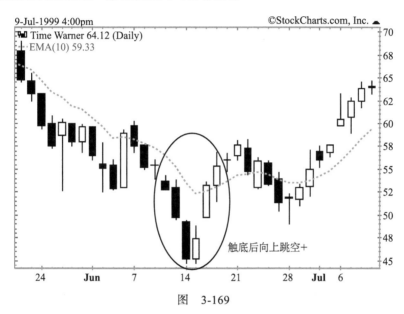

9-Jul-1999 4:00pm ©StockCharts.com, Inc.

Time Warner 64.12 (Daily)
EMA(10) 59.33

触底后向上跳空+

图　3-169

# 触顶后向下跳空形态

| 形态名称：触顶后向下跳空 – | | | | | 类型：R– | |
|---|---|---|---|---|---|---|
| 日文名称：*yama nobotta ato ochiru* | | | | | | |
| 趋势要求：是 | | | 确认：必须 | | | |
| 形态之间平均间隔天数（MDaysBP）：165 909 | | | | 极为少见 | | |
| 形态统计来自 7 275 只常见流通股票基于 1 460 万个交易日中的数据 | | | | | | |
| 间隔（日） | 1 | 2 | 3 | 4 | 5 | 6 | 7 |
|---|---|---|---|---|---|---|---|
| 获利比例（%） | 38 | 37 | 41 | 41 | 40 | 43 | 49 |
| 平均收益（%） | 2.97 | 3.30 | 2.82 | 4.76 | 5.02 | 5.08 | 4.33 |
| 亏损比例（%） | 62 | 63 | 59 | 59 | 60 | 57 | 51 |
| 平均亏损（%） | –3.32 | –4.69 | –4.01 | –4.01 | –4.33 | –5.05 | –7.04 |
| 净收益 / 净亏损 | –0.84 | –1.73 | –1.20 | –0.42 | –0.62 | –0.68 | –1.45 |

### 形态介绍

如图 3-170 所示，触顶后向下跳空形态是一个五日看跌反转形态。

### 形态识别的标准

1. 这一形态出现在上升趋势中，第一天是一根大阳线。

2. 随后两天也是阳线，每一天的收盘价都高于前一天的收盘价。

3. 第三天跳空高开，开盘价高于第二天的收盘价。

4. 第四天是一根大阴线。

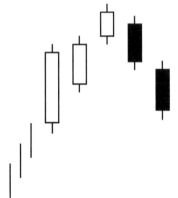

图 3-170

5. 第五天跳空低开，以低于前一日收盘价的价格开盘，最终形成一根大阴线。

### 蜡烛图形态背后的交易情境及市场心理分析

这一形态的五根蜡烛图的价格波动范围都较大，实体也较长。市场处于上涨趋势中，一根大阳线出现了。随后两天也是阳线，而且每一天的收盘价都比前一天更高。这强化了市场的上涨趋势。实际上，第三天也出现跳空开盘，并且开盘价高于第二天的收盘价。第四天是一根大阴线，表示上涨趋势可能将发生改变。第五天向下跳空低开，以低于前一日开盘价的价格开盘，最终形成一根大阴线。由于第五天以接近最低价收盘，所以其实体较长。这表明市场多头的力量已经耗尽，反转已经开始。

### 形态的灵活性

对于这一形态来说，我们还要求第五天的收盘价高于第一天的最低价，不希望价格最后两天的下跌完全收复前三天的上涨。

根据酒田战法，在市场顶部之后，你应该在第三个缺口出现后平掉多头头寸。这一形态中出现的缺口应该被认为是第一个向下跳空缺口。如果这一跳空缺口后面连续出现两个以上向下跳空缺口，那么根据酒田战法，你就应该平掉多头头寸。

请注意：这一形态还要求，两个蜡烛图实体之间的缺口（不管是向上跳空缺口还是向下跳空缺口）都应该大于第一天价格波动范围的 10%。

### 形态的简化

如图 3-171 所示，这个五日形态可以简化为一根看跌流星线。这符合触顶后向下跳空形态的看跌反转倾向。

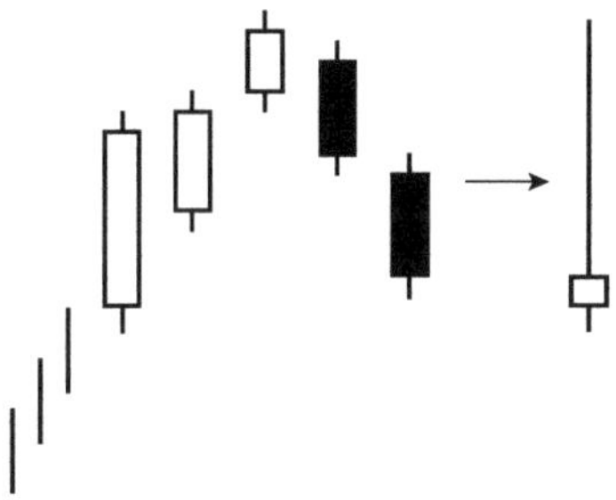

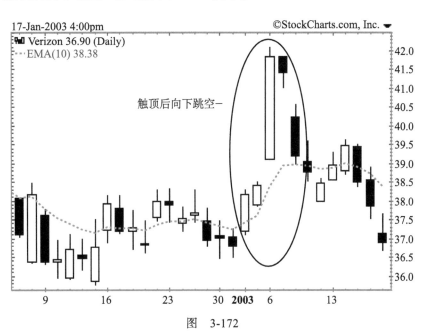

图　3-171

### 市场实例

触顶后向下跳空 – 形态如图 3-172 所示。

图　3-172

# 三次向下跳空形态

| 形态名称：三次向下跳空 + | | | | 类型：R+ | | |
|---|---|---|---|---|---|---|
| 日文名称：*mittsu no aki kudari* | | | | | | |
| 趋势要求：是 | | | 确认：不需要 | | | |
| 形态之间平均间隔天数（MDaysBP）：3 606 | | | 平均水平 | | | |
| 形态统计来自 7 275 只常见流通股票基于 1 460 万个交易日中的数据 | | | | | | |
| 间隔（日） | 1 | 2 | 3 | 4 | 5 | 6 | 7 |
| 获利比例（%） | 50 | 50 | 51 | 50 | 50 | 51 | 52 |
| 平均收益（%） | 3.13 | 4.39 | 5.01 | 5.78 | 6.47 | 6.87 | 7.28 |
| 亏损比例（%） | 50 | 50 | 49 | 50 | 50 | 49 | 48 |
| 平均亏损（%） | −2.81 | −3.72 | −4.53 | −5.08 | −5.42 | −5.98 | −6.42 |
| 净收益 / 净亏损 | 0.13 | 0.29 | 0.31 | 0.36 | 0.51 | 0.61 | 0.75 |

## 形态介绍

如图 3-173 所示，三次向下跳空形态是一个四日看涨反转形态。这一形态形如其名，出现了连续三天的向下跳空低开。一般来说，向下跳空形态意味着下降趋势的延续，但在出现三个向下跳空缺口后，市场已经出现严重的超卖，当前的趋势即将被打断，甚至出现反转。

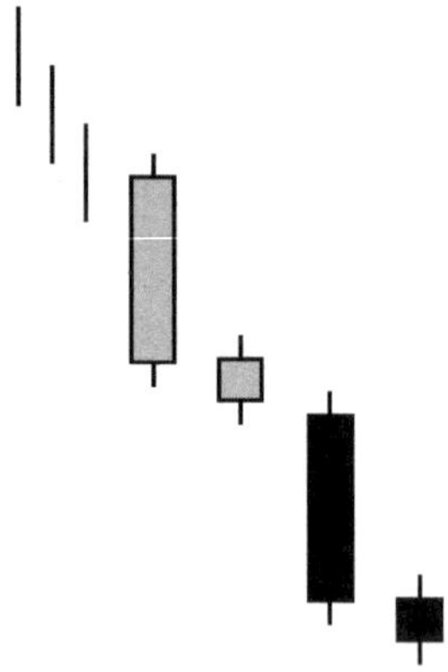

## 形态识别的标准

1. 这一形态的第一天可以是阴线，也可以是阳线。

2. 第二天蜡烛图的颜色也不重要，只需要向下跳空低开，两根蜡烛图实体之间存在缺口即可。

图　3-173

3. 最后两根蜡烛图的价格波动范围必须较大，两根蜡烛图的实体也要较长。

4. 最后两天必须是阴线。

5. 最后两天蜡烛图实体之间要有缺口，并与前一天蜡烛图的实体之间存在缺口。

### 蜡烛图形态背后的交易情境及市场心理分析

第三天以低于前一天最低价的价格开盘。开盘后价格一路走低，以接近最低价收盘。第四天市场以低于第三天开盘价的价格开盘，这种情况已经持续了三天。开盘后，价格一路走低，再次以接近最低价收盘。此时，市场已经连续出现了三个向下跳空缺口。根据酒田战法，你应该在出现第三个缺口时开立多头头寸。

### 形态的灵活性

我们要求在这一形态的第二天市场处于下降趋势中。因此，第二天价格波动范围的中心点将位于 10 日移动平均线的下方。

请注意：这一形态中四根蜡烛图实体之间的三个缺口的大小应该超过各自前一天蜡烛图实体部分的 10%。

### 形态的简化

如图 3-174 所示，由于这一形态很复杂，所以不能对其进行简化。

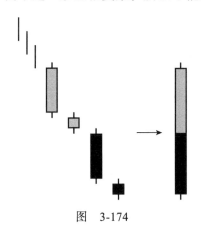

图 3-174

### 市场实例

三次向下跳空 + 形态如图 3-175 所示。

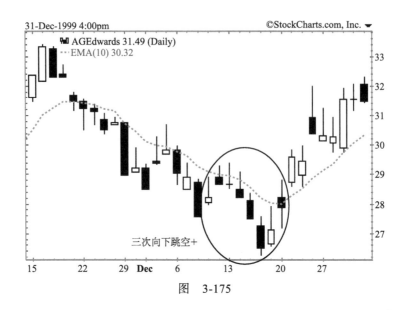

图　3-175

## 三次向上跳空形态

| 形态名称：三次向上跳空 – | | | | | | 类型：R– |
|---|---|---|---|---|---|---|
| 日文名称：*mittsu no aki agari* | | | | | | |
| 趋势要求：是 | | | | 确认：推荐 | | |
| 形态之间平均间隔天数（MDaysBP）：2 425 | | | | 平均水平 | | |
| 形态统计来自 7 275 只常见流通股票基于 1 460 万个交易日中的数据 | | | | | | |
| 间隔（日） | 1 | 2 | 3 | 4 | 5 | 6 | 7 |
|---|---|---|---|---|---|---|---|
| 获利比例（%） | 50 | 51 | 52 | 52 | 53 | 52 | 52 |
| 平均收益（%） | 2.76 | 3.81 | 4.48 | 5.01 | 5.49 | 5.99 | 6.38 |
| 亏损比例（%） | 50 | 49 | 48 | 48 | 47 | 48 | 48 |
| 平均亏损（%） | −2.95 | −3.87 | −4.48 | −5.06 | −5.69 | −6.11 | −6.60 |
| 净收益／净亏损 | −0.11 | 0.06 | 0.19 | 0.18 | 0.18 | 0.18 | 0.09 |

### 形态介绍

　　如图 3-176 所示，三次向上跳空形态是一种四日看跌反转形态。这一形态形如其名，市场中连续三天向上跳空高开。一般来说，向上跳空形态意味着上升趋势的延续，但在出现三个向上跳空缺口后，市场已经出现严重的超买，当前的趋势即将被打断，甚至出现反转。

### 形态识别的标准

1. 这一形态的第一天可以是阴线，也可以是阳线。

2. 第二天蜡烛图的颜色也不重要，只需要向上跳空高开，两根蜡烛图实体之间存在缺口即可。

3. 最后两根蜡烛图的价格波动范围必须较大，两根蜡烛图的实体也要较长。

4. 最后两天必须是阳线。

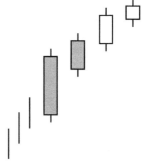

图 3-176

5. 最后两天蜡烛图实体之间要有缺口，并与前一天蜡烛图的实体之间存在缺口。

### 蜡烛图形态背后的交易情境及市场心理分析

我们要求这一形态的第二天市场处于上升趋势中。因此，第二天价格波动范围的中心点应该位于 10 日移动平均线之上。

随后，第三天以高于前一天最高价的价格开盘，然后一路上升，最终以接近最高价收盘。次日，市场第三次跳空高开，仍然是一路上升，以接近当日最高价收盘。市场已经连续出现了三个向上跳空缺口。根据酒田战法，你应该在出现第三个缺口时开立空头头寸。

### 形态的灵活性

请注意：这一形态要求四个实体之间的三个缺口的大小超过各自前一天蜡烛图实体部分的 10%。

### 形态的简化

如图 3-177 所示，由于这一形态很复杂，所以不能对其进行简化。

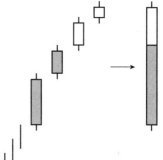

图 3-177

## 市场实例

三次向上跳空 - 形态如图 3-178 所示。

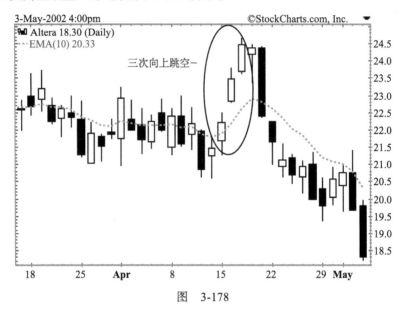

图　3-178

| 第 4 章 |

# 持 续 形 态

　　为了便于读者查阅和理解，我们将持续形态和反转形态分为两个独立的章节。请谨记，一旦蜡烛图的形态被确定，就相当于我们获得了一个关于未来市场走势的建议。持续形态说明原先的趋势会持续（无论此前是上升还是下降），反转形态说明此前的趋势要被反转（无论此前是上升还是下降），这里的反转和持续都是相对于此前的趋势方向而言，而与此前的趋势是上升趋势还是下跌趋势无关。根据酒田战法，在蜡烛图中，除了反转形态，还有另一种重要的形态——持续形态。无论哪种形态出现，交易者都应根据实际出现的形态安排自己的交易，即便你决定不进行任何操作，这个决定也应有自己的考量。

　　在本章中，我们将延续上一章（第 3 章）讲述反转蜡烛图形态时的格式来介绍持续形态。我们将采用以下的讲解格式：

- 蜡烛图形态的名称

- 形态详细信息表

- 形态介绍

- 蜡烛图形态的图形

- 形态识别的标准

- 蜡烛图形态背后的交易情境 / 心理学分析

- 形态的灵活性

- 形态的简化

- 相关的形态

- 市场实例

## ⊙ 两日形态

### 分手线形态

| 形态名称：分手线 + | | | | | | 类型：C+ | |
|---|---|---|---|---|---|---|---|
| 日文名称：*iki chigai sen* | | | | | | | |
| 趋势要求：是 | | | 确认：不需要 | | | | |
| 形态之间平均间隔天数（MDaysBP）：6 158 | | | | 平均水平 | | | |
| 形态统计来自 7 275 只常见流通股票基于 1 460 万个交易日中的数据 | | | | | | | |
| 间隔（日） | 1 | 2 | 3 | 4 | 5 | 6 | 7 |
| 获利比例（%） | 44 | 44 | 45 | 47 | 47 | 47 | 46 |
| 平均收益（%） | 3.78 | 4.85 | 5.52 | 5.87 | 6.62 | 7.09 | 7.60 |
| 亏损比例（%） | 56 | 56 | 55 | 53 | 53 | 53 | 54 |
| 平均亏损（%） | −2.87 | −3.30 | −3.89 | −4.42 | −4.71 | −4.86 | −5.22 |
| 净收益 / 净亏损 | 0.04 | 0.27 | 0.31 | 0.36 | 0.58 | 0.72 | 0.63 |

| 形态名称：分手线 − | | | | | | 类型：C− | |
|---|---|---|---|---|---|---|---|
| 日文名称：*iki chigai sen* | | | | | | | |
| 趋势要求：是 | | | 确认：必须 | | | | |
| 形态之间平均间隔天数（MDaysBP）：5 185 | | | | 平均水平 | | | |
| 形态统计来自 7 275 只常见流通股票基于 1 460 万个交易日中的数据 | | | | | | | |
| 间隔（日） | 1 | 2 | 3 | 4 | 5 | 6 | 7 |

（续）

| 获利比例（%） | 40 | 42 | 43 | 43 | 44 | 45 | 43 |
|---|---|---|---|---|---|---|---|
| 平均收益（%） | 2.81 | 3.57 | 4.10 | 4.66 | 5.11 | 5.31 | 5.59 |
| 亏损比例（%） | 60 | 58 | 57 | 57 | 56 | 55 | 57 |
| 平均亏损（%） | −4.36 | −5.20 | −5.59 | −6.12 | −6.31 | −6.95 | −7.34 |
| 净收益/净亏损 | −1.20 | −1.31 | −1.27 | −1.28 | −1.13 | −1.31 | −1.59 |

## 形态介绍

分手线形态是由两根具有相同开盘价但颜色相反的蜡烛图组成的，是约会线形态的相反形态。在该形态中，第二天的蜡烛图是一根执带线。如图 4-1 所示，看涨分手线形态中有一根白色的看涨执带线；如图 4-2 所示，看跌分手线形态中有一根黑色的看跌执带线。在日语中，ikichigaisen 的意思是"向反方向运动"。所以，分手线形态有时又被称为分离线、脱离线形态（furiwake）。

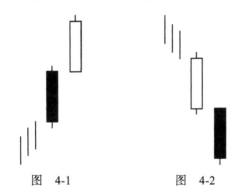

图　4-1　　　　　图　4-2

## 形态识别的标准

1. 第一天蜡烛图的颜色和市场原有的趋势方向相反。

2. 第二天蜡烛图的颜色和第一根蜡烛图的颜色相反。

3. 两根蜡烛图的开盘价相同。

## 蜡烛图形态背后的交易情境及市场心理分析

我们以看涨分手线为例，说明其背后的市场含义。当第一次出现大阴线

的时候，市场处于上升趋势。对于处在强势上升中的市场来说，出现这样的
市场走势难免会引起市场的许多猜测和争议。但第二天市场高开，并且开盘
价与前一天的开盘价相同，随后市场一路走高，最后在接近最高点的位置高
点收盘，这种走势的出现说明以前的市场走势并未因前一天的下跌而改变，
原有的市场趋势还将继续。看跌分手线的市场含义和看涨分手线的市场含义
正好相反，读者可自行总结。

### 形态的灵活性

组成分手线形态的蜡烛图最好是，但不是必须是两根长的蜡烛图。在强
势分离线形态中，两根蜡烛图相重叠部分应该只是实体部分，而不应该出现
上下影线重叠（即两根蜡烛是秃头或光脚蜡烛图）。

### 形态的简化

如图 4-3 所示，看涨分手线形态可以简化为一根带长下影线的阳线。这
一形态本身就带有看涨的倾向，因此这一简化与看涨持续形态相符。如图 4-4
所示，看跌分手线形态可以简化为一根带有长上影线的阴线。这一形态带有
看跌的倾向，因此这一简化与看跌持续形态相符。

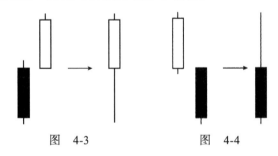

图　4-3　　　　　　　图　4-4

### 相关的形态

分手线形态和约会线形态相似，虽然在概念上两种形态存在相似之处，
但是约会线形态是反转形态的一种。

## 市场实例

分手线 + 和分手线 – 形态如图 4-5A 和图 4-5B 所示。

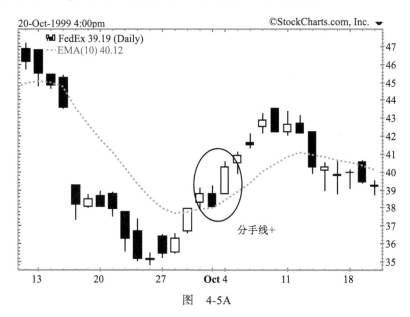

图　4-5A

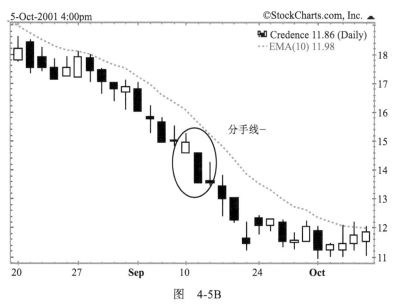

图　4-5B

## 待入线形态

| 形态名称：待入线 – | | | | | | 类型：C– | |
|---|---|---|---|---|---|---|---|
| 日文名称：*ate kubi* | | | | | | | |
| 趋势要求：是 | | | 确认：必须 | | | | |
| 形态之间平均间隔天数（MDaysBP）：6 910　平均水平 | | | | | | | |
| 形态统计来自 7 275 只常见流通股票基于 1 460 万个交易日中的数据 | | | | | | | |
| 间隔（日） | 1 | 2 | 3 | 4 | 5 | 6 | 7 |
| 获利比例（%） | 55 | 52 | 50 | 50 | 49 | 49 | 49 |
| 平均收益（%） | 2.20 | 2.89 | 3.56 | 4.01 | 4.62 | 4.91 | 5.18 |
| 亏损比例（%） | 45 | 48 | 50 | 50 | 51 | 51 | 51 |
| 平均亏损（%） | −2.79 | −3.58 | −4.22 | −4.66 | −4.92 | −5.34 | −6.04 |
| 净收益/净亏损 | −0.05 | −0.21 | −0.27 | −0.34 | −0.27 | −0.34 | −0.51 |

| 形态名称：待入线 + | | | | | | 类型：C+ | |
|---|---|---|---|---|---|---|---|
| 日文名称：*ate kubi* | | | | | | | |
| 趋势要求：是 | | | 确认：不需要 | | | | |
| 形态之间平均间隔天数（MDaysBP）：6 615　平均水平 | | | | | | | |
| 形态统计来自 7 275 只常见流通股票基于 1 460 万个交易日中的数据 | | | | | | | |
| 间隔（日） | 1 | 2 | 3 | 4 | 5 | 6 | 7 |
| 获利比例（%） | 52 | 48 | 49 | 49 | 47 | 49 | 48 |
| 平均收益（%） | 2.12 | 2.99 | 3.66 | 4.13 | 4.63 | 5.20 | 5.70 |
| 亏损比例（%） | 48 | 52 | 51 | 51 | 53 | 51 | 52 |
| 平均亏损（%） | −2.10 | −2.64 | −3.10 | −3.59 | −3.84 | −4.12 | −4.53 |
| 净收益/净亏损 | 0.06 | 0.07 | 0.19 | 0.21 | 0.17 | 0.37 | 0.38 |

### 形态介绍

看跌待入线形态实际上是我们在第 3 章中介绍的刺透线形态未充分演化的形态。这两个形态相似，区别在于看跌待入线形态中第二天的阳线只达到了前一天的最低价，如图 4-6 所示。不要将待入线形态与第 3 章中介绍的约会线形态混淆。看涨待入线形态是一个两日看涨持续形态。它与看跌待入线形态相反，如图 4-7 所示。

请注意：这一形态很少出现。

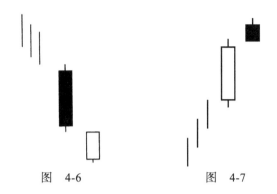

图　4-6　　　　　　　　图　4-7

## 形态识别的标准

### *看跌待入线*

1. 第一天的蜡烛图是一根大阴线，并且处于下跌趋势中。

2. 第二天的蜡烛图是一根阳线，同时开盘价在前一天的收盘价之下。这根蜡烛图最好不是大阳线，否则形态可能演化成看涨约会线形态。

3. 第二天收盘于第一天的最低价处。

### *看涨待入线*

1. 市场处于上涨趋势中，第一天是一根大阳线。

2. 第二天是一根阴线。它以高于第一天最高价的价格开盘，最后以第一天的最高价收盘。

## 蜡烛图形态背后的交易情境及市场心理分析

### *看跌待入线形态*

看跌待入线形态通常出现在下跌趋势中。第一天的大阴线的出现更是增强了这种看空的氛围。虽然第二天市场跳空低开，但下跌趋势未能延续，多方开始进行反攻，最后这种反弹在前一天的最低价处结束。这样的市场走势使那些入场抄底的投资者感到不安。市场很快会再次转入下跌趋势。

### *看涨待入线形态*

看涨待入线形态的第一天是一根大阳线。第一天价格波动范围的中心点位于 10 日移动平均线之上，这表明市场已经处于上涨趋势之中。第一天的大阳线进一步强化了上涨的趋势。

第二天市场跳空高开，但随后转入下跌。尽管市场在某种程度上的确出现了短期的下跌走势，但价格未能有效跌破前一天的最高价。这种情况一定使那些当日入场抓顶的空头感到很不舒服。市场很快会再次转入上升趋势。

## 形态的灵活性

### 看跌待入线形态

第二天的成交量越大，市场的下跌趋势延续的概率就越大。

### 看涨待入线形态

由于第二天是一根带有短下影线或没有下影线的阴线，因此它被称为光脚收盘蜡烛图。这要求第二天的价格波动范围（蜡烛图的长度）小于第一天的价格波动范围（蜡烛图的长度）。如果对第二天的价格波动范围没有限制，而且第二天的最低价进入第一天的实体范围之内，那么看涨待入线持续形态就会演变成看涨约会线反转形态。

看涨待入线形态的两根蜡烛图都要具有长实体。蜡烛图的实体是指开盘价与收盘价之间的部分。只有当实体部分占价格波动范围的比例超过 50% 时，才能被称为是长实体。

不要将长实体和长蜡烛图相混淆。第二天的蜡烛图拥有长实体，这意味着第二根蜡烛图的实体占据了价格波动范围的绝大部分。实际上，第二天蜡烛图的长度相对于第一天较短。

## 形态的简化

### 看跌待入线形态

如图 4-8 所示，看跌待入线形态可以简化为一根带长下影线的大阴线。这种简化基本上符合该形态的看跌持续倾向。

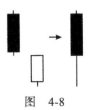

图　4-8

### *看涨待入线形态*

如图 4-9 所示，看涨待入线形态可以简化为一根带
长上影线的阳线。由于这一蜡烛图出现在上涨趋势中，
因此可以被认为具有看涨倾向。这种简化基本上符合该
形态的看涨持续倾向。

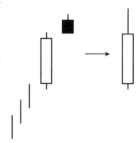

### 相关的形态

我们可以把看跌待入线形态看成是刺透线形态的弱

图　4-9

势开始形态。另外，同该形态相关的形态还有切入线形态和插入线形态。

注意，不要将看跌约会线反转形态与看涨待入线形态和看涨切入线持续
形态相混淆。这三种形态看起来非常相似。

### 市场实例

待入线 – 和待入线 + 形态分别如图 4-10 和图 4-11 所示。

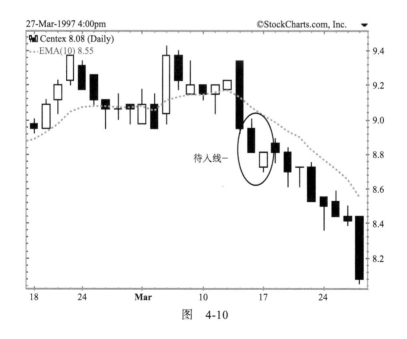

图　4-10

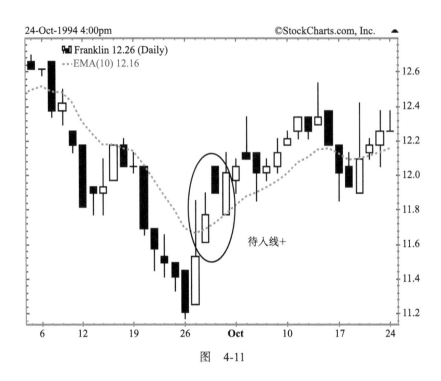

图 4-11

## 切入线形态

| 形态名称：切入线 – | | | | 类型：C– | | |
|---|---|---|---|---|---|---|
| 日文名称：*iri kubi* | | | | | | |
| 趋势要求：是 | | | 确认：必须 | | | |
| 形态之间平均间隔天数（MDaysBP）：239 344 | | | 极为少见 | | | |
| 形态统计来自 7 275 只常见流通股票基于 1 460 万个交易日中的数据 | | | | | | |
| 间隔（日） | 1 | 2 | 3 | 4 | 5 | 6 | 7 |
|---|---|---|---|---|---|---|---|
| 获利比例（%） | 47 | 51 | 49 | 44 | 51 | 39 | 44 |
| 平均收益（%） | 2.18 | 2.49 | 4.89 | 5.96 | 5.85 | 6.70 | 6.22 |
| 亏损比例（%） | 53 | 49 | 51 | 56 | 49 | 61 | 56 |
| 平均亏损（%） | −2.35 | −3.75 | −4.77 | −5.04 | −5.55 | −5.34 | −5.86 |
| 净收益／净亏损 | −0.19 | −0.56 | −0.02 | −0.17 | −0.25 | −0.63 | −0.52 |

| 形态名称：切入线 + | | | | | 类型：C+ | | |
|---|---|---|---|---|---|---|---|
| 日文名称：*iri kubi* | | | | | | | |
| 趋势要求：是 | | | 确认：必须 | | | | |
| 形态之间平均间隔天数（MDaysBP）：175 904 | | | | 极为少见 | | | |
| 形态统计来自 7 275 只常见流通股票基于 1 460 万个交易日中的数据 | | | | | | | |
| 间隔（日） | 1 | 2 | 3 | 4 | 5 | 6 | 7 |
| 获利比例（%） | 47 | 47 | 38 | 41 | 43 | 46 | 43 |
| 平均收益（%） | 2.00 | 2.84 | 4.11 | 4.63 | 6.61 | 9.50 | 9.35 |
| 亏损比例（%） | 53 | 53 | 62 | 59 | 57 | 54 | 57 |
| 平均亏损（%） | −2.81 | −3.41 | −4.35 | −5.10 | −5.02 | −5.70 | −5.79 |
| 净收益 / 净亏损 | −0.54 | −0.46 | −1.09 | −1.12 | 0.01 | 1.17 | 0.67 |

### 形态介绍

如图 4-12 所示，和看跌待入线形态相同，看跌切入线形态也是刺透线形态未完全演变的形态。第二天蜡烛图的白色实体在接近第一天阴线的收盘价处结束。若精确定义这种形态，应该是第二天蜡烛图的收盘价恰好和第一天的收盘价相等，或者是略高于第一天的收盘价。和看涨待入线形态相比，切入线第二天的收盘价要高一些，但高得不太多。如果第一天的收盘价同时也是它的最低价（形成光头或光脚收盘蜡烛图），那么看跌待入线形态和看跌切入线形态就相同了。

看涨切入线形态是一个两日看涨持续形态。它是看跌切入线形态的补充（见图 4-13）。

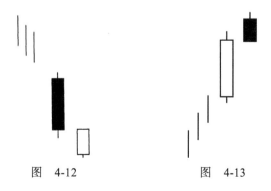

图　4-12　　　　　　图　4-13

## 形态识别的标准

### *看跌切入线形态*

1.第一天的蜡烛图是一根大阴线，此时市场处于下跌趋势中。

2.第二天的蜡烛图是一根阳线，而且在第一天的最低价之下开盘。

3.第二天的收盘价要略低于第一天的收盘价，事实上，两天的收盘价可以相等。

### *看涨切入线形态*

1.第一天的蜡烛图是一根大阳线，此时市场处于上涨趋势中。

2.第二天是一根阴线。它的开盘价高于前一天的最高价，收盘价则刚好进入第一天的实体部分。

## 蜡烛图形态背后的交易情境及市场心理分析

### *看跌切入线形态*

看跌切入线形态和看跌待入线形态的情境及市场心理分析大致相同。细微的差别在于，就切入线形态而言，市场原有的下跌趋势不如待入线形态强烈，因为第二天市场的收盘价比后者略高。

### *看涨切入线形态*

看涨切入线形态的第一天是一根大阳线。第一天价格波动范围的中心点位于10日移动平均线的上方，表明市场处于上涨趋势之中。第一天的大阳线强化了这种趋势。

第二天出现了一个向上跳空缺口，但随即转入下跌。第二天在前一天的收盘价附近收盘。这种情形与看涨待入线形态十分相似，不同之处在于看涨切入线形态中的收盘价更低，因此随后的上涨趋势可能没有看涨待入线形态强烈。

## 形态的灵活性

### *看跌切入线形态*

第二天的成交量越大，市场延续下跌趋势的概率就越大。

### 看涨切入线形态

第二天是一根带有较短下影线或没有下影线的阴线（即所谓的光脚收盘蜡烛图）。这要求第二天的价格波动范围或蜡烛图的长度小于第一天。如果第二天的价格波动范围较大，那么看涨切入线持续形态有可能演变成为看跌约会线形态。

看涨切入线形态的两根蜡烛图实体都比较长。蜡烛图的实体是当日开盘与收盘价之间的部分。长实体是指实体部分占价格波动范围的比例超过50%。

不要将长实体和长蜡烛图相混淆。第二天的实体较长，这意味着第二天蜡烛图的实体占据了价格波动范围的绝大部分。实际上第二天蜡烛图的长度应相对于第一天较短。

### 形态的简化

### 看跌切入线形态

看跌待入线形态可以简化为一根带较长下影线的大阴线（见图4-14），这种简化基本上符合该形态的看跌倾向。

### 看涨切入线形态

看涨切入线形态可以简化为一根带较长上影线的阳线（见图4-15）。由于这一形态出现在上涨趋势中，而这根蜡烛图可以被认为是看涨的，因此这种简化基本符合该形态的市场看涨倾向。

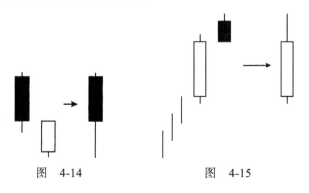

图　4-14　　　　　　　图　4-15

### 相关的形态

同看跌待入线形态一样，我们也可以把看跌切入线形态看成是刺透线形态的弱势开始形态。这种弱势形态虽然比待入线形态有所加强，但是仍不能证实市场将出现反转。另外，如果两根蜡烛图都是秃蜡烛图，那么该形态在图形上和看涨约会线形态有些相似。

另外，不要将看跌约会线反转形态与看涨待入线和看涨切入线持续形态相混淆。这三种形态看起来非常相似。

### 市场实例

切入线 – 和切入线 + 形态如图 4-16 和图 4-17 所示。

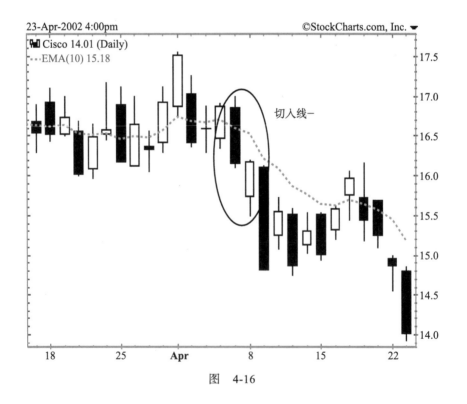

图 4-16

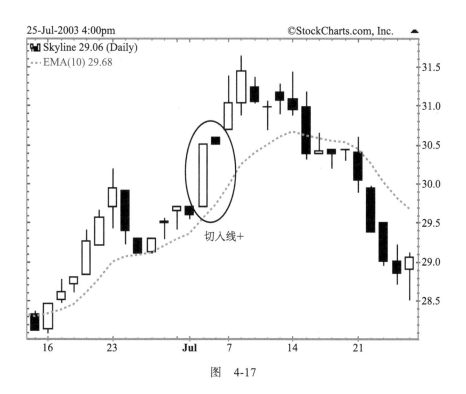

图 4-17

## 插入线形态

| 形态名称：插入线 – | | | | | 类型：C– | | |
|---|---|---|---|---|---|---|---|
| 日文名称：*sashikomi* | | | | | | | |
| 趋势要求：是 | | | | 确认：推荐 | | | |
| 形态之间平均间隔天数（MDaysBP）：5 628 | | | 平均水平 | | | | |
| 形态统计来自 7 275 只常见流通股票基于 1 460 万个交易日中的数据 | | | | | | | |
| 间隔（日） | 1 | 2 | 3 | 4 | 5 | 6 | 7 |
| 获利比例（%） | 56 | 55 | 52 | 52 | 51 | 50 | 51 |
| 平均收益（%） | 2.46 | 3.37 | 3.99 | 4.49 | 4.86 | 5.27 | 5.50 |
| 亏损比例（%） | 44 | 45 | 48 | 48 | 49 | 50 | 49 |
| 平均亏损（%） | –2.49 | –3.36 | –4.07 | –4.67 | –5.12 | –5.40 | –5.77 |
| 净收益／净亏损 | 0.25 | 0.30 | 0.15 | 0.06 | –0.02 | –0.10 | –0.05 |

| 形态名称：插入线 + | | | | | 类型：C+ | |
|---|---|---|---|---|---|---|
| 日文名称：*sashikomi* | | | | | | |
| 趋势要求：是 | | | 确认：不需要 | | | |
| 形态之间平均间隔天数（MDaysBP）：5 240 | | | 平均水平 | | | |
| 形态统计来自 7 275 只常见流通股票基于 1 460 万个交易日中的数据 | | | | | | |
| 间隔（日） | 1 | 2 | 3 | 4 | 5 | 6 | 7 |
| 获利比例（%） | 54 | 53 | 54 | 52 | 51 | 51 | 53 |
| 平均收益（%） | 2.53 | 3.31 | 3.91 | 4.53 | 5.19 | 5.53 | 6.00 |
| 亏损比例（%） | 46 | 47 | 46 | 48 | 49 | 49 | 47 |
| 平均亏损（%） | −2.27 | −2.84 | −3.33 | −3.80 | −4.17 | −4.59 | −4.82 |
| 净收益/净亏损 | 0.27 | 0.42 | 0.54 | 0.52 | 0.54 | 0.55 | 0.83 |

## 形态介绍

看跌插入线形态是刺透线形态的第三种演化形式（前两种是待入线形态和切入线形态）。看跌插入线形态比看跌待入线形态和看跌切入线形态代表的市场反转的可能性要高，但是第二天蜡烛图的白色实体仍然没有突破第一天实体的中心点（见图 4-18），因此我们不能认为插入线形态像刺透线形态一样也是市场反转形态。和看跌待入线、看跌切入线形态相比，在插入线形态中，第二天向下跳空要更低一些，这使得第二根蜡烛图成为一根大阳线，所以投资者在继续做空时应该首先对该形态进行确认。

看涨插入线形态是一个两日看涨持续形态，它是对看跌插入线形态的补充（见图 4-19）。

## 形态识别的标准

### 看跌插入线形态

1.第一天的蜡烛图是一根大阴线，此时市场处在下跌趋势当中。

2.第二天的蜡烛图是一根阳线，而且在第一天的最低价之下开盘。

3.第二天的收盘价要高于第一天的收盘价，但是未超过第一天实体的中心点。

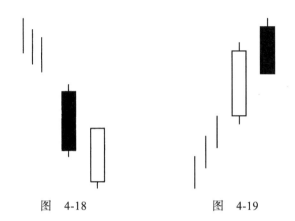

图　4-18　　　　　　　　图　4-19

**看涨插入线形态**

1. 第一天的蜡烛图是一根大阳线，此时市场处于上涨的趋势当中。

2. 第二天的蜡烛图是一根阴线。其开盘价远高于第一天的最高价，然后一路下跌，收盘价在第一天的实体内部，但是不低于第一天蜡烛图实体的中心点。

## 蜡烛图形态背后的交易情境及市场心理分析

**看跌插入线形态**

同看跌切入线形态和看跌待入线形态一样，看跌插入线形态同样说明多方组织的反弹无功而返。反弹的力度虽然有所加强，但依然不能扭转市场的下跌趋势。这种反弹的失败极大地打击了多方的信心，买盘的缺乏导致市场继续下跌。

**看涨插入线形态**

看涨插入线形态的第一天是一根大阳线，其中心点位于 10 日移动平均线的上方，表明市场已经处于上涨趋势之中。第一天的大阳线强化了看涨的氛围。

第二天市场以高于前一天最高价的价格跳空高开，但随后转入下跌，收盘时价格跌到第一天蜡烛图的实体内，但并未跌到其中心点值以下。第二天应该被看成是上升趋势的正常停顿或中断，上升趋势在短期内将重启。

### 形态的灵活性

#### *看跌插入线形态*

因为看跌插入线形态和看涨刺透线形态比较接近，而且是看涨待入线形态的进一步发展，所以看跌插入线形态的灵活性空间较小。

#### *看涨插入线形态*

由于第二天的蜡烛图是一根阴线，且下影线很短或没有下影线，因而被称为光脚收盘蜡烛图。看涨插入线形态的两根蜡烛图的实体都比较长。蜡烛图的实体是指介于开盘价与收盘价之间的部分。长实体是指实体部分占价格波动范围的比例超过 50%。

### 形态的简化

#### *看跌插入线形态*

看跌插入线形态可以简化为一根锤子线，这种蜡烛图的市场含义和简化前的形态完全相反（见图 4-20）。因为看跌插入线形态和刺透线形态十分接近，所以读者会发现该形态的简化形式不能成立。

#### *看涨插入线形态*

看涨插入线形态可以简化为一根流星线（见图 4-21）。这是简化成一根蜡烛图后不支持原来的看涨（在这个例子中是看涨）或看跌倾向的一个典型的例子。

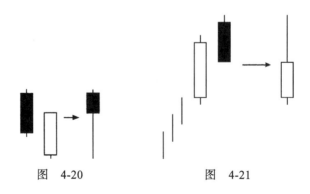

图　4-20　　　　　　　　　　图　4-21

## 相关的形态

### 看跌插入线形态

虽然和看跌待入线形态、看跌切入线形态相比，看跌插入线形态的市场看涨反转可能性最强烈，但是它依然不能同刺透线形态一样真正具有市场反转的倾向。

### 看涨插入线形态

尽管看涨插入线持续形态与看跌反转乌云盖顶形态相似，但两者之间存在着三个差别。差别主要体现在第二天的蜡烛图上：①第二天的开盘价远高于第一天的最高价（我们要求第二天的开盘价比第一天的最高价要高，高出的幅度应大于第一天价格波动范围的30%）；②第二天的收盘价在第一天蜡烛图实体的中心点之上；③第二天的收盘价接近当天的最低价。

## 市场实例

插入线 – 和插入线 + 形态分别如图 4-22 和图 4-23 所示。

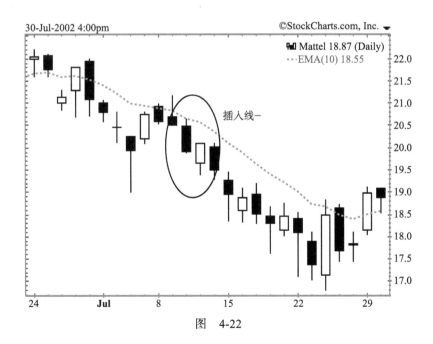

图　4-22

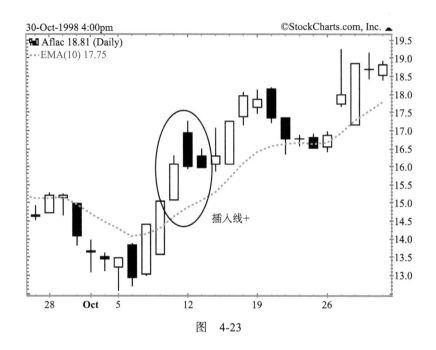

图 4-23

## 关于待入线、切入线和插入线形态的附加说明

　　看到这里，读者可能会满腹狐疑，为什么从刺透线形态演化而来的三种持续形态——看跌待入线形态、看跌切入线形态和看跌插入线形态——都不是市场反转的信号呢？同样，这三种形态的看涨形态为什么不能像乌云盖顶形态一样形成下跌反转的信号呢？

　　这三种形态的看涨形态在日文文献中都没有提及，我们建立这三种形态是为了找出刺透线形态的相反形态。那么，为什么和乌云盖顶类似的形态不能成为市场反转的信号呢？在熟悉了市场顶部和底部的判断后，许多读者都能找到这类问题的答案。原因在于，当市场处于底部时，反转的出现是迅速而狂热的，一旦反转开始，投资者会疯狂地入场抢筹；当市场处于顶部时，反转的出现是缓慢的，即使是出现了顶部反转信号，大多数的投资者还是心存侥幸，舍不得立即获利了结。

## ◈ 三日形态

### 向上跳空并列阴阳线形态和向下跳空并列阴阳线形态

| 形态名称：向上跳空并列阴阳线 + | | | | | | 类型：C+ | |
|---|---|---|---|---|---|---|---|
| 日文名称：*uwa banare tasuki* | | | | | | | |
| 趋势要求：是 | | | | 确认：推荐 | | | |
| 形态之间平均间隔天数（MDaysBP）：18 839　　　较为少见 | | | | | | | |
| 形态统计来自 7 275 只常见流通股票基于 1 460 万个交易日中的数据 | | | | | | | |
| 间隔（日） | 1 | 2 | 3 | 4 | 5 | 6 | 7 |
| 获利比例（%） | 52 | 50 | 50 | 49 | 49 | 49 | 50 |
| 平均收益（%） | 2.36 | 3.43 | 4.09 | 4.46 | 5.05 | 5.36 | 6.06 |
| 亏损比例（%） | 48 | 50 | 50 | 51 | 51 | 51 | 50 |
| 平均亏损（%） | −2.17 | −2.94 | −3.59 | −4.23 | −4.94 | −5.13 | −5.45 |
| 净收益 / 净亏损 | 0.16 | 0.25 | 0.24 | 0.06 | 0.00 | −0.03 | 0.35 |

| 形态名称：向上跳空并列阴阳线 − | | | | | | 类型：C− | |
|---|---|---|---|---|---|---|---|
| 日文名称：*shita banare tasuki* | | | | | | | |
| 趋势要求：是 | | | | 确认：必须 | | | |
| 形态之间平均间隔天数（MDaysBP）：20 278　　　较为少见 | | | | | | | |
| 形态统计来自 7 275 只常见流通股票基于 1 460 万个交易日中的数据 | | | | | | | |
| 间隔（日） | 1 | 2 | 3 | 4 | 5 | 6 | 7 |
| 获利比例（%） | 52 | 51 | 50 | 52 | 50 | 50 | 49 |
| 平均收益（%） | 2.53 | 3.56 | 4.28 | 4.44 | 5.02 | 5.33 | 5.81 |
| 亏损比例（%） | 48 | 49 | 50 | 48 | 50 | 50 | 51 |
| 平均亏损（%） | −2.80 | −3.52 | −4.31 | −5.28 | −5.37 | −5.79 | −6.22 |
| 净收益 / 净亏损 | −0.02 | 0.10 | −0.03 | −0.21 | −0.19 | −0.24 | −0.28 |

### 形态介绍

并列阴阳线通常在两种情况下出现：一种是在一根阳线之后，市场低开，然后逐渐走低，最后在前一天阳线之下收盘，形成阴线；一种是在一根阴线之后，市场高开，然后逐渐走高，最后在前一天阴线之上收盘，形成阳线。在许多关于蜡烛图的文章中，都曾有对并列阴阳线的论述，但是它们从来都没有把它当成一种独立的蜡烛图形态加以介绍。并列阴阳线就像我们平常在袖子上绣的一条绶带一样，它只有和某种形态一起出现才能发挥作用。跳空并列阴阳线是指：并列的阴阳线在原有的市场趋势之上形成一个跳空缺口。

向上跳空并列阴阳线如图 4-24 所示，在第一根阳线之上，向上跳空出现一根阳线，然后是一根阴线，这根阴线的开盘价一定要在第二天阳线的实体范围内产生，最后的收盘价则进入这个向上跳空的缺口内。在这个形态中，关键一点在于，第三天的阴线不能把向上跳空缺口完全填补，这样投资者就倾向于在收盘时持有股票。同理，读者可以自己给出向下跳空并列阴阳线形态（见图 4-25）的定义。

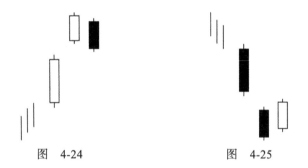

图　4-24　　　　　　　　图　4-25

### 形态识别的标准

1.市场一直在确定的趋势中运行，形成跳空缺口的两根蜡烛图应该具有相同颜色。

2.前两根蜡烛图的颜色代表市场原有的运行趋势。

3.第三天的蜡烛图应该在第二天蜡烛图的实体内产生开盘价，同时两者具有相反的颜色。

4. 第三天的蜡烛图在第一天和第二天形成的跳空缺口内收盘，但是它并未将整个缺口填补。

### 蜡烛图形态背后的交易情境及市场心理分析

跳空并列阴阳线背后的交易情境及市场心理分析非常简单：由于在原有市场趋势中出现跳空缺口，虽然在调整日（第三天）市场试图回补缺口，但是没有成功，原来的市场趋势仍将继续。我们可以把这种市场变化看成短期的获利了结行为。在日文文献中，跳空缺口的市场含义很关键，如果市场不能回补缺口或者不能完全回补缺口，那就意味着市场原有发展趋势不会改变。

当然，这种关于缺口的论述有时也存在着自相矛盾的地方。有些人认为缺口是市场的支撑位，也有人认为它是市场的阻力位。事实上，由于缺口经常会被快速试探，所以它并不具有支撑或是阻力的作用。

### 形态的灵活性

虽然第一天蜡烛图的颜色没有后两天蜡烛图的颜色重要，但是如果第一天和第二天蜡烛图的颜色相同，跳空并列阴阳线形态的市场意义就更明确。

### 形态的简化

向上跳空并列阴阳线形态可以简化为一根具有白色实体的长蜡烛图（见图 4-26），这种蜡烛图通常（在上升趋势中）具有看涨的市场含义，这支持了原形态的看涨意味。向下跳空并列阴阳线形态可以简化为一根大阴线（见图 4-27），这根大阴线带有较长的下影线，只要下影线不是很长，这种大阴线就具有看跌的倾向。由于简化后的单一蜡烛图所具有的倾向不是很强烈，所以推荐对跳空并列阴阳线形态进行进一步确认。

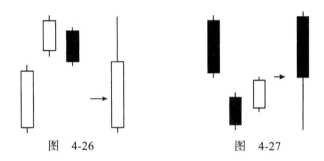

图　4-26　　　　　　　　图　4-27

### 相关的形态

从某种程度上看，跳空并列阴阳线形态与反转形态中的刺透线形态和乌云盖顶形态是相反的。它与本章后面将要讲解的向上跳空三法形态和向下跳空三法形态十分相似，但在我们学习了后面的两种形态后就会知道，两者是不同的。在随后的章节中，我们还将介绍形态检验的统计结果。

### 市场实例

向上跳空并列阴阳线 + 形态如图 4-28A 所示，向下跳空并列阴阳线 − 形态如图 4-28B 所示。

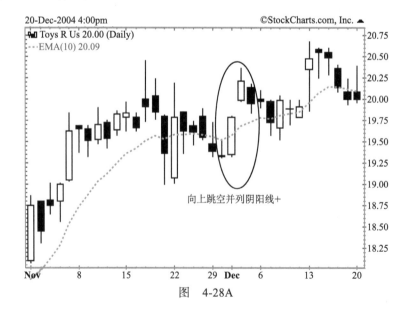

图　4-28A

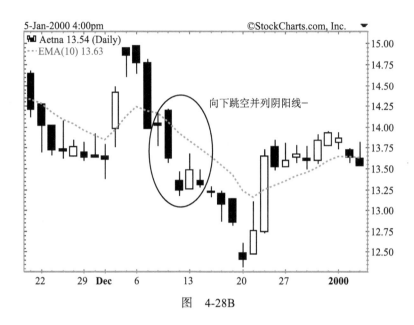

图 4-28B

# 并列阳线形态

| 形态名称：并列阳线 + | | | | | 类型：C+ | |
|---|---|---|---|---|---|---|
| 日文名称：*narabi aka* | | | | | | |
| 趋势要求：是 | | | 确认：推荐 | | | |
| 形态之间平均间隔天数（MDaysBP）：16 295 | | | 较为少见 | | | |
| 形态统计来自 7 275 只常见流通股票基于 1 460 万个交易日中的数据 | | | | | | |
| 间隔（日） | 1 | 2 | 3 | 4 | 5 | 6 | 7 |
| 获利比例（%） | 50 | 45 | 48 | 48 | 48 | 48 | 50 |
| 平均收益（%） | 2.57 | 3.35 | 3.71 | 4.27 | 4.67 | 5.58 | 5.66 |
| 亏损比例（%） | 50 | 55 | 52 | 52 | 52 | 52 | 50 |
| 平均亏损（%） | −2.30 | −3.05 | −3.68 | −4.40 | −4.60 | −4.90 | −5.40 |
| 净收益 / 净亏损 | 0.10 | −0.14 | −0.13 | −0.20 | −0.15 | 0.14 | 0.10 |

| 形态名称：并列阳线 – | | | | | 类型：C– | |
|---|---|---|---|---|---|---|
| 日文名称：*narabi aka* | | | | | | |

（续）

| 趋势要求：是 | | 确认：推荐 | | | | |
|---|---|---|---|---|---|---|
| 形态之间平均间隔天数（MDaysBP）：47 557 | | 较为少见 | | | | |
| 形态统计来自 7 275 只常见流通股票基于 1 460 万个交易日中的数据 | | | | | | |
| 间隔（日） | 1 | 2 | 3 | 4 | 5 | 6 | 7 |
| 获利比例（%） | 50 | 46 | 43 | 47 | 45 | 44 | 45 |
| 平均收益（%） | 2.23 | 2.80 | 3.89 | 4.29 | 4.88 | 5.48 | 5.93 |
| 亏损比例（%） | 50 | 54 | 57 | 53 | 55 | 56 | 55 |
| 平均亏损（%） | −3.21 | −4.32 | −4.69 | −5.61 | −6.35 | −6.72 | −6.74 |
| 净收益/净亏损 | −0.45 | −0.99 | −0.92 | −0.91 | −1.22 | −1.39 | −1.02 |

## 形态介绍

narabi 在日语中的意思是"排成一行"，narabiaka 的意思是"排成一行的阳线"。在关于蜡烛图的著作中，"并列的蜡烛图"既可以指阳线，又可指阴线，它们都表示市场处于一种盘整的趋势中。市场在调整的过程中，成交逐渐萎缩，等待新方向的出现。这一形态的重要之处在于，出现了两根并列的阳线，它们顺着当前的趋势同以前的蜡烛图之间形成了一个跳空缺口。

### 看涨并列阳线形态

图 4-29 是看涨并列阳线形态的示意图。如图 4-29 所示，第二根和第三根阳线与第一根阳线之间有一个向上跳空的缺口，且这两根阳线的长短类似。不仅如此，这两天的开盘价也十分接近。所以看涨并列阳线形态也被称为向上跳空并列阳线形态（unwappanare narabiaka）。

### 看跌并列阳线形态

图 4-30 是看跌并列阳线形态的示意图。它也被称为向下跳空并列阳线形态。虽然这里出现了阳线，似乎市场要上涨，但事实上这两根并列阳线只说明市场中的短线投资者在对卖空头寸进行平仓。同许多持续形态一样，看

跌并列阳线形态表明市场在进行短期的调整，随后原趋势仍将延续。

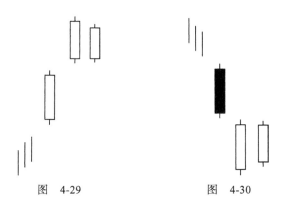

图 4-29          图 4-30

    实际上，在市场中出现两根排列阴线的情况也比较常见。向下跳的并列阴线说明市场的发展趋势没有发生变化，市场仍将继续下跌。但是，投资者利用向下跳空并列阴线形态来判定市场进一步发展趋势的作用不大，因为这种形态的市场含义就是下跌。并列阳线形态的另一种变化形式是没有跳空缺口的并列阳线，但它通常出现在上升的市场趋势中。综上所述，我们可以把并列阳线形态看成是一种停顿形态（ikizumari narabiaka），它表明市场将在原有的趋势中构筑一个平台，进行一定的调整后，继续原有趋势。

### 形态识别的标准

1. 跳空缺口的方向同市场原有趋势方向一致。

2. 第二天的蜡烛图是阳线。

3. 第三天的蜡烛图同样也是阳线，而且和第二天的阳线长度近乎相等，同时开盘价相近。

### 蜡烛图形态背后的交易情境及市场心理分析

### *看涨并列阳线形态*

市场处于上升趋势中，第一根大阳线的出现，更是坚定了市场投资者看多做多的决心；第二天市场向上跳空高开，并且一路攀升，最终在接近最高点收盘，但是第三天市场却低开高走，开盘价同前一天（第二天）的开盘价相近。这种低开表明，市场在上涨过程中，一些投资者开始恐高，他们希望获利了结，市场在清掉这部分获利盘后，抛压减轻，大多数的投资者开始坚决做多，价格一路回升；一些观望的投资者在看到这种情况后，也开始抢购筹码，最后推动市场回到前一天（第二天）的收盘价附近。

**看跌并列阳线形态**

市场处于下跌趋势中，第一根大阴线的出现更是增强了这种市场趋势；第二天，市场向下跳空低开，并且价格出现回升，但价格的上升并没有回补当天形成的跳空缺口；第三天，市场仍然低开，开盘价同前一天（第二天）的开盘价相近。这种情况表明市场加速下跌的势头已经减缓，于是短线空头开始平掉做空的头寸，这样多方的力量开始凝聚，市场价格再一次开始回升，只是仍然不能弥补前一天产生的向下跳空缺口。整个形态说明，此时做空头并未全部平仓，仍然有一部分投资者看空后市，同时反弹的力度和能量也不能坚定市场的做多决心，所以市场下跌在短期内仍然不会结束。

### 形态的灵活性

由于并列阳线形态通常要求在第一天和第二天之间出现跳空缺口，所以该形态的灵活性形式比较少。虽然我们在"形态识别的标准"中提到，两根并列阳线的长度应该相近，但这一长度并不重要，最重要的是沿原有市场发展趋势产生跳空缺口。同时，其开盘价应该十分接近。

### 形态的简化

向上跳空并列阳线形态可以简化为一根大阳线，这根大阳线就明显具有看涨倾向（见图4-31）。向下跳空并列阳线形态可以简化为一根大阴线，这根大阴线带有较长的下影线（见图4-32）。由于下影线的存在，这根简化后的大阴线并不能完全证明市场的看跌倾向。所以，推荐读者对向下跳空并列阳线形态进行进一步确认。

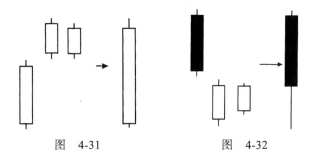

图 4-31     图 4-32

## 相关的形态

并列阳线形态没有相关的形态。如果脱离形态的第二天和第三天在趋势运行的方向上出现跳空缺口，那么它在一定程度上与并列阳线形态相似。

## 市场实例

并列阳线＋和并列阳线－形态分别如图 4-33A 和图 4-33B 所示。

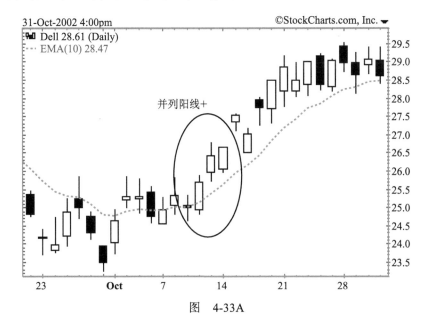

图 4-33A

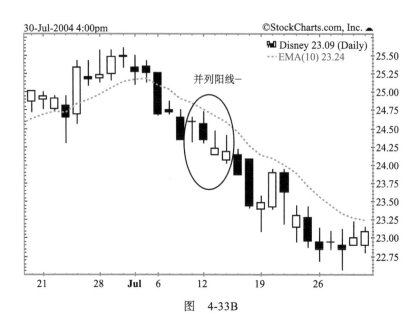

图　4-33B

## 并列阴线形态

| 形态名称：并列阴线 + | | | | | | 类型：C+ |
|---|---|---|---|---|---|---|
| 日文名称：*narabi kuro* | | | | | | |
| 趋势要求：是 | | | 确认：推荐 | | | |
| 形态之间平均间隔天数（MDaysBP）: 28 131 | | | 较为少见 | | | |
| 形态统计来自 7 275 只常见流通股票基于 1 460 万个交易日中的数据 | | | | | | |
| 间隔（日） | 1 | 2 | 3 | 4 | 5 | 6 | 7 |
| 获利比例（%） | 48 | 50 | 50 | 50 | 51 | 51 | 51 |
| 平均收益（%） | 2.50 | 4.03 | 5.47 | 5.66 | 6.47 | 6.72 | 7.67 |
| 亏损比例（%） | 52 | 50 | 50 | 50 | 49 | 49 | 49 |
| 平均亏损（%） | -2.59 | -3.48 | -4.09 | -4.71 | -5.60 | -5.75 | -6.16 |
| 净收益/净亏损 | -0.12 | 0.25 | 0.65 | 0.48 | 0.47 | 0.58 | 0.87 |

| 形态名称：并列阴线 - | | | | | | 类型：C- |
|---|---|---|---|---|---|---|
| 日文名称：*narabi kuro* | | | | | | |
| 趋势要求：是 | | | 确认：推荐 | | | |
| 形态之间平均间隔天数（MDaysBP）: 25 569 | | | 较为少见 | | | |

（续）

| 形态统计来自 7 275 只常见流通股票基于 1 460 万个交易日中的数据 | | | | | | | |
|---|---|---|---|---|---|---|---|
| 间隔（日） | 1 | 2 | 3 | 4 | 5 | 6 | 7 |
| 获利比例（%） | 46 | 48 | 46 | 46 | 46 | 46 | 47 |
| 平均收益（%） | 2.78 | 3.72 | 4.49 | 4.78 | 5.62 | 6.34 | 6.82 |
| 亏损比例（%） | 54 | 52 | 54 | 54 | 54 | 54 | 53 |
| 平均亏损（%） | −2.96 | −4.98 | −5.51 | −6.15 | −6.82 | −7.24 | −7.55 |
| 净收益/净亏损 | −0.32 | −0.77 | −0.92 | −1.10 | −1.04 | −0.92 | −0.78 |

## 形态介绍

看涨并列阴线形态是一个三日看涨持续形态（见图 4-34）。与之相似，看跌并列阴线形态是一个三日看跌持续形态（见图 4-35）。

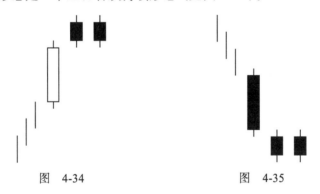

图　4-34　　　　　　　　　　　　图　4-35

## 形态识别的标准

### 看涨并列阴线形态

1.市场处于上涨趋势之中。这一形态的第一天是一根大阳线。

2.第二天是一根阴线，其开盘价高于第一天的收盘价。

3.第二天价格一路走低，但并没有完全填补缺口。

4.第三天以较高价格开盘，开盘价高于前一天价格波动范围的中心点。然而，价格一跌走低，以接近当天的最低价收盘。第三天也没有能够填补第一天与第二天形成的缺口。

### 看跌并列阴线形态

1. 市场处于下跌趋势之中。这一形态的第一天是一根大阴线。

2. 第二天也是一根大阴线，其开盘价低于第一天的收盘价，因而在两根阴线实体之间形成一个缺口。

3. 第三天的开盘价要高得多，但还是没有能够填补前两天形成的缺口。但是，第三天的价格一路走低，在接近当天最低价处收盘。

## 蜡烛图形态背后的交易情境及市场心理分析

### 看涨并列阴线形态

看涨并列阴线形态的第一天是一根大阳线。其价格波动的中心点位于10日移动平均线的上方，这表明市场处于上涨趋势之中。第一天的大阳线进一步强化了上涨趋势。

第二天跳空高开，然后一路走低，但收盘时并没有填补跳空缺口。第三天以较高价开盘，开盘价高于前一天价格波动范围的中心点。与第二天一样，第三天开盘后价格一路走低，但仍然没有填补第一天与第二天之间的缺口。第二天与第三天的收盘价基本相等。这一形态中的两根阴线可以看成是交易者在获利了结。一旦获利了结结束，上涨趋势将重启。

### 看跌并列阴线形态

看跌并列阴线形态的第一天是一根大阴线。其价格波动的中心点位于10日移动平均线的下方，这表明市场处于下跌趋势之中。第一天的大阴线强化了下跌的趋势。

第二天跳空低开，而且收盘价更低。但是，第三天以较高价开盘，开盘价与第二天的开盘价相近。尽管积极的买盘导致了高开盘价，但价格迅速下跌。第二天以接近最低价收盘。这表明空方力量强大，下跌趋势将持续。

### 形态的灵活性

#### *看涨并列阴线形态*

在这一形态中，你应该确保第一天的价格波动范围大于前五天价格波动范围的平均值。第一天的蜡烛图必须拥有长实体。蜡烛图的实体是指介于开盘价与收盘价之间的部分，长实体是指实体部分占价格波动范围的比例超过50%。第二天和第三天的蜡烛图必须拥有实体，不能是十字星。

最后，这一形态第二天和第三天的价格波动范围与实体长度应该基本相同。同时我们还要求两根蜡烛图中较短的一根的价格波动范围要大于较长蜡烛图价格波动范围的50%，这意味着一天的价格波动范围永远也不可能超过另一天价格波动范围的2倍。我们还要求较短蜡烛图的实体长度超过较长蜡烛图实体长度的50%，这意味着一天的实体长度永远也不可能超过另一天实体长度的2倍。

#### *看跌并列阴线形态*

上面两段文字对实体长度的要求表明，这一形态的第二天和第三天不能出现十字星，或者蜡烛图过短。如果出现了十字星，那么这种形态就更可能会演变成反转形态。

最后，这一形态第二天与第三天的价格波动范围与实体长度应该基本相同。特别地，我们要求两根蜡烛图中较短的一根的价格波动范围要大于较长蜡烛图价格波动范围的50%，这意味着一天的价格波动范围永远也不可能超过另一天价格波动范围的2倍。我们还要求较短蜡烛图的实体长度超过较长蜡烛图实体长度的50%，这意味着一天的实体长度永远也不可能超过另一天实体长度的2倍。

在这一形态中，你应该保证：①第一天的价格波动范围应该大于这一形态开始之前五天的价格波动范围的平均值；②第二天和第三天的价格波动范围要大于这一形态开始之前五天价格波动范围平均值的65%。

第一天蜡烛图的实体必须较长。蜡烛图的实体是指介于开盘价与收盘价之间的部分，长实体是指实体部分占价格波动范围的比例超过 50%。第二天和第三天蜡烛图的实体部分必须超过其价格波动范围的 30%。

### 形态的简化

看涨并列阴线形态可以简化成一根具有相当长白色实体的长蜡烛图（见图 4-36）。出现在上升趋势中的大阳线具有看涨的倾向，因而这一简化符合原形态的看涨倾向。

看跌并列阴线形态可以简化成一根具有黑色长实体的长蜡烛图（见图 4-37）。出现在下跌趋势中的大阴线具有看跌的意味，因而这一简化支持了原形态的看跌倾向。

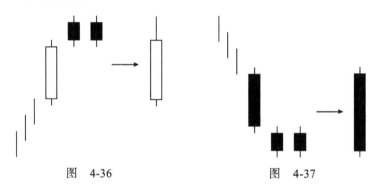

图　4-36　　　　　　　　图　4-37

注意：两种形态都要求第一天和第二天实体之间的缺口大于第一天价格波动范围的 10%。

### 相关的形态

看涨并列阴线形态与看跌并列阳线形态是对应的相反形态。

看跌并列阴线形态与看涨并列阳线形态是对应的相反形态。

### 市场实例

并列阴线 + 和并列阴线 – 形态分别如图 4-38 和图 4-39 所示。

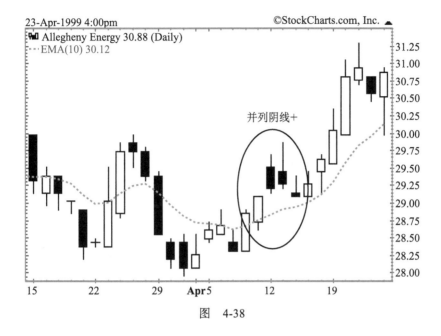

图　4-38

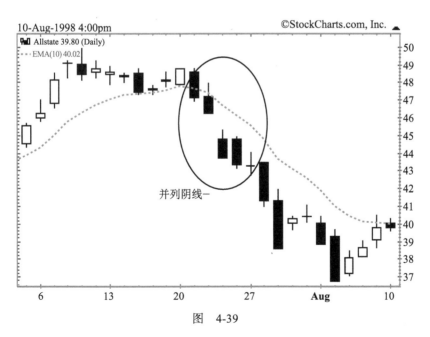

图　4-39

## 向上跳空三法形态和向下跳空三法形态

| 形态名称：向上跳空三法＋ | | | | | | 类型：C＋ | |
|---|---|---|---|---|---|---|---|
| 日文名称：*uwa banare sanpoo hatsu oshi* | | | | | | | |
| 趋势要求：是 | | | 确认：不需要 | | | | |
| 形态之间平均间隔天数（MDaysBP）：21 598 | | | | 较为少见 | | | |
| 形态统计来自 7 275 只常见流通股票基于 1 460 万个交易日中的数据 | | | | | | | |
| 间隔（日） | 1 | 2 | 3 | 4 | 5 | 6 | 7 |
| 获利比例（%） | 57 | 57 | 54 | 54 | 53 | 55 | 54 |
| 平均收益（%） | 2.54 | 3.27 | 4.06 | 4.35 | 4.77 | 4.77 | 5.36 |
| 亏损比例（%） | 43 | 43 | 46 | 46 | 47 | 45 | 46 |
| 平均亏损（%） | −2.08 | −2.66 | −3.14 | −3.73 | −4.18 | −4.71 | −5.24 |
| 净收益/净亏损 | 0.54 | 0.67 | 0.75 | 0.63 | 0.51 | 0.47 | 0.48 |

| 形态名称：向上跳空三法 − | | | | | | 类型：C− | |
|---|---|---|---|---|---|---|---|
| 日文名称：*shita banare sanpoo ippon dachi* | | | | | | | |
| 趋势要求：是 | | | 确认：必须 | | | | |
| 形态之间平均间隔天数（MDaysBP）：18 365 | | | | 较为少见 | | | |
| 形态统计来自 7 275 只常见流通股票基于 1 460 万个交易日中的数据 | | | | | | | |
| 间隔（日） | 1 | 2 | 3 | 4 | 5 | 6 | 7 |
| 获利比例（%） | 51 | 52 | 48 | 48 | 49 | 49 | 49 |
| 平均收益（%） | 2.87 | 3.44 | 3.97 | 4.31 | 4.96 | 5.26 | 5.44 |
| 亏损比例（%） | 49 | 48 | 52 | 52 | 51 | 51 | 51 |
| 平均亏损（%） | −2.76 | −3.54 | −4.04 | −5.06 | −5.58 | −6.10 | −6.64 |
| 净收益/净亏损 | 0.11 | 0.06 | −0.22 | −0.58 | −0.37 | −0.50 | −0.71 |

### 形态介绍

向上跳空三法形态和向下跳空三法形态的定义比较简单。它们看上去分别与向上跳空并列阳线和向下跳空并列阴线形态类似，这两种形态通常出现在强势市场中。如图 4-40 和图 4-41 所示，形态前两天的蜡烛图具有相同的颜色，同时代表市场原有的趋势，两根蜡烛图之间存在一个跳空缺口。第三天，市场在第二天蜡烛图的实体范围内开盘，最后价格进入到第一天的价格区域中。第三根蜡烛图的颜色和前两天的相反，如果按技术分析的术语来说就是，在这一天跳空缺口得到了回补。

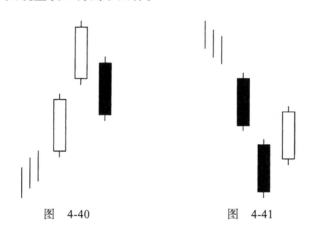

图　4-40　　　　　　　图　4-41

### 形态识别的标准

1. 从第一天和第二天的蜡烛图来看，市场趋势在延续，同时两根蜡烛图之间形成了跳空缺口。

2. 第三天的蜡烛图回补了先前出现的跳空缺口，而且颜色和前两天的相反。

### 蜡烛图形态背后的交易情境及市场心理分析

市场原有趋势较为强劲，跳空缺口的出现更显示出市场强烈的上涨（下跌）意愿。第三天，市场在第二根蜡烛图的实体内开盘，并且完全回补了前一天形成的跳空缺口。虽然跳空缺口的出现可用来确定市场的支撑位或是阻力位，但在这里我们应该将这种回补看成是对原有市场趋势的一种认同。因为缺口是在一天中就被弥补的，虽然我们可以把第三天的市场运动看成是获利盘的回吐，或者是空头的平仓。

### 形态的灵活性

作为一种比较简单的形态，向上跳空三法形态和向下跳空三法形态没有什么变化形式。即使是第一天和第二天蜡烛图的颜色不同，也不会过多地改变形态本身的市场含义。

### 形态的简化

向上跳空三法形态可以简化为一根流星线（见图 4-42）；向下跳空三法形态可以简化为一根锤子线（见图 4-43）。这两种简化后的蜡烛图都不符合原有形态的倾向，所以推荐读者在利用它们进行市场判断时，对形态进一步确认。

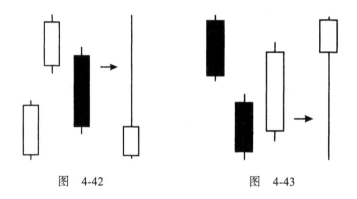

图 4-42                    图 4-43

### 相关的形态

向上跳空三法形态和向下跳空三法形态看起来和跳空并列蜡烛图形态有些类似，但请读者注意，在向上 / 向下跳空三法形态中，前一天形成的价格跳空缺口得到回补。这两种形态在预测市场趋势时并不完全相同，具体的差异请读者参考第 7 章中的形态统计。

### 市场实例

向上跳空三法 + 形态如图 4-44A 所示，向下跳空三法 – 形态如图 4-44B 所示。

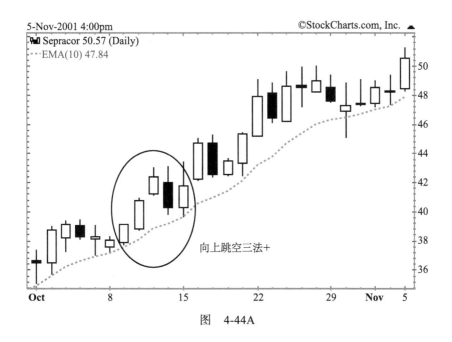

图　4-44A

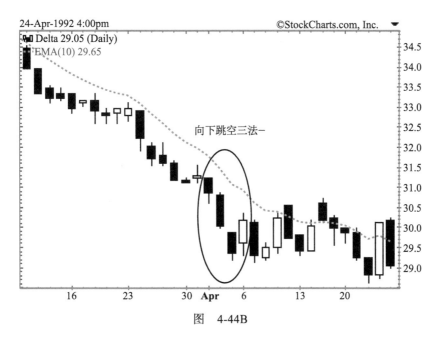

图　4-44B

## 战后休整形态

| 形态名称：战后休整形态 + | | | | | 类型：C+ | |
|---|---|---|---|---|---|---|
| 日文名称：*tatakai no akatsuki* | | | | | | |
| 趋势要求：是 | | | | 确认：不需要 | | |
| 形态之间平均间隔天数（MDaysBP）：1 294　　平均水平 | | | | | | |
| 形态统计来自 7 275 只常见流通股票基于 1 460 万个交易日中的数据 | | | | | | |
| 间隔（日） | 1 | 2 | 3 | 4 | 5 | 6 | 7 |
| 获利比例（%） | 50 | 52 | 51 | 51 | 51 | 51 | 51 |
| 平均收益（%） | 2.37 | 3.44 | 4.29 | 4.96 | 5.52 | 5.96 | 6.36 |
| 亏损比例（%） | 50 | 48 | 49 | 49 | 49 | 49 | 49 |
| 平均亏损（%） | −2.13 | −3.03 | −3.73 | −4.24 | −4.74 | −5.17 | −5.52 |
| 净收益/净亏损 | 0.11 | 0.31 | 0.37 | 0.40 | 0.45 | 0.47 | 0.55 |

### 形态介绍

看涨战后休整形态是一个三日看涨持续形态。建立这种形态，是为了对某一上涨趋势进行说明，这一类形态以一根大阳线开始，经过几天的振荡后，接着又是一根大阳线，然后又是几天的振荡。这种"上台阶式"的上涨趋势可能持续 3～8 周。同时，上涨的力量在逐步增强，你会看到连续出现几根向上跳空高开的阳线，以及少量的连续阴线，直到上涨的力量被耗尽（见图 4-45）。

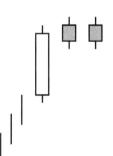

图　4-45

### 形态识别的标准

1. 战后休整形态的第一天是一根大阳线。其价格波动范围的中心点位于 10 日移动平均线的上方，这意味着市场处于上涨趋势之中。

2. 第一天的价格波动范围应该大于这一形态出现之前五天价格波动范围的平均值。

3. 第一天的蜡烛图必须具有很长的实体。

## 蜡烛图形态背后的交易情境及市场心理分析

这一形态的第一天显示出买盘十分踊跃。你不希望所有的做多能量在这一天之内被耗尽，因此这一形态出现的前一天的阳线不可能比这一形态的第一根蜡烛图更长。

另外，如果这一形态出现在持续的上涨趋势之中，要小心观察是否还有足够的上涨动能（空间）。

## 形态的灵活性

这一形态的第二根和第三根蜡烛图代表着在第一天强势上涨后的休整，第二天和第三天的蜡烛图相对较短，其实体也较短。特别是，第二天与第三天的价格波动范围必须小于第一天价格波动范围的 75%。这两根蜡烛图的实体部分必须小于当日价格波动范围的 50%。

第二天和第三天的蜡烛图意味着休整，而不是走弱或延续第一天的强势。因此，第二天和第三天的收盘价必须都高于第一天价格波动范围的中心点。另外，第三天的最低价必须高于第一天价格波动范围的中心点。这要求第一天之后价格不会下跌过多。

为了确保第一天之后还具有一定的上涨动能但又不过于强势，你应该保证第二天的最高价高于第一天的收盘价。第二天可以是阳线，也可以是阴线，因此第二天的最高价可以是开盘价，也可以是收盘价。在任何一种情况下，第二天的跳空高开显示出还存在一些额外的购买意愿。为了限制第二天的强度，你应该保证第二天的最低价低于第一天的最高价。

再强调一次，第二天的走势不能过强也不能过弱，因此第三天的开盘价和收盘价必须低于第二天的最高价，且必须高于第二天的最低价。与第二天一样，第三天既可以是阳线，也可以是阴线。

### 形态的简化

战后休整形态可以简化为一根大阳线，拥有较长的实体，实体位于蜡烛图的下半部分（见图 4-46）。出现在上涨趋势中的大阳线具有看涨的意味，因而符合这一形态的看涨含义。

### 市场实例

战后休整 + 形态如图 4-47 所示。

图　4-46

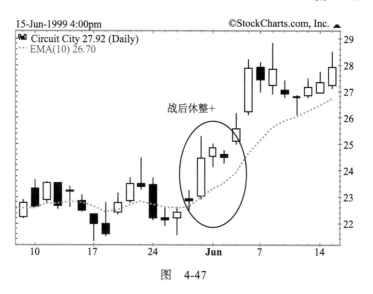

图　4-47

## ➤ 四日或更多日形态

### 上升三法形态和下降三法形态

| 形态名称：上升三法 + | | 类型：C+ |
| --- | --- | --- |
| 日文名称：*uwa banare sanpoo ohdatekomi* | | |
| 趋势要求：是 | 确认：不需要 | |
| 形态之间平均间隔天数（MDaysBP）：5 332 | 平均水平 | |

（续）

| 形态统计来自 7 275 只常见流通股票基于 1 460 万个交易日中的数据 | | | | | | | |
|---|---|---|---|---|---|---|---|
| 间隔（日） | 1 | 2 | 3 | 4 | 5 | 6 | 7 |
| 获利比例（％） | 50 | 50 | 49 | 49 | 50 | 49 | 50 |
| 平均收益（％） | 2.88 | 3.96 | 4.62 | 5.19 | 5.79 | 6.44 | 6.75 |
| 亏损比例（％） | 50 | 50 | 51 | 51 | 50 | 51 | 50 |
| 平均亏损（％） | −2.33 | −3.12 | −3.52 | −4.07 | −4.63 | −4.92 | −5.23 |
| 净收益 / 净亏损 | 0.26 | 0.44 | 0.50 | 0.47 | 0.58 | 0.67 | 0.70 |

| 形态名称：下降三法 – | | | | | | 类型：C– | |
|---|---|---|---|---|---|---|---|
| 日文名称：*shita banare sanpoo ohdatekomi* | | | | | | | |
| 趋势要求：是 | | | | 确认：推荐 | | | |
| 形态之间平均间隔天数（MDaysBP）：8 075 | | | 平均水平 | | | | |
| 形态统计来自 7 275 只常见流通股票基于 1 460 万个交易日中的数据 | | | | | | | |
| 间隔（日） | 1 | 2 | 3 | 4 | 5 | 6 | 7 |
| 获利比例（％） | 51 | 53 | 52 | 49 | 48 | 48 | 48 |
| 平均收益（％） | 2.89 | 3.85 | 4.78 | 5.39 | 5.99 | 6.63 | 6.98 |
| 亏损比例（％） | 49 | 47 | 48 | 51 | 52 | 52 | 52 |
| 平均亏损（％） | −2.69 | −3.80 | −4.55 | −5.07 | −5.50 | −6.31 | −6.67 |
| 净收益 / 净亏损 | 0.15 | 0.22 | 0.29 | 0.04 | 0.02 | −0.07 | −0.06 |

## 形态介绍

三法形态（将在第 5 章中详细介绍）由看涨上升三法和看跌下降三法组成。这两种形态都属于持续形态，而不是反转形态，它们表明市场在原有的发展趋势中出现停顿，调整一段时间后，将沿原有趋势继续前进，而不会引发反转。我们可以把它们看成是市场在原有趋势中略做休整，然后重新加速上升或下降。

### 上升三法形态

上升三法形态如图 4-48 所示。在第一天，市场形成一根大阳线之后，连续出现一组实体很短的蜡烛图，它们表明市场在原有的趋势中遇到了阻力。通常这一组蜡烛图都是小阴线，而且重要的图形特征是：这些蜡烛图的实体部分都未超过第一天的价格变动范围（最高价和最低价）。请大家记住，价格波动范围包括上影线和下影线。形态最后一天（第五天）的开盘价要高于前一个回调日（第四天）的收盘价，并且收盘价为这一段时期以来的市场新高。

### 下降三法形态

同上升三法形态正好相反，下降三法形态是看跌持续形态的一种。

市场一直处于下跌的趋势中，第一天出现的大阴线更是证实了原趋势（见图 4-49）。随后的三天出现了一系列和原来市场趋势相反（上涨）的蜡烛图，这些蜡烛图的实体都很小（最好都是小阳线），同时实体部分没有超越第一天的价格波动范围。次日（即最后一天）市场在前一日收盘价附近开盘，并一举吞没了前三天的蜡烛图，出现了新低。市场结束了下跌过程中的调整，继续加速下行。

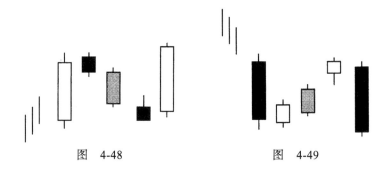

图 4-48      图 4-49

### 形态识别的标准

1. 形态第一天的蜡烛图（大阳线或大阴线）代表市场原有的趋势。

2. 第一天的蜡烛图之后是一系列实体很短的蜡烛图，它们的颜色最好和第一根蜡烛图的颜色相反。

3. 这些小实体的蜡烛图和原有的市场趋势相反（上升或是下降），但是都没有超越第一天蜡烛图的价格波动范围。

4.最后一天，市场回复原有的趋势，表现出强烈的上升或者下降欲望，创出市场新高或者新低。

### 蜡烛图形态背后的交易情境及市场心理分析

上升三法形态最早源于日本期货交易中著名的酒田战法。三法形态通常被认为是市场的一种休整状态，它在为随后而来的市场发展积蓄能量。套用一个时髦的词就是"市场在调整"。这种市场变动说明一些不坚定的投资者在进行获利了结（在下跌的市场中，坚持做空的投资者也可以获利），市场主力在将它们振荡出局后，将沿原有的市场发展方向加速前进。从调整日中较小的市场价格波动就可以看出这些投资者的犹豫不定。但一旦在调整日中市场不能形成新低，一些摇摆不定、拿不准主意的投资者就会开始买入，于是市场价格开始回升，并创出一段时期的新高。下降三法形态的市场心理分析和上升三法形态的市场心理分析正好相反，读者可以自行总结。

### 形态的灵活性

虽然从理论上讲，上升三法形态和下降三法形态是由五根蜡烛图组成的，但在现实中，严格意义上的三法形态很难见到。因此，大多数学者认为可以放宽调整日中的限制条件，即那三根小蜡烛图可以超过第一天的价格波动范围，但不能超出过多。如有可能还是应该严格按"形态识别的标准"中的条件来判定三法形态。另外，如果这些小蜡烛图没有同原有的趋势相反，而是相同，三法形态就演变成了铺垫形态，这种形态通常在上升趋势中出现。

### 形态的简化

上升三法形态可以简化为一根大阳线，这根大阳线就具有看涨的倾向（见图4-50）。下降三法形态可以简化为一根大阴线，这根简化后的大阴线可以证明市场的看跌倾向（见图4-51）。

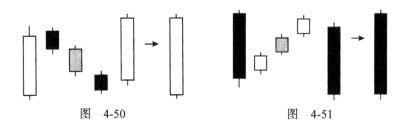

图　4-50　　　　　　　　　　图　4-51

### 相关的形态

和看涨上升三法形态相关的形态是铺垫形态。铺垫形态也是上升趋势的持续形态的一种，它允许调整日的图形有更大的变化余地，即那一系列小阴线不必非要局限在第一根大阳线的价格波动范围内，完全可以超越它，相对于第一天而言，调整日的市场仍保持一定的上涨趋势。所以和看涨三法相比，铺垫形态的市场看涨意味更强烈。

### 市场实例

上升三法＋形态如图 4-52A 所示，下降三法－形态如图 4-52B 所示。

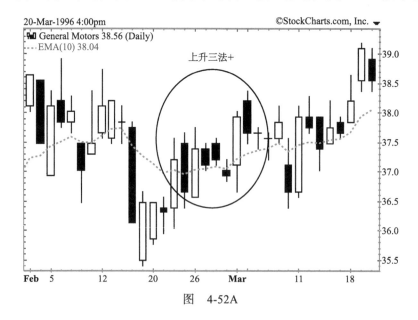

图　4-52A

图 4-52B

# 铺垫形态

| 形态名称：铺垫 + | | | | | | 类型：C+ |
|---|---|---|---|---|---|---|
| 日文名称：*uwa banare sante oshi* | | | | | | |
| 趋势要求：是 | | | | 确认：不需要 | | |
| 形态之间平均间隔天数（MDaysBP）：55 303 | | | | 较为少见 | | |
| 形态统计来自 7 275 只常见流通股票基于 1 460 万个交易日中的数据 | | | | | | |
| 间隔（日） | 1 | 2 | 3 | 4 | 5 | 6 | 7 |
| 获利比例（%） | 45 | 49 | 51 | 52 | 54 | 54 | 53 |
| 平均收益（%） | 2.50 | 3.86 | 4.88 | 5.36 | 5.96 | 5.91 | 6.13 |
| 亏损比例（%） | 55 | 51 | 49 | 48 | 46 | 46 | 47 |
| 平均亏损（%） | −1.99 | −3.04 | −3.13 | −4.21 | −4.69 | −4.60 | −4.84 |
| 净收益 / 净亏损 | 0.04 | 0.33 | 0.91 | 0.75 | 1.03 | 1.05 | 0.95 |

| 形态名称：铺垫 − | | 类型：C− |
|---|---|---|
| 日文名称：*uwa banare sante oshi* | | |
| 趋势要求：是 | 确认：推荐 | |
| 形态之间平均间隔天数（MDaysBP）：96 689 | 较为少见 | |

（续）

| 形态统计来自 7 275 只常见流通股票基于 1 460 万个交易日中的数据 | | | | | | | |
|---|---|---|---|---|---|---|---|
| 间隔（日） | 1 | 2 | 3 | 4 | 5 | 6 | 7 |
| 获利比例（%） | 50 | 46 | 45 | 52 | 48 | 49 | 48 |
| 平均收益（%） | 3.07 | 4.30 | 5.20 | 5.14 | 5.69 | 6.65 | 7.03 |
| 亏损比例（%） | 50 | 54 | 55 | 48 | 52 | 51 | 52 |
| 平均亏损（%） | −2.54 | −3.73 | −4.46 | −5.08 | −5.74 | −6.54 | −7.61 |
| 净收益/净亏损 | 0.24 | −0.04 | −0.12 | 0.27 | −0.29 | −0.12 | −0.57 |

## 形态介绍

### 看涨铺垫形态

看涨铺垫形态是上升三法的演化形式。如图 4-53 所示，该形态的前三天看起来有点儿像向上跳空两只乌鸦形态，不同的是，第二根阴线（第三天的蜡烛图）弥补了第二天的向上跳空缺口，进入第一天大阳线的价格范围内。

第四天市场继续走低，蜡烛图的收盘价仍然停留在第一天大阳线的价格范围内。第五天市场向上跳空开盘，产生一个较大的跳空缺口，然后一路上涨，超过前三天一系列小阴线的价格区间，创出市场新高。这个形态表明市场虽然出现反复，但依然维持上升趋势，并且使市场重心向上抬高。作为一种持续信号，与上升三法相比，看涨铺垫形态显示出的信号强度更高。换句话说，相对上升三法形态，看涨铺垫形态代表的市场调整的力度较小，对原有趋势的破坏程度较低。

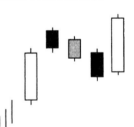

图 4-53

### 看跌铺垫形态

看跌铺垫形态（见图 4-54）是一个五日看跌持续形态。引入这一形态是为了把握趋势中正常的中断或停顿。

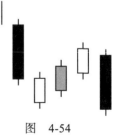

图 4-54

## 形态识别的标准

### *看涨铺垫形态*

1. 市场处于上涨趋势之中，这一形态的第一天是一根大阳线。

2. 第二天的向上跳空缺口和较低的收盘价使蜡烛图看起来有些像星线。

3. 随后两天进行休整，与上升三法相似。

4. 第五天是一根阳线，并以市场新高收盘。

### *看跌铺垫形态*

1. 市场处于下跌趋势之中，这一形态的第一天是一根大阴线。

2. 第二天是一根阳线，其实体与前一天的阴线实体之间存在一个缺口。

3. 随后两天是两根相对较短的蜡烛图，每天的最高价与最低价都会比前一天更高。

4. 第五天是一根大阴线，其开盘价低于第四天的收盘价，收盘价低于第二天的开盘价。

## 蜡烛图形态背后的交易情境及市场心理分析

### *看涨铺垫形态*

当第一天大阳线出现的时候，市场一直在上升趋势之中。第二天，市场跳空高开，盘中价格窄幅振荡，最后收盘时略有下跌，这个下跌只是相对开盘价而言，但就一段时期的市场收盘价来说，仍然是市场新高。这种情况说明，市场虽然下跌，但只是上升过程中的休整，不会对原有趋势造成太大影响。对于一些谨慎的市场投资者来说，他们害怕市场上升将会结束，开始获利平仓，所以第三天和第四天市场都是低开低走，即使是这样，市场价格依然维持在第一天的开盘价之上，说明市场并未出现反转，下跌只是暂时现象。最后一天市场高开高走，多方一路凯歌，一举收复前三天的失地。该形态的市场含义说明，牛市行情并未结束，下跌只是上涨趋势中的正常调整。

### *看跌铺垫形态*

第二天、第三天和第四天是趋势的调整，你会注意到，它们的收盘价都未能突破第一天的开盘价。因此，在第四天收盘后，交易者开始认为，任何反转下跌趋势的努力都失败了。当第五天的收盘价低于第二天的开盘价这一情况出现后，空头就知道前三天只不过是对强势下跌趋势的调整。

## 形态的灵活性

我们对第二天、第三天和第四天蜡烛图的实体长度没有要求，因此，这些天中会有一日或多日出现十字星。另外，第三天和第四天既可以是阳线，也可以是阴线。尽管我们希望这两天都形成阳线，但实际上第四天通常是阴线。

第一天和第五天的蜡烛图必须拥有长实体。蜡烛图的实体是指开盘价和收盘价之间的部分。长实体是指实体部分占价格波动范围的比例超过50%。

像上升三法形态一样，三根小阴线应该显示出逐渐下滑的趋势。这几天的调整比上升三法中的调整更剧烈。

## 形态的简化

看涨铺垫形态可以简化为一根大阳线，这种简化不会改变该形态的市场看涨含义（见图4-55）。

看跌铺垫形态可以简化为一根拥有长实体的大阴线（见图4-56）。出现在下跌趋势中的大阴线具有看跌的意味，因而符合这一形态的看跌含义。

## 相关的形态

铺垫形态是一种比较严格的蜡烛图形态。虽然从图形上看，形态前三天和向上跳空两只乌鸦形态有些类似，但是第三天蜡烛图的收盘价仍然停留在第一天的实体范围内，消除了市场可能转势的可能性。另外，读者要注意该形态也有点儿像三只黑乌鸦形态，但最后一天的大阳线可以排除这种可能性。

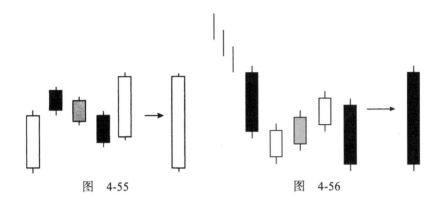

图　4-55　　　　　　　　　　图　4-56

看跌铺垫形态与下降三法形态相似。

## 市场实例

铺垫 + 和铺垫 – 形态分别如图 4-57 和图 4-58 所示。

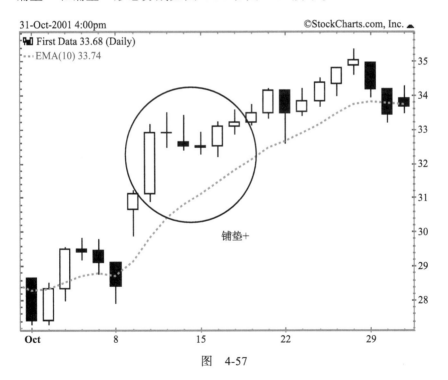

图　4-57

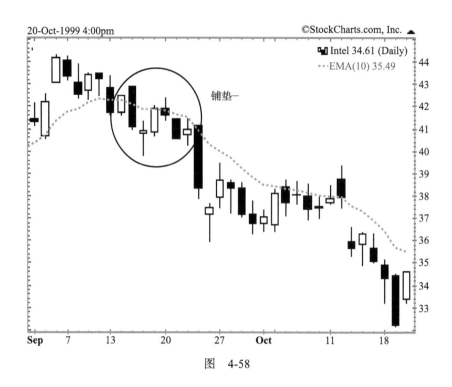

图　4-58

# 三线直击形态

| 形态名称：三线直击 + | | | | | | 类型：C+ |
|---|---|---|---|---|---|---|
| 日文名称：*sante uchi karasu no bake sen* | | | | | | |
| 趋势要求：是 | | | | 确认：不需要 | | |
| 形态之间平均间隔天数（MDaysBP）：20 506 | | | | 较为少见 | | |
| 形态统计来自 7 275 只常见流通股票基于 1 460 万个交易日中的数据 | | | | | | |
| 间隔（日） | 1 | 2 | 3 | 4 | 5 | 6 | 7 |
|---|---|---|---|---|---|---|---|
| 获利比例（%） | 53 | 54 | 53 | 57 | 56 | 57 | 57 |
| 平均收益（%） | 2.46 | 3.09 | 3.82 | 4.20 | 4.59 | 5.05 | 5.61 |
| 亏损比例（%） | 47 | 46 | 47 | 43 | 44 | 43 | 43 |
| 平均亏损（%） | −2.37 | −3.02 | −3.60 | −4.37 | −5.00 | −5.54 | −5.94 |
| 净收益 / 净亏损 | 0.18 | 0.28 | 0.33 | 0.49 | 0.35 | 0.53 | 0.66 |

| 形态名称：三线直击 – | | | | | 类型：C– | |
|---|---|---|---|---|---|---|
| 日文名称：*sante uchi karasu no bake sen* | | | | | | |
| 趋势要求：是 | | | 确认：推荐 | | | |
| 形态之间平均间隔天数（MDaysBP）：17 402 | | | | 较为少见 | | |
| 形态统计来自 7 275 只常见流通股票基于 1 460 万个交易日中的数据 | | | | | | |
| 间隔（日） | 1 | 2 | 3 | 4 | 5 | 6 | 7 |
| 获利比例（%） | 53 | 51 | 52 | 51 | 51 | 52 | 53 |
| 平均收益（%） | 2.79 | 3.98 | 4.57 | 5.37 | 5.93 | 6.39 | 6.87 |
| 亏损比例（%） | 47 | 49 | 48 | 49 | 49 | 48 | 47 |
| 平均亏损（%） | –3.02 | –4.03 | –5.13 | –5.45 | –5.74 | –6.94 | –7.07 |
| 净收益 / 净亏损 | 0.03 | 0.08 | –0.05 | 0.09 | 0.16 | –0.03 | 0.29 |

## 形态介绍

三线直击形态是由四根蜡烛图组成的形态，通常出现在确定的市场趋势中。读者可以把它看成是三只黑乌鸦形态（看跌反转形态）或者是白色三兵形态（看涨反转形态）的扩展形式。三线直击形态是一种调整形态，这种调整通常在一天内完成。市场趋势在运行中出现调整是很正常的，甚至在调整后，趋势将更健康地运行。无论是在上升趋势中，还是在下跌趋势中，调整都是必要的，是在为市场进一步沿原有趋势分析运行积蓄能量。一些日文著作也将看跌三线直击形态称为"愚人三只乌鸦形态"，把看涨三线直击形态称为"愚人三兵形态"。

### 看涨三线直击形态

市场处在上升趋势中，而且连续三天出现阳线，市场不断创出一段时期以来的新高，但是第四天市场跳空高开，然后一路下跌，将前三天的上涨尽数吃掉，并且在第一天的开盘价之下收盘（见图 4-59）。如果市场在这四天之前一直处于强势上涨阶段，那我们就可以把这种回调看成是获利盘回吐，这一天也可以称为是"清算日"。但请读者记住，这一切必须建立在市场强势上升的基础之上。

**看跌三线直击形态**

市场处在下跌趋势中，连续三天阴线的出现更加强了投资者的这种市场判断（见图 4-60）。但第四天市场跳空低开，在创出一段时期的市场新低后，多方开始反击，价格一路上涨，将前三天下跌的失地一举收复，并且在第一天的收盘价之上收盘。我们可以把这种上涨看成是卖空投资者进行平仓的结果，但下跌的趋势不会改变。

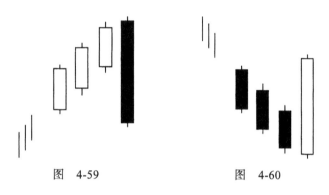

图　4-59　　　　　　　图　4-60

**形态识别的标准**

**看涨三线直击形态**

1.前三天的蜡烛图组合看起来有些像白色三兵形态，市场持续保持上升趋势。

2.第四天市场高开低走，最终在第一天的开盘价之下收盘。

**看跌三线直击形态**

1.前三天的蜡烛图组合看似三只黑乌鸦形态，市场持续保持下跌趋势。

2.第四天市场低开高走，最终在第一天的收盘价之上收盘。

**蜡烛图形态背后的交易情境及市场心理分析**

市场始终在原有的上升趋势（或下跌趋势）中运行，出现的白色三兵形态或三只黑乌鸦形态就是这一点的最好例证。第四天，市场沿原有的趋势开盘

（如果市场原有的趋势是上升的，则指市场向上跳空高开，如果市场原有的趋势是下降的，则指市场向下跳空低开），但是由于获利盘的涌出（短线多头或空头的平仓），导致市场突然转向，向相反的方向运行。虽然这种转向是市场心理的一种表现，但是请读者注意，它会使市场前三天的上涨或下降化为乌有。这种强劲的转向使空方或多方的能量在短时间内得到释放，因此它不会改变市场原有的运行趋势。

### 形态的灵活性

顺着趋势方向出现的跳空缺口和第四天的市场运动方向证明了三线直击形态作为持续形态的有效性。

### 形态的简化

看涨三线直击形态可以简化为一根流星线，但它违背了原形态所具有的看涨倾向（见图 4-61）。看跌三线直击形态可以简化为一根锤子线，它和原形态的市场含义同样存在着矛盾之处（见图 4-62）。

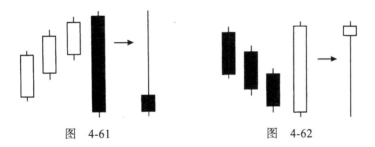

图　4-61　　　　　　　图　4-62

### 相关的形态

从前面的论述中我们已经知道，看涨三线直击形态和白色三兵形态相关，看跌三线直击和三只黑乌鸦形态相关，但它们最后一天的蜡烛图不同，因此所传递的市场信息也截然不同。

## 市场实例

三线直击 + 和三线直击 – 形态分别如图 4-63A 和图 4-63B 所示。

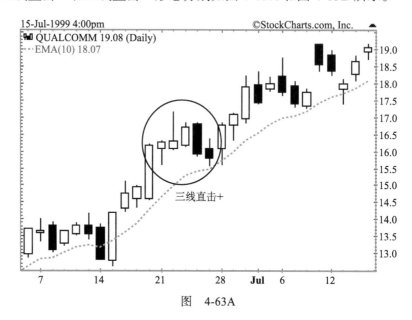

图　4-63A

图　4-63B

# 第 5 章

# 酒田战法和其他蜡烛图组合

在日本历史上，特别是在日本的经济贸易发展史上，非常成功、富可敌国的人物屈指可数，其中本间宗久（Munehisa Honma）就可以算是一个，在有些文献中，也把他的名字称为"Sohkyu Honma"。

本间宗久大致在 18 世纪中叶进入日本的期货市场。1750 年，本间宗久继承家业，掌管家族的生意，并进入港口城市酒田的大米交易市场，开始从事大米的交易。当时，酒田是一个重要的大米集散地，位于日本本州岛的北部（大约在东京北部 220 英里<sup>⊖</sup>处）。现在，它归日本山县管辖，是日本重要的海港。

为了便于大米的交易，本间宗久建立了私人的通信网络。从大阪到酒田 380 英里的距离间，本间宗久每隔 3 英里就安排一个人站在屋顶上，挥动小旗，接力棒式地传递消息。虽然这种原始的通信系统耗费的人工在百人之上，却使本间宗久的财富快速地得到积累。

另外，为了研究投资者的心理，本间宗久还详细地记录和研究了大米交易的价格。对此，他得出结论，在进行市场交易时要慎重，要避免盲目入市。本间

---

⊖  1 英里＝1609.344 米。

宗久曾经说过："即使你相信你的判断，也不要马上入市，你应该再等上 3 天，让市场证实你的判断。只有这样，你才能在纷繁复杂的市场交易中获得胜利。"

在酒田附近，本间家族拥有面积庞大的稻米种植庄园。无论在正史中，还是在民间传说中，本间家族都以富有闻名于世。日本有这样一句谚语："你可以期望变得和大名⊖一样富有，但是永远不可能同本间家族比肩。"

本间宗久逝世于 1803 年。他的市场研究著作《风、林、火、山》于 1755 年出版发行，成为日本蜡烛图技术的开山之作。书中记载了许多本间宗久总结的市场名言，他曾经说过："如果在市场中，每个交易者都看多的话，你就应该顺应市场的选择，只有傻瓜才会卖出大米。"现在在酒田市，本间家族仍然拥有一间祖宅，人们把它改建成了本间艺术纪念馆。

本间宗久在 51 岁的时候，将所有的蜡烛图形态和组合总结为一共 160 条法则，后人将它们称为"酒田战法"。这些战法都是从我们前面介绍的蜡烛图形态中演化出来的，虽然我们知道蜡烛图分析并不是本间宗久首创的，但是确实是他发扬和光大了这种古老的方法，所以现在我们仍然把他尊为蜡烛图分析的奠基人。

由于酒田是本间宗久的故乡，也是他开创辉煌事业的地方，所以，在日本的蜡烛图分析中，酒田已经成为本间宗久的代名词。读者如果有兴趣查阅蜡烛图的著作，就会发现"酒田战法"还有"酒田五法""本间法则"等不同的称谓。但是这些法则的精髓是一致的，都是本间宗久总结，并由后人不断改进和增加的，在本书中，我们把这些法则称为酒田战法。

## ❯ 酒田战法

本间宗久首创并使用的蜡烛图分析方法——酒田战法，是由基本的阴、阳蜡烛线以及一些其他 K 线组合组成的。这些蜡烛图组合的形态名字一般都

---

⊖　大名是日本历史上的封建领主。——译者注

带有 "3" 这个数字，在传统分析法以及日本蜡烛图技术中，"3" 带有十分重要的含义，酒田战法作为一种图形分析技术，数字 3 在市场的不同点位、不同时间有不同的含义，酒田战法主要由以下形态组成：

- 1. 三山形态（san-zan）
- 2. 三川形态（san-sen）
- 3. 三空形态（san-ku）
- 4. 三兵形态（san-pei）
- 5. 三法形态（san-poh）

读者从上述形态的称谓中可以看出，在日语中 "san" 的意思就是 "3"。

## 三山形态

三山形态构成了市场的一个大型顶部，与西方技术分析中的 "三重顶" 形态比较类似，在三重顶形态中，价格上升和下跌各三次，形成了市场的顶部。三尊顶形态（san-son）与西方的头肩形顶部形态也类似。三尊顶形态有点儿像佛教中佛像的陈列，大殿里供奉的佛像通常有三尊，其中中间摆放的是一尊最大的，两边分别是小一点的佛像（见图 5-1A）。三山形态包含了西方技术分析中的 "三重顶" 形态，在这一形态中，价格三次向上测试，但随后都出现了一定幅度的调整，在三重顶形态中，三个顶部的高度是相同的，或者大致接近（见图 5-1B）。

## 三川形态

三川形态和三山形态正好相反。它同传统的三重底形态和头肩底形态类似。三川形态由三根位于市场底部的看涨蜡烛线组合而成，用于预测市场的转折点，这些 K 线组合包括启明星、白三兵等，在一些介绍酒田战法的日文著作中，也将启明星形态称作三川启明星形态（见图 5-2A 和图 5-2B）。

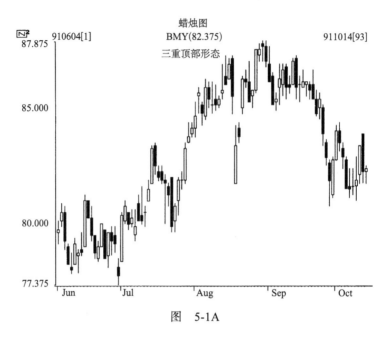

图　5-1A

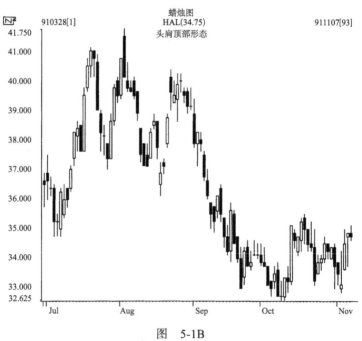

图　5-1B

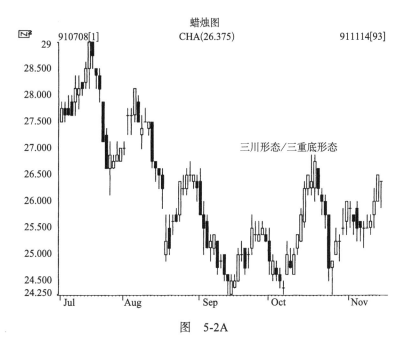

图　5-2A

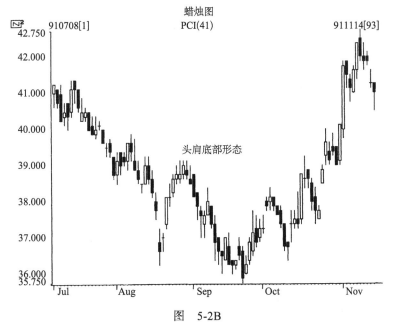

图　5-2B

　　读到这里，一些读者可能会产生困惑，到底酒田战法是用三川形态来判别市场底部，还是利用三根蜡烛线来辨别市场顶部或是底部。在一些日本蜡烛图分析著作中，有相当多的文献提到三川黄昏星形态和三川向上跳空两只乌鸦形态，它们都被当作一个看跌信号，而在第 3 章中提到的奇特三川底部形态则是一个看涨反转信号。

## 三空形态

　　在三空形态中（见图 5-3 和图 5-4），价格的跳空缺口意味着投资者进入和退出市场的时机。以向上跳空形态为例，市场出现底部后，当它再次上升时，投资者应该在出现第三个跳空缺口后做空。第一个向上跳空缺口意味着新入场的买方力量强大，第二个缺口代表继续有买方入场以及部分有经验的空头平仓，第三个跳空缺口是由犹豫的空头平仓和如梦初醒的多头买进造成的。酒田战法建议在第三个向上跳空的缺口后做空，因为买盘卖盘出现分歧以及随后市场出现超买的可能性越来越大。相反，在下降趋势中出现第三个向下跳空缺口后，投资者应该做多。在日语中，跳空缺口的弥补又被称为 "anaume"，跳空缺口又被称为窗口（mado）。

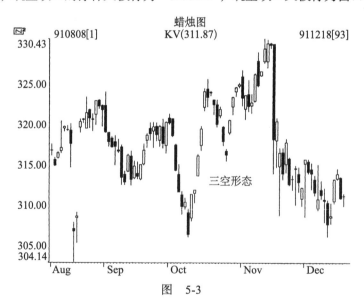

图　5-3

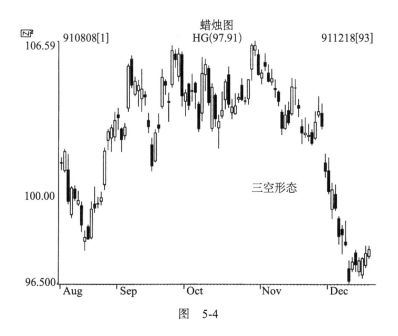

图 5-4

## 三兵形态

三兵形态指的是"向同一个方向站立的三名士兵"。白三兵是一个典型的看涨信号，表明市场正处于稳定的上升态势中，这种稳健的价格走势说明市场将进一步大幅走高（见图 5-5）。另外，酒田战法还给出了三兵形态的衰退形态，这些形态表明上升趋势的力度逐渐减弱，也就是通常所说的"上涨乏力"。三兵形态包含几种衰退形态，第一种衰退形态是"前进受阻形态"，该形态虽然跟白三兵形态比较类似，不同之处在于，该形态在第二天和第三天录得的 K 线都带有很长的上影线。第二个衰退形态则是"停滞形态"，在该形态中，同样也是第二天的 K 线带有很长的上影线，而第三天则是出现纺锤线，或者是十字星，这表明市场拐点的临近。

三兵形态还包括三只黑乌鸦形态和类三只乌鸦的形态（见图 5-6），它们都是典型的看跌信号，具体情况介绍请详见第 3 章。

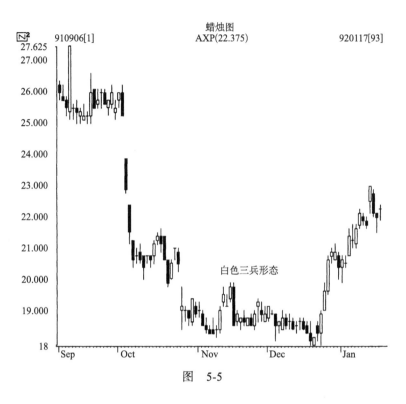

图 5-5

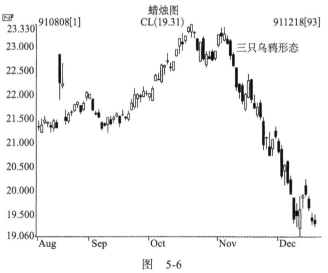

图 5-6

## 三法形态

　　三法形态是指"市场休息或者休整的状态"。休整是我们平时说的除买入和卖出外的另外一种市场状态，很多有关市场心理和交易的书都建议在突破后参与，出现休整，除了市场缺乏增量资金，投资者保持作壁上观态度外，还有很多必然的原因。三法形态是一种持续形态，包括上升三法形态和下降三法形态，我们在第 4 章中都曾提及，有一些文献也会提到其他两种形态：向上跳空三法形态和向下跳空三法形态（见图 5-7 和图 5-8）。

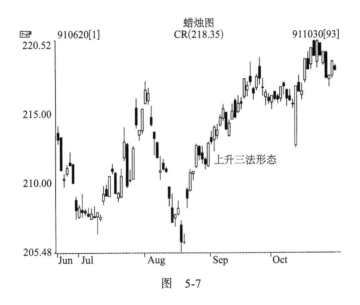

图　5-7

　　上升三法和下降三法都是作为一种持续形态，市场原有的趋势并未改变，只是陷入短期的停顿，为进一步的上升或下跌积蓄力量。

　　酒田战法为我们提供了一种清晰明确的图表分析法则，它成立的基础如下：

　　1. 在价格上上下下的波动中，市场将会继续沿着既定的大方向推进。这是我们分析蜡烛图形态的一个基础原则，在第 6 章中，我们将进一步提及。

　　2. 推动市场上涨所消耗的能量要高于市场下跌的能量，这一点与物理学中物体可以借助自身重力下降的原理不谋而合。

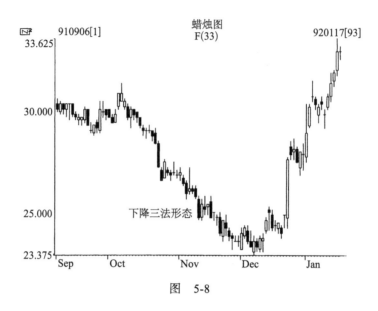

图　5-8

3. 没有只涨不跌的市场，也没有只跌不涨的市场。1991 年 9 月《福布斯观察》的一篇文章中曾写道："在熊市中，聪明的投资者应该提醒自己，世界末日不会到来，市场不会无休止下跌；在牛市中，聪明的投资者也应该提醒自己，即使是参天大树，也不可能永无止境地生长。"套用一句谚语就是，天下没有不散的筵席。

4. 市场价格有时会陷入停滞，也就是通常所说的横向盘整时期，此时，明智的交易员应该选择离场观望。

## ❯ 其他蜡烛图组合

在酒田战法中，虽然许多蜡烛图组合是由三根 K 线组成的，但仍然存在三根以上 K 线构成的组合形态。

在传统的技术分析中，有多种蜡烛图组合用来描述价格的走势。现在西方使用的蜡烛图形态大多由史蒂夫·尼森命名，虽然这些蜡烛图组合包含了很长一段交易日的价格数据，但我们通常只能把它们作为一般的预测市场的工具，投资者和交易员并不能利用这些组合形态获取准确的入场时机。当一个形态形成，尤其是反转形态，一定要找找能否找到其他证据佐证价格确实可能发生反转。另外，在形态形成到最终确认的一段很长的时间里，通常会出现一些干扰性的因素，请务必记住，在几乎所有的蜡烛图形态中，而且几乎可以肯定的是，在几乎所有的反转形态中，必须牢记它们与当下趋势或先前趋势的关系，在分析蜡烛图形态时，这些趋势会在很大程度上受到接下来的一些蜡烛图形态的影响。

## 8 根市场新高蜡烛图形态

8 根市场新高蜡烛图形态出现在一段持续上升创出新高的趋势中，投资者看到该形态后应该及时获利了结，或者至少要设置止损保护头寸（见图 5-9）。在有些著作中，把 8 根新高蜡烛图扩展为 10 根、12 根或者是 13 根新高蜡烛图。在这里，我们不展开讨论，只是提醒投资者，在使用这一技术指标时，一定要考虑市场之前的大趋势。

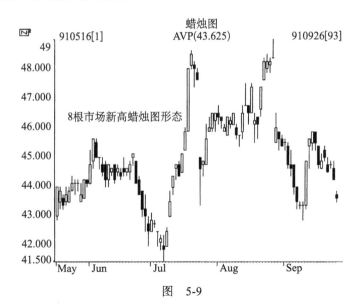

图　5-9

## 平头

平头形态比较简单，由两根或两根以上的日蜡烛图组成，用于判断市场的顶部和底部。我们把两根具有相同最高点的日蜡烛图组成的形态称为平头顶（kenukitenjo）；反之，把两根具有相同最低点的日蜡烛图组成的形态称为平头底（kenukizoko）（见图 5-10）。这些日 K 线的高低点可能刚好就是当日的开盘价或收盘价。比如说，某一天日 K 线收出长上影线，次日则走出光头阴线，该阴线的开盘价刚好与前一日的日 K 线的最高价相同。另外，需要提醒投资者的是，平头顶部形态和平头底部形态不一定只包括两根蜡烛图，两根蜡烛图之间可以夹杂几根其他 K 线。

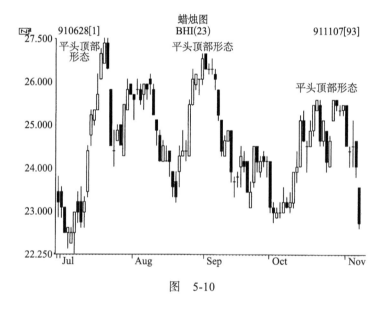

图 5-10

利用平头顶部形态和平头底部形态，可以判定短期的支撑和阻力。支撑位是指在短期内可以阻止价格下跌的价位，阻力位是指在短期内会限制价格上涨的价位，两个价位都是市场前期走势中形成的。作为反转形态的一种，平头形态是一个较好的市场预测指标。在十字孕线形态中，如果两根蜡烛图的最高价（或者最低价）相等，那么十字孕线形态也可以成为平头形态。

另外，平头形态还可以演化为相同低价形态和竖状三明治形态（详见第 3 章）。这两种看涨形态都是平头形态的演变，不同之处在于，它们的形态描述中引入的是收盘价的概念，而平头形态使用的是最高价或最低价。

## 风高浪急形态

风高浪急形态指的是具有长上影线的一系列 K 线组合。在一段上升趋势后，如果频繁出现射击之星、纺锤线或者墓碑十字星等，预示市场可能见顶。这类 K 线的出现说明市场正在失去方向感，不能再以更高价位收盘，反转趋势一触即发。通常而言，前进受阻形态也可能成为风高浪急形态的开始（见图 5-11）。

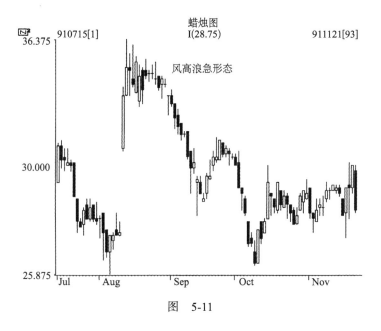

图　5-11

## 塔形顶和塔形底

塔形顶形态（见图 5-12）和塔形底形态（见图 5-13）都是由三根以上蜡烛线组成的形态，这个形态由标志性的大阳线或大阴线组成，随后蜡烛图的颜色逐渐发生变化，塔形的出现预示市场趋势即将发生反转。塔形底通常出现在下跌趋势中，先是出现了一系列的大阴线，但并不一定需要出现像三只黑乌鸦那样明显的下跌。在形态后期，大阴线逐渐转化为阳线，虽然此时市场反转的迹象还不是很明显，但是下降的趋势已经得到缓和，并且价格创出一段时期以来的新高。在塔形底形态形成的过程中，特别是在由阴线转化为阳线的调整期，通常会出现小实体 K 线，而这些小阳线或小阴线并未成为反转形态的一部分。同理，塔形顶正好完全相反。塔形的含义是指帮助我们判断形态的大阳线或大阴线。在一些日本著作中，也有把塔形顶部称为塔楼顶的。

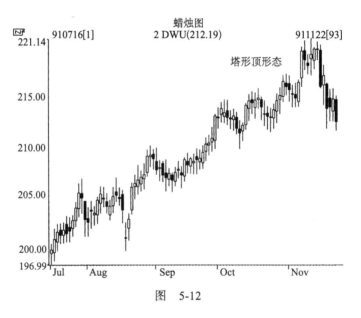

图　5-12

## 平底锅底部形态

平底锅形态和塔形底比较类似（见图5-14），不同之处在于，该形态底部是由一系列小实体 K 线组成的，该形态呈圆弧形，K 线的颜色并不重要。在经历一段时间的底部徘徊后，出现一根向上跳空的阳线，由此确认反转和新

一轮上涨趋势的开始。平底锅形态从形状上看，它确实有些像我们炒菜用的
锅，底部的小实体 K 线类似于锅底，那根起决定作用的大阳线就是锅柄。

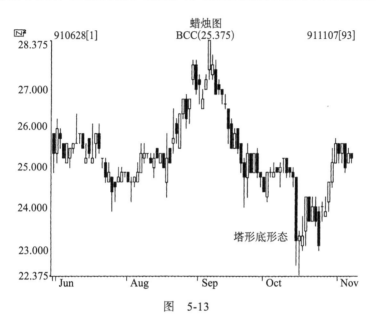

图　5-13

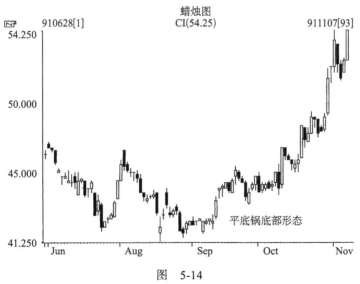

图　5-14

圆形顶与平底锅底部形态正好相反（见图5-15）。它与西方传统技术分析中的术语圆形顶部类似，通过一根具有向下跳空缺口的阴线，确认市场顶部。如果在跳空缺口后出现的阴线是一根执带线，那么未来看跌的倾向更为浓厚。

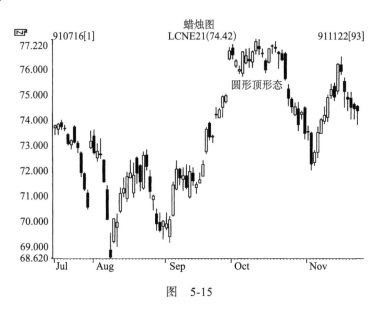

图    5-15

## 高位跳空突破形态和低位跳空突破形态

高位跳空突破形态（见图5-16）和低位跳空突破形态（见图5-17）相当于日文中的突破，价格一开始在支撑或阻力附近盘整，随着时间的流逝，市场越发变得犹豫不决，盘整的时间越长，未来突破的力度也就越大，一旦盘整区间被突破，市场便会迅速确定方向。如果突破产生的缺口方向与盘整前的市场大方向一致，那么价格沿着原有趋势运行的可能性将更加确定。由于这些形态存在的主观性，它们在一些著作中很少被提及找到具体的实例，简单而言，它们与上升三法、下降三法以及铺垫形态相类似，唯一不同的是，很难找到清晰明确的K线来定义它们。

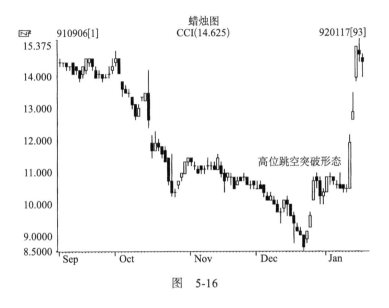

蜡烛图

图　5-16

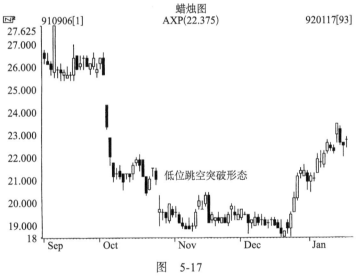

蜡烛图

图　5-17

| 第 6 章 |

# 蜡烛图形态识别背后的哲学

## 所需数据、跳空缺口和法则

在解释这些概念时，我们只使用股票或期货的包括开盘价、最高价、最低价和收盘价的每日价格数据。有些市场并没有提供开盘价数据，在这种情况下，我们用前一个交易日的收盘价来代替，而如果前一个交易日的收盘价比当日的最高价高时，那当日的最高价就被视为开盘价。同样，当前一日的收盘价低于当日的最低价，那么当天的最低价就被视为当日的开盘价。这种情况下，我们就可以明显看到，在图表上的两根蜡烛图之间出现了跳空缺口。

跳空缺口在蜡烛图分析中占有很重要的地位。但是我们发现，如果仅对标准普尔100指数（S&P100 Index）进行简单的分析，是否包含开盘价这个要素对最终的分析结果没有太多影响。在进行精确的数据分析时，我们还是要将开盘价纳入考量，由此来测验当开盘价无效时跳空缺口的这一数据对整体的分析结果可能产生的影响。当某一交易日的最高价和最低价都高于前一个交易日的最高价时，我们应分析向上的跳空缺口，或类似地，当某一交易日的最高价和最低价比前一日的最低价低时，就要进行向下跳空缺口的分析。

一旦我们判定某一交易日为"跳空日",那么下面的公式就可以用来测定开盘价在当天价格区间的位置。

$$（开盘价－最低价）/（最高价－最低价）×100\%$$

结果一致显示,开盘价随着跳空缺口的出现,在17%~31%的价格区间内浮动。如果跳空缺口向上,开盘价将会在最低价以上17%~28%处,同样,如果跳空缺口向下,那么开盘价将会在最高价以下17%~31%(见图6-1)。记住,这些只是从大量的数据中计算出的统计数据,未来并不一定等于过去,所以在实际交易时这一结论只能作为辅助参考。

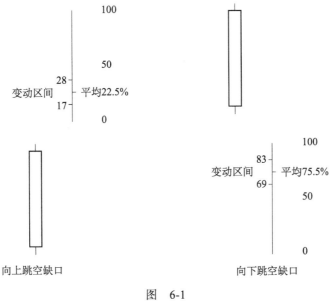

图 6-1

还必须注意的是,如果没有开盘价数据,那么某些蜡烛形态就无法存在,也就是说,在有些形态中,前一个交易日的收盘价并不能代替后一日的开盘价。当开盘价数据不存在时,下列这些蜡烛形态也无法存在。这一观点最早出现在1992年,当时人们还无法获得开盘价数据。从那时候开始,大部分数据提供商开始提供所有股票的开盘价数据。不知道是不是巧合,大部分数据提供商提供的数据（包含开盘价数据）都是从 1991 年开始的。

- 倒锤子线形态

- 乌云盖顶形态

- 刺透线形态

- 约会线形态

- 向上跳空两只乌鸦形态

- 两只乌鸦形态

- 奇特三川形态

- 反冲形态

- 相同低价形态

- 并列阳线形态

- 三线直击形态

- 切入线形态

在利用计算机进行上述这些蜡烛图形态识别时，可以借助参数的设置，解决开盘价数据不存在的问题。我们可以把参数的限制条件从"大于"改为"大于或等于"。例如，如果在形态识别法则中的限制条件是"某个交易日的开盘价低于前一个交易日的收盘价"，我们就可以把它改为"开盘价跟前一日的收盘价相等"。虽然这种条件的修改会放宽蜡烛图形态识别条件，但是至少可以避免开盘价数据不存在对我们的交易分析造成的影响。

由于计算机技术的飞速发展，交易者现在可以非常便捷地查看各个时间周期的蜡烛图，从年线图、日线图到一分钟图。交易者甚至可以自己设定想要查看的时间周期。我们在此讨论时间周期的目的并不是要确定哪一种周期更适合交易，而是为了提醒交易者不要管中窥豹，失之偏颇，在交易决策时应该进行多周期的综合分析。交易者应清醒地认识到蜡烛图反映了一定时间段（单根蜡烛图的时间周期内）的市场交易心理，这也包括了非交易时段中交易者的心理变化。这正是在实际交易分析中开盘价和收盘价占有重要地位的原因。

在进行交易分析时，交易者在交易时段和非交易时段内的心理变化同样重要。

## 理念

形态识别并不是一个新鲜的课题。在计算机技术的帮助下，我们可以方便地查询和检索大量的数据，并且统计各种形态出现的频率和它们预测未来价格走势的成功率。但这通过统计得来的结果并不是完美的，因为这种方法忽略了为何一些形态比其他形态更成功的一个重要因素——人类心理作用。

## 加入人类心理后的分析

在交易日最开始的几分钟的走势是交易者在经过一夜的深思熟虑后的结果。当然，有时候突发事件也会引起市场暂时混乱，举例来说，在纽约证券交易所，如果开盘集合竞价时出现了天量的订单，证券专家们也许需要花费几分钟来计算开盘价。然而，一旦股票或者期货开盘价被确定，这个价格就会对全天的交易产生影响，许多交易者在交易决策时都会考虑到这一因素。

在市场交易过程中，随着投资者心态变化，市场总会出现极端的价格。这些极端价格代表着交易者的极端情绪，在图标上就是交易当天的最高价和最低价。最后，在收盘时，最后一笔交易的成交价被记录为收盘价。交易者会根据收盘价来调整头寸和确定在随后交易日开盘时所应采用的交易策略。

除了一个交易日的开盘价、收盘价、最高价和最低价这四个要素之外，交易者还应该留意交易日内最高价和最低价出现的时间，以及最高价和最低价处的成交量。

那么我们应该如何确认蜡烛形态的存在呢？

对蜡烛图形态的识别不仅需要价格数据作为分析基础，而且在形态出现前的市场趋势方向也是影响形态识别的一个重要因素。市场趋势实际上就是总体的投资者心理行为的一种外在表现，但这一点在众多关于蜡烛图的著作中都没有被提及。

最后需要声明的一点是，日本蜡烛图分析只适用于市场短期趋势的分析。投资者如果希望利用蜡烛图对市场长期趋势进行预测，无疑是缘木求鱼，只会得到不准确的结果。

## 确定趋势

趋势究竟是什么？从深层次来说，只有在完全理解了市场本质后才能准确地回答这个问题。在本书中，我们暂不进行这么深入的探讨，而是将目光集中在简单的、短期的、确定的市场趋势上。

分析趋势是技术分析的一个重要课题，从某种意义上说，在市场上识别趋势与确定市场反转点一样重要。各种的技术分析书籍对趋势进行了全面的解析，并对趋势有着各种不同的定义，其中最常用的定义趋势的方法就是使用移动平均线。

### 移动平均线和平滑

在一个简单市场体系中，对价格趋势进行平滑处理最有效的方法就是绘制市场价格的移动平均线。顾名思义，移动平均线中的"移动"是指每天根据最新的市场价格来计算最新的移动平均价。在计算中，由于每个价格数据在计算中的权重是相同的，所以我们也把这种方法称为算术移动平均法。

移动平均线对一组数列起着平滑作用，降低了价格在较短周期内的波动，但是价格在较长周期内波动的特性却得以保留。显然，移动平均线的周期设定会影响移动平均的特性。

J. M. 赫斯特（J. M. Hurst）在 1970 年出版的《股票交易时机的利润魔术》（*The Profit Magic of Stock Transaction Timing*）中对这些变化进行了解释并提出三个通用规则：

1. 如果移动平均线的时间跨度能设定为零（即采取 0 作为时间周期），那么这种条件下的移动平均可以将考察期内的价格波动消除到零。

2. 如果考察期小于移动平均的时间跨度，那么任意给定时间周期的移动平均线都可以减少考察期内的价格波动，但不能将它完全消除。

3. 移动平均法不能完全消除考察期内的价格波动，总会有价格波动表现在移动平均线上。考察期越接近设定的时间周期，价格波动的消除效果就越好，消除效果同考察期的长度负相关。如果考察期的长度为无限长，那么无论如何设定时间跨度，移动平均法都不能消除价格波动的影响。

除了算术移动平均法以外，还有一种更先进的平滑方法是指数移动平均法。从原理上讲，指数移动平均法和算术移动平均法是相同的，但是两种方法的计算方法和应用范围有所不同。指数平滑法通常用于跟踪雷达和飞行轨迹的测量等领域，这种方法可以根据历史数据预测未来的数据变化。指数平滑的公式比较复杂，本书不对其进行详细讲解。这种方法的指导思想是：不同时段的历史数据对未来数据的影响是不同的，距离当前时点越近的历史数据对移动平均影响的权重就越大。在指数平滑的计算中，数据的样本数量不能低于两个；同时，由于所有的样本数据都会对统计结果产生影响，所以样本数据越多，计算的精度就越高。

这里我们给读者提供一个关于指数平滑计算的简单解释。在指数平均的计算中实际要用到一个平滑常量，该平滑常量可以用简单算术平均的时间周期来近似表示。前一个时间周期内的移动平均数与当天收盘价之间的差额乘以平滑常量就可以得到当天的指数平均数与前一天指数平均数的差额，即当天的指数平均数 = 前一天指数平均数 +（当天收盘价 - 前一天指数平均数）×

平滑常量，其中平滑常量等于 "2/（n+1）"，n 代表简单移动平均的时间跨度（周期）。

### 确定趋势的方法

通过大量的统计检验，我们发现短期指数平均数是确定短期市场趋势最有效的方法。它为投资者判定市场短线趋势提供了方便快捷和准确的工具。简单的概念通常更加可靠而且更容易让人信服。

大量的统计数据和实际经验表明，10 日指数移动平均线对市场短线趋势的判定最有效。别忘了，蜡烛图揭示的是市场的短期趋势方向，这个较短的时间周期（10 日平均线）也再次证实了这一点。

## ❯ 蜡烛形态的识别

前面的章节详细介绍了蜡烛图形态判定的要素：开盘价、最高价、最低价、收盘价以及此前的趋势。而这一章节的重点是趋势判定，另外本章还将为读者介绍测定大阴线、小阴线、十字星等方法，此外我们还将一起探讨蜡烛图的实体部分和阴影部分的关系，这对一些形态的正确识别至关重要，比如上吊线和锤子线。下面我为大家逐一展示这些方法。

### 大阳或大阴蜡烛图的识别

大阳（阴）蜡烛图的识别和判定有三种方法。在下列公式中，最小值指的是大阳（阴）交易日最低可接受的百分比。如果交易日实体的相对长度大于这个最小值，我们就可以认为该交易日是大阳（阴）日。

1. 实体的长度 / 价格 – 最小值（0～100%）

该方法将考察日的价格和实际的股票或期货的价格进行比较。如果我们把最小值设为 5%，价格为 100，那么大阳（阴）日就是指开盘价和收盘价之间的差额大于等于 5 的交易日。使用该方法时不需要用到以前的价格数据。

2. 实体的长度 /（最高价 – 最低价）– 最小值（0～100%）

该方法将考察日的实体长度与当天最高价和最低价差额进行比较。如果考察日的蜡烛图有较长的上下影线，我们就不认为该交易日是大阳（阴）日。这种判别方法可以把带有较长上下影线的纺锤线从考察样本中剔除。如果和其他的判定方法搭配使用，该公式的有效性更高。

3. 实体的长度 / 最近 X 天的实体平均长度 – 最小值（0～100%）

在该方法中，我们引入了一个参数（最近 X 天内的实体平均长度）来帮助我们确定考察日性质。X 的取值为 5～10。如果百分比设为 130%，那么大阳（阴）日指的就是实体长度高于平均实体长度 30% 的交易日。这种方法在实际的判定过程中经常使用，它的定义比较容易理解，而且考虑了短期的市场趋势。

## 小阳或小阴蜡烛图的识别

测定大阳（阴）日的准确类似概念同样适用于小阳（阴）日，除了一个例外，这里我们使用的不是最小百分比值而是最大百分比值。

小实体部分 / 相关的大实体部分

吞没形态和孕线形态都牵涉到大实体部分和小实体部分。在以前的讨论中这种大实体部分和小实体部分的概念与长实体部分和短实体部分的概念是不同的，在这里大实体部分和小实体部分只是与其另一根蜡烛图进行比较，而长实体部分和短实体部分是指一根蜡烛图的实体部分与其影线相比较。我们必须确定第二根蜡烛图在多大程度上吞没第一根蜡烛图才可以认为吞没形态成立，如果严格，甚至苛刻地说，那么只要有一个最小的价格波动单位的超出（例如小于前一根蜡烛图 0.01 美分）就可以导致吞没形态的不成立。或者说当价格出现相等时，我们可以认定吞没形态不成立吗？换句话说，开盘到收盘的波动范围超过前一天的实体长度一个最小的价格波动单位就可以确认出现了吞没形态？下面的公式会帮助大家消除疑虑。

小实体长度 / 大实体长度 – 最大值（0～100%）

这个公式也可以用来判定孕线形态。建议读者将最大值设定为能够在图形上明确显示出来数值，即投资者在图形上可以迅速判定大实体的蜡烛图是否吞没了小实体的蜡烛图。如果一个小实体部分被一个大实体部分吞没了70%，那就意味着这个小实体部分长度不能超过这个大实体部分长度的70%，也就是说，这个大实体部分大约比这个小实体部分长30%。

## 纸伞蜡烛图的识别

我们首先回忆一下纸伞蜡烛图的定义。该蜡烛图没有上影线或上影线很短，实体部分很小，下影线的长度要远远大于实体部分的长度。我们在识别该形态时，首先要考虑上影线是否存在，如果存在，那么它应该很短，其次可以用下列公式来判定实体和下影线的相对长度：

实体部分的长度 / 下影线的长度（0～100%）

如果我们把公式的比例设为50%，则意味着实体部分的长度不能超过下影线长度的50%，否则形态就不能成立。实际上，如果要纸伞蜡烛图成立，下影线的长度至少应该是实体部分长度的2倍。另外，纸伞蜡烛图上影线的长度也可以利用下面的公式进行限定：

上影线的长度 /（最高价 – 最低价）（0～100%）

该公式实际上是确定在纸伞蜡烛图中上影线相对于价格区间的比例。如果我们把公式的比例设为10%，则意味着上影线的长度不能超过当天价格区间的10%，否则形态就不能成立。这个公式同样可以用在上吊线和锤子线上。在实际交易识别中，读者可以自行总结流星线和倒锤子线的识别公式。

## 十字蜡烛图的识别

从理论上讲，如果交易日内开盘价和收盘价相同就会形成十字蜡烛图。但是，由于最小价格波动单位等因素的限制，实际上的十字蜡烛图识别的条件可以适当放宽。下面的公式可以帮助读者设定开盘价和收盘价之差的百分比：

十字线的实体长度 /（最高价 – 最低价）– 最大值（0～100%）

在公式中，最大值是十字线长度相对于市场价格区间的最大可接受百分比。一般来说，差额在 1% 至 3% 之间就可以用来确定形态成立。

## 相等数值

相等数值通常指的是形态识别条件中两根蜡烛图的价格相等。在约会线形态和分手线形态的判别中，我们会用到这个识别条件。约会线形态要求两根蜡烛图的收盘价相等，分手线形态要求两根蜡烛图的开盘价相等。另外，在十字蜡烛图的识别中也会遇到这个问题。读者可以根据分析需要自行设定数值相等的参数，如两个价格只要不超过两个最小价格波动单位就可以认为这两个价格是相等的。

## 计算机分析和异常现象

在表 6-1 中的蜡烛形态统计数据显示了这次分析所用的大量数据，所用数据的类型以及各种各样其他的相关数据。我们使用了纽约证券交易所、纳斯达克和美国证券交易所 13 年间所有股票的数据，使用 1991 年之前的股票数据会造成统计结果的失真，因为那时候大部分数据提供商并未提供开盘价数据，汇总统计分析中有可能出现前后不一致的结果，其原因是在整个分析期间内，并不是所有的股票都在进行交易。

通过对股票市场和期货市场的统计分析，我们发现蜡烛图形态出现的频率略小于 11%，即每隔 9 个交易日（更准确地说是 8.69 日）才会出现一个完整的蜡烛图形态。其中反转形态出现的频率是持续形态出现频率的 40 多倍。这一点也很重要，它说明，在交易中，投资者改变头寸方向的频率更高。在这一分析中，我们选定了 65 种反转形态和 23 种持续形态，从形态的数量上讲，反转形态的种类占形态总量的 74%。

表 6-1　蜡烛图形态统计

| 普通股数量 | 7 275 | 出现次数：形态出现的总次数 |
| 统计日数 | 14 600 000 | 频率：在样本中出现次数的百分比 |
| 统计年数 | 57 937 | MDaysBP：形态之间平均间隔天数 |
| 形态数量 | 1 680 149 | Patts/Yr.：每年出现的形态数量 |
| 形态频率 | 8.69 | MYearsBP：形态之间的平均年数 |

| 反转形态名称 | 类型 | 出现总次数 | 出现频率 | MDaysBP | Patts/Yr. | MYearsBP |
| --- | --- | --- | --- | --- | --- | --- |
| 孕线 – | R– | 245 424 | 1.68% | 59 | 4.236 1 | 0.24 |
| 孕线 + | R+ | 212 875 | 1.46% | 69 | 3.674 3 | 0.27 |
| 吞没 – | R– | 200 698 | 1.37% | 73 | 3.464 1 | 0.29 |
| 吞没 + | R+ | 197 612 | 1.35% | 74 | 3.410 8 | 0.29 |
| 上吊线 – | R– | 125 268 | 0.86% | 117 | 2.162 2 | 0.46 |
| 锤子线 + | R+ | 51 373 | 0.35% | 284 | 0.886 7 | 1.13 |
| 十字孕线 – | R– | 48 891 | 0.33% | 299 | 0.843 9 | 1.19 |
| 白色一兵 + | R+ | 41 181 | 0.28% | 355 | 0.710 8 | 1.41 |
| 十字孕线 + | R+ | 41 171 | 0.28% | 355 | 0.710 6 | 1.41 |
| 十字星 – | R– | 35 082 | 0.24% | 416 | 0.605 5 | 1.65 |
| 一只黑乌鸦 – | R– | 32 402 | 0.22% | 451 | 0.559 3 | 1.79 |
| 三外升 + | R+ | 32 125 | 0.22% | 454 | 0.554 5 | 1.8 |
| 三外降 – | R– | 31 115 | 0.21% | 469 | 0.537 1 | 1.86 |
| 三内降 – | R– | 29 626 | 0.20% | 493 | 0.511 4 | 1.96 |
| 相同高价 – | R– | 29 237 | 0.20% | 499 | 0.504 6 | 1.98 |
| 三内升 + | R+ | 27 529 | 0.19% | 530 | 0.475 2 | 2.1 |
| 十字星 + | R+ | 27 080 | 0.19% | 539 | 0.467 4 | 2.14 |
| 俯冲之鹰 – | R– | 26 798 | 0.18% | 545 | 0.462 5 | 2.16 |
| 相同低价 + | R+ | 24 726 | 0.17% | 590 | 0.426 8 | 2.34 |
| 传信鸽 + | R+ | 22 514 | 0.15% | 648 | 0.388 6 | 2.57 |
| 乌云盖顶 – | R– | 16 170 | 0.11% | 903 | 0.279 1 | 3.58 |
| 挤压报警 – | R– | 15 694 | 0.11% | 930 | 0.270 9 | 3.69 |
| 挤压报警 + | R+ | 13 963 | 0.10% | 1 046 | 0.241 0 | 4.15 |
| 刺透线 + | R+ | 12 045 | 0.08% | 1 212 | 0.207 9 | 4.81 |
| 倒锤子线 + | R+ | 11 907 | 0.08% | 1 226 | 0.205 5 | 4.87 |
| 深思 – | R– | 11 305 | 0.08% | 1 291 | 0.195 1 | 5.12 |

（续）

| 反转形态名称 | 类型 | 出现总次数 | 出现频率 | MDaysBP | Patts/Yr. | MYearsBP |
|---|---|---|---|---|---|---|
| 深思 + | R+ | 8 130 | 0.06% | 1 796 | 0.140 3 | 7.13 |
| 三只黑乌鸦 - | R- | 6 777 | 0.05% | 2 154 | 0.117 0 | 8.55 |
| 三次向上跳空 - | R- | 6 020 | 0.04% | 2 425 | 0.103 9 | 9.62 |
| 约会线 - | R- | 5 344 | 0.04% | 2 732 | 0.092 2 | 10.84 |
| 白色三兵 + | R+ | 5 055 | 0.03% | 2 888 | 0.087 3 | 11.46 |
| 启明星 + | R+ | 4 902 | 0.03% | 2 978 | 0.084 6 | 11.82 |
| 约会线 + | R+ | 4 661 | 0.03% | 3 132 | 0.080 5 | 12.43 |
| 黄昏星 - | R- | 4 641 | 0.03% | 3 146 | 0.080 1 | 12.48 |
| 流星 - | R- | 4 272 | 0.03% | 3 418 | 0.073 7 | 13.56 |
| 三次向下跳空 + | R+ | 4 049 | 0.03% | 3 606 | 0.069 9 | 14.31 |
| 二星 + | R+ | 2 924 | 0.02% | 4 993 | 0.050 5 | 19.81 |
| 三星 - | R- | 2 912 | 0.02% | 5 014 | 0.050 3 | 19.9 |
| 反冲 + | R+ | 2 359 | 0.02% | 6 189 | 0.040 7 | 24.56 |
| 执带线 + | R+ | 2 258 | 0.02% | 6 466 | 0.039 | 25.66 |
| 执带线 - | R- | 2 156 | 0.01% | 6 772 | 0.037 2 | 26.87 |
| 十字黄昏星 - | R- | 2 156 | 0.01% | 6 772 | 0.037 2 | 26.87 |
| 反冲 - | R- | 2 141 | 0.01% | 6 819 | 0.037 | 27.06 |
| 十字启明星 + | R+ | 2 119 | 0.01% | 6 890 | 0.036 6 | 27.34 |
| 竖状三明治 - | R- | 810 | 0.01% | 18 025 | 0.014 | 71.53 |
| 竖状三明治 + | R+ | 755 | 0.01% | 19 338 | 0.013 | 76.74 |
| 梯形顶部 - | R- | 588 | 0.00% | 24 830 | 0.010 1 | 98.53 |
| 梯形底部 + | R+ | 578 | 0.00% | 25 260 | 0.010 | 100.24 |
| 两只乌鸦 - | R- | 421 | 0.00% | 34 679 | 0.007 3 | 137.62 |
| 下降受阻 + | R+ | 417 | 0.00% | 35012 | 0.007 2 | 138.94 |
| 两只兔子 + | R+ | 304 | 0.00% | 48 026 | 0.005 2 | 190.58 |
| 藏婴吞没 + | R+ | 247 | 0.00% | 59 109 | 0.004 3 | 234.56 |
| 前进受阻 - | R- | 240 | 0.00% | 60 833 | 0.004 1 | 241.4 |
| 弃婴 + | R+ | 166 | 0.00% | 87 952 | 0.002 9 | 349.02 |
| 弃婴 - | R- | 163 | 0.00% | 89 571 | 0.002 8 | 355.44 |
| 脱离 - | R- | 150 | 0.00% | 97 333 | 0.002 6 | 386.24 |

（续）

| 反转形态名称 | 类型 | 出现总次数 | 出现频率 | MDaysBP | Patts/Yr. | MYearsBP |
|---|---|---|---|---|---|---|
| 脱离 + | R+ | 150 | 0.00% | 97 333 | 0.002 6 | 386.24 |
| 触底后向上跳空 + | R+ | 98 | 0.00% | 148 980 | 0.001 7 | 591.19 |
| 触顶后向下跳空 − | R− | 88 | 0.00% | 165 909 | 0.001 5 | 658.37 |
| 向上跳空两只乌鸦 − | R− | 46 | 0.00% | 317 391 | 0.000 8 | 1 259.49 |
| 奇特三川底部 + | R+ | 36 | 0.00% | 405 556 | 0.000 6 | 1 609.35 |
| 南方三星 + | R+ | 35 | 0.00% | 417 143 | 0.000 6 | 1 655.33 |
| 奇特三山顶部 − | R− | 34 | 0.00% | 429 412 | 0.000 6 | 1 704.01 |
| 向下跳空两只兔子 + | R+ | 33 | 0.00% | 442 424 | 0.000 6 | 1 755.65 |
| 北方三星 − | R− | 19 | 0.00% | 768 421 | 0.000 3 | 3 049.29 |
| **反转形态总计** | | 1 642 065 | 11.25% | | | |
| 战后休整 + | C+ | 11 282 | 0.08% | 1 294 | 0.194 7 | 5.14 |
| 分手线 − | C− | 2 816 | 0.02% | 5 185 | 0.048 6 | 20.57 |
| 插入线 + | C+ | 2 786 | 0.02% | 5 240 | 0.048 1 | 20.8 |
| 上升三法 + | C+ | 2 738 | 0.02% | 5 332 | 0.047 3 | 21.16 |
| 插入线 − | C− | 2 594 | 0.02% | 5 628 | 0.044 8 | 22.33 |
| 分手线 + | C+ | 2 371 | 0.02% | 6 158 | 0.040 9 | 24.44 |
| 待入线 + | C+ | 2 207 | 0.02% | 6 615 | 0.038 1 | 26.25 |
| 待入线 − | C− | 2 113 | 0.01% | 6 910 | 0.036 5 | 27.42 |
| 下降三法 − | C− | 1 808 | 0.01% | 8 075 | 0.031 2 | 32.04 |
| 并列阳线 + | C+ | 896 | 0.01% | 16 295 | 0.015 5 | 64.66 |
| 三线直击 − | C− | 839 | 0.01% | 17 402 | 0.014 5 | 69.05 |
| 向下跳空三法 − | C− | 795 | 0.01% | 18 365 | 0.013 7 | 72.88 |
| 向上跳空并列阴阳线 + | C+ | 775 | 0.01% | 18 839 | 0.013 4 | 74.76 |
| 向下跳空并列阴阳线 − | C− | 720 | 0.00% | 20 278 | 0.012 4 | 80.47 |
| 三线直击 + | C+ | 712 | 0.00% | 20 506 | 0.012 3 | 81.37 |
| 向上跳空三法 + | C+ | 676 | 0.00% | 21 598 | 0.011 7 | 85.7 |
| 并列阴线 − | C− | 571 | 0.00% | 25 569 | 0.009 9 | 101.46 |
| 并列阴线 + | C+ | 519 | 0.00% | 28 131 | 0.009 | 111.63 |
| 并列阳线 − | C− | 307 | 0.00% | 47 557 | 0.005 3 | 188.72 |
| 铺垫 + | C+ | 264 | 0.00% | 55 303 | 0.004 6 | 219.46 |

(续)

| 反转形态名称 | 类型 | 出现总次数 | 出现频率 | MDaysBP | Patts/Yr. | MYearsBP |
|---|---|---|---|---|---|---|
| 铺垫 – | C– | 151 | 0.00% | 96 689 | 0.002 6 | 383.69 |
| 切入线 + | C+ | 83 | 0.00% | 175 904 | 0.001 4 | 698.03 |
| 切入线 – | C– | 61 | 0.00% | 239 344 | 0.001 1 | 949.78 |
| 持续形态总计 | | 38 084 | 0.26% | | | |
| 所有形态总计 | | 1 680 149 | 11.51% | | | |

　　还应该注意到，有五种形态（也就是所有形态的 6.7%）经常出现。在这五种形态之中，孕线形态出现的频率最高，占 46%，也是所有形态的 3% 以上。同时还应注意，有些形态出现的频率则较低。你可以参考第 7 章中罗列的数据来评定这些形态是否有利于我们进行市场预测。请读者注意，形态出现的频率越高并不能说明其市场预测的准确性就越强，关于蜡烛形态的预测准确性我们会在第 7 章中详细介绍。

　　如果某种形态在上面的统计中出现的概率很小，只能说明这种形态在市场样本采集阶段出现的较少，不能说明这个形态以后出现的频率。别让统计数据妨碍你的判断，更要留意数据可能带来的误导。我们统计的数据愈多则统计结果愈有价值，当我们的统计数据较少时，数值的分布就显得特别重要。举个例子，如果你只有 12 个样本而且它们都是成功的，那么这个形态的成功率就是 100% 吗？显然不可能，这只能说明我们采集的数据不够翔实，这种结果只不过是个特例罢了。

　　请读者记住，蜡烛图分析作为一种可视化的图形分析技术已经存在并使用了几百年，而利用计算机进行图形分析只是近 10 年来的事情。计算机在进行图形分析时有一些欠缺很难避免，一个重要的因素就是，计算机的显示要受屏幕解析度——像素的制约。如果需要标注的数据太多，或者数据的跨度区间太长，我们就不可能在一个页面中显示所有的数据，这会给图形分析带来影响。不仅在计算机显示器上会出现这个问题，利用计算机制作的图表中也会出现同样的问题。所以我们要学习形态的变化形式和简化形式，只有利用这种方法才能消除图形显示给我们的分析带来的影响。

另外，利用计算机进行蜡烛图分析还可能出现形态混淆的现象。由于计算机会把数据按时间进行排序，它对形态的记录是一种动态更新的过程。如果连续出现两种相近的蜡烛图形态，计算机会把它们都记录下来，结果常常会造成形态识别的重复。例如，看涨吞没形态的识别法则是第二天的蜡烛线是阳线，并且收盘价高于前一个交易日的收盘价，即前一天蜡烛线的实体全部被第二天的阳线实体吞没。但是，如果第三天的蜡烛图又是一根阳线，则三天的蜡烛线就组成了三内升形态，此时计算机又会把三内升形态记录下来，结果就造成了对形态的重复记录。这种重复记录会影响形态识别的最终统计结果。

# 第 7 章

# 蜡烛图形态识别的可靠性

在前一章中我们已经学习了蜡烛图形态识别的原则，本章我们进一步学习判断蜡烛图形态预测市场走势成功率的方法。

## 成功的衡量标准

在判断蜡烛图形态能否成功预测市场走势时，要遵循以下三个假定：

1. 蜡烛形态的基础是开盘价、收盘价、最高价、最低价这四个要素和其相互间的关系。

2. 在进行蜡烛图形态的识别和确认前，首先应确认市场现有趋势。

3. 正确地判定蜡烛图形态后才能正确地衡量该形态的市场预测能力。

为了使预测结果具有可信性，你首先应该明确自己是否了解当前的市场走势，其次能正确地判定蜡烛图形态。同时你还应该认识到，利用蜡烛图形态对未来市场走势进行预测，是一种存在风险和不确定的行为。下面我们就趋势已知和趋势未知两种情况分别进行说明。

### 市场趋势已知

通常，我们把蜡烛形态划分为反转形态和持续形态。

　　我们对市场进行预测，实际上就是要判断，在一定的预测时间段内市场价格是按原有趋势方向发展，还是出现反转。换句话说，如果当天的收盘价位于移动平均线之上（记得上一章的内容吗？趋势线就是确定趋势的最好方法），那我们就可以假定市场是处于上升的趋势中。预测时段的变化会影响形态对市场预测的准确性。预测时段是指我们希望对未来多少天以后的市场价格进行预测，从实际蜡烛图形态出现的时点到未来价格变化时点的时间跨度就是预测时段。本书中所有分析采用的都是每个交易日（相对于周线或小时线，我们采用日线）作为时间跨度。

　　只有等一个完整的形态出现后，我们才能对潜在的市场趋势进行短期预测。预测时段是形态完整出现到形态所表达的市场含义被证明为成功或失败的一段时间。预测时段会影响蜡烛图形态的市场预测能力。

　　一旦趋势开始启动，市场就会沿这种趋势继续运行。每一位理工科的学生都知道牛顿第一运动定律，即"一切物体总保持匀速直线运动状态或静止状态，直到有外力迫使它改变这种状态"。简单地说就是，市场更容易沿原有趋势继续运动，除非受到其他因素的影响，否则它不会改变运动方向。

　　因此，持续形态比反转形态在市场中更容易出现。请大家记住，这只是对市场短期趋势而言的。

　　如果在预测时间段内，市场价格一直在趋势（线）之上运行，我们就认为蜡烛图形态预测成功。简言之，即在预测时间段内，如果仍处在上升趋势中，我们就认定形态预测成功，如果趋势转入下跌趋势，我们认为形态的预测是失败的。⊖图 7-1 描述的是随着预测时段的增长，反转形态和持续形态对市场发展预测的成功率。形态类型与预测时段的关系是建立在趋势已知的基础之上的。

------

　　⊖　这里作者是以上升趋势举例，下跌趋势和反转形态读者可以自行领悟。——译者注

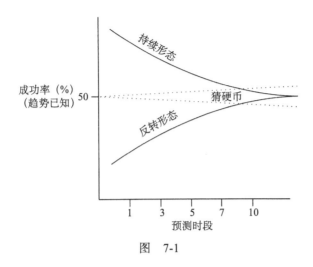

图　7-1

## 市场趋势未知

有时候，我们在利用蜡烛图形态进行预测时，并不知道市场的原有趋势。在这种情况下，进行市场预测看起来有些像在猜硬币的正反面。如果在市场趋势未知的前提下，无论是反转形态还是持续形态，它们对市场预测的准确率都不会高于50%。高于50%和低于50%的成功率之间的差别说明分析所用的数据出现了定向偏差。再一次强调，形态预测的成功率取决于预测时段内价格的位置和趋势方向是否发生了变化，这也是图7-1展示的内容。请谨记，要想利用蜡烛图形态进行价格预测，首先一定要了解当时的市场趋势。

### 当前趋势的反转和当前趋势的持续

如果利用计算机进行蜡烛图形态分析，首先要设定两个参数：当前趋势的反转和当前趋势的持续。当前趋势的反转又进一步区分为将当前趋势反转向上和将当前趋势反转向下（即趋势向上反转和趋势向下反转）。

通过统计我们发现，从总数上看，当前趋势的反转和当前趋势的持续对市场预测的准确率是相同的。当前趋势的反转的成功率和当前趋势的持续的失败率相同，我们每天都可以观察到这一现象。换句话说，当前趋势的反转的成功率就是当前趋势的持续的失败率。

我们通常将反转蜡烛图形态当作当前趋势的反转，并进一步把它划分为将当前趋势反转向上和将当前趋势反转向下。由于反转蜡烛形态必须改变原来的市场趋势，所以衡量反转形态成功的标准就没有衡量持续形态成功的标准那么严格。实际上，成功率还不如投掷硬币的成功率高。反转形态出现在当前趋势中，也就是说，反转形态由当前的趋势定义，因此反转形态企图扭转当前的趋势，进一步形成相反的趋势，这种概率当然不会高于 50%。

同理，我们通常将蜡烛图的持续形态视为当前趋势的持续。前面我们已经介绍了市场会沿原有的趋势方向运动，所以当前趋势仍持续的情况会经常出现。因此蜡烛图持续形态的市场预测也比较容易成功。在进行市场预测时，由于我们知道当前的市场趋势，也知道那个著名的定理——市场会沿原有趋势方向运动，所以我们在判定持续形态时标准更加严格，只有真正预测了市场趋势的持续形态才被纳入统计结果中。

## 蜡烛形态统计评级

蜡烛图形态实际上是一张具有预测功能的、反映市场交易心理的图表（或窗口），如果交易者能正确运用蜡烛图，就可以从中得出很多有价值的预测结果。本章将为读者讲解在蜡烛图形态统计分析中使用的方法和技巧。请读者注意，利用蜡烛图形态对市场进行预测没有绝对的成功，成功和失败都是相对的。记住，成功意味着形态正确预测了市场的运动，失败意味着没有做到这一点。

利用上一章所学的形态辨认（包括趋势判断）的知识，我们可以更好地预测市场的走势。简单的方法通常是最好的方法，无须煞费苦心，仅仅观察不同时间段的价格变化即可。请读者注意，我们在本章中仍然用日线图作为我们讲解的主周期。

一旦确定了某种特定蜡烛图形态的相对成功（或失败），与之相关的形态的衡量标准也确定了下来。我们需要首先确定出现的蜡烛图形态是反转形态还是持续形态。由于市场中存在趋势，持续形态的成功率必然比反转形态的成功率高。这就是为什么在随后的表格中出现，持续形态的预测成功率高，可是评级却不高的原因。

## 蜡烛形态评级分析

尽管下面的分析使用了充足的数据，但你必须接受这样一个事实：市场行情、使用的数据量以及其他一些能够影响价格的因素会显著改变分析结果。

评级分析中使用了两种类型的数据，第一类数据（短期的）是两年半内的数据，在这一时期内，市场波动十分剧烈。这一分析期间是从 2002 年 4 月 30 日至 2004 年 11 月 30 日，共计 675 个交易日。第二个分析周期是（长期的）从 1991 年的 11 月 29 日至 2004 年的 12 月 31 日，共计 3 300 个交易日。1991 年前的市场数据有着很大的缺陷，大部分数据没有精确的开盘价信息。两个分析使用的数据均来源于纽约证券交易所、纳斯达克和美国证券交易所等各大交易所中可以进行期权交易的 2 277 只股票。选择这些股票的另一个原因是这些股票被频繁地交易，换言之，这些股票具有良好的流动性。

### 短期的形态分析（2002 年 4 月 30 日至 2004 年 12 月 31 日）

我们从短期形态分析开始，首先我们先看一下标普 500 指数（S&P500 index）的走势。从图 7-2 中可以看出，在我们的统计区间内市场波动十分剧烈，有时会走出强烈的单边市场。开始时，市场快速下跌，接着出现三重底（头肩底）形态，最后是一个大牛市，直到 2004 年年初。2004 年年初出现下跌回调走势，在当年夏末回调结束，随后重新转入上升。

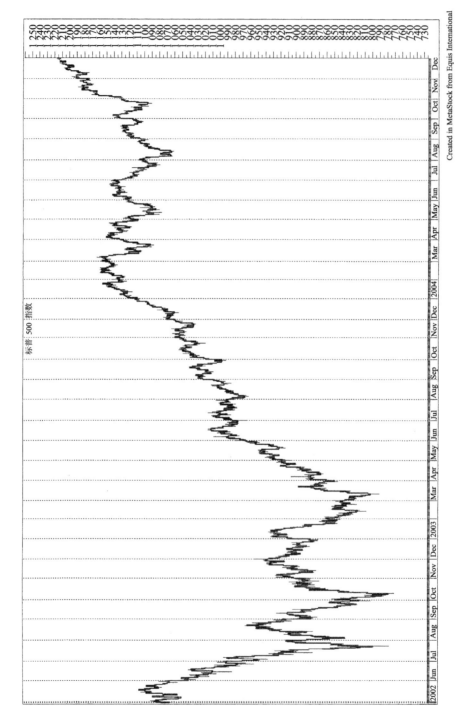

图 7-2 标普 500 指数（时间跨度 2.6 年）

Created in MetaStock from Equis International

表7-1~表7-7列出了分析的结果，每个表格展示了不同时间间隔（周期）形态的评级。表7-1在分析时使用了1天的预测间隔。这意味着蜡烛图形态的成功或失败取决于形态形成1天之后价格的表现。在这个分析中，共有1 505 359天的数据，形成了148 984种蜡烛图形态，平均每10天就有一个蜡烛图形态出现。表7-2使用2天的预测间隔，表7-3使用的预测间隔是3天，依此类推。

为什么这一分析只利用最多未来7天（包括7天）的预测间隔？笔者强烈认为：超过这一时间框架，蜡烛图的预测效果就会减弱。蜡烛图的本质就是对短期走势进行预测，超过这一时间的任何预测结果都纯粹是巧合。请记住，蜡烛图可以预测反转或持续形态，但并不能预测形态持续时间。

表7-1显示了预测间隔为1天的形态的评级。换句话说，就是在蜡烛图形态完成1天后，价格表现如何。如果其高于形态最后一天的价格，则形态就被认定为成功；如果价格低于形态最后一天的价格，则形态就被认定为失败。看跌反冲形态的成功率为100%，但在所有的数据中（我们的考察期内）只出现了三次。我们是否能因为这一形态其出现频率较低认定这一形态不重要呢？当然不能，在实际交易中，这一形态的出现（在配合其他分析工具对其进行确认后）会给我们提供非常好的交易机会。

在已经确认的68种形态中，根据上一章讨论的评级方法，其中有28种被认为必然会成功。请注意，排名第12位的看涨持续（C+）形态，分手线形态——成功率（%Win）为57%，评级得分（%Rank）为10，而看跌反转形态——前进受阻形态（第13位）——其评级得分也为10，但其成功率值只有54%。为什么这两种形态（一种形态比另一种形态的成功率明显高了3%）具有同样的评级呢？这是因为一种是持续形态（分手线），持续形态说明确定形态成立的趋势仍将延续，而反转形态（前进受阻）说明确定形态成立的趋势将发生反转，毫无疑问后者的成功率当然会较低，因此我们给予两种形态相同的评级。

请记住：蜡烛图的反转形态说明，确定形态成立的趋势将发生反转。

从后面的 7 个表格中你可以看出，随着预测间隔的增加，预测成功的形态的数量也随之增加，直到预测间隔超过 5 天后，成功形态数量才开始下降。预测间隔为 1 天的成功形态数量为 28 种，而预测间隔为 5 天的成功形态数量为 37 种。成功形态的数量增加了 13%。这进一步确认了蜡烛图形态能有效预测短期走势的本质。

在这些表格中，需要注意的另一个有价值的分析是随着预测间隔的增加，某一形态评级的升降。我们以预测间隔为 1 天时排名最高的形态——看跌反冲形态——为例。在 7 次评级中的排名如下：

### 反冲形态（R-）

| 预测间隔 | 排　名 | 预测间隔 | 排　名 |
|---|---|---|---|
| 1 | 1 | 5 | 62 |
| 2 | 1 | 6 | 64 |
| 3 | 64 | 7 | 63 |
| 4 | 63 | | |

这是一个极端的例子，但其要点很明显。下跌反冲形态在预测间隔为 1 天和 2 天时是非常准确的，但在其他预测间隔中则表现不佳。由于只出现了 3 次，因此我们也不必苛求，但很明显，这种形态只适合预测短期走势。

现在我们以同样的方式来分析一下看跌分手线持续形态。

### 看跌分手线（C-）

| 预测间隔 | 排　名 | 预测间隔 | 排　名 |
|---|---|---|---|
| 1 | 4 | 5 | 8 |
| 2 | 4 | 6 | 3 |
| 3 | 9 | 7 | 1 |
| 4 | 3 | | |

这一信息显示，该形态（看跌分手线）在分析中使用的各个预测间隔中都有很好的表现。你可以看到，与其他形态一样，相同高价形态与相同低价形

态的预测效果也与其类似。

我们用同一种分析方法来分析一下看跌约会线反转形态的结果。

**看跌约会线（R-）**

| 预测间隔 | 排　名 | 预测间隔 | 排　名 |
|---|---|---|---|
| 1 | 41 | 5 | 31 |
| 2 | 63 | 6 | 8 |
| 3 | 53 | 7 | 8 |
| 4 | 48 | | |

随着预测间隔的增加，这一形态的预测结果也不断升高。这意味着这种形态出现后，趋势反转的概率随着时间的推移不断变大。与这一形态表现类似的还有看跌深思形态与看涨传信鸽形态。

表 7-1 形态排名及评级（统计数据来自可以进行期权交易的股票，时间间隔为 1 天）

| 排名 | 类型 | 形态名称 | 出现总数 | 形态成功 | 平均收益（%） | MTBP | 成功率（%） | 评级 |
|---|---|---|---|---|---|---|---|---|
| 1 | R- | 反冲 - | 3 | 3 | 2.04 | 501 786 | 100 | 105 |
| 2 | R- | 相同高价 - | 76 | 52 | 0.9 | 19 807 | 68 | 40 |
| 3 | R+ | 相同低价 + | 51 | 35 | 2.15 | 29 516 | 69 | 34 |
| 4 | C- | 分手线 - | 19 | 12 | 0.06 | 79 229 | 63 | 30 |
| 5 | R+ | 脱离 + | 96 | 60 | 0.74 | 15 680 | 63 | 22 |
| 6 | C- | 向下跳空三法 - | 433 | 248 | 0.34 | 3 476 | 57 | 17 |
| 7 | R+ | 反冲 + | 5 | 3 | -1.14 | 301 071 | 60 | 17 |
| 8 | C+ | 向上跳空三法 + | 342 | 205 | 0.62 | 4 401 | 60 | 17 |
| 9 | R+ | 藏婴吞没 + | 27 | 16 | 0.81 | 55 754 | 59 | 16 |
| 10 | R+ | 倒锤子线 + | 2 896 | 1 659 | 0.38 | 519 | 57 | 12 |
| 11 | C+ | 向上跳空并列阴阳线 + | 1 735 | 994 | 0.38 | 867 | 57 | 12 |
| 12 | C+ | 分手线 + | 46 | 26 | 1.13 | 32 725 | 57 | 10 |
| 13 | R- | 前进受阻 - | 151 | 81 | 0.13 | 9 969 | 54 | 10 |
| 14 | C+ | 并列阳线 + | 54 | 30 | 1.36 | 27 877 | 56 | 8 |
| 15 | R- | 三只乌鸦接力 - | 36 | 19 | 0.09 | 41 815 | 53 | 8 |
| 16 | R- | 流星线 - | 501 | 262 | 0.25 | 3 004 | 52 | 7 |

（续）

| 排名 | 类型 | 形 态 名 称 | 出现总数 | 形态成功 | 平均收益（%） | MTBP | 成功率（%） | 评级 |
|---|---|---|---|---|---|---|---|---|
| 17 | R- | 上吊线 - | 15 525 | 8 042 | 0.03 | 96 | 52 | 6 |
| 18 | C- | 下降三法 - | 1 805 | 934 | 0.18 | 833 | 52 | 6 |
| 19 | R- | 梯形顶部 - | 31 | 16 | 0.2 | 48 559 | 52 | 6 |
| 20 | R+ | 十字星 + | 578 | 313 | 0.49 | 2 604 | 54 | 6 |
| 21 | C+ | 三线直击 + | 881 | 474 | 0.12 | 1 708 | 54 | 5 |
| 22 | R+ | 南方三星 + | 62 | 33 | -0.06 | 24 279 | 53 | 4 |
| 23 | R+ | 传信鸽 + | 5 054 | 2 681 | 0.2 | 297 | 53 | 4 |
| 24 | R+ | 三星 + | 98 | 52 | 0.47 | 15 360 | 53 | 4 |
| 25 | C- | 三线直击 - | 937 | 471 | -0.02 | 1 606 | 50 | 3 |
| 26 | R- | 十字黄昏之星 - | 197 | 98 | -0.18 | 7 641 | 50 | 2 |
| 27 | C+ | 切入线 + | 611 | 319 | 0.13 | 2 463 | 52 | 2 |
| 28 | C- | 向下跳空并列阴阳线 - | 1 881 | 928 | -0.04 | 800 | 49 | 1 |
| 29 | R+ | 孕线 + | 13 453 | 6 883 | 0.08 | 111 | 51 | 0 |
| 30 | R- | 三外降 - | 4 496 | 2 184 | -0.06 | 334 | 49 | 0 |
| 31 | R- | 深思 - | 430 | 208 | -0.01 | 3 500 | 48 | -1 |
| 32 | R- | 乌云盖顶 - | 3 342 | 1 615 | -0.14 | 450 | 48 | -1 |
| 33 | R+ | 十字孕线 + | 963 | 489 | -0.04 | 1 563 | 51 | -1 |
| 34 | R+ | 三外升 + | 3 881 | 1 949 | 0.04 | 387 | 50 | -2 |
| 35 | R- | 孕线 - | 16 785 | 8 010 | -0.13 | 89 | 48 | -2 |
| 36 | R+ | 弃婴 + | 8 | 4 | 0.41 | 188 169 | 50 | -2 |
| 37 | R- | 吞没 - | 16 109 | 7 661 | -0.04 | 93 | 48 | -2 |
| 38 | C+ | 上升三法 + | 2 704 | 1 347 | 0.24 | 556 | 50 | -3 |
| 39 | R+ | 三内升 + | 1 277 | 636 | 0.01 | 1 178 | 50 | -3 |
| 40 | R+ | 执带线 + | 1 522 | 757 | 0.27 | 989 | 50 | -3 |
| 41 | R- | 约会线 - | 53 | 25 | 0.36 | 28 403 | 47 | -3 |
| 42 | R+ | 长阳线 + | 2 675 | 1 312 | 0 | 562 | 49 | -4 |
| 43 | R+ | 刺透线 + | 2 422 | 1 181 | -0.04 | 621 | 49 | -5 |
| 44 | R- | 执带线 - | 2 145 | 993 | -0.14 | 701 | 46 | -5 |
| 45 | R- | 十字星 - | 666 | 308 | -0.42 | 2 260 | 46 | -5 |

（续）

| 排名 | 类型 | 形态名称 | 出现总数 | 形态成功 | 平均收益（%） | MTBP | 成功率（%） | 评级 |
|---|---|---|---|---|---|---|---|---|
| 46 | R+ | 吞没 + | 13 869 | 6 737 | −0.02 | 108 | 49 | −5 |
| 47 | R− | 十字孕线 − | 1 078 | 497 | −0.28 | 1 396 | 46 | −5 |
| 48 | R− | 长阴线 − | 3 441 | 1 585 | −0.09 | 437 | 46 | −6 |
| 49 | C+ | 待入线 + | 453 | 219 | 0.04 | 3 323 | 48 | −6 |
| 50 | R− | 三只黑乌鸦 − | 497 | 228 | −0.21 | 3 028 | 46 | −6 |
| 51 | C− | 切入线 − | 440 | 199 | −0.18 | 3 421 | 45 | −7 |
| 52 | R− | 两只乌鸦 − | 698 | 314 | −0.09 | 2 156 | 45 | −8 |
| 53 | R+ | 锤子线 + | 15 108 | 7 073 | −0.24 | 99 | 47 | −9 |
| 54 | R+ | 白色三兵 + | 380 | 178 | −0.25 | 3 961 | 47 | −9 |
| 55 | R− | 向上跳空两只乌鸦 − | 345 | 151 | −0.18 | 4 363 | 44 | −10 |
| 56 | R− | 三星 − | 80 | 35 | −0.34 | 18 816 | 44 | −10 |
| 57 | R− | 黄昏之星 − | 1 555 | 674 | −0.36 | 968 | 43 | −11 |
| 58 | R− | 三内降 − | 1 320 | 570 | −0.19 | 1 140 | 43 | −11 |
| 59 | C− | 并列阳线 − | 14 | 6 | −0.06 | 107 525 | 43 | −12 |
| 60 | C− | 待入线 − | 344 | 146 | −0.15 | 4 376 | 42 | −13 |
| 61 | R+ | 十字启明星 + | 273 | 121 | −0.27 | 5 514 | 44 | −13 |
| 62 | R− | 脱离 − | 129 | 54 | −0.41 | 11 669 | 42 | −14 |
| 63 | R+ | 启明星 + | 1 815 | 784 | −0.42 | 829 | 43 | −16 |
| 64 | R+ | 奇特三川底部 + | 10 | 4 | −0.42 | 150 535 | 40 | −22 |
| 65 | R+ | 梯形底部 + | 60 | 19 | −1.27 | 25 089 | 32 | −38 |
| 66 | R+ | 约会线 + | 4 | 1 | −1.51 | 376 339 | 25 | −51 |
| 67 | R+ | 竖状三明治 + | 4 | 1 | −2.89 | 376 339 | 25 | −51 |
| 68 | R− | 弃婴 − | 5 | 1 | −5.13 | 301 071 | 20 | −59 |
| | | 总计 | 148 984 | 73 225 | | | | |

表 7-2 形态排名及评级（统计数据来自可以进行期权交易的股票，时间间隔为 2 天）

| 排名 | 类型 | 形态名称 | 出现总数 | 形态成功 | 平均收益（%） | MTBP | 成功率（%） | 评级 |
|---|---|---|---|---|---|---|---|---|
| 1 | R− | 反冲 − | 3 | 2 | −1.64 | 501 786 | 67 | 48 |

（续）

| 排名 | 类型 | 形态名称 | 出现总数 | 形态成功 | 平均收益（%） | MTBP | 成功率（%） | 评级 |
|---|---|---|---|---|---|---|---|---|
| 2 | R– | 相同高价 – | 76 | 48 | 0.43 | 19 807 | 63 | 40 |
| 3 | R+ | 脱离 + | 96 | 72 | 1.76 | 15 680 | 75 | 36 |
| 4 | C– | 分手线 – | 19 | 10 | 0.33 | 79 229 | 53 | 17 |
| 5 | C+ | 分手线 + | 46 | 29 | 1.58 | 32 725 | 63 | 15 |
| 6 | R+ | 藏婴吞没 + | 27 | 17 | 1.76 | 55 754 | 63 | 14 |
| 7 | C+ | 向上跳空三法 + | 342 | 208 | 0.8 | 4 401 | 61 | 11 |
| 8 | C– | 向下跳空三法 – | 433 | 216 | –0.01 | 3 476 | 50 | 10 |
| 9 | R+ | 相同低价 + | 51 | 31 | 3.48 | 29 516 | 61 | 10 |
| 10 | R+ | 十字星 + | 578 | 349 | 1.11 | 2 604 | 60 | 10 |
| 11 | R+ | 倒锤子线 + | 2 894 | 1 730 | 0.92 | 520 | 60 | 9 |
| 12 | R– | 十字黄昏之星 – | 196 | 96 | –0.41 | 7 680 | 49 | 8 |
| 13 | C+ | 向上跳空并列阴阳线 + | 1 732 | 1 027 | 0.74 | 869 | 59 | 8 |
| 14 | R– | 梯形顶部 – | 31 | 15 | –0.04 | 48 559 | 48 | 7 |
| 15 | C+ | 三线直击 + | 881 | 518 | 0.53 | 1 708 | 59 | 7 |
| 16 | R– | 上吊线 – | 15 501 | 7 466 | –0.35 | 97 | 48 | 7 |
| 17 | R– | 前进受阻 – | 150 | 72 | –0.27 | 10 035 | 48 | 6 |
| 18 | C– | 下降三法 – | 1 805 | 858 | –0.25 | 833 | 48 | 5 |
| 19 | R+ | 传信鸽 + | 5 052 | 2 930 | 0.72 | 297 | 58 | 5 |
| 20 | C– | 向下跳空并列阴阳线 – | 1 880 | 888 | –0.38 | 800 | 47 | 5 |
| 21 | C+ | 并列阳线 + | 54 | 31 | 2.09 | 27 877 | 57 | 4 |
| 22 | C– | 切入线 – | 440 | 207 | –0.39 | 3 421 | 47 | 4 |
| 23 | R– | 流星线 – | 500 | 234 | –0.25 | 3 010 | 47 | 4 |
| 24 | R– | 深思 – | 428 | 199 | –0.21 | 3 517 | 46 | 3 |
| 25 | C+ | 切入线 + | 610 | 345 | 0.67 | 2 467 | 57 | 3 |
| 26 | C– | 三线直击 – | 936 | 430 | –0.47 | 1 608 | 46 | 2 |
| 27 | R+ | 三外升 + | 3 879 | 2 168 | 0.67 | 388 | 56 | 1 |
| 28 | R+ | 孕线 + | 13 449 | 7 399 | 0.53 | 111 | 55 | 0 |
| 29 | C+ | 待入线 + | 452 | 249 | 0.48 | 3 330 | 55 | 0 |
| 30 | R– | 吞没 – | 16 093 | 7 238 | –0.35 | 93 | 45 | 0 |

（续）

| 排名 | 类型 | 形态名称 | 出现总数 | 形态成功 | 平均收益（%） | MTBP | 成功率（%） | 评级 |
|---|---|---|---|---|---|---|---|---|
| 31 | R+ | 执带线 + | 1 521 | 833 | 0.79 | 989 | 55 | −1 |
| 32 | R− | 三外降 − | 4 495 | 1 997 | −0.46 | 334 | 44 | −2 |
| 33 | R− | 三只乌鸦接力 − | 36 | 16 | −0.32 | 41 815 | 44 | −2 |
| 34 | R− | 长实体阴线 − | 3 436 | 1 524 | −0.45 | 438 | 44 | −2 |
| 35 | R− | 孕线 − | 16 762 | 7 360 | −0.47 | 89 | 44 | −3 |
| 36 | R+ | 长实体阳线 + | 2 672 | 1 423 | 0.43 | 563 | 53 | −3 |
| 37 | C+ | 上升三法 + | 2 700 | 1 432 | 0.61 | 557 | 53 | −4 |
| 38 | R− | 两只乌鸦 − | 696 | 302 | −0.51 | 2 162 | 43 | −4 |
| 39 | R+ | 三内升 + | 1 277 | 671 | 0.4 | 1 178 | 53 | −5 |
| 40 | R+ | 南方三星 + | 61 | 32 | 0.03 | 24 678 | 52 | −5 |
| 41 | R+ | 吞没 + | 13 851 | 7 241 | 0.35 | 108 | 52 | −5 |
| 42 | R− | 十字星 − | 664 | 284 | −1.09 | 2 267 | 43 | −5 |
| 43 | R− | 执带线 − | 2 142 | 916 | −0.53 | 702 | 43 | −5 |
| 44 | R+ | 三星 + | 98 | 51 | 0.86 | 15 360 | 52 | −5 |
| 45 | R− | 脱离 − | 129 | 55 | −0.64 | 11 669 | 43 | −6 |
| 46 | R− | 乌云盖顶 − | 3 338 | 1 420 | −0.5 | 450 | 43 | −6 |
| 47 | R+ | 白色三兵 + | 376 | 195 | 0.19 | 4 003 | 52 | −6 |
| 48 | R− | 十字孕线 − | 1 076 | 456 | −0.67 | 1 399 | 42 | −6 |
| 49 | R+ | 十字孕线 + | 962 | 493 | 0.32 | 1 564 | 51 | −7 |
| 50 | R+ | 刺透线 + | 2 422 | 1 240 | 0.3 | 621 | 51 | −7 |
| 51 | R− | 三内降 − | 1 318 | 545 | −0.59 | 1 142 | 41 | −8 |
| 52 | R+ | 弃婴 + | 8 | 4 | 0.38 | 188 169 | 50 | −9 |
| 53 | R+ | 约会线 + | 4 | 2 | 0.9 | 376 339 | 50 | −9 |
| 54 | R+ | 锤子线 + | 15 099 | 7 521 | 0.1 | 99 | 50 | −9 |
| 55 | R− | 黄昏之星 − | 1 553 | 627 | −0.78 | 969 | 40 | −11 |
| 56 | R− | 三只黑乌鸦 − | 497 | 193 | −0.9 | 3 028 | 39 | −14 |
| 57 | C− | 待入线 − | 344 | 132 | −0.54 | 4 376 | 38 | −15 |
| 58 | R+ | 梯形底部 + | 60 | 28 | −0.12 | 25 089 | 47 | −15 |
| 59 | R− | 三星 − | 80 | 30 | −1.52 | 18 816 | 38 | −17 |

（续）

| 排名 | 类型 | 形态名称 | 出现总数 | 形态成功 | 平均收益（%） | MTBP | 成功率（%） | 评级 |
|------|------|----------|----------|----------|---------------|------|-------------|------|
| 60 | R− | 向上跳空两只乌鸦 − | 345 | 127 | −0.76 | 4 363 | 37 | −18 |
| 61 | R+ | 启明星 + | 1 815 | 809 | −0.21 | 829 | 45 | −19 |
| 62 | R+ | 十字启明星 + | 273 | 121 | −0.06 | 5 514 | 44 | −19 |
| 63 | R− | 约会线 − | 53 | 18 | −0.9 | 28 403 | 34 | −25 |
| 64 | R+ | 反冲 + | 5 | 2 | −0.96 | 301 071 | 40 | −27 |
| 65 | R+ | 奇特三川底部 + | 10 | 4 | −0.22 | 150 535 | 40 | −27 |
| 66 | C− | 并列阳线 − | 14 | 4 | −0.36 | 107 525 | 29 | −37 |
| 67 | R+ | 竖状三明治 + | 4 | 1 | −7.58 | 376 339 | 25 | −55 |
| 68 | R− | 弃婴 − | 5 | 1 | −6.51 | 301 071 | 20 | −56 |
| | | 总计 | 148 835 | 73 192 | | | | |

表 7-3　形态排名及评级（统计数据来自可以进行期权交易的股票，时间间隔为 3 天）

| 排名 | 类型 | 形态名称 | 出现总数 | 形态成功 | 平均收益（%） | MTBP | 成功率（%） | 评级 |
|------|------|----------|----------|----------|---------------|------|-------------|------|
| 1 | R− | 相同高价 − | 76 | 50 | 0.6 | 19 807 | 66 | 52 |
| 2 | R+ | 脱离 + | 96 | 74 | 3.04 | 15 680 | 77 | 36 |
| 3 | R+ | 相同低价 + | 51 | 34 | 5.24 | 29 516 | 67 | 17 |
| 4 | R+ | 藏婴吞没 + | 27 | 18 | 2.1 | 55 754 | 67 | 17 |
| 5 | R− | 前进受阻 − | 150 | 74 | −1.17 | 10 035 | 49 | 14 |
| 6 | C− | 向下跳空三法 − | 432 | 211 | −0.07 | 3 484 | 49 | 13 |
| 7 | R+ | 南方三星 + | 61 | 39 | 0.89 | 24 678 | 64 | 13 |
| 8 | R− | 梯形顶部 − | 31 | 15 | −0.05 | 48 559 | 48 | 12 |
| 9 | C− | 分手线 − | 19 | 9 | −0.02 | 79 229 | 47 | 10 |
| 10 | R− | 三只乌鸦接力 − | 36 | 17 | −0.22 | 41 815 | 47 | 10 |
| 11 | C+ | 向上跳空三法 + | 342 | 210 | 1.02 | 4 401 | 61 | 8 |
| 12 | C+ | 并列阳线 + | 54 | 33 | 2.68 | 27 877 | 61 | 8 |
| 13 | R+ | 白色三兵 + | 376 | 230 | 0.54 | 4 003 | 61 | 8 |
| 14 | R− | 上吊线 − | 15 460 | 7 172 | −0.61 | 97 | 46 | 7 |
| 15 | C+ | 三线直击 + | 880 | 537 | 0.89 | 1 710 | 61 | 7 |

（续）

| 排名 | 类型 | 形态名称 | 出现总数 | 形态成功 | 平均收益（%） | MTBP | 成功率（%） | 评级 |
|---|---|---|---|---|---|---|---|---|
| 16 | C+ | 分手线 + | 46 | 28 | 1.69 | 32 725 | 61 | 7 |
| 17 | R+ | 传信鸽 + | 5 052 | 3 052 | 1.04 | 297 | 60 | 6 |
| 18 | R+ | 十字星 + | 576 | 347 | 1.44 | 2 613 | 60 | 6 |
| 19 | C+ | 向上跳空并列阴阳线 + | 1 729 | 1 042 | 1.06 | 870 | 60 | 6 |
| 20 | R+ | 倒锤子线 + | 2 892 | 1 741 | 1.28 | 520 | 60 | 6 |
| 21 | R+ | 反冲 + | 5 | 3 | −0.08 | 301 071 | 60 | 6 |
| 22 | C− | 下降三法 − | 1 804 | 814 | −0.57 | 834 | 45 | 5 |
| 23 | C+ | 切入线 + | 607 | 360 | 1.06 | 2 479 | 59 | 4 |
| 24 | C+ | 待入线 + | 451 | 265 | 0.68 | 3 337 | 59 | 3 |
| 25 | R− | 流星线 − | 500 | 222 | −0.4 | 3 010 | 44 | 3 |
| 26 | R− | 十字黄昏星 − | 196 | 87 | −0.71 | 7 680 | 44 | 3 |
| 27 | R+ | 三外升 + | 3 866 | 2 243 | 0.96 | 389 | 58 | 2 |
| 28 | R+ | 孕线 + | 13 449 | 7 733 | 0.89 | 111 | 57 | 1 |
| 29 | R− | 深思 − | 427 | 186 | −0.53 | 3 525 | 44 | 1 |
| 30 | R− | 吞没 − | 16 084 | 6 997 | −0.65 | 93 | 44 | 1 |
| 31 | R+ | 执带线 + | 1 520 | 872 | 1.19 | 990 | 57 | 1 |
| 32 | R− | 三外降 − | 4 493 | 1 939 | −0.68 | 335 | 43 | 0 |
| 33 | C− | 向下跳空并列阴阳线 − | 1 880 | 808 | −0.71 | 800 | 43 | 0 |
| 34 | C− | 切入线 − | 440 | 189 | −0.74 | 3 421 | 43 | 0 |
| 35 | R− | 长实体阴线 − | 3 431 | 1 450 | −0.76 | 438 | 42 | −2 |
| 36 | R+ | 吞没 + | 13 845 | 7 691 | 0.8 | 108 | 56 | −2 |
| 37 | R− | 十字星 − | 664 | 279 | −1.3 | 2 267 | 42 | −3 |
| 38 | R+ | 长实体阳线 + | 2 667 | 1 477 | 0.72 | 564 | 55 | −3 |
| 39 | C+ | 上升三法 + | 2 689 | 1 472 | 0.8 | 559 | 55 | −4 |
| 40 | R− | 孕线 − | 16 655 | 6 917 | −0.78 | 90 | 42 | −4 |
| 41 | R− | 两只乌鸦 − | 696 | 288 | −0.88 | 2 162 | 41 | −4 |
| 42 | R− | 执带线 − | 2 135 | 878 | −0.76 | 705 | 41 | −5 |
| 43 | R+ | 刺透线 + | 2 422 | 1 310 | 0.73 | 621 | 54 | −5 |
| 44 | R+ | 三星 + | 98 | 53 | 1.71 | 15 360 | 54 | −5 |

（续）

| 排名 | 类型 | 形态名称 | 出现总数 | 形态成功 | 平均收益（%） | MTBP | 成功率（%） | 评级 |
|---|---|---|---|---|---|---|---|---|
| 45 | R– | 十字孕线 – | 1 070 | 438 | –1.03 | 1 406 | 41 | –5 |
| 46 | R– | 乌云盖顶 – | 3 328 | 1 360 | –0.77 | 452 | 41 | –5 |
| 47 | R+ | 十字孕线 + | 962 | 513 | 0.63 | 1 564 | 53 | –6 |
| 48 | R+ | 梯形底部 + | 60 | 32 | 0.48 | 25 089 | 53 | –6 |
| 49 | R– | 脱离 – | 129 | 52 | –0.92 | 11 669 | 40 | –6 |
| 50 | R– | 黄昏之星 – | 1 553 | 626 | –1.04 | 969 | 40 | –6 |
| 51 | R+ | 三内升 + | 1 273 | 677 | 0.7 | 1 182 | 53 | –7 |
| 52 | R– | 三内降 – | 1 318 | 527 | –0.91 | 1 142 | 40 | –7 |
| 53 | R– | 约会线 – | 53 | 21 | –0.81 | 28 403 | 40 | –8 |
| 54 | R+ | 锤子线 + | 15 095 | 7 864 | 0.4 | 99 | 52 | –8 |
| 55 | R– | 向上跳空两只乌鸦 – | 345 | 136 | –0.85 | 4 363 | 39 | –9 |
| 56 | C– | 待入线 – | 344 | 135 | –0.92 | 4 376 | 39 | –9 |
| 57 | C– | 三线直击 – | 934 | 367 | –1.12 | 1 611 | 39 | –9 |
| 58 | C– | 并列阳线 – | 13 | 5 | –0.88 | 115 796 | 38 | –11 |
| 59 | R+ | 约会线 + | 4 | 2 | 5.02 | 376 339 | 50 | –12 |
| 60 | R– | 三星 – | 80 | 30 | –2.59 | 18 816 | 38 | –13 |
| 61 | R+ | 启明星 + | 1 814 | 868 | –0.05 | 829 | 48 | –16 |
| 62 | R– | 三只黑乌鸦 – | 497 | 179 | –1.36 | 3 028 | 36 | –16 |
| 63 | R+ | 十字启明星 + | 273 | 127 | 0.28 | 5 514 | 47 | –18 |
| 64 | R– | 反冲 – | 3 | 1 | –3.21 | 501 786 | 33 | –23 |
| 65 | R+ | 奇特三川底部 + | 10 | 4 | 0.4 | 150 535 | 40 | –30 |
| 66 | R– | 弃婴 – | 5 | 1 | –5.67 | 301 071 | 20 | –54 |
| 67 | R+ | 竖状三明治 + | 4 | 1 | –4.57 | 376 339 | 25 | –56 |
| 68 | R+ | 弃婴 + | 8 | 2 | –0.18 | 188 169 | 25 | –56 |
| | | 总计 | 148 585 | 73 434 | | | | |

表 7-4　形态排名及评级（统计数据来自可以进行期权交易的股票，时间间隔为 4 天）

| 排名 | 类型 | 形态名称 | 出现总数 | 形态成功 | 平均收益（%） | MTBP | 成功率（%） | 评级 |
|---|---|---|---|---|---|---|---|---|
| 1 | R– | 相同高价 – | 76 | 44 | 0.26 | 19 807 | 58 | 38 |

（续）

| 排名 | 类型 | 形态名称 | 出现总数 | 形态成功 | 平均收益（%） | MTBP | 成功率（%） | 评级 |
|---|---|---|---|---|---|---|---|---|
| 2 | R+ | 脱离 + | 96 | 76 | 3.4 | 15 680 | 79 | 36 |
| 3 | C- | 分手线 - | 19 | 10 | -0.02 | 79 229 | 53 | 26 |
| 4 | R- | 梯形顶部 - | 31 | 16 | -0.4 | 48 559 | 52 | 23 |
| 5 | C+ | 分手线 + | 46 | 33 | 1.92 | 32 725 | 72 | 23 |
| 6 | C- | 向下跳空三法 - | 432 | 208 | -0.27 | 3 484 | 48 | 15 |
| 7 | R+ | 藏婴吞没 + | 27 | 18 | 2.92 | 55 754 | 67 | 15 |
| 8 | R+ | 相同低价 + | 51 | 34 | 6.63 | 29 516 | 67 | 15 |
| 9 | C+ | 并列阳线 + | 54 | 36 | 3.31 | 27 877 | 67 | 15 |
| 10 | C+ | 三线直击 + | 879 | 558 | 1.14 | 1 712 | 63 | 9 |
| 11 | R- | 流星线 - | 500 | 228 | -0.53 | 3 010 | 46 | 9 |
| 12 | R+ | 倒锤子线 + | 2 891 | 1 802 | 1.71 | 520 | 62 | 7 |
| 13 | R+ | 南方三星 + | 61 | 38 | 1.25 | 24 678 | 62 | 7 |
| 14 | R- | 上吊线 - | 15 437 | 6 911 | -0.85 | 97 | 45 | 7 |
| 15 | R- | 前进受阻 - | 150 | 67 | -1.54 | 10 035 | 45 | 7 |
| 16 | R+ | 十字星 + | 575 | 352 | 1.82 | 2 618 | 61 | 5 |
| 17 | C- | 下降三法 - | 1 804 | 792 | -0.8 | 834 | 44 | 5 |
| 18 | R- | 十字黄昏之星 - | 196 | 86 | -0.98 | 7 680 | 44 | 5 |
| 19 | C+ | 向上跳空三法 + | 342 | 208 | 1.25 | 4 401 | 61 | 5 |
| 20 | R+ | 传信鸽 + | 5 047 | 3 069 | 1.32 | 298 | 61 | 5 |
| 21 | C+ | 切入线 + | 606 | 367 | 1.2 | 2 484 | 61 | 4 |
| 22 | C+ | 待入线 + | 450 | 271 | 0.93 | 3 345 | 60 | 4 |
| 23 | C+ | 向上跳空并列阴阳线 + | 1 729 | 1 039 | 1.16 | 870 | 60 | 3 |
| 24 | R+ | 反冲 + | 5 | 3 | 1.33 | 301 071 | 60 | 3 |
| 25 | R- | 长实体阴线 - | 3 428 | 1 471 | -0.94 | 439 | 43 | 3 |
| 26 | R+ | 白色三兵 + | 376 | 224 | 0.8 | 4 003 | 60 | 2 |
| 27 | R+ | 三外升 + | 3 865 | 2 299 | 1.29 | 389 | 59 | 2 |
| 28 | R- | 深思 - | 426 | 182 | -0.75 | 3 533 | 43 | 2 |
| 29 | R+ | 孕线 + | 13 393 | 7 934 | 1.2 | 112 | 59 | 2 |
| 30 | R- | 吞没 - | 16 079 | 6 788 | -0.86 | 93 | 42 | 1 |

（续）

| 排名 | 类型 | 形态名称 | 出现总数 | 形态成功 | 平均收益（%） | MTBP | 成功率（%） | 评级 |
|---|---|---|---|---|---|---|---|---|
| 31 | C– | 切入线 – | 440 | 185 | –0.97 | 3 421 | 42 | 0 |
| 32 | C– | 向下跳空并列阴阳线 – | 1 880 | 788 | –0.93 | 800 | 42 | 0 |
| 33 | R– | 三只乌鸦接力 – | 36 | 15 | –0.38 | 41 815 | 42 | 0 |
| 34 | R– | 三外升 – | 4 490 | 1 867 | –0.92 | 335 | 42 | –1 |
| 35 | R+ | 执带线 + | 1 515 | 873 | 1.41 | 993 | 58 | –1 |
| 36 | R– | 十字星 – | 664 | 275 | –1.57 | 2 267 | 41 | –1 |
| 37 | R– | 三星 – | 80 | 33 | –2.93 | 18 816 | 41 | –1 |
| 38 | R+ | 吞没 + | 13 788 | 7 862 | 1.05 | 109 | 57 | –2 |
| 39 | R– | 两只乌鸦 – | 696 | 284 | –1.16 | 2 162 | 41 | –2 |
| 40 | R– | 乌云盖顶 – | 3 325 | 1 358 | –1.05 | 452 | 41 | –2 |
| 41 | R– | 孕线 – | 16 652 | 6 779 | –1 | 90 | 41 | –3 |
| 42 | R+ | 十字孕线 + | 960 | 537 | 1 | 1 568 | 56 | –4 |
| 43 | R– | 执带线 – | 2 134 | 860 | –1.01 | 705 | 40 | –4 |
| 44 | R+ | 长实体阳线 + | 2 663 | 1 477 | 0.92 | 565 | 55 | –5 |
| 45 | C+ | 上升三法 + | 2 677 | 1 481 | 1.01 | 562 | 55 | –5 |
| 46 | R– | 黄昏之星 – | 1 553 | 618 | –1.32 | 969 | 40 | –5 |
| 47 | R– | 向上跳空两只乌鸦 – | 345 | 137 | –1.07 | 4 363 | 40 | –5 |
| 48 | R– | 约会线 – | 53 | 21 | –1.19 | 28 403 | 40 | –5 |
| 49 | R+ | 刺透线 + | 2 412 | 1 322 | 0.92 | 624 | 55 | –6 |
| 50 | R– | 十字孕线 – | 1 069 | 419 | –1.29 | 1 408 | 39 | –6 |
| 51 | R– | 三内降 – | 1 318 | 513 | –1.18 | 1 142 | 39 | –7 |
| 52 | C– | 待入线 – | 344 | 134 | –1.24 | 4 376 | 39 | –7 |
| 53 | R+ | 三内升 + | 1 272 | 683 | 0.88 | 1 183 | 54 | –8 |
| 54 | R+ | 锤子线 + | 15 086 | 8 014 | 0.62 | 99 | 53 | –9 |
| 55 | C– | 三线直击 – | 926 | 354 | –1.35 | 1 625 | 38 | –9 |
| 56 | R+ | 三星 + | 98 | 52 | 2.61 | 15 360 | 53 | –9 |
| 57 | R– | 脱离 – | 129 | 49 | –1.12 | 11 669 | 38 | –9 |
| 58 | R+ | 梯形底部 + | 60 | 31 | 0.25 | 25 089 | 52 | –11 |
| 59 | R+ | 约会线 + | 4 | 2 | 8.58 | 376 339 | 50 | –14 |

（续）

| 排名 | 类型 | 形态名称 | 出现总数 | 形态成功 | 平均收益（％） | MTBP | 成功率（％） | 评级 |
|---|---|---|---|---|---|---|---|---|
| 60 | R+ | 十字启明星 + | 273 | 136 | 0.26 | 5 514 | 50 | -14 |
| 61 | R+ | 启明星 + | 1 812 | 883 | 0.16 | 830 | 49 | -16 |
| 62 | R- | 三只黑乌鸦 - | 497 | 168 | -1.74 | 3 028 | 34 | -19 |
| 63 | R- | 反冲 - | 3 | 1 | -4.65 | 501 786 | 33 | -20 |
| 64 | C- | 并列阳线 - | 13 | 4 | -1.23 | 115 796 | 31 | -27 |
| 65 | R+ | 奇特三川底部 + | 10 | 4 | -0.13 | 150 535 | 40 | -31 |
| 66 | R+ | 弃婴 + | 8 | 3 | -1.56 | 188 169 | 38 | -35 |
| 67 | R- | 弃婴 - | 5 | 1 | -6.46 | 301 071 | 20 | -52 |
| 68 | R+ | 竖状三明治 + | 4 | 1 | -3.94 | 376 339 | 25 | -57 |
| | | 总计 | 148 365 | 73 388 | | | | |

表 7-5　形态排名及评级（统计数据来自可以进行期权交易的股票，时间间隔为 5 天）

| 排名 | 类型 | 形态名称 | 出现总数 | 形态成功 | 平均收益（％） | MTBP | 成功率（％） | 评级 |
|---|---|---|---|---|---|---|---|---|
| 1 | R- | 相同高价 - | 76 | 44 | -0.06 | 19 807 | 58 | 41 |
| 2 | R+ | 脱离 + | 96 | 75 | 3.93 | 15 680 | 78 | 32 |
| 3 | R- | 梯形顶部 - | 31 | 16 | -0.72 | 48 559 | 52 | 26 |
| 4 | R- | 前进受阻 - | 149 | 73 | -1.83 | 10 103 | 49 | 19 |
| 5 | C- | 向下跳空三法 - | 432 | 207 | -0.48 | 3 484 | 48 | 17 |
| 6 | C+ | 并列阳线 + | 54 | 37 | 3.73 | 27 877 | 69 | 16 |
| 7 | R- | 流星线 - | 499 | 237 | -0.68 | 3 016 | 47 | 16 |
| 8 | C- | 分手线 - | 19 | 9 | -1 | 79 229 | 47 | 15 |
| 9 | C+ | 分手线 + | 46 | 31 | 1.82 | 32 725 | 67 | 14 |
| 10 | R+ | 藏婴吞没 + | 27 | 18 | 2.95 | 55 754 | 67 | 13 |
| 11 | R+ | 相同低价 + | 51 | 34 | 6.85 | 29 516 | 67 | 13 |
| 12 | R- | 上吊线 - | 15 419 | 6 781 | -1.06 | 97 | 44 | 7 |
| 13 | R- | 三星 - | 80 | 35 | -3.18 | 18 816 | 44 | 7 |
| 14 | R+ | 倒锤子线 + | 2 890 | 1 811 | 1.99 | 520 | 63 | 6 |
| 15 | R- | 十字黄昏星 - | 195 | 85 | -1.23 | 7 719 | 44 | 6 |

（续）

| 排名 | 类型 | 形态名称 | 出现总数 | 形态成功 | 平均收益（%） | MTBP | 成功率（%） | 评级 |
|---|---|---|---|---|---|---|---|---|
| 16 | C+ | 三线直击 + | 874 | 546 | 1.33 | 1 722 | 62 | 6 |
| 17 | C+ | 切入线 + | 606 | 377 | 1.51 | 2 484 | 62 | 5 |
| 18 | R+ | 十字星 + | 575 | 356 | 2.19 | 2 618 | 62 | 5 |
| 19 | C− | 下降三法 − | 1 792 | 771 | −1.16 | 840 | 43 | 5 |
| 20 | R− | 长实体阴线 − | 3 400 | 1 450 | −1.12 | 442 | 43 | 4 |
| 21 | R+ | 传信鸽 + | 5 043 | 3 073 | 1.62 | 298 | 61 | 3 |
| 22 | R+ | 三外升 + | 3 864 | 2 342 | 1.56 | 389 | 61 | 3 |
| 23 | R+ | 白色三兵 + | 376 | 227 | 0.91 | 4 003 | 60 | 2 |
| 24 | C− | 向下跳空并列阴阳线 − | 1 879 | 789 | −1.25 | 801 | 42 | 2 |
| 25 | C+ | 待入线 + | 448 | 270 | 1.23 | 3 360 | 60 | 2 |
| 26 | R− | 脱离 − | 129 | 54 | −1.53 | 11 669 | 42 | 2 |
| 27 | C− | 切入线 − | 440 | 184 | −1.24 | 3 421 | 42 | 2 |
| 28 | C+ | 向上跳空并列阴阳线 + | 1 725 | 1 036 | 1.33 | 872 | 60 | 2 |
| 29 | R− | 三只乌鸦接力 − | 36 | 15 | −1.21 | 41 815 | 42 | 1 |
| 30 | R+ | 孕线 + | 13 388 | 8 016 | 1.45 | 112 | 60 | 1 |
| 31 | R− | 约会线 − | 53 | 22 | −1.51 | 28 403 | 42 | 1 |
| 32 | R− | 向上跳空两只乌鸦 − | 342 | 142 | −1.18 | 4 401 | 42 | 1 |
| 33 | R− | 吞没 − | 15 984 | 6 643 | −1.06 | 94 | 42 | 1 |
| 34 | R+ | 执带线 + | 1 513 | 903 | 1.65 | 994 | 60 | 1 |
| 35 | C+ | 向上跳空三法 + | 342 | 204 | 1.43 | 4 401 | 60 | 1 |
| 36 | R− | 两只乌鸦 − | 694 | 287 | −1.35 | 2 169 | 41 | 1 |
| 37 | R− | 深思 − | 424 | 175 | −0.89 | 3 550 | 41 | 0 |
| 38 | R− | 乌云盖顶 − | 3 315 | 1 354 | −1.22 | 454 | 41 | 0 |
| 39 | R− | 十字星 − | 663 | 269 | −1.85 | 2 270 | 41 | −1 |
| 40 | R+ | 吞没 + | 13 785 | 7 983 | 1.3 | 109 | 58 | −2 |
| 41 | R− | 孕线 − | 16 634 | 6 683 | −1.21 | 90 | 40 | −2 |
| 42 | R− | 三外升 − | 4 483 | 1 798 | −1.17 | 335 | 40 | −2 |
| 43 | R− | 黄昏之星 − | 1 553 | 621 | −1.51 | 969 | 40 | −3 |
| 44 | R− | 三内降 − | 1 314 | 524 | −1.36 | 1 145 | 40 | −3 |
| 45 | R+ | 十字孕线 + | 958 | 548 | 1.18 | 1 571 | 57 | −3 |

（续）

| 排名 | 类型 | 形态名称 | 出现总数 | 形态成功 | 平均收益（%） | MTBP | 成功率（%） | 评级 |
|------|------|----------|----------|----------|---------------|------|-------------|------|
| 46 | R+ | 长实体阳线 + | 2 662 | 1 518 | 1.17 | 565 | 57 | -3 |
| 47 | C+ | 上升三法 + | 2 677 | 1 517 | 1.28 | 562 | 57 | -4 |
| 48 | R- | 执带线 - | 2 126 | 830 | -1.24 | 708 | 39 | -5 |
| 49 | C- | 三线直击 - | 926 | 355 | -1.65 | 1 625 | 38 | -7 |
| 50 | R- | 十字孕线 - | 1 068 | 410 | -1.67 | 1 409 | 38 | -7 |
| 51 | C- | 待入线 - | 344 | 131 | -1.24 | 4 376 | 38 | -7 |
| 52 | R+ | 三内升 + | 1 271 | 692 | 1.07 | 1 184 | 54 | -8 |
| 53 | R+ | 锤子线 + | 15 079 | 8 165 | 0.86 | 99 | 54 | -8 |
| 54 | R+ | 南方三星 + | 61 | 33 | 1.14 | 24 678 | 54 | -8 |
| 55 | R+ | 三星 + | 98 | 53 | 3.47 | 15 360 | 54 | -8 |
| 56 | R+ | 刺透线 + | 2 411 | 1 302 | 1.04 | 624 | 54 | -8 |
| 57 | R+ | 梯形底部 + | 60 | 31 | 0.94 | 25 089 | 52 | -13 |
| 58 | R+ | 启明星 + | 1 812 | 913 | 0.43 | 830 | 50 | -15 |
| 59 | R+ | 约会线 + | 4 | 2 | 8.11 | 376 339 | 50 | -15 |
| 60 | R+ | 弃婴 + | 8 | 4 | -0.28 | 188 169 | 50 | -15 |
| 61 | R+ | 十字启明星 + | 273 | 136 | 0.25 | 5 514 | 50 | -16 |
| 62 | R- | 反冲 - | 3 | 1 | -4.91 | 501 786 | 33 | -19 |
| 63 | R- | 三只黑乌鸦 - | 497 | 162 | -2.28 | 3 028 | 33 | -21 |
| 64 | R+ | 反冲 + | 5 | 2 | 0.84 | 301 071 | 40 | -32 |
| 65 | R+ | 奇特三川底部 + | 10 | 4 | -0.1 | 150 535 | 40 | -32 |
| 66 | R- | 弃婴 - | 5 | 1 | -7.55 | 301 071 | 20 | -51 |
| 67 | R+ | 竖状三明治 + | 4 | 1 | -3.69 | 376 339 | 25 | -58 |
| 68 | C- | 并列阳线 - | 13 | 2 | -1.94 | 115 796 | 15 | -63 |
| | | 总计 | 148 113 | 73 420 | | | | |

表 7-6　形态排名及评级（统计数据来自可以进行期权交易的股票，时间间隔为 6 天）

| 排名 | 类型 | 形态名称 | 出现总数 | 形态成功 | 平均收益（%） | MTBP | 成功率（%） | 评级 |
|------|------|----------|----------|----------|---------------|------|-------------|------|
| 1 | R+ | 脱离 + | 96 | 77 | 3.78 | 15 680 | 80 | 35 |

（续）

| 排名 | 类型 | 形态名称 | 出现总数 | 形态成功 | 平均收益（%） | MTBP | 成功率（%） | 评级 |
|---|---|---|---|---|---|---|---|---|
| 2 | R– | 相同高价 – | 76 | 41 | –0.65 | 19 807 | 54 | 34 |
| 3 | C– | 分手线 – | 19 | 10 | –1.2 | 79 229 | 53 | 31 |
| 4 | C– | 向下跳空三法 – | 432 | 206 | –0.5 | 3 484 | 48 | 18 |
| 5 | R– | 前进受阻 – | 147 | 70 | –1.82 | 10 240 | 48 | 18 |
| 6 | C+ | 并列阳线 + | 54 | 38 | 3.9 | 27 877 | 70 | 18 |
| 7 | C+ | 分手线 + | 46 | 31 | 2.1 | 32 725 | 67 | 13 |
| 8 | R– | 约会线 – | 53 | 24 | –1.55 | 28 403 | 45 | 12 |
| 9 | R– | 梯形顶部 – | 31 | 14 | –1.4 | 48 559 | 45 | 12 |
| 10 | R+ | 相同低价 + | 51 | 33 | 7.58 | 29 516 | 65 | 9 |
| 11 | R– | 上吊线 – | 15 401 | 6 641 | –1.26 | 97 | 43 | 7 |
| 12 | R– | 流星线 – | 499 | 215 | –0.96 | 3 016 | 43 | 7 |
| 13 | R– | 十字黄昏星 – | 194 | 83 | –1.7 | 7 759 | 43 | 6 |
| 14 | R+ | 藏婴吞没 + | 27 | 17 | 3.42 | 55 754 | 63 | 6 |
| 15 | R+ | 白色三兵 + | 374 | 235 | 1.05 | 4 025 | 63 | 5 |
| 16 | R+ | 十字星 + | 575 | 361 | 2.57 | 2 618 | 63 | 5 |
| 17 | R+ | 传信鸽 + | 5 040 | 3 137 | 1.84 | 298 | 62 | 4 |
| 18 | C+ | 向上跳空三法 + | 341 | 212 | 1.73 | 4 414 | 62 | 4 |
| 19 | C+ | 三线直击 + | 873 | 540 | 1.59 | 1 724 | 62 | 4 |
| 20 | R+ | 倒锤子线 + | 2 889 | 1 783 | 2.29 | 521 | 62 | 4 |
| 21 | R– | 两只乌鸦 – | 692 | 288 | –1.49 | 2 175 | 42 | 3 |
| 22 | R– | 长实体阴线 – | 3 396 | 1 410 | –1.36 | 443 | 42 | 3 |
| 23 | C+ | 待入线 + | 446 | 273 | 1.51 | 3 375 | 61 | 3 |
| 24 | C– | 下降三法 – | 1 792 | 739 | –1.53 | 840 | 41 | 2 |
| 25 | R– | 深思 – | 422 | 174 | –0.91 | 3 567 | 41 | 2 |
| 26 | C+ | 向上跳空并列阴阳线 + | 1 720 | 1 048 | 1.5 | 875 | 61 | 2 |
| 27 | C– | 向下跳空并列阴阳线 – | 1 879 | 772 | –1.4 | 801 | 41 | 2 |
| 28 | R– | 吞没 – | 15 961 | 6 536 | –1.24 | 94 | 41 | 1 |
| 29 | R+ | 孕线 + | 13 383 | 8 079 | 1.67 | 112 | 60 | 1 |
| 30 | R+ | 三外升 + | 3 856 | 2 320 | 1.76 | 390 | 60 | 1 |

（续）

| 排名 | 类型 | 形态名称 | 出现总数 | 形态成功 | 平均收益（%） | MTBP | 成功率（%） | 评级 |
|---|---|---|---|---|---|---|---|---|
| 31 | R− | 孕线 − | 16 598 | 6 747 | −1.34 | 90 | 41 | 1 |
| 32 | R+ | 反冲 + | 5 | 3 | 0.09 | 301 071 | 60 | 1 |
| 33 | R+ | 执带线 + | 1 509 | 906 | 1.91 | 997 | 60 | 1 |
| 34 | R− | 乌云盖顶 − | 3 311 | 1 342 | −1.4 | 454 | 41 | 0 |
| 35 | R+ | 十字孕线 + | 958 | 571 | 1.46 | 1 571 | 60 | 0 |
| 36 | R+ | 吞没 + | 13 768 | 8 141 | 1.54 | 109 | 59 | −1 |
| 37 | R+ | 南方三星 + | 61 | 36 | 1.52 | 24 678 | 59 | −1 |
| 38 | C+ | 切入线 + | 605 | 356 | 1.73 | 2 488 | 59 | −1 |
| 39 | R− | 向上跳空两只乌鸦 − | 342 | 135 | −1.55 | 4 401 | 39 | −2 |
| 40 | R− | 黄昏之星 − | 1 552 | 611 | −1.77 | 969 | 39 | −2 |
| 41 | R+ | 长实体阳线 + | 2 661 | 1 538 | 1.36 | 565 | 58 | −3 |
| 42 | C+ | 上升三法 + | 2 675 | 1 542 | 1.45 | 562 | 58 | −3 |
| 43 | R− | 三只乌鸦接力 − | 36 | 14 | −1.28 | 41 815 | 39 | −4 |
| 44 | R− | 十字星 − | 661 | 257 | −2.23 | 2 277 | 39 | −4 |
| 45 | R− | 三星 − | 80 | 31 | −3.73 | 18 816 | 39 | −4 |
| 46 | C− | 三线直击 − | 926 | 359 | −1.79 | 1 625 | 39 | −4 |
| 47 | R− | 三内降 − | 1 314 | 508 | −1.63 | 1 145 | 39 | −4 |
| 48 | R− | 十字孕线 − | 1 066 | 412 | −1.9 | 1 412 | 39 | −4 |
| 49 | C− | 切入线 − | 440 | 169 | −1.56 | 3 421 | 38 | −5 |
| 50 | R− | 三外降 − | 4 479 | 1 722 | −1.53 | 336 | 38 | −5 |
| 51 | R+ | 三内升 + | 1 270 | 721 | 1.31 | 1 185 | 57 | −5 |
| 52 | R− | 执带线 − | 2 121 | 813 | −1.48 | 709 | 38 | −5 |
| 53 | R+ | 三星 + | 98 | 55 | 4.04 | 15 360 | 56 | −6 |
| 54 | R+ | 刺透线 + | 2 410 | 1 347 | 1.3 | 624 | 56 | −6 |
| 55 | R+ | 锤子线 + | 15 071 | 8 333 | 1.04 | 99 | 55 | −7 |
| 56 | R− | 脱离 − | 129 | 48 | −1.78 | 11 669 | 37 | −8 |
| 57 | C− | 待入线 − | 344 | 127 | −1.72 | 4 376 | 37 | −8 |
| 58 | R+ | 十字启明星 + | 273 | 142 | 0.34 | 5 514 | 52 | −13 |
| 59 | R+ | 启明星 + | 1 811 | 930 | 0.54 | 831 | 51 | −14 |

（续）

| 排名 | 类型 | 形态名称 | 出现总数 | 形态成功 | 平均收益（%） | MTBP | 成功率（%） | 评级 |
|---|---|---|---|---|---|---|---|---|
| 60 | R– | 三只黑乌鸦 – | 497 | 172 | –2.48 | 3 028 | 35 | –14 |
| 61 | R+ | 约会线 + | 4 | 2 | 8.78 | 376 339 | 50 | –16 |
| 62 | R+ | 弃婴 + | 8 | 4 | –0.29 | 188 169 | 50 | –16 |
| 63 | R+ | 竖状三明治 + | 4 | 2 | –2 | 376 339 | 50 | –16 |
| 64 | R– | 反冲 – | 3 | 1 | –6.08 | 501 786 | 33 | –17 |
| 65 | R+ | 梯形底部 + | 60 | 29 | 0.68 | 25 089 | 48 | –19 |
| 66 | R+ | 奇特三川底部 + | 10 | 4 | –0.08 | 150 535 | 40 | –33 |
| 67 | R– | 弃婴 – | 5 | 1 | –7.02 | 301 071 | 20 | –50 |
| 68 | C– | 并列阳线 – | 13 | 2 | –2.32 | 115 796 | 15 | –62 |
| | | 总计 | 147 943 | 73 540 | | | | |

表 7-7　形态排名及评级（统计数据来自可以进行期权交易的股票，时间间隔为 7 天）

| 排名 | 类型 | 形态名称 | 出现总数 | 形态成功 | 平均收益（%） | MTBP | 成功率（%） | 评级 |
|---|---|---|---|---|---|---|---|---|
| 1 | C– | 分手线 – | 19 | 11 | –1.52 | 79 229 | 58 | 46 |
| 2 | R– | 相同高价 – | 76 | 42 | –1.25 | 19 807 | 55 | 39 |
| 3 | R+ | 脱离 + | 96 | 77 | 3.63 | 15 680 | 80 | 33 |
| 4 | R+ | 约会线 + | 4 | 3 | 8.25 | 376 339 | 75 | 24 |
| 5 | R+ | 相同低价 + | 51 | 38 | 7.42 | 29 516 | 75 | 24 |
| 6 | C– | 向下跳空三法 – | 432 | 206 | –0.64 | 3 484 | 48 | 20 |
| 7 | C+ | 并列阳线 + | 54 | 39 | 4.1 | 27 877 | 72 | 20 |
| 8 | R– | 约会线 – | 53 | 25 | –1.35 | 28 403 | 47 | 19 |
| 9 | R+ | 藏婴吞没 + | 27 | 19 | 3.75 | 55 754 | 70 | 17 |
| 10 | R– | 三星 – | 80 | 37 | –3.8 | 18 816 | 46 | 16 |
| 11 | R– | 梯形顶部 – | 31 | 14 | –1.42 | 48 559 | 45 | 14 |
| 12 | C+ | 分手线 + | 46 | 31 | 2.2 | 32 725 | 67 | 12 |
| 13 | R– | 前进受阻 – | 147 | 65 | –2.14 | 10 240 | 44 | 11 |
| 14 | R– | 流星线 – | 497 | 216 | –1.21 | 3 028 | 43 | 9 |
| 15 | C+ | 三线直击 + | 870 | 561 | 1.89 | 1 730 | 64 | 7 |

（续）

| 排名 | 类型 | 形态名称 | 出现总数 | 形态成功 | 平均收益（%） | MTBP | 成功率（%） | 评级 |
|---|---|---|---|---|---|---|---|---|
| 16 | R+ | 白色三兵 + | 374 | 241 | 1.16 | 4 025 | 64 | 7 |
| 17 | R− | 上吊线 − | 15 386 | 6 493 | −1.46 | 97 | 42 | 6 |
| 18 | C+ | 向上跳空三法 + | 341 | 218 | 1.93 | 4 414 | 64 | 6 |
| 19 | R+ | 传信鸽 + | 5 038 | 3 202 | 2.14 | 298 | 64 | 5 |
| 20 | R− | 三只乌鸦接力 − | 36 | 15 | −1.33 | 41 815 | 42 | 5 |
| 21 | R+ | 倒锤子线 + | 2 883 | 1 803 | 2.59 | 522 | 63 | 4 |
| 22 | C+ | 向上跳空并列阴阳线 + | 1 716 | 1 071 | 1.81 | 877 | 62 | 3 |
| 23 | R− | 十字黄昏星 − | 194 | 79 | −2.05 | 7 759 | 41 | 3 |
| 24 | C− | 下降三法 − | 1 789 | 727 | −1.69 | 841 | 41 | 2 |
| 25 | R+ | 执带线 + | 1 509 | 931 | 2.14 | 997 | 62 | 2 |
| 26 | R+ | 三星 + | 98 | 60 | 4.75 | 15 360 | 61 | 1 |
| 27 | C+ | 待入线 + | 445 | 272 | 1.68 | 3 382 | 61 | 1 |
| 28 | R− | 两只乌鸦 − | 689 | 276 | −1.75 | 2 184 | 40 | 1 |
| 29 | R+ | 孕线 + | 13 375 | 8 122 | 1.93 | 112 | 61 | 1 |
| 30 | C− | 向下跳空并列阴阳线 − | 1 879 | 751 | −1.73 | 801 | 40 | 1 |
| 31 | R− | 长实体阴线 − | 3 392 | 1 349 | −1.69 | 443 | 40 | 0 |
| 32 | R+ | 十字星 + | 575 | 347 | 2.79 | 2 618 | 60 | 0 |
| 33 | C− | 三线直击 − | 925 | 367 | −1.82 | 1 627 | 40 | 0 |
| 34 | R− | 深思 − | 421 | 167 | −1.04 | 3 575 | 40 | 0 |
| 35 | R+ | 三外升法 + | 3 841 | 2 307 | 1.87 | 391 | 60 | 0 |
| 36 | R+ | 反冲 + | 5 | 3 | 2.09 | 301 071 | 60 | 0 |
| 37 | R− | 孕线 − | 16 566 | 6 538 | −1.54 | 90 | 39 | −1 |
| 38 | R+ | 十字孕线 + | 958 | 570 | 1.68 | 1 571 | 59 | −1 |
| 39 | R− | 黄昏之星 − | 1 552 | 608 | −2.09 | 969 | 39 | −2 |
| 40 | R− | 乌云盖顶 − | 3 304 | 1 292 | −1.73 | 455 | 39 | −2 |
| 41 | R− | 吞没 − | 15 942 | 6 218 | −1.55 | 94 | 39 | −2 |
| 42 | R+ | 吞没 + | 13 746 | 8 121 | 1.69 | 109 | 59 | −2 |
| 43 | C− | 切入线 − | 440 | 170 | −1.82 | 3 421 | 39 | −3 |
| 44 | R− | 十字星 − | 657 | 253 | −2.55 | 2 291 | 39 | −3 |

（续）

| 排名 | 类型 | 形态名称 | 出现总数 | 形态成功 | 平均收益（%） | MTBP | 成功率（%） | 评级 |
|---|---|---|---|---|---|---|---|---|
| 45 | C+ | 切入线 + | 604 | 353 | 1.89 | 2 492 | 58 | -3 |
| 46 | C+ | 上升三法 + | 2 670 | 1 551 | 1.57 | 563 | 58 | -4 |
| 47 | R+ | 长实体阳线 + | 2 654 | 1 538 | 1.48 | 567 | 58 | -4 |
| 48 | R- | 向上跳空两只乌鸦 - | 341 | 129 | -1.75 | 4 414 | 38 | -5 |
| 49 | R+ | 南方三星 + | 61 | 35 | 1.66 | 24 678 | 57 | -5 |
| 50 | R- | 三外降法 - | 4 476 | 1 690 | -1.73 | 336 | 38 | -5 |
| 51 | R+ | 三内升法 + | 1 265 | 724 | 1.44 | 1 190 | 57 | -5 |
| 52 | C- | 待入线 - | 344 | 128 | -1.78 | 4 376 | 37 | -6 |
| 53 | R- | 三内降法 - | 1 314 | 483 | -1.87 | 1 145 | 37 | -8 |
| 54 | R- | 十字孕线 - | 1 063 | 390 | -2.24 | 1 416 | 37 | -8 |
| 55 | R+ | 锤子线 + | 15 067 | 8 373 | 1.27 | 99 | 56 | -8 |
| 56 | R+ | 刺透线 + | 2 410 | 1 339 | 1.39 | 624 | 56 | -8 |
| 57 | R- | 执带线 - | 2 117 | 771 | -1.79 | 711 | 36 | -8 |
| 58 | R- | 三只黑乌鸦 - | 497 | 177 | -2.74 | 3 028 | 36 | -10 |
| 59 | R+ | 十字启明星 + | 273 | 147 | 0.68 | 5 514 | 54 | -11 |
| 60 | R- | 脱离 - | 129 | 45 | -2.01 | 11 669 | 35 | -12 |
| 61 | R+ | 梯形底部 + | 60 | 31 | 0.97 | 25 089 | 52 | -14 |
| 62 | R+ | 启明星 + | 1 811 | 928 | 0.76 | 831 | 51 | -15 |
| 63 | R- | 反冲 - | 3 | 1 | -5.99 | 501 786 | 33 | -16 |
| 64 | R+ | 竖状三明治 + | 4 | 2 | -1.62 | 376 339 | 50 | -17 |
| 65 | R+ | 奇特三川底部 + | 10 | 4 | -0.11 | 150 535 | 40 | -34 |
| 66 | R- | 弃婴 - | 5 | 1 | -6.99 | 301 071 | 20 | -50 |
| 67 | R+ | 弃婴 + | 8 | 2 | -1.57 | 188 169 | 25 | -59 |
| 68 | C- | 并列阳线 - | 13 | 2 | -2.74 | 115 796 | 15 | -61 |
| | | 总计 | 147 758 | 72 799 | | | | |

## 长期形态分析（1991 年 11 月 29 日至 2004 年 12 月 31 日）

我们仍然沿用上一节中使用的概念进行分析，但这次我们面对的数据量要大得多（差不多有 550 万个交易日），从中我们可以看出，蜡烛图形态几乎在各种市场中都能发挥作用。图 7-3 显示了 1991 年 11 月 29 日至 2004 年 12 月 31 日标准普尔 500 指数。在这一期间，市场经历了波澜壮阔的牛市也经历了极度低迷的熊市。

表 7-8 显示了使用前一节的分析方法得到的结果，只不过这次使用的数据量要大得多，并包含在许多额外的蜡烛图形态中，而且其形式更加简明。这些排名是根据胜率（%Wins，即一种形态成功的百分比）来进行的。与 %Wins 相对应的是失败率（%Losses，等于 100%–%Wins）。每一种形态都是在相同的预测间隔下进行检验的，7 种预测间隔的平均值显示在表格的最后一列。

通过随后的两个表格，你应该思考一下下列问题：

1. 每种蜡烛图形态表现得如何？

2. 对于每一种蜡烛图形态，最佳的交易退出方法或者时间周期是什么？

3. 每种蜡烛图形态什么时候表现得最好？

4. 每种蜡烛图形态什么时候表现得最差？

未能产生收益或者损失的交易（进入市场的费用正好等于退出市场时的收益）没有包含在表 7-8 的 %Wins 指标中。这类交易也没有包含在表 7-9 中"每次交易的净收益 / 损失"（Net Profit/Loss per Trade）的计算中。"每次交易的净收益 / 损失"是所有交易中平均获利或亏损的数值。由于这是所有交易（包括盈利的交易、盈亏平衡的交易和亏损的交易）的一个平均值，因此它可能是正数、负数，甚至是 0。如果"每次交易的净收益 / 损失"值是正的，则意味着交易产生了利润。如果该值是负的，则意味着交易产生了净亏损。

请注意："每次交易的净收益 / 损失"值是通过由所有每次交易的结果之和除以总交易次数得到的。如果所有的交易都产生了收益或亏损（即交易结果不为 0），则"每次交易的净收益 / 损失）值可以通过下列方法进行计算：

每次交易的净收益 / 损失＝（获利者的百分比 × 平均收益）
＋（亏损者的百分比 × 平均亏损）

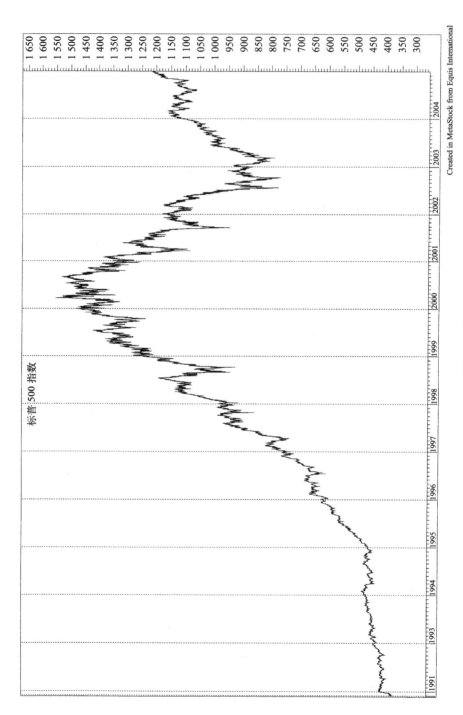

标普 500 指数

图 7-3　标普 500 指数（时间跨度 13 年）

Created in MetaStock from Equis International

注意：上面的等式中使用了" + "号，因为平均亏损是一个负值。而且，如果你自己动手进行计算，请注意 %Wins 和 %Losses 由于四舍五入造成的差别。例如，如果 7 次交易中有 5 次成功，则表中显示 %Wins 值为 71%，而更精确的数值应该是 71.4268%。创建这一表格时使用的软件在所有的计算中都使用了精确值，但为了阅读方便，我们在本书中使用了经过四舍五入后的值。

一个好的蜡烛图形态将在多种时间框架下产生正的"每次交易的净收益 / 损失"值。而且，在每次交易时产生净利润的蜡烛图形态中，更好的形态是那些具有较小平均损失（AvgLoss，等于 100%-%Wins）的形态（即 AvgLoss 的值为 -3% 肯定好于 -6%）。蜡烛形态并不是完美的，因此当交易不成功时，你会希望一次的失误不会给你的账户带来太大的损失。

要使用这一表格，你必须记住，50% 或更低的成功率跟掷硬币没什么不同，没有什么参考价值。表格的最后一列显示出了两个最高平均值和两个最低平均值。注意，这四种情况出现的次数相对较少。它们只是由 92 种形态组成，占总形态数（701 402 种）的 0.001 3%。

请注意，看涨的下降受阻形态在所有 7 种预测间隔中都保持了不错的成功率。其平均成功率为 56%，这已经很不错了。你要仔细分析这一表格中的数据。

最后，这 7 个预测间隔平均值的平均值列在表 7-8 的右侧。这为我们进一步证明了蜡烛图形态分析的价值。虽然有两种形态的表现并不比猜硬币的概率更高，但值得欣慰的是，其他大多数形态都可以给交易者在交易时带来一定的帮助。

表 7-8　股票平均收益（统计数据来自可以进行期权交易的股票）

| 股票数量 | 2 277 | 7.827 2 | 形态频率 |
|---|---|---|---|
| 交易日数 | 5 490 000 | | |
| 形态数量 | 701 402 | | |

| 形态名称 | 数量 | 1 日 | 2 日 | 3 日 | 4 日 | 5 日 | 6 日 | 7 日 | 平均值 |
|---|---|---|---|---|---|---|---|---|---|
| 一只黑乌鸦 – | 15 850 | 48% | 48% | 48% | 48% | 49% | 49% | 48% | 48% |

（续）

| 形态名称 | 数量 | 1日 | 2日 | 3日 | 4日 | 5日 | 6日 | 7日 | 平均值 |
|---|---|---|---|---|---|---|---|---|---|
| 白色一兵 + | 20 812 | 49% | 50% | 51% | 53% | 53% | 53% | 53% | 52% |
| 三只黑乌鸦 – | 3 659 | 49% | 48% | 48% | 47% | 46% | 46% | 46% | 47% |
| 三次向上跳空 + | 44 | 43% | 43% | 50% | 40% | 36% | 36% | 37% | 41% |
| 三次向下跳空 + | 1 101 | 55% | 53% | 55% | 53% | 53% | 53% | 55% | 54% |
| 三次向上跳空 – | 1 940 | 54% | 54% | 54% | 54% | 55% | 54% | 52% | 54% |
| 三线直击 + | 447 | 48% | 50% | 49% | 54% | 55% | 56% | 56% | 53% |
| 三线直击 – | 500 | 49% | 48% | 48% | 49% | 47% | 48% | 49% | 48% |
| 北方三星 – | 7 | 60% | 57% | 43% | 57% | 67% | 43% | 14% | 49% |
| 南方三星 + | 9 | 67% | 44% | 67% | 89% | 78% | 75% | 50% | **67%** |
| 触顶后向下跳空 – | 32 | 45% | 38% | 38% | 41% | 38% | 35% | 52% | **41%** |
| 白色三兵 + | 2 479 | 52% | 52% | 51% | 53% | 52% | 52% | 52% | 52% |
| 弃婴 + | 64 | 59% | 54% | 58% | 62% | 56% | 57% | 48% | 56% |
| 弃婴 – | 44 | 49% | 55% | 51% | 60% | 55% | 51% | 53% | 53% |
| 前进受阻 – | 148 | 49% | 47% | 48% | 49% | 46% | 43% | 47% | 47% |
| 战后休整 + | 7 214 | 50% | 53% | 52% | 52% | 52% | 52% | 52% | 52% |
| 执带 + | 1 062 | 50% | 50% | 54% | 56% | 55% | 54% | 55% | 53% |
| 执带 – | 983 | 51% | 49% | 48% | 48% | 48% | 47% | 46% | 48% |
| 脱离 + | 84 | 58% | 53% | 62% | 58% | 57% | 53% | 52% | 56% |
| 脱离 – | 89 | 52% | 51% | 45% | 56% | 60% | 60% | 58% | 55% |
| 藏婴 + | 101 | 51% | 55% | 52% | 50% | 50% | 53% | 54% | 52% |
| 深思 + | 3 994 | 54% | 53% | 55% | 56% | 56% | 56% | 56% | 55% |
| 深思 – | 5 903 | 53% | 52% | 52% | 52% | 52% | 52% | 51% | 52% |
| **下降受阻 +** | 250 | 54% | 58% | 54% | 55% | 57% | 55% | 57% | 56% |
| 俯冲之鹰 – | 6 395 | 54% | 54% | 52% | 53% | 51% | 50% | 50% | 52% |
| 乌云盖顶 – | 7 354 | 50% | 48% | 47% | 48% | 48% | 48% | 47% | 48% |
| 十字星 + | 12 505 | 53% | 53% | 54% | 54% | 54% | 55% | 55% | 54% |
| 十字星 – | 16 939 | 53% | 52% | 52% | 51% | 51% | 51% | 50% | 51% |
| 向下跳空并列阴阳线 – | 383 | 52% | 52% | 52% | 51% | 49% | 49% | 50% | 51% |
| 三外升 + | 16 782 | 49% | 50% | 51% | 52% | 51% | 51% | 52% | 51% |
| 三外降 – | 17 345 | 48% | 47% | 47% | 47% | 47% | 46% | 45% | 47% |

（续）

| 形态名称 | 数量 | 1 日 | 2 日 | 3 日 | 4 日 | 5 日 | 6 日 | 7 日 | 平均值 |
|---|---|---|---|---|---|---|---|---|---|
| 吞没 + | 87 974 | 49% | 49% | 50% | 50% | 51% | 51% | 51% | 50% |
| 吞没 - | 95 200 | 49% | 48% | 48% | 48% | 48% | 47% | 47% | 48% |
| 十字黄昏星 - | 1 202 | 49% | 51% | 52% | 53% | 53% | 53% | 50% | 52% |
| 黄昏之星 - | 1 531 | 48% | 47% | 49% | 49% | 49% | 48% | 48% | 48% |
| 下降三法 - | 1 027 | 53% | 54% | 54% | 48% | 47% | 48% | 48% | 50% |
| 向上跳空两只乌鸦 - | 11 | 64% | 45% | 45% | 40% | 36% | 45% | 36% | 44% |
| 向下跳空两只兔子 + | 7 | 86% | 71% | 86% | 86% | 86% | 86% | 86% | **84%** |
| 三次向上跳空 + | 342 | 57% | 55% | 53% | 52% | 48% | 52% | 52% | 53% |
| 三次向上跳空 - | 416 | 49% | 49% | 47% | 48% | 48% | 48% | 48% | 48% |
| 锤子线 + | 13 295 | 45% | 47% | 47% | 47% | 49% | 49% | 50% | 48% |
| 上吊线 - | 21 717 | 65% | 62% | 60% | 59% | 57% | 57% | 56% | 59% |
| 十字孕线 + | 11 712 | 52% | 51% | 52% | 53% | 53% | 53% | 54% | 53% |
| 十字孕线 - | 14 215 | 52% | 51% | 51% | 50% | 50% | 49% | 49% | 50% |
| 孕线 + | 101 531 | 50% | 51% | 52% | 52% | 53% | 53% | 53% | 52% |
| 孕线 - | 120 366 | 51% | 50% | 50% | 50% | 49% | 49% | 49% | 50% |
| 三内升 + | 15 190 | 50% | 50% | 52% | 51% | 51% | 52% | 52% | 51% |
| 三内降 - | 16 893 | 49% | 48% | 48% | 48% | 48% | 47% | 47% | 48% |
| 传信鸽 + | 6 080 | 51% | 52% | 53% | 54% | 53% | 54% | 55% | 53% |
| 切入线 + | 22 | 43% | 41% | 36% | 50% | 48% | 59% | 45% | 46% |
| 切入线 - | 22 | 50% | 40% | 50% | 45% | 45% | **29%** | 36% | 42% |
| 倒锤子线 + | 2 754 | 64% | 61% | 59% | 59% | 58% | 58% | 58% | 60% |
| 反冲 + | 143 | 51% | 47% | 44% | 46% | 46% | 47% | 49% | 47% |
| 反冲 - | 92 | 54% | 49% | 43% | 44% | 40% | 47% | 43% | 46% |
| 梯形底部 + | 383 | 48% | 53% | 60% | 54% | 54% | 56% | 57% | 55% |
| 梯形顶部 - | 363 | 52% | 51% | 51% | 54% | 54% | 51% | 51% | 52% |
| 铺垫 + | 164 | 46% | 49% | 50% | 53% | 55% | 55% | 53% | 52% |
| 铺垫 - | 96 | 57% | 47% | 45% | 52% | 47% | 48% | 49% | 49% |
| 相同高价 - | 4 668 | 67% | 62% | 61% | 58% | 57% | 55% | 55% | 59% |
| 相同低价 + | 4 190 | 67% | 61% | 59% | 58% | 57% | 57% | 58% | 60% |
| 约会线 + | 1 101 | 49% | 51% | 50% | 52% | 52% | 53% | 54% | 52% |

（续）

| 形态名称 | 数量 | 1日 | 2日 | 3日 | 4日 | 5日 | 6日 | 7日 | 平均值 |
|---|---|---|---|---|---|---|---|---|---|
| 约会线 − | 1 336 | 51% | 50% | 50% | 52% | 52% | 51% | 51% | 51% |
| 十字启明星 + | 1 105 | 47% | 46% | 49% | 50% | 53% | 54% | 52% | 50% |
| 启明星 + | 1 601 | 49% | 50% | 51% | 50% | 51% | 51% | 53% | 51% |
| 待入线 + | 388 | 58% | 53% | 56% | 55% | 50% | 54% | 53% | 54% |
| 待入线 − | 375 | 54% | 49% | 50% | 50% | 48% | 46% | 49% | 49% |
| 刺透线 + | 5 751 | 49% | 48% | 50% | 51% | 51% | 52% | 52% | 50% |
| 上升三法 + | 1 650 | 52% | 52% | 51% | 50% | 52% | 51% | 51% | 51% |
| 分手线 + | 317 | 52% | 51% | 53% | 55% | 55% | 55% | 56% | 54% |
| 分手线 − | 349 | 49% | 48% | 51% | 52% | 50% | 50% | 47% | 50% |
| 流星线 − | 1 595 | 50% | 49% | 51% | 50% | 50% | 49% | 48% | 50% |
| 挤压报警 + | 6 531 | 48% | 50% | 51% | 52% | 53% | 53% | 54% | 52% |
| 挤压报警 − | 7 568 | 51% | 51% | 51% | 50% | 50% | 49% | 48% | 50% |
| 竖状三明治 + | 301 | 55% | 53% | 53% | 58% | 57% | 56% | 57% | 56% |
| 竖状三明治 − | 321 | 51% | 48% | 46% | 46% | 47% | 49% | 47% | 48% |
| 并列阴线 + | 228 | 43% | 47% | 49% | 48% | 48% | 48% | 48% | 47% |
| 并列阴线 − | 263 | 48% | 49% | 45% | 45% | 43% | 44% | 42% | 45% |
| 并列阳线 + | 369 | 46% | 44% | 48% | 50% | 49% | 49% | 52% | 48% |
| 并列阳线 − | 98 | 48% | 45% | 46% | 47% | 48% | 48% | 49% | 47% |
| 插入线 + | 760 | 54% | 55% | 56% | 53% | 52% | 52% | 54% | 54% |
| 插入线 − | 771 | 51% | 52% | 51% | 50% | 50% | 47% | 48% | 50% |
| 三星 + | 869 | 44% | 46% | 47% | 49% | 50% | 51% | 51% | 48% |
| 三星 − | 867 | 47% | 44% | 47% | 48% | 46% | 47% | 47% | 47% |
| 两只乌鸦 − | 205 | 55% | 50% | 45% | 47% | 44% | 44% | 47% | 47% |
| 两只兔子 + | 125 | 47% | 45% | 44% | 44% | 52% | 46% | 43% | 46% |
| 奇特三川 + | 11 | 64% | 45% | 50% | 45% | 45% | 45% | 55% | 50% |
| 奇特三山 − | 7 | 29% | 57% | 57% | 57% | 43% | 29% | 29% | 43% |
| 向上跳空并列阴阳线 + | 415 | 50% | 50% | 49% | 50% | 49% | 48% | 49% | 49% |
| 总计 | 701 402 | 52% | 50% | 51% | 52% | 51% | 51% | 50% | 51% |

蜡烛图形态适应性的额外信息可以通过用每次交易的净收益除以每次交

易的净损失得到。这是衡量蜡烛图形态总体获利能力的指标，建立在预测间隔的基础之上。表 7-9 用粗体字显示了这些正值。

表 7-9　每次交易净收益 / 净亏损（统计数据来自可以进行期权交易的股票）

股票数量　　　　　　2 277

交易日数　　　　　　5 490 000　　　　　粗体表示正值

形态数量　　　　　　701 402　　　　7.827 2　　　形态频率

| 形态名称 | 数量 | 1 日 | 2 日 | 3 日 | 4 日 | 5 日 | 6 日 | 7 日 | 平均值 |
|---|---|---|---|---|---|---|---|---|---|
| 一只黑乌鸦 − | 15 850 | −0.10 | −0.15 | −0.24 | −0.22 | −0.23 | −0.26 | −0.40 | −0.23 |
| 白色一兵 + | 20 812 | **0.17** | **0.24** | **0.42** | **0.58** | **0.70** | **0.76** | **0.78** | **0.52** |
| 三只黑乌鸦 − | 3 659 | −0.09 | −0.34 | −0.36 | −0.55 | −0.73 | −0.91 | −1.07 | −0.58 |
| 三次向上跳空 + | 44 | −0.09 | −1.40 | −1.19 | −1.96 | −2.60 | −3.30 | −2.62 | −1.88 |
| 三次向下跳空 + | 1 101 | **0.45** | **0.62** | **0.61** | **0.73** | **0.91** | **1.00** | **1.16** | **0.78** |
| 三次向上跳空 − | 1 940 | **0.13** | **0.19** | **0.18** | **0.17** | **0.22** | **0.24** | −0.05 | **0.15** |
| 三线直击 + | 447 | −0.10 | **0.10** | **0.07** | **0.40** | **0.16** | **0.46** | **0.59** | **0.24** |
| 三线直击 − | 500 | −0.30 | −0.43 | −0.72 | −0.61 | −0.59 | −0.78 | −0.51 | −0.56 |
| 北方三星 − | 7 | −0.37 | −0.70 | −1.14 | −1.05 | −1.57 | −2.46 | −2.64 | −1.42 |
| 南方三星 + | 9 | **0.17** | **0.80** | **1.04** | **1.50** | **1.91** | **1.22** | **1.95** | **1.23** |
| 触顶后向下跳空 − | 32 | −1.90 | −2.46 | −1.99 | −1.30 | −1.86 | −2.13 | −1.23 | −1.84 |
| 白色三兵 + | 2 479 | **0.18** | **0.23** | **0.36** | **0.47** | **0.43** | **0.34** | **0.44** | **0.35** |
| 弃婴 + | 64 | **0.73** | **0.40** | **0.33** | **0.46** | **0.24** | **0.76** | **0.81** | **0.53** |
| 弃婴 − | 44 | **0.01** | −0.32 | **0.43** | **0.37** | −0.04 | −1.39 | −1.81 | −0.39 |
| 前进受阻 − | 148 | −0.35 | −0.39 | −0.87 | −0.70 | −0.83 | −1.23 | −1.36 | −0.82 |
| 战后休整 + | 7 214 | **0.12** | **0.36** | **0.40** | **0.47** | **0.49** | **0.48** | **0.57** | **0.41** |
| 执带 + | 1 062 | **0.12** | **0.00** | **0.55** | **0.91** | **1.04** | **0.99** | **1.08** | **0.67** |
| 执带 − | 983 | **0.14** | −0.18 | −0.18 | −0.11 | **0.09** | −0.45 | −0.63 | −0.21 |
| 脱离 + | 84 | −0.02 | **0.72** | **1.98** | **1.55** | **1.54** | **0.92** | **0.88** | **1.08** |
| 脱离 − | 89 | **0.03** | −0.06 | **0.17** | **0.41** | **0.54** | **0.56** | **0.93** | **0.37** |
| 藏婴 + | 101 | **0.28** | **0.73** | **1.17** | **1.51** | **1.25** | **2.05** | **2.31** | **1.33** |
| 深思 + | 3 994 | **0.29** | **0.48** | **0.79** | **1.09** | **1.20** | **1.38** | **1.41** | **0.95** |
| 深思 − | 5 903 | **0.06** | **0.08** | **0.08** | **0.08** | **0.14** | **0.07** | **0.00** | **0.07** |
| 下降受阻 + | 250 | **0.36** | **0.67** | **0.54** | **0.54** | **0.38** | **0.49** | **0.77** | **0.54** |

（续）

| 形态名称 | 数量 | 1 日 | 2 日 | 3 日 | 4 日 | 5 日 | 6 日 | 7 日 | 平均值 |
|---|---|---|---|---|---|---|---|---|---|
| 俯冲之鹰 – | 6 395 | **0.06** | **0.03** | –0.09 | –0.26 | –0.37 | –0.43 | –0.60 | –0.24 |
| 乌云盖顶 – | 7 354 | –0.09 | –0.28 | –0.37 | –0.47 | –0.53 | –0.60 | –0.78 | –0.45 |
| 十字星 + | 12 505 | **0.34** | 0.40 | 0.48 | 0.65 | 0.84 | 0.97 | 1.08 | 0.68 |
| 十字星 – | 16 939 | **0.03** | –0.03 | –0.05 | –0.06 | –0.08 | –0.11 | –0.20 | –0.07 |
| 向下跳空并列阴阳线 – | 383 | **0.03** | **0.44** | **0.14** | –0.35 | –0.32 | –0.30 | –0.43 | –0.11 |
| 三外升 + | 16 782 | **0.05** | **0.19** | **0.30** | **0.40** | **0.44** | **0.44** | **0.43** | 0.32 |
| 三外降 – | 17 345 | –0.23 | –0.39 | –0.39 | –0.49 | –0.60 | –0.79 | –0.98 | –0.55 |
| 吞没 + | 87 974 | **0.07** | **0.07** | **0.21** | **0.32** | **0.39** | **0.48** | **0.49** | 0.29 |
| 吞没 – | 95 200 | –0.08 | –0.20 | –0.30 | –0.36 | –0.45 | –0.56 | –0.72 | –0.38 |
| 十字黄昏星 – | 1 202 | **0.09** | **0.06** | **0.19** | **0.23** | **0.28** | **0.13** | –0.30 | 0.10 |
| 黄昏之星 – | 1 531 | –0.07 | –0.20 | –0.19 | –0.28 | –0.37 | –0.50 | –0.52 | –0.30 |
| 下降三法 – | 1 027 | **0.35** | **0.40** | **0.50** | **0.12** | –0.04 | **0.05** | **0.17** | 0.22 |
| 向上跳空两只乌鸦 – | 11 | **0.95** | –1.28 | –2.26 | –3.16 | –3.75 | –3.48 | –5.91 | –2.70 |
| 向下跳空两只兔子 + | 7 | **2.44** | **1.83** | **2.05** | **2.75** | **4.16** | **6.07** | **3.06** | 3.19 |
| 三次向上跳空 + | 342 | **0.22** | **0.20** | **0.30** | **0.09** | –0.09 | –0.21 | –0.26 | 0.04 |
| 三次向上跳空 – | 416 | **0.14** | **0.14** | –0.16 | –0.40 | –0.45 | –0.70 | –0.92 | –0.34 |
| 锤子线 + | 13 295 | –0.25 | –0.25 | –0.14 | –0.16 | –0.02 | **0.08** | **0.22** | –0.07 |
| 上吊线 – | 21 717 | **0.98** | **0.84** | **0.66** | **0.57** | **0.43** | **0.36** | **0.20** | 0.58 |
| 十字孕线 + | 11 712 | **0.20** | **0.25** | **0.40** | **0.58** | **0.74** | **0.84** | **1.04** | 0.58 |
| 十字孕线 – | 14 215 | –0.06 | –0.14 | –0.20 | –0.27 | –0.30 | –0.38 | –0.48 | –0.26 |
| 孕线 + | 101 531 | **0.16** | **0.22** | **0.37** | **0.54** | **0.63** | **0.69** | **0.80** | 0.49 |
| 孕线 – | 120 366 | –0.01 | –0.13 | –0.21 | –0.25 | –0.27 | –0.31 | –0.41 | –0.23 |
| 三内升 + | 15 190 | **0.14** | **0.20** | **0.37** | **0.43** | **0.44** | **0.51** | **0.51** | 0.37 |
| 三内降 – | 16 893 | –0.10 | –0.25 | –0.27 | –0.32 | –0.43 | –0.55 | –0.60 | –0.36 |
| 传信鸽 + | 6 080 | **0.22** | **0.40** | **0.53** | **0.79** | **1.04** | **1.26** | **1.49** | 0.82 |
| 切入线 + | 22 | –0.48 | **0.08** | **0.36** | **1.00** | **1.19** | **2.13** | **1.53** | 0.83 |
| 切入线 – | 22 | –0.22 | –2.07 | –1.59 | –2.72 | –2.82 | –3.72 | –4.16 | –2.47 |
| 倒锤子线 + | 2 754 | **1.26** | **1.25** | **1.25** | **1.38** | **1.43** | **1.65** | **1.74** | 1.42 |

（续）

| 形态名称 | 数量 | 1日 | 2日 | 3日 | 4日 | 5日 | 6日 | 7日 | 平均值 |
|---|---|---|---|---|---|---|---|---|---|
| 反冲 + | 143 | −0.42 | −0.51 | −0.47 | −0.88 | −0.80 | −0.83 | −0.91 | −0.69 |
| 反冲 − | 92 | −0.15 | −0.73 | −1.75 | −1.13 | −1.21 | −0.90 | −1.24 | −1.02 |
| 梯形底部 + | 383 | −0.10 | **0.10** | **1.10** | **0.98** | **0.87** | **1.19** | **1.22** | **0.77** |
| 梯形顶部 − | 363 | **0.28** | **0.56** | **0.38** | **0.49** | **0.20** | **0.31** | **0.10** | **0.33** |
| 铺垫 + | 164 | **0.05** | **0.21** | **0.56** | **0.11** | **0.69** | **0.82** | **0.71** | **0.45** |
| 铺垫 − | 96 | **0.39** | −0.22 | −0.46 | 0.05 | −0.48 | −0.06 | −0.62 | −0.20 |
| 相同高价 − | 4 668 | **0.81** | **0.65** | **0.59** | **0.37** | **0.39** | **0.26** | **0.30** | **0.48** |
| 相同低价 + | 4 190 | **1.28** | **1.24** | **1.34** | **1.46** | **1.53** | **1.78** | **2.03** | **1.52** |
| 约会线 + | 1 101 | −0.03 | **0.09** | **0.09** | **0.34** | **0.58** | **0.76** | **0.92** | **0.39** |
| 约会线 − | 1 336 | −0.05 | −0.12 | −0.10 | −0.10 | −0.20 | −0.31 | −0.35 | −0.18 |
| 十字启明星 + | 1 105 | −0.16 | −0.22 | −0.16 | **0.12** | **0.25** | **0.42** | **0.52** | **0.11** |
| 启明星 + | 1 601 | −0.02 | −0.04 | **0.11** | **0.32** | **0.44** | **0.50** | **0.75** | **0.29** |
| 待入线 + | 388 | **0.16** | **0.38** | **0.44** | **0.42** | **0.21** | **0.48** | **0.54** | **0.38** |
| 待入线 − | 375 | **0.04** | −0.26 | −0.34 | −0.27 | −0.14 | −0.47 | −0.23 | −0.24 |
| 刺透线 + | 5 751 | **0.11** | −0.09 | **0.13** | **0.25** | **0.37** | **0.57** | **0.48** | **0.26** |
| 上升三法 + | 1 650 | **0.44** | **0.71** | **0.66** | **0.57** | **0.64** | **0.76** | **0.71** | **0.64** |
| 分手线 + | 317 | **0.42** | **0.66** | **0.99** | **1.16** | **1.61** | **1.62** | **2.07** | **1.22** |
| 分手线 − | 349 | −0.49 | −0.59 | −0.32 | 0.01 | −0.06 | −0.60 | −1.02 | −0.44 |
| 流星线 − | 1 595 | −0.19 | −0.30 | −0.13 | −0.13 | −0.10 | −0.38 | −0.46 | −0.24 |
| 挤压报警 + | 6 531 | **0.00** | **0.13** | **0.30** | **0.50** | **0.70** | **0.85** | **1.09** | **0.51** |
| 挤压报警 − | 7 568 | −0.07 | −0.11 | −0.20 | −0.28 | −0.40 | −0.55 | −0.71 | −0.33 |
| 竖状三明治 + | 301 | **0.10** | −0.10 | **0.44** | **0.93** | **1.19** | **1.18** | **1.29** | **0.72** |
| 竖状三明治 − | 321 | −0.08 | −0.16 | −0.43 | −0.40 | −0.39 | −0.32 | −0.37 | −0.31 |
| 并列阴线 + | 228 | −0.40 | −0.31 | −0.11 | −0.19 | −0.18 | −0.21 | **0.11** | −0.18 |
| 并列阴线 − | 263 | −0.39 | −0.87 | −1.22 | −1.34 | −1.72 | −1.77 | −1.82 | −1.30 |
| 并列阳线 + | 369 | −0.14 | −0.42 | −0.35 | −0.41 | −0.35 | −0.01 | −0.07 | −0.25 |
| 并列阳线 − | 98 | **0.02** | −0.30 | −0.31 | −0.03 | −0.56 | −0.74 | −0.76 | −0.38 |
| 插入线 + | 760 | **0.25** | **0.54** | **0.75** | **0.69** | **0.70** | **0.75** | **1.14** | **0.69** |
| 插入线 − | 771 | −0.05 | **0.04** | **0.01** | **0.02** | −0.09 | −0.32 | −0.28 | −0.10 |
| 三星 + | 869 | −0.19 | −0.20 | **0.13** | **0.49** | **0.77** | **1.13** | **1.20** | **0.48** |

（续）

| 形态名称 | 数量 | 1日 | 2日 | 3日 | 4日 | 5日 | 6日 | 7日 | 平均值 |
|---|---|---|---|---|---|---|---|---|---|
| 三星 – | 867 | −0.26 | −0.33 | −0.53 | −0.69 | −0.85 | −0.84 | −0.76 | −0.61 |
| 两只乌鸦 – | 205 | −0.10 | −0.29 | −0.24 | −0.10 | −0.24 | −0.27 | −0.06 | −0.19 |
| 两只兔子 + | 125 | −0.54 | −0.83 | −0.76 | −0.79 | −0.50 | −0.49 | −0.67 | −0.65 |
| 奇特三川 + | 11 | **0.68** | −0.43 | −2.36 | −2.38 | −2.44 | −3.45 | −3.11 | −1.93 |
| 奇特三山 – | 7 | −2.46 | −2.71 | −1.39 | −2.43 | −4.66 | −7.44 | −9.90 | −4.43 |
| 向上跳空并列阴阳线 + | 415 | 0.19 | 0.34 | 0.15 | 0.02 | −0.02 | −0.11 | 0.23 | 0.11 |

从表7-9我们可以看出，有一些蜡烛图形态所在行的所有数值都是正的（粗体）。这样很好，但你必须看一看表7-8中与其相关的数据，以确保某一蜡烛图形态不会造成过大的损失。表7-8中的数据只反映了成功率（%Wins），而与其相对应的失败率（100%–%Wins=%Losses）代表了形态失败可能性的比例。

# 第 8 章

# 蜡烛图形态的表现

在第 7 章中，我们探讨了蜡烛图形态的可靠性问题，还进一步观察了蜡烛图形态在 7 种不同预测间隔上的表现。本章将蜡烛图形态和其他一些技术指标进行对比，从而判断蜡烛图形态的实际表现。你也许一直心有疑惑，蜡烛图真的有用吗？这里我们试着为你解答这个问题。

下面的数据表列出了 14 种不同的技术指标，每个指标都使用常见的参数（即默认参数）。但是，每个表在分析蜡烛图时都使用了不同的时间参数，即我们使用同样的技术指标，使用同样的默认参数，但是我们的考察周期不同（1～7 天）。蜡烛图形态的成功与否由我们考察区间最后一天的价格决定。例如，在表 8-1 中，蜡烛图形态是否成功是由蜡烛图形态完成后一天的价格（参数是 2 天）确定的。如果蜡烛图形态是看跌反转形态或者是看跌持续形态，同时后一天的价格比前一天要低，那么这个形态可以被认定为是成功的。同样，如果同样是看跌反转形态或者是看跌持续形态，但是后一天的价格更高，那么这个形态就被认定为是失败的。换言之，如果在一段时间（取决于时间参数）之后，趋势的演变符合蜡烛图形态本身具有的看涨或看跌倾向，我们就可以认定这个形态是成功的。

| 指标缩写（参数值） | 指 标 说 明 |
|---|---|
| Candles (2) | 蜡烛图形态 |
| NSI (0/11/89) | North System 公司 Insync 指标（同步指标） |
| DM (14/TF) | 韦尔德动向指标 |
| EMV (10/9/9) | 阿姆斯简易波动指标 |
| MFI (20/40/60) | 资金流量指数 |
| %D (14/20/80) | 莱恩慢速随机指标 |
| %K (14/20/80) | 莱恩快速随机指标 |
| PDO (18/10/11) | 非趋势价格摆动指标 |
| MACD (12/26/9/9) | 阿佩尔平滑异同移动平均线 |
| ROC (10/9/9) | 变动率指标 |
| RSI (14/35/65) | 韦尔德相对强弱指数 |
| CCI (14/−100/100) | 兰伯特顺势指标 |
| BRK (50/TF) | 价格突破 |
| %B (20/5/95) | 布林摆动指标 |

我们的分析数据来源于 3 个证券交易所（纽约证券交易所、纳斯达克、美国证券交易所）的总共 7 275 只股票，每只股票历时 13 年多，近似 1 460 万个交易日，这期间一共出现了大约 170 万种蜡烛图形态。

有一点需要提醒大家注意：首先，我们用表现最好的指标对每种股票进行分析，然后对整体的分析结果求取平均数。最后得出的就是我们下列表格中的数字。

表 8-1～表 8-7 展示了只改变衡量蜡烛图形态成功或失败的方法后的各个技术指标表现的评级。这些表格显示了不同预测周期（1～7 天）下各个指标的实际表现。表 8-8 和表 8-9 提供了两种不同的蜡烛图形态衡量方法，我们会在稍后对这个问题进行详细讨论。

表 8-1 显示了蜡烛图形态在一天后（Candles（1））的表现。你可以看到，在一天后，在所有技术指标中，蜡烛图形态排名第五，甚至低于简单的买入持有策略的表现。

表 8-1 表现最好的指标 –1 ①

7 275 只股票         1991 年 11 月 29 日至 2004 年 12 月 31 日

每只股票 3 300 个交易日     1 460 万个交易日的数据

| 最好的指标 | 交易次数 | 平均绩效 | 买入并持有的平均绩效 | 与平均水平相比 |
|---|---|---|---|---|
| NSI (0/11/89) | 82 | 1 390.00% | 214.20% | 1 176.00% |
| DM (14/TF) | 279 | 894.90% | 605.20% | 289.70% |
| EMV (10/9/9) | 173 | 740.90% | 366.00% | 374.90% |
| MFI (20/40/60) | 154 | 580.60% | 380.90% | 199.70% |
| **Candles (1)** | **603** | **531.00%** | **597.60%** | **−66.62%** |
| %D (14/20/80) | 46 | 518.20% | 482.40% | 35.78% |
| %K (14/20/80) | 65 | 478.00% | 373.00% | 105.00% |
| MACD (12/26/9/9) | 84 | 464.10% | 242.80% | 221.30% |
| ROC (10/9/9) | 48 | 446.10% | 358.40% | 87.73% |
| PDO (18/10/11) | 38 | 443.70% | 519.90% | −76.16% |
| RSI (14/35/65) | 115 | 417.70% | 149.90% | 267.80% |
| CCI (14/−100/100) | 77 | 382.80% | 364.30% | 18.50% |
| BRK (50/TF) | 201 | 325.90% | 724.00% | −99.00% |
| %B (20/5/95) | 73 | 250.60% | 316.0% | −65.52% |

① "表现最好的指标 –1" 中的 1 代表使用 1 天的时间间隔，依此类推。——译者注

我们利用相同的排名方法制出表 8-2，但是这次蜡烛图的性能是在两天后（Candles（2））进行测量的。这时，利用蜡烛图形态进行交易所获得的回报率要高于所有数据的平均值，也是 14 种技术指标中最高的。

表 8-2 表现最好的指标 –2

7 275 只股票

每只股票 3 300 个交易日

| 最好的指标 | 交易次数 | 平均绩效 | 买入并持有的平均绩效 | 与平均水平相比 |
|---|---|---|---|---|
| **Candles (2)** | **536** | **1 723.00%** | **633.40%** | **1 089.00%** |
| NSI (0/11/89) | 90 | 1 264.00% | 204.20% | 1 060.00% |
| DM (14/TF) | 302 | 823.10% | 611.90% | 211.20% |
| EMV (10/9/9) | 170 | 749.60% | 354.20% | 395.40% |

（续）

| 最好的指标 | 交易次数 | 平均绩效 | 买入并持有的平均绩效 | 与平均水平相比 |
|---|---|---|---|---|
| MFI (20/40/60) | 164 | 544.50% | 369.90% | 174.50% |
| %D (14/20/80) | 46 | 513.80% | 460.00% | 53.83% |
| %K (14/20/80) | 63 | 457.20% | 331.20% | 126.00% |
| PDO (18/10/11) | 38 | 443.70% | 519.90% | −76.16% |
| MACD (12/26/9/9) | 89 | 435.50% | 240.50% | 195.10% |
| ROC (10/9/9) | 49 | 430.80% | 364.50% | 66.25% |
| RSI (14/35/65) | 115 | 414.30% | 146.80% | 267.50% |
| CCI (14/−100/100) | 75 | 388.80% | 336.20% | 52.59% |
| BRK (50/TF) | 224 | 289.60% | 703.70% | −99.00% |
| %B (20/5/95) | 77 | 236.20% | 286.60% | −50.44% |

表 8-3　表现最好的指标 −3

**7 275 只股票**

**每只股票 3 300 个交易日**

| 最好的指标 | 交易次数 | 平均绩效 | 买入并持有的平均绩效 | 与平均水平相比 |
|---|---|---|---|---|
| NSI (0/11/89) | 86 | 1 319.00% | 188.90% | 1 130.00% |
| DM (14/TF) | 316 | 783.50% | 599.90% | 183.60% |
| EMV (10/9/9) | 175 | 724.30% | 359.70% | 364.60% |
| **Candles (3)** | **528** | **693.70%** | **649.00%** | **44.68%** |
| MFI (20/40/60) | 164 | 543.40% | 347.50% | 195.90% |
| %D (14/20/80) | 45 | 525.60% | 496.00% | 29.67% |
| %K (14/20/80) | 56 | 490.60% | 364.30% | 126.30% |
| PDO (18/10/11) | 35 | 475.50% | 410.30% | 65.26% |
| ROC (10/9/9) | 47 | 445.10% | 340.50% | 104.60% |
| MACD (12/26/9/9) | 91 | 424.50% | 255.40% | 169.00% |
| RSI (14/35/65) | 112 | 414.30% | 135.30% | 279.00% |
| CCI (14/−100/100) | 75 | 384.80% | 349.90% | 34.96% |
| BRK (50/TF) | 236 | 268.90% | 673.80% | −99.00% |
| %B (20/5/95) | 72 | 247.60% | 294.80% | −47.15% |

表 8-4 表现最好的指标 -4

7 275 只股票

每只股票 3 300 个交易日

| 最好的指标 | 交易次数 | 平均绩效 | 买入并持有的平均绩效 | 与平均水平相比 |
|---|---|---|---|---|
| NSI (0/11/89) | 89 | 1 279.00% | 196.30% | 1 083.00% |
| **Candles (4)** | **512** | **902.40%** | **651.50%** | **251.00%** |
| DM (14/TF) | 321 | 770.70% | 584.00% | 186.70% |
| EMV (10/9/9) | 170 | 733.80% | 353.70% | 380.10% |
| MFI (20/40/60) | 158 | 557.50% | 364.80% | 192.70% |
| %D (14/20/80) | 48 | 489.40% | 473.60% | 15.79% |
| %K (14/20/80) | 57 | 485.10% | 336.10% | 149.00% |
| ROC (10/9/9) | 45 | 456.40% | 333.00% | 123.30% |
| PDO (18/10/11) | 36 | 447.00% | 450.20% | −3.23% |
| RSI (14/35/65) | 111 | 421.40% | 143.00% | 278.40% |
| MACD (12/26/9/9) | 95 | 404.80% | 249.40% | 155.50% |
| CCI (14/−100/100) | 75 | 370.70% | 356.50% | 14.20% |
| BRK (50/TF) | 246 | 258.50% | 686.10% | −99.00% |
| %B (20/5/95) | 75 | 234.80% | 293.20% | −58.43% |

表 8-5 表现最好的指标 -5

7 275 只股票

每只股票 3 300 个交易日

| 最好的指标 | 交易次数 | 平均绩效 | 买入并持有的平均绩效 | 与平均水平相比 |
|---|---|---|---|---|
| **Candles (5)** | **507** | **3 314.00%** | **622.20%** | **2 691.00%** |
| NSI (0/11/89) | 84 | 1 326.00% | 193.60% | 1 132.00% |
| DM (14/TF) | 321 | 769.30% | 589.10% | 180.20% |
| EMV (10/9/9) | 169 | 730.20% | 338.30% | 391.80% |
| %D (14/20/80) | 43 | 531.40% | 550.50% | −19.05% |
| MFI (20/40/60) | 166 | 527.30% | 381.30% | 146.00% |
| %K (14/20/80) | 57 | 497.30% | 363.20% | 134.00% |
| PDO (18/10/11) | 33 | 475.40% | 403.60% | 71.80% |
| ROC (10/9/9) | 44 | 451.60% | 328.30% | 123.20% |

（续）

| 最好的指标 | 交易次数 | 平均绩效 | 买入并持有的平均绩效 | 与平均水平相比 |
|---|---|---|---|---|
| MACD (12/26/9/9) | 93 | 413.80% | 261.30% | 152.50% |
| RSI (14/35/65) | 114 | 411.50% | 131.40% | 280.10% |
| CCI (14/−100/100) | 72 | 380.30% | 325.20% | 55.04% |
| %B (20/5/95) | 71 | 244.90% | 307.40% | −62.53% |
| BRK (50/TF) | 264 | 237.90% | 713.70% | −99.00% |

表 8-6　表现最好的指标 −6

7 275 只股票

每只股票 3 300 个交易日

| 最好的指标 | 交易次数 | 平均绩效 | 买入并持有的平均绩效 | 与平均水平相比 |
|---|---|---|---|---|
| NSI (0/11/89) | 84 | 1 328.00% | 218.60% | 1 110.00% |
| EMV (10/9/9) | 179 | 688.20% | 361.30% | 327.00% |
| RSI (14/35/65) | 114 | 410.60% | 138.00% | 272.60% |
| **Candles (6)** | **465** | **839.90**% | **604.10**% | **235.80**% |
| MACD (12/26/9/9) | 92 | 418.70% | 263.40% | 155.20% |
| MFI (20/40/60) | 169 | 517.40% | 386.10% | 131.30% |
| DM (14/TF) | 335 | 741.10% | 611.80% | 129.30% |
| ROC (10/9/9) | 43 | 458.60% | 337.30% | 121.30% |
| %K (14/20/80) | 58 | 480.00% | 358.90% | 121.10% |
| CCI (14/−100/100) | 73 | 376.60% | 318.50% | 58.14% |
| PDO (18/10/11) | 37 | 440.40% | 407.20% | 33.27% |
| %D (14/20/80) | 45 | 503.10% | 509,40% | −6.37% |
| %B (20/5/95) | 72 | 239.50% | 274.40% | −34.91% |
| BRK (50/TF) | 272 | 228.90% | 720.60% | −99.00% |

表 8-7　表现最好的指标 −7

7 275 只股票

每只股票 3 300 个交易日

| 最好的指标 | 交易次数 | 平均绩效 | 买入并持有的平均绩效 | 与平均水平相比 |
|---|---|---|---|---|
| NSI (0/11/89) | 85 | 1 316.00% | 220.30% | 1 095.00% |
| EMV (10/9/9) | 181 | 684.20% | 370.80% | 313.40% |

（续）

| 最好的指标 | 交易次数 | 平均绩效 | 买入并持有的平均绩效 | 与平均水平相比 |
|---|---|---|---|---|
| **Candles (7)** | **433** | **835.50%** | **528.40%** | **307.10%** |
| RSI (14/35/65) | 109 | 389.60% | 139.40% | 250.20% |
| MACD (12/26/9/9) | 98 | 395.00% | 252.90% | 142.00% |
| MFI (20/40/60) | 172 | 511.50% | 381.70% | 129.80% |
| %K (14/20/80) | 63 | 448.80% | 342.00% | 106.80% |
| ROC (10/9/9) | 47 | 424.50% | 343.90% | 80.61% |
| DM (14/TF) | 341 | 729.70% | 655.10% | 74.51% |
| CCI (14/−100/100) | 71 | 369.50% | 382.50% | −12.93% |
| PDO (18/10/11) | 38 | 429.90% | 448.20% | −18.32% |
| %D (14/20/80) | 46 | 495.30% | 524.00% | −28.69% |
| %B (20/5/95) | 76 | 232.90% | 288.20% | −55.31% |
| BRK (50/TF) | 278 | 224.30% | 772.90% | −99.00% |

表 8-8 显示了同样的排序过程，但是这次我们改变了衡量蜡烛图形态成功的标准。此前我们是按照时间出场，例如，Candles（6）是指，我们在蜡烛图形态出现后的第 6 天出场，在时间点未到前我们并不会提前出场。现在我们改变了出场的标准，出现了反向形态（或相反的指标信号）我们才出场，否则就一直持有。请注意，我们在此前曾讨论过，平均每 8.7 个交易日就会有一种蜡烛图形态出现。

表 8-8　表现最好的指标 –opp [1]

7 275 只股票

每只股票 3 300 个交易日

| 最好的指标 | 交易次数 | 平均绩效 | 买入并持有的平均绩效 | 与平均水平相比 |
|---|---|---|---|---|
| NSI (0/11/89) | 88 | 1 266.00% | 210.00% | 1 056.00% |
| DM (14/TF) | 383 | 646.60% | 652.40% | −5.71% |
| EMV (10/9/9) | 206 | 599.00% | 429.90% | 169.10% |
| **Candles (opp.)** | **269** | **479.50%** | **441.30%** | **38.20%** |
| MFI (20/40/60) | 191 | 463.10% | 371.60% | 91.51% |

（续）

| 最好的指标 | 交易次数 | 平均绩效 | 买入并持有的平均绩效 | 与平均水平相比 |
|---|---|---|---|---|
| %K (14/20/80) | 61 | 456.50% | 442.80% | 13.74% |
| PDO (18/10/11) | 36 | 438.50% | 434.90% | 3.66% |
| ROC (10/9/9) | 46 | 424.00% | 348.90% | 75.06% |
| %D (14/20/80) | 53 | 409.40% | 462.90% | −53.54% |
| MACD (12/26/9/9) | 99 | 384.90% | 284.20% | 100.70% |
| RSI (14/35/65) | 122 | 361.70% | 139.50% | 222.20% |
| CCI (14/−100/100) | 86 | 327. 80% | 429.70% | −99.00% |
| %B (20/5/95) | 77 | 231.30% | 281.10% | −49.89% |
| BRK (50/TF) | 321 | 187.70% | 787.60% | −99.00% |

① "表现最好的指标 –opp" 中的 opp 代表 opposite，相反，其含义在上面我们已经做了解释。——译者注

在表 8-9 中我们仍使用同样的排序方法，但是这次蜡烛图成功与否的衡量标准是等待至少两天或直到形态不能持续时才会出场。形态不能持续是指在第三天或以后交易日的收盘价满足下列两个条件之一：①没有之前出现看涨信号时的收盘价高，或②没有之前出现看跌信号时的收盘价低。

表 8-9　表现最好的指标 –+2

7 275 只股票

每只股票 3 300 个交易日

| 最好的指标 | 交易次数 | 平均绩效 | 买入并持有的平均绩效 | 与平均水平相比 |
|---|---|---|---|---|
| NSI (0/11/89) | 84 | 1 328.00% | 218.60% | 1 110.00% |
| NSI (0/11/89) | 95 | 1 192.00% | 170.10% | 1 022.00% |
| DM (14/TF) | 337 | 729.80% | 598.30% | 131.50% |
| EMV (10/9/9) | 198 | 632.50% | 372.00% | 260.50% |
| %D (14/20/80) | 47 | 492.40% | 478.50% | 13.93% |
| MFI (20/40/60) | 188 | 470.80% | 365.80% | 105.00% |
| %K (14/20/80) | 61 | 457.90% | 349.10% | 108.90% |
| ROC (10/9/9) | 45 | 451.10% | 340.70% | 110.40% |
| PDO (18/10/11) | 33 | 418.40% | 314.30% | 104.10% |
| **Candles (2 +)** | **388** | **401.40%** | **718.40%** | **−99.00%** |

（续）

| 最好的指标 | 交易次数 | 平均绩效 | 买入并持有的平均绩效 | 与平均水平相比 |
|---|---|---|---|---|
| MACD (12/26/9/9) | 97 | 396.40% | 265.90% | 130.50% |
| RSI (14/35/65) | 128 | 371.30% | 132.10% | 239.10% |
| CCI (14/-100/100) | 77 | 358.70% | 340.90% | 17.80% |
| BRK (50/TF) | 261 | 234.80% | 712.80% | -99.00% |
| %B (20/5/95) | 83 | 219.60% | 277.10% | -57.51% |

## ▶ 蜡烛图形态表现的总结

首先，来看一下蜡烛图形态表现的总括。

| 形态参数 | 排　名 | 百分比排名 |
|---|---|---|
| 1 天 | 5 | 64.3% |
| 2 天 | 1 | 100% |
| 3 天 | 4 | 71.4% |
| 4 天 | 2 | 85.7% |
| 5 天 | 1 | 100% |
| 6 天 | 4 | 71.4% |
| 7 天 | 3 | 78.6% |
| 相反形态 | 4 | 71.4% |
| 等待两天后失败 | 9 | 35.7% |

很明显，总体来说，蜡烛图形态比大部分以价格为基础的技术指标更为有效。在我们此前测试的 14 种技术指标中，蜡烛图形态仅仅有一次未能排在前五名之内。这说明，蜡烛图形态在绝大多数时间内，比大多数技术指标更为可靠。

| 第 9 章 |

# 蜡烛图形态过滤

将蜡烛图形态和其他一些技术指标结合起来综合运用，利用其他技术指标对蜡烛图形态进行验证，这就是我们所说的蜡烛图形态的过滤。过滤是技术分析领域一种常见的验证方法，实际的交易结果也已经证明，经过过滤的蜡烛图形态具有更高的成功率。

基于单一的技术分析方法做出的交易决策往往太过轻率，很可能给交易者带来亏损，使用蜡烛图形态时当然也不例外。正如其他一些基于价格分析基础的技术分析指标一样，蜡烛图形态同样也不可能是永远正确的。但如果几个不同的技术分析指标给出相同的分析结果或交易信号，这时我们就有了更高的胜率。再强调一次，蜡烛图形态没有什么不同，将其与其他一些技术分析指标结合起来综合运用，这样能大幅提高我们交易时的胜算概率。

相对于本书的上一版，除了进行一些细微改动外，本章将继续向你详细介绍理解和使用蜡烛图形态过滤这一概念所需的知识。相对于上一版的内容，在本章的结尾部分，我们绘制了内容更为翔实的图表。

下面是本章中将要用到的技术指标及其简要解释。圆括号中的数字是指标所使用的参数（均为默认参数）。

| 缩写（参数值） | 指 标 |
|---|---|
| NSINC | NorthSystem 公司 InSync（同步）指标 |
| RSI(14) | 韦尔德相对强弱指标 |
| %B(20) | 布林摆动指标 |
| MFI(20) | 资金流量指数 |
| %D(14) | 莱恩慢速随机指标 |
| CCI(14) | 兰伯特顺势指标 |
| EMV(10) | 阿姆斯简易波动指标 |
| %K(14) | 莱恩快速随机指标 |
| ROC(10) | 变动率指标 |
| MACD(12) | 阿佩尔平滑异同移动平均线 |
| PDO(18) | 非趋势价格摆动指标 |

## 过滤的定义

我们可以对"过滤"进行这样的定义：利用其他技术指标或工具去除"虚假"的蜡烛图形态，或者去除一些早期的、"不成熟的"形态，这就是我们所说的过滤。由于蜡烛图形态和市场的趋势具有很强的关联性，所以在一个长期（持续时间长）的市场趋势中，蜡烛图形态总是不可避免地给出一些假信号，当然，其他的技术分析指标也不例外。大多数技术分析师都利用多种技术指标验证给出的买入或卖出信号。我们在使用蜡烛图形态时也应秉持同样的理念。很显然，技术指标为交易者提供了入场或出场信号，那么交易者应该如何选择交易信号呢？

大多数指标都给出买入信号和卖出信号来帮助投资者制定交易决策。由于技术分析的数据来源于价格、成交量等不同的市场要素，所以技术指标的出现相对于市场的实际趋势会出现滞后。实际上，在买入信号或者卖出信号出现之前的区域才是进行交易的最佳区间，但在实盘交易中很难提前界定这个区域。另外，如果把技术指标的参数设置得过于严格，通常会出现许多错误的信号，或者频繁地出现各种信号。我们可以把市场交易信号出现之前的区域称为"预备信号区域"，在这个区域内我们可以做好交易的准备。

一旦指标达到预备信号区域，我们就可以将手指放在扳机上，等待随时交易。虽然我们不能确定指标会在预备信号区域内运行多长时间，但我们可以确定的是，一旦技术指标进入预备信号区域，或早或晚一定会出现市场交易信号（买入或卖出）。统计结果显示，指标在预备信号区域中停留的时间越长，给出的买入或者卖出的信号就越准确。

对于每一种技术指标来说，预备信号区域就是信号过滤区域，是它的指纹。就像每个人都有不同的指纹一样，每种技术指标的"指纹"也都不同。如果一个指标在买入的预备信号区域，这时我们只需观察看涨的蜡烛图形态。同样，如果一个指标在卖出预备信号区域，这时我们只需观察看跌的蜡烛图形态。

### 预备信号区域

如图 9-1 所示，对于以临界值（极值）为判断标准的技术指标来说，预备信号区域指的是临界值到技术指标极值的一段区间。请注意，这一区域有上下两处，因为指标一般都有两个极值（超买和超卖）。

如图 9-2 所示，由于一些技术指标的数值一直围绕零线上下振荡，所以我们也把一些技术指标的预备信号区域定义为从越过零线开始到穿过移动平均线或者是交易信号的平滑趋势线为止的这一段区间。

## ▶ 技术指标

用于过滤蜡烛图形态的指标应该具有定义简单、操作简便的特性。它们必须以某种方式给出买入或卖出信号，例如，指标已经到达超买、超卖区域。威尔斯·韦尔德（Welles Wilder）的 RSI（相对强弱指标）和乔治·莱恩（George Lane）的 KD 指标（随机指标）都是相当好的蜡烛图形态过滤指标，因为这两个指标总是在上下限（0～100）之间运行。由于 RSI 和 KD 是目前市场上比较流行的两种指标，因此我们将首先介绍它们在蜡烛图形态过滤中的具体应用。在本章的最后，我们还将介绍其他几种过滤指标，并简单探讨它们在实际应用中的各种注意事项。

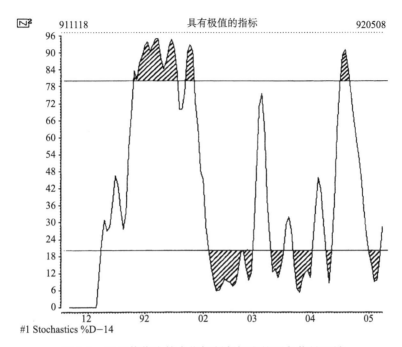

图 9-1 以极值作为技术指标判断标准的预备信号区域

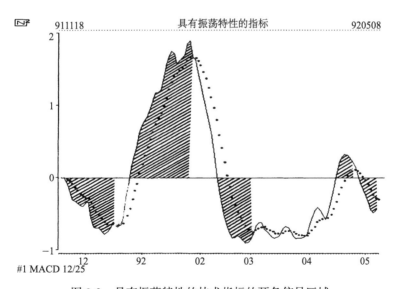

图 9-2 具有振荡特性的技术指标的预备信号区域

## 韦尔德的相对强弱指标

威尔斯·韦尔德在 20 世纪 70 年代末提出了相对强弱指标。这个新指标很快为大众所接受，当然每个人对它有着不同的理解。相对强弱指标是反映目前价格运动相对强度的一个简单测量，它的值均在 0~100 之间。它基本上是上涨交易日和下跌交易日的平均值。交易日的上涨或下跌由当日的收盘价相对于前一天的收盘价比较产生。不要把韦尔德的相对强弱指标和比较两种证券的相对强弱相混淆。

韦尔德偏好使用 14（交易日）作为相对强弱指标的默认参数（周期），这恰好是市场自然周期（每月）的一半。另外，他还认为相对强弱指标多在 30~70 之间波动。低于 30 时，说明市场处于超卖状态，即将出现向上的反转；高于 70 时，说明市场处于超买状态，即将出现向下的反转。

许多经典的图形形态，如头肩顶或头肩底形态，也会出现在相对强弱指标的图形中。如果价格持续上升，而 RSI 的值开始下降，就会出现市场价格和 RSI 值之间的背离。同时，在 RSI 的走势图中，就会出现 RSI 的头肩顶形态，特别是这种形态出现在指标上下限的时候，市场转势的概率较高。

在股票市场中，交易者大多使用默认参数 14（日）的相对强弱指标；在期货市场中，交易者一般将默认参数设为 9（日）。如果你能找出市场的周期循环规律，那么这个周期值将是最佳的指标参数。另外，相对强弱指标临界值，即代表超买、超卖的 RSI 值，也会根据市场的不同发生改变。对股票来说，RSI 的值在 35~65 之间，超出（或低于）就说明市场中出现了超买或超卖；对期货来说，这个值应该在 30~70 之间。

图 9-3 显示的是菲利普·莫里斯烟草公司（MO）的股票走势图，从图中我们可以看出，当 14 日的 RSI 接近或突破临界点后，同时与价格趋势出现背离时，价格趋势会逐渐发生变化。

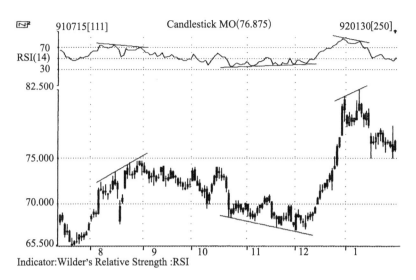

图 9-3　菲利普·莫里斯烟草公司股票走势图

## 莱恩的随机指标：%D

多年以前，乔治·莱恩就提出了随机指标。从理论上讲，随机指标是一个摆动指标，用以测量在一个交易日中收盘价相对整个价格区间的位置。简单地说，就是当天的收盘价相对于前 $x$ 个交易日的平均价格区间来说处于什么位置。同相对强弱指标一样，随机指标的默认参数（即计算周期）也是 14 个交易日。

在市场中我们会观察到这样一种现象，即如果市场处在强劲的上升趋势中，收盘价往往在当日的最高价附近；如果处在猛烈的下跌趋势中，收盘价往往在当日的最低价附近，这种现象就是随机指标构建的基础。例如，当市场由上升趋势转入下跌趋势时，虽然市场仍能不断地创出新高，但收盘价却越来越接近当日的最低价。这正是随机摆动指标和其他摆动指标的不同，它反映的是一种相对强度，通过收盘价位置来测算趋势的相对强度。

随机指标是用 %K、%D 两条曲线构成的图形关系来分析市场价格走势的，对 %K 值取三个周期简单移动平均值就能得出 %D 值。理解随机指标在市场各个阶段的表现，才能正确地使用随机指标。通常，当%D值突破上下临界值时，会出现一定的交易信号（当%D值突破75～85的上限区间时，说明市场处于超买中，投资者应该开始考虑出场；当%D值突破15～25的下限区间时，说明市场处于超卖中，投资者应该开始考虑逐渐建仓）。但是，实际上我们通常等%K值突破了%D值时，才真正进行交易。虽然在%D值突破上下限时就给出了交易信号，但是我们等待两根线出现交叉是对市场走势的预测进行双重保险。

在图9-4中，我们同样使用菲利普·莫里斯股票走势图，我们可以看到，莱恩的%D线在超买和超卖价格区域之间摆动。

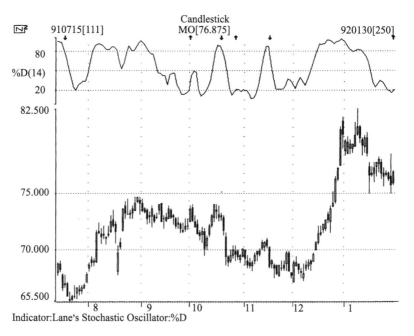

图9-4　菲利普·莫里斯烟草公司股票走势图

## 过滤参数的设定

今日，市场上有许多优秀的交易和复盘（事后检验）软件。一些软件通过曲线拟合数据来优化指标，而其他则利用资金管理技术。还有一些更先进的软件，将两种方法结合起来，形成功能强大的分析软件。我们在这里不去判断这些分析方法的优劣，我们使用的方法更为简明、更为有效。

我们进行三种测试，分别是蜡烛图形态、技术指标和过滤后的蜡烛图形态。上述三种方法都会提供买入、卖出、平仓的信号，但是并不是所有的交易信号都是准确的。经过长时间的统计分析我们发现，经过过滤检验的蜡烛图形态的市场表现要优于其他两种方法。另外，我们在过滤检验的实例中都力求选取一段完整的交易数据，使读者可以感受这三种方法的长期表现。

还有一点需要注意，我们必须正确地设置指标的临界值，从而使指标值达到临界值时能发出正确的交易信号。换言之，指标必须能够突破上下临界值，还能够重新回到原来的运动区间内。例如，当 %D 值大于 80 时，说明市场进入了预备信号区域，蜡烛图形态的卖出过滤机制自动启动。任何发出卖出信号的蜡烛图形态都会被过滤。在这个例子中，20 和 80 就是技术指标需要设定的临界值。

另外，每种技术指标都需要设定正确的参数，即计算周期。我们在前面就提到过这个问题，计算周期应该符合市场波动的基本周期。

以随机指标为例，标准的参数为：计算周期是 14 天，上下临界线为 20 和 80。但是通过对 1989 年 1 月 1 日至 1992 年 3 月 31 日标准普尔 100 指数和 1990 年 4 月 24 日至 1992 年 3 月 31 日道琼斯指数的数据进行统计分析，我们发现，把 %D 值的上下临界值设为 35~65 更合适。

## 蜡烛图形态过滤的实例分析

从表 9-1 可以看出，利用蜡烛图形态给出的信号进行交易，在 100 只股票中有 67 只股票使我们获得了正收益，33 只股票的收益为负。这些收益数据都在表格的第二列中进行了详细标注。我们只需将第一列的数据进行简单计算就可以得出上述结果。我们严格地按照蜡烛图形态平均进行了 37.1 笔交易，每笔交易的收益率为 0.40%。

用 %D 指标给出的信号交易同样的 100 只股票，结果 53 只股票为正收益，47 只股票的收益为负。平均的交易次数下降至 30.1 笔，每笔交易的收益率仅为 0.02%。

利用过滤检验后的蜡烛图形态信号进行交易，在 100 只股票中有 62 只股票使我们获得了正收益，38 只股票的收益为负。这个结果虽然不如直接利用蜡烛图形态给出信号交易的结果，但是要远远好于利用随机指标 %D 值指导交易的表现。我们平均进行了 13.7 笔交易，这比蜡烛图形态中的 37.1 笔和随机指标 %D 值的 30.1 笔，减少了 50% 以上。每笔交易的收益率上升至 0.60%，明显高于其他两种交易方法的收益率。

这个统计数据说明了什么呢？首先，利用过滤检验（如随机指标 %D）后的蜡烛图形态指导股票操作，会使交易次数大大减少，与单纯利用蜡烛图形态作为交易指导的结果相比，平均的交易次数减少了 63%；与单纯利用随机指标 %D 值指导交易的结果相比，平均的交易次数减少了 54%。其次，利用过滤检验后的蜡烛图形态指导交易会使单笔交易的收益率大幅提高，与单纯利用蜡烛图形态指导交易的结果相比，平均每笔交易的收益率提高了 50%；与单纯利用随机指标 %D 值指导的结果相比，平均每笔交易的收益率提高了3 000% 以上。

有些读者在看过统计结果后，可能会对过滤检验后蜡烛图形态的市场指导意义不以为然。因为单笔交易平均 0.6% 的收益很快会被经纪佣金、咨询费用以及其他各种杂费的支出消耗掉。但是请大家注意，我们的统计结果证明：经过过滤检验的蜡烛图形态对市场预测和交易的指导意义更强，它要强于单纯的蜡烛图形态或单纯的技术指标。表 9-1 中的具体数字并不是问题的关键，数字所反映的结果才是重点。以 100 只股票为样本的统计结果完全证实了我们在前面的结论：经过检验的蜡烛图形态对市场的预测和指导能力更强，它能为我们的交易带来更多的利润。

**表 9-1　过滤统计**

**样本对象：** 标准普尔 100 指数中 100 只成分股　　1 340 个交易日
**技术指标：** %D 值（计算周期 14 天）
**样本采集区间：** 1989 年 1 月 3 日至 1992 年 3 月 31 日
超买临界上限：80　　　　　　　　　　超卖临界下限：20

| 股票名称 | 收益/交易次数（蜡烛图） | 单笔交易收益（蜡烛图） | 收益/交易次数（%D） | 单笔交易收益（%D） | 收益/交易次数（过滤后） | 单笔交易收益（过滤后） |
|---|---|---|---|---|---|---|
| AA | 47.690/40 = | 1.192 3 | 82.100/38 = | 2.160 5 | 89.040/19 = | 4.686 3 |
| AEP | 19.840/34 = | 0.583 5 | −35.800/34 = | −1.052 9 | 8.970 0/14 = | 0.640 7 |
| AGC | −9.690/40 = | −0.242 3 | 9.780 0/30 = | 0.326 0 | 8.050 0/17 = | 0.473 5 |
| AIG | 6.870 0/41 = | 0.167 6 | 12.320/30 = | 0.410 7 | −59.940/14 = | −4.281 4 |
| AIT | 9.380 0/33 = | 0.284 2 | 42.320/27 = | 1.567 4 | 21.980/10 = | 2.198 0 |
| AMP | −34.440/48 = | −0.717 5 | 27.650/33 = | 0.837 9 | 19.660/15 = | 1.310 7 |
| AN | 47.330/38 = | 1.245 5 | −32.510/35 = | −0.928 9 | 10.760/7 = | 1.537 1 |
| ARC | 48.740/42 = | 1.160 5 | 57.680/36 = | 1.602 2 | 4.090 0/12 = | 0.340 8 |
| AVP | −105.26/35 = | −3.007 4 | 92.000/34 = | 2.705 9 | −17.930/12 = | −1.494 2 |
| AXP | 81.570/43 = | 1.897 0 | 38.510/29 = | 1.327 9 | 113.36/16 = | 7.085 0 |
| BA | −16.960/29 = | −0.584 8 | 26.750/31 = | 0.862 9 | 108.53/20 = | 5.426 5 |
| BAC | −21.860/33 = | −0.662 4 | −82.550/21 = | −3.931 0 | −44.550/11 = | −4.050 0 |
| BAX | 44.410/43 = | 1.032 8 | −23.130/27 = | −0.856 7 | 52.120/15 = | 3.474 7 |
| BC | 24.620/39 = | 0.631 3 | −14.760/30 = | −0.492 0 | 190.74/18 = | 10.59 7 |
| BCC | 83.770/46 = | 1.821 1 | 40.060/26 = | 1.540 8 | 25.070/14 = | 1.790 7 |
| BDK | −77.760/44 = | −1.767 3 | 131.07/36 = | 3.640 8 | −31.490/16 = | −1.968 1 |
| BEL | 52.780/48 = | 1.099 6 | −22.200/28 = | −0.792 9 | 29.140/16 = | 1.821 3 |
| BHI | 114.57/38 = | 3.015 0 | 9.130 0/36 = | 0.253 6 | 30.540/14 = | 2.181 4 |
| BMY | 41.450/36 = | 1.151 4 | 54.950/33 = | 1.665 2 | −31.740/5 = | −6.348 0 |
| BNI | 9.000 0/36 = | 0.250 0 | −44.460/27 = | −1.646 7 | −49.100/9 = | −5.455 6 |
| BS | 58.150/45 = | 1.292 2 | −58.090/32 = | −1.815 3 | −8.710 0/12 = | −0.725 8 |
| CCB | 18.560/35 = | 0.530 3 | 3.870 0/29 = | 0.133 4 | −35.480/14 = | −2.534 3 |

（续）

| 股票名称 | 收益／交易次数（蜡烛图） | 单笔交易收益（蜡烛图） | 收益／交易次数（%D） | 单笔交易收益（%D） | 收益／交易次数（过滤后） | 单笔交易收益（过滤后） |
|---|---|---|---|---|---|---|
| CCI | 39.360/40 = | 0.984 0 | −40.970/38 =−1.078 2 | | 42.240/21 = | 2.011 4 |
| CDA | 38.770/37 = | 1.047 8 | 233.73/33 = 7.082 7 | | 67.140/14 = | 4.795 7 |
| CGP | 53.650/48 = | 1.117 7 | 55.500/36 = 1.541 7 | | 43.730/19 = | 2.301 6 |
| CHA | 54.160/41 = | 1.321 0 | 65.230/28 = 2.329 6 | | 70.600/19 = | 3.715 8 |
| CI | 16.320/44 = | 0.370 9 | 13.080/28 = 0.467 1 | | −4.310 0/16 = | −0.269 4 |
| CL | 20.010/51 = | 0.392 4 | −49.560/25 =−1.982 4 | | −8.240 0/19 = | −0.433 7 |
| CSC | −42.050/43 = | −0.977 9 | 12.360/33 = 0.374 5 | | 38.810/19 = | 2.042 6 |
| CWE | −10.930/33 = | −0.331 2 | −68.300/23 =−2.969 6 | | 11.540/12 = | 0.961 7 |
| DAL | −15.960/42 = | −0.380 0 | 86.830/36 = 2.411 9 | | −2.310 0/14 = | −0.165 0 |
| DD | −25.940/45 = | −0.576 4 | −46.350/29 =−1.598 3 | | 14.070/12 = | 1.172 5 |
| DEC | 30.880/37 = | 0.834 6 | 41.410/29 = 1.427 9 | | 75.850/14 = | 5.417 9 |
| DIS | −36.790/28 = | −1.313 9 | −55.110/21 =−2.624 3 | | −45.950/13 = | −3.534 6 |
| DOW | −146.10/29 = | −5.037 9 | −15.670/32 =−0.489 7 | | −16.120/9 = | −1.791 1 |
| EK | −3.400 0/30 = | −0.113 3 | 26.600/31 = 0.858 1 | | 32.730/10 = | 3.273 0 |
| ETR | −12.940/32 = | −0.404 4 | −25.660/25 =−1.026 4 | | −62.480/6 = | −10.413 |
| F | −58.800/32 = | −1.837 5 | 16.150/28 = 0.576 8 | | −85.530/9 = | −9.503 |
| FDX | 29.690/40 = | 0.742 3 | 64.750/32 = 2.023 4 | | −4.070 0/15 = | −0.271 3 |
| FLR | 44.220/36 = | 1.228 3 | 45.310/35 = 1.294 6 | | 132.12/18 = | 7.340 0 |
| FNB | 91.740/41 = | 2.237 6 | 23.440/27 = 0.868 1 | | 84.600/21 = | 4.028 6 |
| GD | 67.350/39 = | 1.726 9 | −23.430/25 =−0.937 2 | | −32.300/14 = | −2.307 1 |
| GE | 8.800 0/23 = | 0.382 6 | −14.610/29 =−0.503 8 | | −43/7 = | −6.142 9 |
| GM | −25.110/27 = | −0.930 0 | 21.580/31 = 0.696 1 | | 24.930/11 = | 2.266 4 |
| GWF | 83.550/44 = | 1.898 9 | −80.230/30 =−2.674 3 | | −107.71/12 = | −8.975 8 |
| HAL | 39.060/38 = | 1.027 9 | 88.670/32 = 2.770 9 | | 16.060/14 = | 1.147 1 |
| HM | −9.810/38 = | −0.258 2 | −35.270/32 =−1.102 2 | | 97.200/17 = | 5.717 6 |
| HNZ | −27.660/42 = | −0.658 6 | −29.680/23 =−1.290 4 | | 11.810/16 = | 0.738 1 |
| HON | −21.150/31 = | −0.682 3 | −3.560 0/28 =−0.127 1 | | −10.480/10 = | −1.048 0 |
| HRS | 41.300/41 = | 1.007 3 | 61.480/31 = 1.983 2 | | 9.130 0/14 = | 0.652 1 |

（续）

| 股票名称 | 收益／交易次数（蜡烛图） | 单笔交易收益（蜡烛图） | 收益／交易次数（%D） | 单笔交易收益（%D） | 收益／交易次数（过滤后） | 单笔交易收益（过滤后） |
|---|---|---|---|---|---|---|
| HUM | 62.090/39 = 1.592 1 | | 48.970/31 = 1.579 7 | | 161.86/20 = | 8.093 0 |
| HWP | −18/22 =−0.818 2 | | −106.32/26 =−4.089 2 | | 9.240 0/10 = | 0.924 0 |
| I | −74.760/38 =−1.967 4 | | −35.580/28 =−1.270 7 | | −45.430/20 = | −2.271 5 |
| IBM | 11.380/31 = 0.367 1 | | 12.030/31 = 0.388 1 | | 14.910/11 = | 1.355 5 |
| IFF | −25.540/43 =−0.594 0 | | 32.710/33 = 0.991 2 | | 4/15 = | 0.266 7 |
| IMA | 19.640/33 = 0.595 2 | | −23.540/28 =−0.840 7 | | −14.590/13 = | −1.122 3 |
| IP | 46.850/31 = 1.511 3 | | 34.280/26 = 1.318 5 | | 35.360/13 = | 2.720 0 |
| ITT | 74.590/33 = 2.260 3 | | 25.560/36 = 0.710 0 | | 49.630/15 = | 3.308 7 |
| JNJ | 16.830/35 = 0.480 9 | | −37.890/28 =−1.353 2 | | −13.870/13 = | −1.066 9 |
| KM | 69.950/41 = 1.706 1 | | 31.310/31 = 1.010 0 | | −16.390/16 = | −1.024 4 |
| KO | −34.090/34 =−1.002 6 | | −61.820/24 =−2.575 8 | | −102.14/11 = | −9.28 5 |
| LIT | 64.830/39 = 1.662 3 | | 40.910/42 = 0.974 0 | | 56.080/18 = | 3.115 6 |
| LTD | 131.97/40 = 3.299 3 | | −93.690/25 =−3.747 6 | | −6.400 0/16 = | −0.400 0 |
| MCD | 35.690/40 = 0.892 2 | | −33.790/30 =−1.126 3 | | −7.330 0/17 = | −0.431 2 |
| MCIC | 147.67/37 = 3.991 1 | | −10.350/32 =−0.323 4 | | 142.83/17 = | 8.401 8 |
| MER | 65.940/36 = 1.831 7 | | 26.110/28 = 0.932 5 | | 37.920/20 = | 1.896 0 |
| MMM | 46.860/35 = 1.338 9 | | 15.470/31 = 0.499 0 | | 51.840/13 = | 3.987 7 |
| MOB | 43.720/47 = 0.930 2 | | 60.820/35 = 1.737 7 | | 25.260/17 = | 1.485 9 |
| MRK | −42.780/31 =−1.380 0 | | −44.460/22 =−2.020 9 | | −26.960/7 = | −3.851 4 |
| MTC | −25.090/27 =−0.929 3 | | −24.230/25 =−0.969 2 | | −49.560/9 = | −5.506 7 |
| NSC | 35.660/31 = 1.150 3 | | 16.720/30 = 0.557 3 | | 58.970/17 = | 3.468 8 |
| NSM | −166.31/29 =−5.734 8 | | −54.080/22 =−2.458 2 | | −69.310/6 = | −11.55 2 |
| NT | −37.080/37 =−1.002 2 | | 52.680/35 = 1.505 1 | | 42.920/13 = | 3.301 5 |
| OXY | −5.210 0/34 =−0.153 2 | | −95.790/22 =−4.354 1 | | 35.700/12 = | 2.975 0 |
| PCI | 59.350/27 = 2.198 1 | | −39.070/30 =−1.302 3 | | 10.510/11 = | 0.955 5 |
| PEP | 48.670/40 = 1.216 8 | | −64.410/29 =−2.221 0 | | −8.060 0/19 = | −0.424 2 |
| PRD | 94.990/43 = 2.209 1 | | 35.510/32 = 1.109 7 | | 6.830 0/11 = | 0.620 9 |
| PRI | 88.500/31 = 2.854 8 | | 61.500/17 = 3.617 6 | | −18.870/10 = | −1.887 0 |

（续）

| 股票名称 | 收益/交易次数（蜡烛图） | 单笔交易收益（蜡烛图） | 收益/交易次数（%D） | 单笔交易收益（%D） | 收益/交易次数（过滤后） | 单笔交易收益（过滤后） |
|---|---|---|---|---|---|---|
| RAL | 20.980/42 = | 0.499 5 | −14.600/33 = | −0.442 4 | 41.410/17 = | 2.435 9 |
| ROK | 67.470/43 = | 1.569 1 | −54.640/36 = | −1.517 8 | 47.540/12 = | 3.961 7 |
| RTN | 20.710/41 = | 0.505 1 | −17.510/30 = | −0.583 7 | 36.190/15 = | 2.412 7 |
| S | −9.540/39 = | −0.244 6 | −65.700/24 = | −2.737 5 | −26.360/13 = | −2.027 7 |
| SKY | 8.660 0/38 = | 0.227 9 | 65.150/36 = | 1.809 7 | −5.620 0/17 = | −0.330 6 |
| SLB | −11.320/33 = | −0.343 0 | 126.96/39 = | 3.255 4 | 39.730/9 = | 4.414 4 |
| SO | −3.4300/35 = | −0.098 0 | 2.850 0/25 = | 0.114 0 | 0.920 0/12 = | 0.076 7 |
| T | −78/23 = | −3.391 3 | 58.960/29 = | 2.033 1 | −32.240/9 = | −3.582 2 |
| TAN | 31.440/34 = | 0.924 7 | 170.86/41 = | 4.167 3 | 72.490/19 = | 3.815 3 |
| TDY | 147.34/36 = | 4.092 8 | 151.03/30 = | 5.034 3 | 112.80/7 = | 16.11 4 |
| TEK | −18.000/35 = | −0.514 3 | −29.300/26 = | −1.126 9 | 15.590/15 = | 1.039 3 |
| TOY | 5.4200/33 = | 0.164 2 | −45.240/35 = | −1.292 6 | 35.420/9 = | 3.935 6 |
| TXN | 115.95/35 = | 3.312 9 | −26.990/29 = | −0.930 7 | 118.08/17 = | 6.945 9 |
| UAL | 60.960/32 = | 1.905 0 | 71.950/36 = | 1.998 6 | −84.110/14 = | −6.007 9 |
| UIS | −30.310/30 = | −1.010 3 | −253.25/22 = | −11.511 | −71.730/14 = | −5.123 6 |
| UPJ | 29.830/38 = | 0.785 0 | −36.960/26 = | −1.421 5 | 14.430/10 = | 1.443 0 |
| UTX | 63.830/35 = | 1.823 7 | 92.380/37 = | 2.496 8 | 50.080/13 = | 3.852 3 |
| WMB | −0.820 0/52 = | −0.015 8 | 41.210/36 = | 1.144 7 | 73.800/17 = | 4.341 2 |
| WMT | 12.000/34 = | 0.352 9 | −78.470/28 = | −2.802 5 | −24.860/8 = | −3.107 5 |
| WY | 4.510 0/43 = | 0.104 9 | −25.080/28 = | −0.895 7 | −58.990/11 = | −5.362 7 |
| XON | −8.540 0/40 = | −0.213 5 | −35.710/27 = | −1.322 6 | 27.000/10 = | 2.700 0 |
| XRX | −73.810/32 = | −2.306 6 | 63.880/33 = | 1.935 8 | 8.96 00/17 = | 0.527 1 |
| 交易/收益（平均值） | 37.1 | 0.40 | 30.1 | 0.02 | 13.7 | 0.60 |

Tickers−C:\n2\sp100\     890103 TO 920331     Report:04−05−1992@17:50:54

表9-1显示了以标准普尔100指数的100只成分股为样本进行的过滤检验统计分析结果。为了使我们的统计检验更具说服力，下面我们选用道琼斯工业指数的30只成分股再次进行统计检验。

表 9-2 显示了以道琼斯工业指数的 30 只蓝筹股为样本进行的过滤检验统计分析结果。请注意，在这个统计中，我们改变了随机指标 %D 的临界值。将 %D 的预备信号区域定为低于 30 或高于 70。经过统计分析，我们发现结果和以标准普尔 100 指数为样本的统计大致相同。在时间跨度为两年的交易期间内，按照蜡烛图形态的指导进行了平均为 21.1 次的交易，单笔交易的平均收益率为 0.02%；使用随机指标 %D 进行的市场交易平均为 23.7 次，单笔交易的平均收益率为 -0.46%；最后，按照经过滤检验后蜡烛图形态指导进行的市场交易平均只有 10.6 次，单笔交易的平均收益率为 0.23%。我们在这里再次提醒读者，具体的统计数字并不是问题的关键，数字所反映的结果才是重点。

表 9-2　过滤统计

**样本对象**：道琼斯工业指数中 30 只成分股　　　　1 340 个交易日
**样本采集区间**：1989 年 1 月 3 日至 1992 年 3 月 31 日
**技术指标**：%D 值（计算周期 14 天）
**超买临界上限**：70　　　　　　　　　　　　　**超卖临界下限**：30

| 股票代码 | 收益 / 交易次数（蜡烛图） | 单笔交易收益（蜡烛图） | 收益 / 交易次数（%D） | 单笔交易收益（%D） | 收益 / 交易次数（过滤后） | 单笔交易收益（过滤后） |
|---|---|---|---|---|---|---|
| AA | 30.880/27= | 1.143 7 | 62.420/26= | 2.400 8 | 29.450/16= | 1.840 6 |
| ALD | −29.060/21= | −1.383 8 | −11.820/27= | −0.437 8 | −45.670/10= | −4.567 0 |
| AXP | 86.480/27= | 3.203 0 | −53.460/21= | −2.545 7 | 62.140/13= | 4.780 0 |
| BA | −30.040/15= | −2.002 7 | −33.640/28= | −1.201 4 | 1.180 0/10= | 0.118 0 |
| BS | 55.940/25= | 2.237 6 | 1.410 0/25= | 0.056 4 | −33.110/9= | −3.678 9 |
| CAT | −36.410/19= | −1.916 3 | 5.070 0/24= | 0.211 3 | −26.550/8= | −3.318 8 |
| CHV | 6.890 0/29= | 0.237 6 | −2.290 0/24= | −0.095 4 | 25.320/16= | 1.582 5 |
| DD | −20.660/27= | −0.765 2 | −51/17= | −3 | −2.190 0/15= | −0.146 0 |
| DIS | −20.810/13= | −1.600 8 | −33.760/20= | −1.688 0 | −12.650/10= | −1.265 0 |
| EK | −21.500/15= | −1.433 3 | 22.630/27= | 0.838 1 | −11.380/9= | −1.264 4 |
| GE | 9.390 0/12= | 0.782 5 | 23.900/26= | 0.919 2 | −8.870 0/5= | −1.774 0 |
| GM | 3.260 0/18= | 0.181 1 | −8.440 0/25= | −0.337 6 | 50.980/11= | 4.634 5 |

（续）

| 股票代码 | 收益 / 交易次数（蜡烛图） | 单笔交易收益（蜡烛图） | 收益 / 交易次数（%D） | 单笔交易收益（%D） | 收益 / 交易次数（过滤后） | 单笔交易收益（过滤后） |
|---|---|---|---|---|---|---|
| GT | −42.200/19= | −2.221 1 | −40.190/22= | −1.826 8 | −15.560/11= | −1.414 5 |
| IBM | 2.930 0/22= | 0.133 2 | 33.430/21= | 1.591 9 | 19.250/10= | 1.925 0 |
| IP | 39.790/18= | 2.210 6 | −18.600/19= | −0.978 9 | 49.110/13= | 3.777 7 |
| JPM | 36.270/24= | 1.511 3 | −23.820/21= | −1.134 3 | 51.770/10= | 5.177 0 |
| KO | −4.210 0/21= | −0.200 5 | −45.480/22= | −2.067 3 | −35.450/7= | −5.064 3 |
| MCD | 16.580/25= | 0.663 2 | −2.830 0/21= | −0.134 8 | −0.290 0/15= | −0.019 3 |
| MMM | 35.220/25= | 1.408 8 | −25.220/24= | −1.050 0 | 10.860/10= | 1.086 0 |
| MO | 9.260 0/20= | 0.463 0 | −27.940/21= | −1.330 5 | −25.820/5= | −5.164 0 |
| MRK | −52.900/16= | −3.306 3 | −22.080/19= | −1.162 1 | −30.250/8= | −3.781 3 |
| PG | −14.220/15= | −0.948 0 | −15.740/29= | −0.542 8 | −49/7= | −7 |
| S | −10.910/26= | −0.419 6 | −62.430/18= | −3.468 3 | −7.870 0/12= | −0.655 8 |
| T | −40.380/12= | −3.365 0 | −50.950/23= | −2.215 2 | 10.050/7= | 1.435 7 |
| TX | 10.840/21= | 0.516 2 | −9.600/27= | −0.355 6 | 20.510/14= | 1.465 0 |
| UK | −25.700/27= | −0.951 9 | 95.040/29= | 3.277 2 | 30.390/10= | 3.039 0 |
| UTX | 58.920/21= | 2.805 7 | 13.280/27= | 0.491 9 | 43.640/12= | 3.636 7 |
| WX | 89.440/27= | 3.312 6 | 61.730/32= | 1.929 1 | 57.200/14= | 4.085 7 |
| XON | −18.250/24= | −0.760 4 | −39.700/22= | −1.804 5 | 7.810 0/10= | 0.781 0 |
| Z | 20.390/21= | 0.971 0 | 42.430/23= | 1.844 8 | 71.520/11= | 6.501 8 |
| 交易 / 收益（平均值） | 21.1 | 0.02 | 23.7 | −0.46 | 10.6 | 0.23 |

| Tickers−C:\n2\dow\ | 900424 To 920331 | Report:04−06−1992@06:44:09 |
|---|---|---|

## 个股分析实例

此前我们一起探讨了蜡烛图形态和通过两种技术指标（相对强弱指数和随机指数）对蜡烛图形态进行的过滤检验，现在我们来研究如何从众多技术指标体系中选取适用于蜡烛图形态的过滤检验指标。虽然许多技术指标都适用于过滤检验，但是哪种指标的过滤检验效果最好呢？下面我们来一起探讨这个问题。图 9-5 是美国铝业公司（Alcoa, Aluminum Company of America，交易代码 AA，该股票属于标准普尔 100 指数和道琼斯 30 工业指数中的成分股，并排在第一位）的股票走势图，我们根据这个实例来分析不同技术指标的过滤效果。图 9-5 是美国铝业公司分析期内的高低柱状图和成交量示意图。

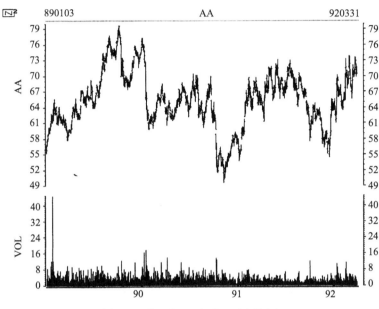

图 9-5 美国铝业公司股票走势图

从图 9-6 到图 9-18，我们在美国铝业公司的 13 张走势图上分别叠加不同的技术指标。虽然图形只显示最近 140 个交易日的股票走势，但是我们的分析周期是从 1989 年 1 月 1 日到 1992 年 3 月 31 日（3.25 年）为止。每张图的顶部（在技术指标示意图上）都标注了一些箭头，这代表技术指标给出的交易信号。技术指标下方标注的箭头代表蜡烛图形态给出的交易信号，其中向上的箭头代表看涨的信号，反之则是向下的箭头。如果出现双箭头，则说明该蜡烛图形态通过了集成在这个图表中的技术指标的过滤检验。我们还在右下方的提示框中，给出了三种方法（单一蜡烛图形态、技术指标和经技术指标过滤后的蜡烛图形态）下进行交易的实际结果，同时列出了交易的总收益率、交易的次数和单笔交易的收益率。细心的读者可能已经发现，13 张示意图中按照蜡烛图形态交易的结果都一致，原因在于，我们在这里的分析，只是更换了不同的技术指标，而没有改变蜡烛图形态的参数设置。因此，我们可以看到在每个提示框中只有按照技术指标交易和按照经技术指标过滤后的蜡烛图形态交易的结果发生了变化。在所有的分析中，利用单一蜡烛图形态交易的收益率为45.8%，交易次数为40次，每次交易的平均收益率为1.14%，交易的时间跨度为1989年1月1日至1992年3月31日。

在第一个交易日，1989年1月3日，美国铝业公司的股票价格是55.875美元，1992年3月31日是70.5美元，如果投资者采用较为稳健的交易策略，即采用买入-持有的策略，最终的收益率不会超过26%。当然在这里我们没有计算交易佣金和其他费用，也没有计算每年分红。如果只采用买入-持有的交易策略，我们就没有必要进行蜡烛图形态和技术指标的分析，只考虑股票的升值空间就足够了。

另外一个需要明确的问题是，所有交易都在数据截止日（1992年3月31日）截止。这意味着我们忽略了数据截止当日可能出现的交易信号，统计分析只包括在此之前的所有有效市场信号。

在图9-6中，我们使用的技术指标是随机指标%D值，该指标的计算周期为14天，上下限的临界值分别为20和80。用经%D过滤后的蜡烛图形态进行交易与仅利用技术指标%D本身进行交易相比，总收益率没有显著提高，但是，交易次数却显著下降，同时也使单笔交易的平均收益率从2.07%提高至4.79%。换句话说，利用过滤后的蜡烛图形态指导交易比单纯利用技术指标指导交易，可以使单笔交易的收益率提升超过100%。

图9-7使用的技术指标是快速随机指标%K值，该指标的计算周期为14天，上下限的临界值分别为20和80。%D和%K的区别在于，%K值的市场反应要略快于%D值。请记住，%D值是%K值的三期移动平均值。用经%K值过滤后的蜡烛图形态指导交易与利用技术指标%K本身相比，单笔交易的收益率提升了300%以上，从1.02%提高至6.22%。

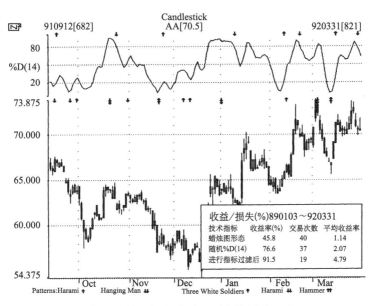

图 9-6　美国铝业公司股票走势图（%D）

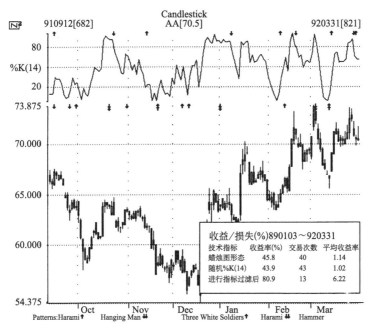

图 9-7　美国铝业公司股票走势图（%K）

由于 %K 值要快于 %D 值，那么我们在使用快速随机指数 %K 值对蜡烛图形态进行过滤的时候，就应该降低上限临界值或者提高下限临界值，即扩大预备信号区域的范围，从理论上来说这就会提供更多的交易机会。举例来说，如果我们将上下限的临界值分别设为 25 和 75，进行指标过滤后的交易，总收益率是 71.6%，交易次数为 21 笔，平均每笔交易的收益率是 3.41%。实际上我们可以看出，虽然交易的次数有所增加，但总体的收益率并没有提高。将上下限设为 25 和 75 时，利用 %K 值指导交易的总收益率为 51.9%，比此前仅略有提高。如果将上下临界值分别设为 30 和 70，按照经过滤后的蜡烛图形态进行交易，总的收益率反而下降至 31.5%，交易次数为 27 笔。仅按照技术指标进行交易的总收益率下降到 45.6%。这些统计结果显示，临界值设置为 20 和 80 的 %K 值对蜡烛图形态有较好的过滤效果。

图 9-8 使用的技术指标是韦尔德相对强弱指标，该指标的计算周期为 14 天，过滤上下限的临界值分别为 35 和 65。用经 RSI 指标过滤后的蜡烛图形态进行交易与直接利用 RSI 指标相比，单笔交易的平均收益率提高 1 倍以上，而且交易次数大为下降，从 19 次下降至 6 次。单笔交易收益率也有显著提高。

图 9-9 使用的技术指标是资金流量指标（MFI）。该指标的计算方法同相对强弱指标的计算比较类似，所不同的是它区分了在高价处收盘的交易日和在低价处收盘的交易日。在这里，该指标的计算周期为 21 天，它可以平滑 21 个交易日内的高收盘价和低收盘价。在进行平滑处理之前，每个交易日的价格变化都要乘以当天的成交量，这种数据处理可以区分放量上涨和缩量上涨两种市场表现，放量上涨对 MFI 的推动作用要大于缩量上涨对 MFI 的推动。在对高价交易日和低价交易日分别进行平均后，我们就可以得到一个在 0~100 之间摆动的指标。

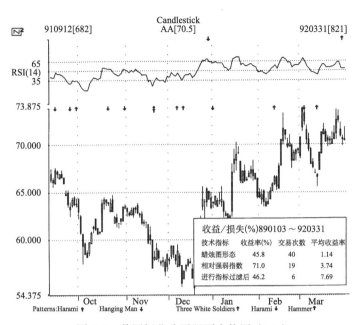

图 9-8　美国铝业公司股票走势图（RSI）

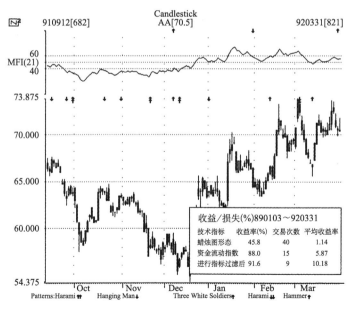

图 9-9　美国铝业公司股票走势图（MFI）

通过图 9-9 中提示框内的数据我们可以发现，虽然仅使用 MFI 指标进行交易就可以使我们获得不菲的收益，但是使用经 MFI 过滤检验后的蜡烛图形态进行交易所获得的收益更为可观。

图 9-10 使用的技术指标是变动率指标（ROC）。虽然变动率指标的定义和计算方法比较简单，但是运用的领域却十分广泛。如果 ROC 的计算周期定为 10 天，那么这时变动率指标就代表当天收盘价和 10 天前收盘价之间的差异，我们用百分比表示这种差异。例如，10 天前 ROC 的值为 7.5，这就说明当天的市场价格同 10 天前的收盘价相比上涨了 7.5%。

我们无法设定 ROC 指标上下限的临界值，因为从理论上讲，它可以上升至无限大，也可以下降至负无限小。因此，交易信号都是由 ROC 线和 ROC 线 10 日平滑平均线的交叉产生的。当然对于不同的市场（例如股票或期货市场），我们可以找到更加适合的 X 日的平均值，但是通常我们使用 10 日平均值作为默认的过滤指标。

从图 9-10 提示框中显示的信息我们可以看到，利用 ROC 指标进行交易，总收益率要高于过滤后的蜡烛图形态。虽然利用过滤检验后的蜡烛图形态进行交易的次数要明显少于使用 ROC 指标进行交易的次数，但是单笔交易的平均收益率并没有表现出显著的优势。过滤区域通常就是在变动率指标穿过零线，到指标穿过自身平滑曲线（10 日简单移动平均线）之间的区域。

图 9-11 使用的技术指标是简易波动指标（EMV），该指标最早由理查德·阿姆斯（Richard W. Arms）提出。简易波动指标的计算周期为 13 个交易日。该指标通常在 EMV 值穿过它自身 10 日平滑移动平均线时给出交易信号。简易波动指标是一种定义等量图中盒（BOX）形状的数学方法。阿姆斯把盒的长度和高度比率称为盒状比率，在 EMV 指标的计算中就是成交量对价格变动区间的比率。如果交易日内成交量有所放大，而价格变动区间保持不变的话，说明市场上升或下降无力，原有趋势可能会出现反转。

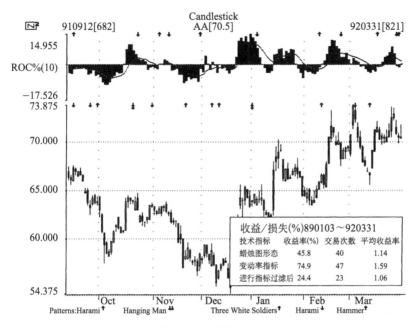

图 9-10　美国铝业公司股票走势图（ROC）

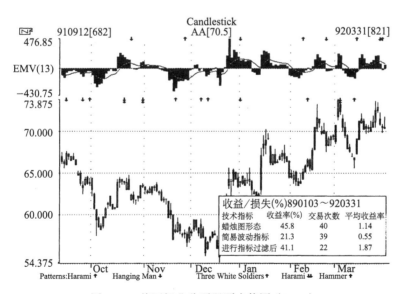

图 9-11　美国铝业公司股票走势图（EMV）

从总收益来看，使用 ROC 指标进行交易的收益要低于使用单独的蜡烛图形态或使用过滤后的蜡烛图形态进行交易的收益。同样，根据过滤后的蜡烛图形态进行交易也会大大减少我们的交易频率。

图 9-12 展示了双倍动量摆动指标（double momentum oscillator，DMO），该指标的计算周期为 18 个交易日。像大多数动量指标一样，市场通常在 DMO 值穿过它自身 10 日平滑线（10 日移动平均线）时出现交易信号。双倍动量摆动指标的变化范围通常由两个参数来确定，首先需要确定技术指标的参数，其次设定上下摆动的范围。例如，如果我们把 DMO 指标的参数设为 18，上下摆动范围设为 20%，那么双倍动量摆动指标应该在下限临界值 14 和上限临界值 22 之间摆动。

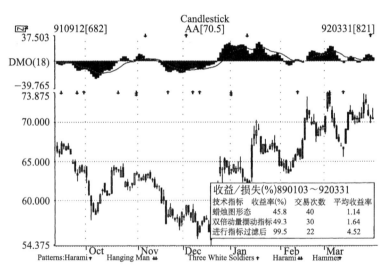

| 收益/损失(%)890103～920331 | | | |
| --- | --- | --- | --- |
| 技术指标 | 收益率(%) | 交易次数 | 平均收益率 |
| 蜡烛图形态 | 45.8 | 40 | 1.14 |
| 双倍动量摆动指标 | 49.3 | 30 | 1.64 |
| 进行指标过滤后 | 99.5 | 22 | 4.52 |

图 9-12　美国铝业公司股票走势图（DMO）

在这个例子中，经过 DMO 指标检验的蜡烛图形态的表现要远远优于单纯的 DMO 指标。

图 9-13 使用的技术指标是线性趋势指标（linear trend indicator，LTI），该

指标的默认计算周期为 15 个交易日。该指标计算的是选定周期内市场价格变化的斜率。因为线性趋势指标本身就是一根平滑的曲线，我们在进行判定时，需要加入该指标的 5 日移动平均线，LTI 与 5 日移动平均线的交叉就是我们的交易信号。

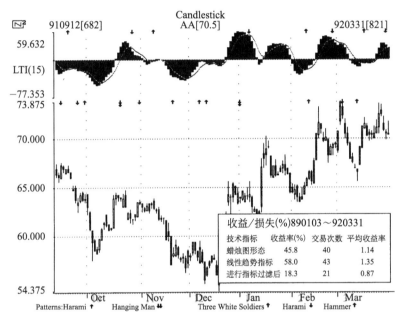

图 9-13 美国铝业公司股票走势图（LTI）

从图 9-13 的提示框中我们可以发现，使用 LTI 指标进行交易的收益率最高，使用经 LTI 指标过滤后的蜡烛图形态进行交易的收益率最低。在这个例子中，经 LTI 指标过滤后的蜡烛图形态的表现不能令人满意。

图 9-14 使用的技术指标是韦尔德动向指标（Wilder's directional index，WDI）[⊖]，该指标的计算周期为 14 个交易日。交易信号出现在 WDI 穿过自身的 10 天平滑

⊖ 韦尔德动向指标现在我们一般称为 DMI 指标（directional movement index），即动向指标或趋向指标。——译者注

移动平均线时。韦尔德 1978 年据此发明了 RSI 指标。韦尔德并不建议利用两条线的交叉来进行交易，但这是仅有的一个可以产生过滤区域的方法。

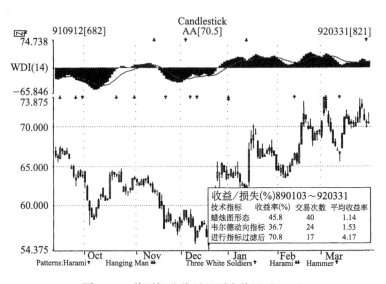

图 9-14　美国铝业公司股票走势图（WDI）

在本例中，利用过滤后的蜡烛图形态进行交易的收益率十分可观，虽然单纯使用 WDI 指标进行交易的总收益率并不能让人满意，但是利用经它过滤后的蜡烛图形态进行交易可以获得单笔平均 4.17% 的收益率，这基本上是原先收益率的 3 倍。

图 9-15 使用的技术指标是非趋势价格摆动指标（PDO），该指标的默认计算周期为 21 个交易日。该指标的主要用途是计算当日收盘价和它的移动平均线之间的差异。当 PDO 指标与它的 10 日移动平均线之间出现交叉时，市场就会出现交易机会。

在本例中，仅利用 PDO 指标进行交易的效果要明显好于利用过滤后的蜡烛图形态进行交易的结果。出现这种结果的可能原因是我们错误地设置了过滤区域。

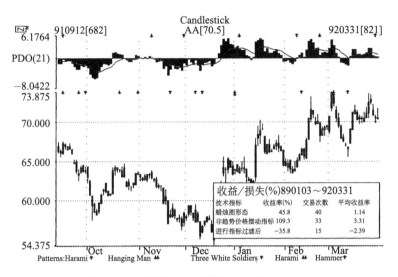

图 9-15　美国铝业公司股票走势图（PDO）

图 9-16 使用的技术指标是平滑异同移动平均线指标（MACD），MACD 指标是非趋势价格摆动指标的扩展形式。同 PDO 指标有所不同的是，MACD 是计算 12 日移动平均线和 25 日（现在一般使用 26 日）移动平均线之间的差异。当这个差异值与 MACD 的 9 日移动平均线之间产生交叉时，就出现了交易信号。在许多分析中都将 MACD 的移动平均线参数设为 9 日，同设为 10 日的移动平均线相比，这种设置可以使利用 MACD 指标进行交易的总收益率提高 7%。

在这个例子里，仅使用 MACD 作为交易指导的效果并不好，但使用经过 MACD 指标过滤检验的蜡烛图形态进行交易仍可以使我们获得平均每笔 4.29% 的收益。

图 9-17 使用的技术指标是唐纳德·兰伯特（Donald Lambert）所创的商品通道指标，即我们俗称的顺势指标（CCI）。该指标的计算周期是 14 个交易日。CCI 穿越极值时（+100 或 –100）就是我们的交易信号。CCI 指标是根据统计学原理，引进价格与固定期间的价格平均区间的偏离程度概念，着重于价格的平均绝对偏差，是一种比较独特的技术分析指标。

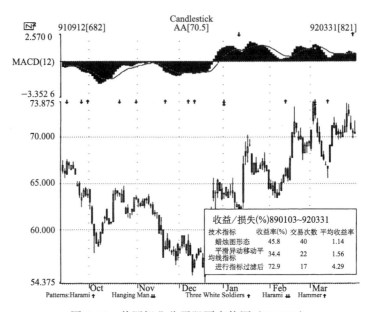

图 9-16 美国铝业公司股票走势图（MACD）

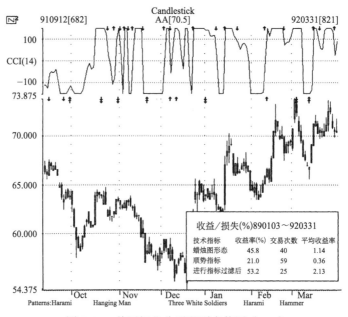

图 9-17 美国铝业公司股票走势图（CCI）

显然，同仅使用蜡烛图形态或 CCI 指标相比，使用经过 CCI 指标过滤检验的蜡烛图形态进行交易可以使我们的收益率大幅提高。

图 9-18 使用的技术指标是布林摆动指标（%B），该指标的计算周期是 20 个交易日。%B 是显示布林轨道宽度的一种方法，由约翰·布林格首创。布林轨道宽度的上下限是由 20 日布林指数的两个标准差确定的，它可以囊括 95% 的价格变动。布林带可以有效展示市场的波幅变化。经过计算收盘价，我们可以实时地计算布林指标的上轨和下轨。%B 指数通常在 0～100% 之间变动，当超过这个区域时，说明市场将出现交易机会。

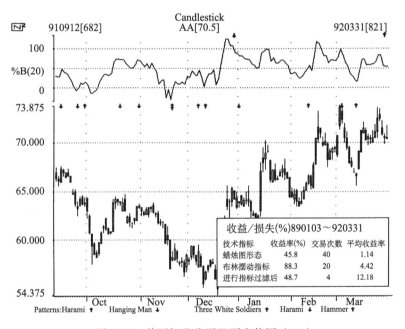

图 9-18　美国铝业公司股票走势图（%B）

从图 9-18 的提示框中你可以看出，%B 指标自身就给出了出色的交易结果，利用 %B 技术指标过滤检验的蜡烛图形态可以使单笔交易的平均收益率进一步提高至 12.18%。

## 蜡烛图过滤后的形态表现

表 9-3 显示了蜡烛图形态和 11 个用来对蜡烛图形态进行过滤的技术指标的最新结果。这些结果不言而喻，过滤全面改善了蜡烛图形态的表现。使用任何指标对蜡烛图形态进行过滤的结果都好于只使用蜡烛图形态本身。

### 表 9-3  过滤后蜡烛图形态的表现（净收益率）

7 275 只股票　　　　　　　交易平均间隔时间（日）
分析天数 4 467 335
2002 年 4 月 30 日至 2004 年 12 月 31 日（675 个交易日）

| 指 标 名 称 | NSINC | CCI | %B | RSI | %K | %D |
|---|---|---|---|---|---|---|
| 总计 | 26 089 | 12 019 | 18 986 | 19 201 | 11 335 | 15 344 |
| 交易平均间隔（日） | 138 | 48 | 98 | 143 | 46 | 64 |
| 最大盈利 | 611 | 119 | 572 | 424 | 131 | 137 |
| 最大亏损 | −92 | −49 | −98 | −92 | −62 | −68 |

| 指 标 名 称 | MFI | ROC | EMV | PDO | MACD | CANDLES |
|---|---|---|---|---|---|---|
| 总计 | 15 765 | 10 668 | 11 696 | 8 697 | 9 285 | 7 030 |
| 交易平均间隔（日） | 74 | 45 | 45 | 50 | 82 | 22 |
| 最大盈利 | 160 | 161 | 125 | 161 | 171 | 65.4 |
| 最大亏损 | −68 | −45 | −54 | −54 | −80 | −51 |

| 过滤指标 | 临界值 | | 盈 利 | | 亏 损 | | 汇 总 | |
|---|---|---|---|---|---|---|---|---|
| 名称（日） | 买入 | 卖出 | 总计 | 平均盈利率 (%) | 总计 | 平均亏损率 (%) | 总计 | 净盈利 (%) |
| NSINC | 11 | 89 | 4 198 | 13.6 | 2 588 | −12 | 6 786 | 3.8 |
| RSI (14) | 35 | 65 | 4 237 | 12.6 | 2 594 | −13 | 6 831 | 2.8 |
| %B (20) | 5 | 95 | 4 178 | 10.2 | 2 775 | −8.5 | 6 953 | 2.7 |
| MFI (20) | 40 | 60 | 4 363 | 7.4 | 2 683 | −6.2 | 7 046 | 2.2 |
| %D (14) | 20 | 80 | 4 304 | 7.1 | 2 747 | −5.5 | 7 051 | 2.2 |
| CCI (14) | −100 | 100 | 4 316 | 5.3 | 2 798 | −3.9 | 7 114 | 1.7 |
| EMV (10) | 9 | 9 | 4 353 | 5.1 | 2 765 | −3.8 | 7 118 | 1.6 |
| %K (14) | 20 | 80 | 4 351 | 5.1 | 2 766 | −4.0 | 7 117 | 1.6 |

（续）

| 过滤指标 | 临界值 | | 盈　利 | | 亏　损 | | 汇　总 | |
|---|---|---|---|---|---|---|---|---|
| 名称（日） | 买入 | 卖出 | 总计 | 平均盈利率 (%) | 总计 | 平均亏损率 (%) | 总计 | 净盈利 (%) |
| ROC (10) | 9 | 9 | 4 302 | 4.9 | 2 839 | −3.7 | 7 141 | 1.5 |
| MACD(12) | 9 | 9 | 4 216 | 7.1 | 2 795 | −7.3 | 7 011 | 1.3 |
| PDO (18) | 10 | 11 | 4 280 | 4.8 | 2 839 | −4.2 | 7 119 | 1.2 |
| CANDLES | 10 | 10 | 4 473 | 2.7 | 2 754 | −1.8 | 7 227 | 1.0 |

这一表格显示出将各个指标作为过滤器时进行交易的次数，以及各指标的临界值。它还展示了最好和最坏交易的表现。在这个表格的最后一列，我们对这些结果进行了总结，并按净收益率（Net %Gain）进行了排序。

## 结论

在此前章节中我们学习了各种蜡烛图形态和其他一些技术分析指标，本章我们进一步探讨了使用这些技术分析指标对蜡烛图形态进行过滤的效果，从而可以得出以下结论：首先，利用常见的技术指标对蜡烛图形态进行过滤检验，并利用过滤后的蜡烛图形态进行交易，在大多数情况下都可以提高收益率；其次，过滤功能除了可以提高总体的收益率，还可以大大降低交易频率；最后，交易频率的降低，不仅可以减少交易成本，还可以提高单笔交易的收益率。所以，读者在利用蜡烛图形态进行市场操作之前，一定要对蜡烛图形态进行过滤检验。

# 第 10 章

# 用蜡烛图交易

本章由著名的交易专家赖安·里奇菲尔德执笔。

本书作者格里高里·莫里斯的几句话：

"用蜡烛图交易"是《蜡烛图精解》第 3 版中一个全新的章节。20 世纪 90 年代末的某一天，赖安·里奇菲尔德邀请我到达拉斯市区的一家饭店共进午餐。当时，他正在讲授股票交易课程，只有一个小时的时间。这一个小时飞快地过去了。当然，坐在那里听别人夸奖你的书是一件很惬意的事，但赖安对蜡烛图有全新的见解，这很令人兴奋。他邀请我到研讨班中讲几句话。他的学生们对蜡烛图十分着迷，但并不是因为我所说的话，而是因为赖安此前的教学。后来，我们一直保持着联系，偶尔还能见一面。在我决定出版本书的第 3 版时，我认为由赖安写一章将为本书增色不少。结果比我想象的要好得多，我希望你也这样认为。

## 导言

在有些"神经过敏"的交易领域，任何优秀的分析方法都会很快地流行起来。在过去的 20 年中，蜡烛图被越来越多的交易者和投资者所接受。蜡烛图具有如此大的魅力，是因为它是"舶来品"，更重要的是蜡烛图拥有传奇般的历史。今天，蜡烛图绘制功能是所有交易软件的必备功能之一，蜡烛图也是许多网站和书籍关注的焦点。如果它们只不过是能显示开盘价、最高价、最低价和收盘价的一种图形表现方式，那么蜡烛图就不可能被如此多的交易者所青睐。

在 200 多年前，蜡烛图分析技术已经问世，并成功地为交易者的市场分析和交易时机判断提供了有效的指导。因此，我们应该对它进行深入的解析，将它整合到西方传统的技术分析方法之中。20 多年前，蜡烛图被引入西方，但直到今日我们对它的理解仍然停留在它刚被引进时的水平上。

格里高里·莫里斯是最早将蜡烛图引入西方的两位专家之一，他是最早开始对蜡烛图形态的出现频率和准确性进行统计的人。但与现在相比，当时的计算能力非常有限，人们更注重于学习这一新的分析方法，而对本书前面列举的数据图表并不在意。现在，莫里斯终于完成了对蜡烛图的深入研究——将它们融入真实市场中，通过实际交易结果判断蜡烛图分析的有效性，并将它们的实际表现与西方传统的图形分析技术进行比较。

作为一种古老而神秘的交易工具，蜡烛图吸引了绝大多数交易者的目光，但它们到底是什么？它们如何彻底、恰当地与西方分析技术融合在一起？它们的准确性如何？什么是"好的信号"？是否应该记住所有的形态？本书将首次对蜡烛图形态进行详尽、彻底的分析和说明，并且通过实际的统计数据为读者揭示在正确使用蜡烛图形态的前提下，利用蜡烛图形态进行交易的实际绩效。早期将蜡烛图引入西方的先锋们应该得到尊敬，新的"开拓者"同样应该得到尊重。

莫里斯认识到对他的（里程碑式的）研究工作进行强化、拓展的必要性，因此他对蜡烛图进行了最全面的统计分析。在融入了赖安·里奇菲尔德的交易分析方法后，本书为那些希望了解如何将蜡烛图与他们的交易结合起来的读者提供了翔实的资料和详尽的方法。赖安为交易者讲述了蜡烛图在实盘中的应用，这是交易者必须掌握的。蜡烛图没什么神秘的，我们可以轻松地掌握它，只有不了解它的人才会心有疑惑。西方图形分析技术在判断趋势和形态识别方面虽然有独到之处，但两种技术并不是对立的。蜡烛图是一种反映短期内（几天）交易者情绪的指标，而西方图形分析技术则可以反映出数周、数月甚至数年的价格与行为。利用蜡烛图，我们可以更为清晰地欣赏价格在关键点位（支撑或阻力）附近的舞蹈（表现）。

20 年前，在没有现代计算机技术支持的条件下，交易者无法对蜡烛图进行全面深入的解析。当时西方的交易者都迫不及待想要立刻使用蜡烛图进行分析，由于交易者对蜡烛图技术缺乏足够的认知，造成的直接结果就是蜡烛图分析方法的滥用，随之就不可避免地出现了蜡烛图使用上的误区。这本全面的著作为我们照亮了前进的方向，交易者现在能够将东西方的分析技术融合在一起了。

## 东西方技术的结合使用

在蜡烛图刚引进西方时，多数交易者对它还不太认同，而现在越来越多的交易者在交易时偏好使用蜡烛图。这也许是因为人们都具有获得竞争优势的自然倾向。金融出版物、新电子工具、新技术指标和交易软件的传播都是人类这一欲望的例证。一些交易者似乎对他们最钟爱的秘密武器或工具拥有一种狂热的崇拜，他们迷恋于这些工具而无法放宽眼界。尽管蜡烛图与其他任何图形分析工具同样有效，甚至比它们更好，但它也不是交易的圣杯，利用蜡烛图对市场进行预测也不是万无一失的。

在蜡烛图 200 多年的历史中，它被人们广泛地应用于各种市场的分析和预测中。它们能够十分准确地说明和预测市场的短期行为以及短期内的图表走势。在 20 世纪中，西方也开发出了一些优秀的图表分析工具。幸运的是，进行适当整合后，蜡烛图和西方图表分析工具联合起来能够产生更好的效果。

本章的重点在于为大家讲解蜡烛图对交易者的真正价值。关于形态的构成、确认和应用的内容在此前的章节中已经为大家进行了说明。

除非知道如何使用，否则蜡烛图与其他技术工具对交易者来说就没有什么用处。不幸的是，大多数试图在交易中使用蜡烛图的人都陷入了蜡烛图使用的误区，他们通常会要求蜡烛图完成一些它无法实现的功能。交易者不能用蜡烛图来占卜市场并进行交易。

在蜡烛图追捧者之间还有一种错误的观点：蜡烛图要优于西方的点线图，蜡烛图是高于西方点线图的一种分析方法。事实上，这里不是孰优孰劣的问题，蜡烛图和西方的点线图事实上是紧密相连的，蜡烛图也不能完全代替点线图。理解两者间的内在联系首先需要我们理解下面几个要点：

- 蜡烛图的独特价值。

在交易与投资中的应用。
什么推动着价格走势和形态成因。

- 各种消息对价格的影响。
- 蜡烛图和西方技术指标的相关性，这种内在的关联可以将蜡烛图与西方式按形态交易的方法联系起来。

### 谁需要蜡烛图

在此，我们要确定一个基本的前提。简单地说，要想取得交易的成功，蜡烛图并不是必不可少的。你说什么？在一本讲述蜡烛图价值的书中，这个前提太奇怪了。的确如此，这正是理解蜡烛图能为我们做些什么的关键。

具有支撑和阻力位的可靠的形态为我们确定了看涨时的买入点以及看跌时的卖出点（见图 10-1 和图 10-2）。只要形态是完美的，我们按形态进行交易就可以了，并不需要其他什么东西。

图 10-1

图 10-2

蜡烛图带给我们的是一个可视的、不断变化的市场图示，它揭示了当交易者面临关键的支撑位和阻力位时所具有的态度或采取的行动。交易者的行为会导致特定形态的出现，特定形态的出现会进一步加强交易者的行为。这些特定形态都源于交易者 200 多年的市场研究和实际交易中的总结，因此它们对交易的指导意义不容忽视。

### 投资与交易

#### 投资

蜡烛图对于投资者来说并不具备太多价值，投资是受基本面驱动的。投资的主要方法就是在低价时买入以把握未来数月或数年的上涨，它是一种买入然后希望市场上涨的交易方法。譬如说在长期牛市中出现一些较深的回调后买入，或者买入的原因只不过是希望过去表现优秀的企业继续保持良好的走势，或者是交易者听信一些热门的"小道消息"而买入。不幸的是，在大多数情况下，机构和公众在买入时都错过了趋势的启动点，卖出时却又卖在市场的底部附近。

蜡烛图是一种判断短期趋势的交易工具，因此它们对于长期投资没有什么帮助。

#### 交易

相比之下，交易则受形态的驱动，而且通常是在短期内完成的。在这种情况下我们就可以期待蜡烛图的表现，因为这时的关键是选择正确的入场和出场时机。关键的轴心点是可以识别且可以预测的价格点位，在这一轴心点位，市场可能会出现重大改变。交易就是要预测潜在的价格行为，在趋势的起始位置买入头寸，随着趋势的运行而逐步增加仓位，到趋势衰竭并确立反转时出场。交易是一种机会主义行为，它是跟随着不断变化的形态的波浪而进行的。在实际交易中我们会遇到大量转势点，这时我们最好的助手就是蜡烛图形态（见图 10-3）。蜡烛图形态是反转信号，尽管人们经常提到持续形态，但它们实际上是失败的反转形态。

图　10-3

因此，相对于投资者来说，蜡烛图对交易者更有价值，因为蜡烛图揭示了市场的短期趋势，这与西方形态交易的（短期）周期性不谋而合。

### 价格与形态的操控

蜡烛图能够为交易者提供洞察力，但我们必须首先理解价格的行为和形态的演变，才能理解日本的蜡烛图和西方的点线图形态的关联。

人们经常会记录下各种出现的形态，但很少去思考如何以及为什么会形成这种形态。分析形态的成因可以为我们理解蜡烛图的应用打好基础。存在形态这一事实表明市场中存在价格操控，这反过来又产生了可预测性，而可预测性为那些理解这些形态的人带来了利润。

形态＝价格操控＝可预测性＝盈利能力

价格不受操控的可能性几乎为零，就像把一大堆木材从悬崖上扔下去，落到地上后恰好搭成一座房屋一样，这是不可能的，除非有人把这些木材搭成房屋（见图 10-4）。

股票、商品甚至股指走势图中的形态说明，由另一些市场参与者组成的群体在自由市场上与公众对做。自由市场令人着迷，据说参与者不会操控这一市场，而是不断将木材抛下悬崖，落地后自动搭成一座漂亮的小屋，还有炊烟从小屋的烟囱中冒出。这种事情不可能发生，但我们可以利用蜡烛图来根据形态进行交易。

图　10-4

## 参与者

交易者的力量各不相同，每只股票的交易者中都会有一两只领头羊。不管他们是在交易大厅里，还是在圣迭哥的米申海湾度假，他们都是这只股票中的赫顿（E. F. Hutton）和沃伦·巴菲特（Warren Buffett）。当他们采取行动时，熟知内情的每一个人都会看着他们。各种层次的交易者会对他们的行动依次产生不同的反应，就像把一块鹅卵石投入池塘中产生的波纹一样扩散开来。

鹅卵石就代表某一股票或商品中的关键交易者（即我们所谓的庄家、大户）或由关键交易者组成的一个小团队。"斧子们"（Ax，对关键交易者的另一种称呼）采取一个重大的举动，第二层的交易者也会随之而动。如果机构交易者和公众也紧跟其后，那么一轮波动就开始了（见图 10-5）。由中心向外逐渐扩散的波纹就类似于其他人不断加入这一行列，推动股票价格朝原先的方向发展。

这样，"斧子们"迈出第一步，然后其他专业投资者采取行动，这激起了机构投资者和基金经理的兴趣,最后由公众垫后。考虑到大多数人(公众)甚至不知道自己也是这一过程中的一分子,因此这种做法实施起来相当顺利。这就像上帝安排的一场演出,一部分人根本就不知道他们扮演什么角色,其他参与者是谁,甚至不知道在做什么样的游戏。

图 10-5

现在,关键交易者("斧子们"和其他专业交易者)会产生巨大的影响,但需要其他人保持一定的成交量才能在长期的交易中带动价格向既定的方向运行。在从支撑位演化到阻力位(或者相反)的几天或几周中,其他的投资者或交易者将受到吸引参与进来。

关键交易者只是让股票价格开始朝一个方向运动。由于他们无法仅靠自己的力量做到这一点,因此关键交易者在感觉到公众的预期与他们的预期相符时,他们才会采取行动。如果关键交易者是正确的,波纹将载着他们的获利仓位漂向下一个重要的点位。随着交易的进行,他们会关注趋势的衰减,通过不断地买入或卖出测试每一个关键点位,以决定随后的行动。

正是这种参与者的顺序(由关键交易者启动,一直到最后的公众买入者或卖出者)推动着形态的发展。关键交易者耐心等待,直到他们看到最后一批买入者也登上了他们的轮船，然后买空以试探是否会引起抛售。在底部，他们等待着卖压逐渐被耗尽，然后再买入。人们常说，关键交易者希望每个人都在最高点搭乘他们的轮船，而他们自己则在最低点才登上轮船（见图10-6）。

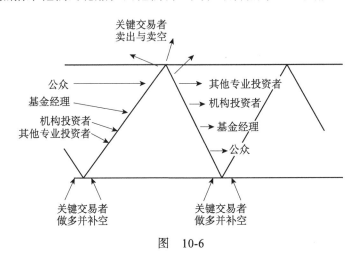

图 10-6

有时候支撑位没有发挥作用，关键交易者知道最好别跟大趋势对着干。他们会迅速改变自己的头寸，以便能保留弹药，择机再次入场。有很多时候，新的趋势刚刚形成就突然发生反转，一些过于激进的人由于缺乏警惕性而被套牢，这就是原因所在。蜡烛图可能已经发出了可靠的反转信号，但随后价格却朝另一个方向运动。可能我们无法洞悉出现这种情况的原因，但肯定是有原因的。市场中充满了风险。关键交易者会冲在最前面，但他们不会在一匹瘸马上骑很长时间。

交易者不喜欢波动剧烈或模糊不清的形态，因为他们会觉得心惊肉跳（入场的交易者）或者感到无聊（未入场的交易者）。爬进甩干机里可没什么好玩的。价格运动的方向并不是真正的问题所在，因为它总是要朝一个方向运动。实际上，下跌趋势更受欢迎，因为它会造成恐慌，这种恐慌情绪传播很快，也为做空者创造了快速获利的机会。

毫无疑心的公众在形态演变中扮演着关键角色，主要是因为他们都患上了短期健忘症，他们费尽心力将价格抬高到一个阻力位，而自己却在接近底部的时候才离场。人类的本性就是如此，在下一次上涨来临时，所有饱受折磨的永远的乐天派都会受到吸引而再次进入这一游乐场，但他们并没有意识到自己在这一过程中扮演的重要角色。如果有一大批稀里糊涂的人反复地充当炮灰，那肯定有助于形态的不断重复。"信息不灵通、缺乏专门技能的公众"（也包括许多看不懂走势图的基金经理）也做出了同样的贡献。

当用来解读广大参与者（他们的行动加在一起产生了各种形态）的行为时，蜡烛图非常有用。参与者在支撑位和阻力位附近的行为可以告诉我们很多东西，因此很值得我们研究。蜡烛图反映了参与者之间的相互影响——他们在不断重复的形态中的情绪、心情以及他们的交易习惯。

### 形态的变化

在大多数股票中都存在关键交易者，这一观念可能对很多人来说是新闻，但事实的确如此。绝大多数交易者或投资者永远也见不到某只股票的关键交易者，但他们却能感受到关键交易者对市场施加的或大或小的影响力。一些走势图的形态显示出关键交易者与公众几乎是在合作，但其他图形则显示两者总是针锋相对、寸土必争。

在支撑位和阻力位出现清晰、可预测的转折是一种情况，而毫无规律的、多空双方争夺激烈的时期则反映出另一种情况（见图10-7和图10-8）。交易者首先应该找到走势良好的股票，然后再利用蜡烛图判断最佳的买入点和卖出点。但要记住，世界上所有与蜡烛图有关的知识都不能防止交易者在某些股票上蒙受损失，毕竟市场的参与者之间并没有凝聚力。对于有些走势不好的股票，我们最好还是学会选择放弃。

图 10-7

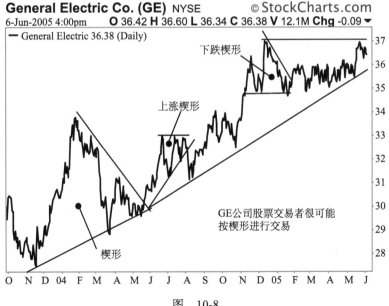

图 10-8

　　由于有 30 000 多只股票，再加上商品期货和货币交易，找到有良好走势的交易品种进行交易并不困难。幸运的是，走势良好的股票（这表明交易者在朝一个方向努力）会发出最可靠的蜡烛图信号。由于参与每只股票交易的交易者不同，这就产生了另一种有趣的关系：一些股票生成某种蜡烛图形态的频率比另一些股票高（见图 10-9 和图 10-10）。由于蜡烛图只反映交易者的行为，因此不同的形态为我们揭示了不同交易参与者的不同交易习惯。例如，IBM 公司股票的蜡烛图的上下影线都比较短，其收盘价接近当天的最高价或最低价。花旗集团（Citigroup）股票的蜡烛图的上下影线较长，显示出其波动性更大。

图　10-9

　　一只股票通常是同一群人在操作，因此我们可以看到重复的形态，从中可以看出他们的操作思路。由于反转倾向出现在可预测的支撑或阻力水平上，在这些水平位上对交易者的行为进行研究就有助于总结出股票在下一次到达这个水平位时的走势。过去一致的交易模式增强了我们进行交易的信心，在此，蜡烛图再次表现卓越，因为它们是理解反转点处交易行为的一种被研究得最透彻的工具。

图 10-10

## 交易消息

消息是股票交易的一个因素，不管是预定发布的消息还是突如其来的消息，都会打断并改变当前的价格行为。对消息的反应可以是缓和的、激烈的甚至波澜不惊的，但市场的情绪会在随后的蜡烛图形态中反映出来。如果消息支持当前的市场趋势方向，那么它就会促使价格在当前方向上加速前行。长蜡烛图说明交易者对消息的反应激烈，短蜡烛图则说明人们缺乏跟进的意愿。长影线表明波动性较大，甚至预测着市场的转势，而较短的影线则表明交易者的看法一致，或缺乏兴趣。

消息常常能促成长实体的产生（在市场做出反应的那一天或消息宣布日）。

如果长实体蜡烛图（一根或两根）符合当前市场的运行方向，那么就有可能形成一种值得关注的蜡烛图形态。上升三法与下降三法持续形态始于一根（或两根）实体较长的蜡烛图，这些蜡烛图符合当前的走势，随后2～4天是试探日，交易者会试图证明这些消息背后真正的力量（见图10-11）。如果趋势的方向（上涨或下跌）得以持续，那么市场的情绪就得到了验证。

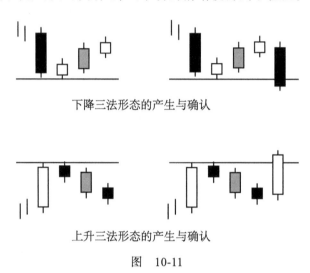

下降三法形态的产生与确认

上升三法形态的产生与确认

图 10-11

消息也有可能变化无常。市场情绪可能会使价值5美元的消息在第一天造成两美元的价格波动，而在第二天造成9美元的价格波动。与当前市场主趋势相反的重大消息可能不会造成太大波动，而在市场处于胶着时，一个不太重要的消息也可能成为"最后一根稻草"，进而推动市场走势。出现在支撑位和阻力位的消息可以影响潜在的反转，因此交易者应该给予适当关注，因为消息可能会触发或加强反转或持续形态。蜡烛图信号还能够揭示出在一个备受瞩目的消息发布前价格突然抬高或降低时交易者的情绪。

尽管理解消息对形态的影响十分重要，但交易者必须更多地关注形态和蜡烛图信号，而不是过多地关注消息本身。

### 技术指标

交易者可以使用的技术指标实在太多了，不管使用哪些指标，将它们与蜡烛图以及其他一些优秀的图形分析技术结合起来都能够使我们更加深入地理解价格行为。例如，一只股票正在接近由趋势线或移动平均线确定的支撑位。蜡烛图显示趋势正在减弱，即将出现反转。技术指标显示出市场处于超卖之中。综合考虑这些因素，再加上各种"咨询师"（他们各有各的观点）的绝活，将有助于我们更有信心地进行交易。

但要注意：实际的价格行为才是最重要的，优秀的交易者不会忘记，他们买卖的是股票，而不是指标。他们认真地选择指标（以及"咨询师"），但从不过度看重它们。指标是监视和反映行为的工具，但并不能指挥人们的行为。指标只不过为交易者提供了交易信号，但是否进行交易还应由交易者自行判断。

现在，再回到前面的假定上，蜡烛图对于成功交易是必需的吗？不是。那么问题又来了，我们为什么要学习蜡烛图呢？答案是：有了它，交易更容易成功。

### 将东西方技术整合在一起

通过西方点线图我们可以直观地观察市场的支撑位和阻力位，但点线图无法显示出这些图形背后的信息。西方的柱状图能够显示出当天股票价格的波动，但它们并不是很直观（见图 10-12）。蜡烛图为交易者提供了更快速、更直观的反馈，200 多年来无数人的使用经验以及对它们进行的研究使得蜡烛图成为一种更优秀的工具。

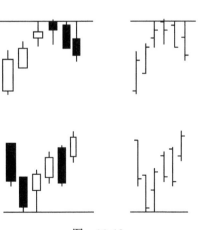

图 10-12

日本蜡烛图永远也不能代替西方的图形分析技术，但将两者的力量与优势结合起来将产生更好的效果。最大限度地利用这种组合的关键是充分发挥各自的优势。日本蜡烛图永远无法为我们呈现双底试探支撑形态，但它们可以揭示交易者的看涨或看跌倾向（见图10-13）。

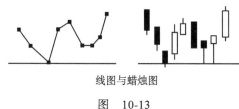

线图与蜡烛图

图　10-13

优秀的东西方图形分析技术的确增强了交易者通过观察关键点位附近的走势，了解市场心理、情绪、趋势力度的能力。换句话说，西方的图形将顾客引进了熟食店，而日本蜡烛图则显示出他们的饥饿程度（见图10-14）。

图　10-14

## 小结：东西方技术的融合

- 蜡烛图是经受了最多测试和研究的技术分析方法。

- 西方传统图表是蜡烛图的有效补充。

- 蜡烛图在投资与短线交易上的应用是不同的。

- 股票价格的变动和形态的演变有助于解释蜡烛图传递的信息。

- 交易者凝聚力的不同使得蜡烛图形态呈现出很大的差别（从可以预测和趋向一致到变幻不定和异常危险），在根据形态进行交易时要区别对待。

- 某些股票会呈现出独特的形态，这反映某一群特定交易者的行为。

- 消息是一种市场现实，蜡烛图可以揭示出交易者对它的判断。

- 技术指标具有启迪作用，应该将它们作为顾问看待。它们（也包括蜡烛图）不能支配价格的变化。它们只能揭示市场的一种可能性，但无法保证这就是唯一的可能性。

- 西方图形强调关键的位置，而日本蜡烛图揭示了交易者的心理与情绪。

## 位置，位置，还是位置

房地产领域中有一句经典的话是"位置，位置，还是位置"，这句话同样可以用于蜡烛图分析中。单一蜡烛图或形态出现的位置与它的适用性和准确性有很大的关系。下面的两个例子有利于我们理解这一原则。

### 落叶

在南方的气候条件下，树叶会周期性地根据风向、气候而改变颜色并落到地面上，但实际上并不会引起人们的注意。在北方的气候条件下，树叶颜色的变化却非常明显。在 9 月底，树叶颜色改变并落到地面上会引起很多的关注。到了 9 月末，人们就会期待冬季的来临，而最清晰的信号就是树叶颜色的改变。信号并不能保证恶劣的天气已经到来，但可以让我们认识到，现在已经是 9 月，冬天来临的条件已经具备了。

蜡烛图形态与信号由蜡烛图的实体、影线的长度、与相邻蜡烛图的关系等决定。一些形态需要某种前提条件（如当前的市场趋势）才能发挥作用，而更深入的研究将有助于交易者理解这些信号的重要性。

西方传统图表使我们能够根据价格的位置进行交易。人们期望在某一价格点出现重大变化，因为历史上这只股票或期货品种在这一点位上曾经出现过重大转变。因此，蜡烛图在特定点位发出的反转或持续信号就更有价值。没有蜡烛图，形态也可以成功地指导交易，但蜡烛图解释某些关键点位的行为的能力对于经过训练的交易者来说具有极高的价值。

### 刹车灯

刹车灯亮了，表明你根据过去的经验采取了行动。当被问到刹车灯的含义时，大多数人会说是有人把车停了下来。这种想法事实上是错误的。实际上，有几种不同的答案。

一般来说，刹车灯的确意味着停车，但是，如果在高速公路上以75英里的时速行驶，刹车灯亮起很可能意味着司机只是在调整车速，而不是停车。在高速公路上刹车灯亮能意味着停车吗？当然可以，但这没有考虑它们出现的地点和环境。

在接近交叉路口、时速35英里的情况下，亮起刹车灯更可能意味着停车，但仍然有几种可能性（见图10-15）。司机可能是在减速，然后再加速通过路口。他也可能是停下车来，休息一会儿，然后决定下一步往哪里开。他还可能是要向右转或者调头驶向相反的方向。在接近交叉路口时，汽车停下来的可能性极大，但以后将发生什么仍然是一个未知数。

物理学中的一条基本定律声称，运动的物体倾向于保持运动状态，但如果它想向相反的方向运动，这一物体必须先停下来。

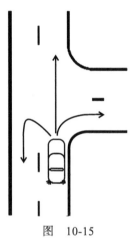

图 10-15

一只股票是保持运动还是停下来在很大程度上取决于它是行驶在高速公路上还是正在接近交叉路口。我们不久之后就会知道它是要休整、反转还是持续当前的走势，但处于交叉路口表明它正在制定重要的决策，这也是蜡烛图提供的最基本、最重要的信息。蜡烛图反映的这些信息与其所处的位置没有关联吗？

人们常听到的一个警告是：无知是很危险的事。当蜡烛图预示的行为没有出现时，许多交易者会感到沮丧。常见的错误是忽视了修饰语（形态的限定条件），如"为了使形态有效，价格必须朝某个方向运动"。一个看起来十分完美的看涨吞没形态所在的位置可能会使这一信号失效（见图 10-16）。它可能是一种外包日线形态，但如果出现在上涨走势中，它又怎么可能是看涨反转信号呢？

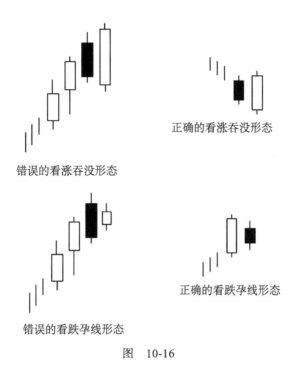

错误的看涨吞没形态

正确的看涨吞没形态

错误的看跌孕线形态

正确的看跌孕线形态

图　10-16

莫里斯这样解读："你不可能在上涨趋势中得到一个看涨反转信号。"为了理解蜡烛图，我们利用 10 日移动平均线来界定上涨趋势。看涨反转必须在 10 日移动平均线之下开始启动，但在上涨过程中，价格位于这一平均线之上，因此看涨反转信号不可能出现。

在周期性的上涨或下跌中，看涨或看跌反转可能发生在与上述说明相矛盾的回调点处（见图 10-17）。这是一种技术上的例外，还有一些关于如何基于趋势正确地使用蜡烛图的相关概念，我们将在本章后面进行讲述。重要的是，如果它并不是一个技术上的看涨反转信号，那么它所处的位置就能够解释这一信息，同时最重要的是我们仍然处于上涨趋势中。

许多一日蜡烛图形态的名字起得不恰当，并且被误解了，但真正重要的是它传递出的信息和出现的位置。锤子线和上吊线经常被混淆。除了出现的位置之外，它们具有同样的规则，甚至形态判定规则也是一样的。它们之间唯一的区别是出现的位置不同（见图 10-18）。

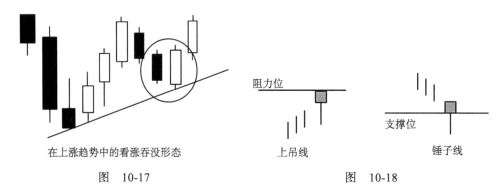

在上涨趋势中的看涨吞没形态　　　　上吊线　　　　锤子线

图　10-17　　　　　　　　　图　10-18

锤子线形态和上吊线形态都表达出在当前前进方向上出现了压力，前进的动能不断减弱，最后出现停止，长影线则表明交易者的意见并不统一。锤子线表示一种市场倾向于继续下跌，但在交易日内出现了相反的走势，市场开始向上运行。上吊线则相反，它说明向上趋势已经减缓，市场开始向下运行，虽然收盘时价格再次被拉起，但长长的下影线说明了上升趋势的减弱。虽然这两种形态都暗示了市场的犹豫心理，但它们更类似于在高速公路上亮起的刹车灯，意味着减速，而不是停止。

给它们起一个恰当的名字不如理解它们的真正含义重要，但在正确的位置获得正确的信息才是最重要的。误读刹车灯信息可能会造成混乱，而且十分危险，而误读蜡烛图发出的信号同样会造成混乱，并且代价极高。仅从统计的观点看，大多数蜡烛图的准确率都在40%～60%之间，这是一个相当模糊的区间。但是，这一区间包含了出现的所有情况，不管是在高速公路上还是在交叉路口处。把它们放到实际情况（即出现的位置）中，解释会有所不同，如果它们出现在明显的支撑位或阻力位，不管发出的信号是什么，其可信度都更高。

## 反转或回调

回调是在朝一个趋势过程中的暂停或休整，而反转则表明朝一个趋势的结束。对蜡烛图形态的解释将因交易者是跟随趋势还是在利用趋势的周期性进行交易而有所不同。跟随趋势意味着交易者会忽视回调，一直持仓至趋势结束，而利用趋势的周期性进行交易则意味着交易者会根据出现的不同形态，在一个整体趋势中不断地调整头寸方向（见图 10-19）。

反转信号必然符合市场的周期性波动，因此对于那些跟随趋势的交易者来说，正确使用蜡烛图以确认趋势的结束十分重要。在上涨趋势（同样适用于下降趋势）中，看跌反转信号将在趋势看起来十分健康时，在一个周期性的顶部出现，但这一信号的含义是什么呢？它是趋势的结束还是只是一次回调的开始？实际上，趋势的结束信号出现在趋势的周期性底部，当趋势达到周期性底部后，无力再次上升创出新高，再次跌破底部，这时我们才可以认定趋势结束。因此，在周期性顶部出现的反转信号只能被认定为是回调或调整，而不是反转（见图 10-20）。

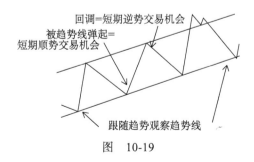

利用趋势的周期性进行交易

回调=短期逆势交易机会
被趋势线弹起=
短期顺势交易机会

看跌反转=回调

跟随趋势观察趋势线

图　10-19　　　　　　　　　　　　　图　10-20

### 上涨趋势取决于看涨反转

只有在趋势碰到支撑位继续上行后，上涨趋势才会持续，而其信号是由看涨反转形态发出的。对于那些根据趋势进行交易的人来说，具有讽刺意味的是，表明看涨上升趋势结束的信号不是在阻力位出现的看跌反转信号，而最有可能是一种持续信号（趋势未能再次上行），推动价格跌破支撑线（见图10-21）。

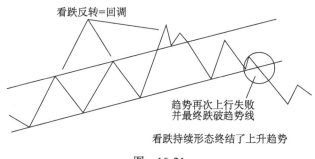

看跌反转=回调

趋势再次上行失败
并最终跌破趋势线

看跌持续形态终结了上升趋势

图　10-21

因此，我们必须知道信号出现的位置，因为信号的有效性与其出现的位置有极大的关联。跟随趋势进行交易要求交易者知道去哪里寻找看跌持续信号和看涨反转信号。多头是否会支持又一轮的上涨，还是看跌情绪已经很弱，不足以推动价格继续下跌？对于跟随趋势的交易者来说，这一点很重要，而具有讽刺意味的是，在支撑位，趋势的继续是由（短期趋势）的反转信号决定的，而（短期趋势）的持续信号将结束原有的趋势。

### 利用趋势的周期性进行交易

利用趋势的周期性进行交易要求我们必须能准确地判断支撑位和阻力位，因为反转形态和持续形态可能会在那里出现。在阻力位，看跌反转信号将暂时结束上涨趋势，使趋势转入下跌回调。在阻力位，持续形态的出现意味着突破。在支撑位，反转形态会发出趋势重启的信号，持续信号会导致趋势线被突破（见图10-22）。

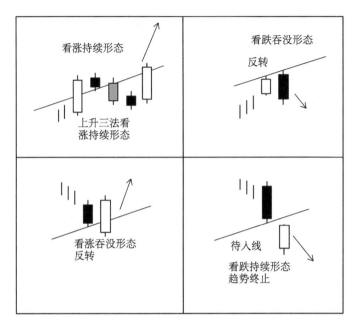

图　10-22

与技术指标可以设置时间参数以适应各种时间框架不同，蜡烛图信号只能预测 1～5 天内的趋势。因此，形态周期的时间跨度就很重要。一些蜡烛图形态首先要求必须有上升趋势，而且同时也一再强调"你不可能在上涨趋势中得到一个看涨反转信号"，这是一个技术上的例外。从支撑位到阻力位的上涨趋势一般持续很长时间，并且在期间多次出现小回调，也就是说，一个上涨趋势是由多个小的上涨趋势和多个与原趋势方向相反的回调组成的。趋势的每一阶段都比较长，足以为交易者带来短期交易机会（见图 10-23）。

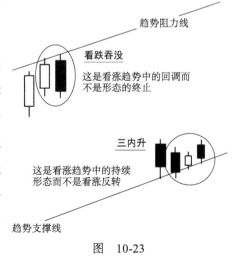

图　10-23

## 小结：位置，位置，还是位置

- 与其他图形分析方法相比，蜡烛图是人们研究最多、应用最熟练的技术。

- 西方图形技术使得蜡烛图形态出现的位置有了实际的意义。在高速公路上亮起刹车灯和在交叉路口亮起刹车灯的含义是不一样的。

- 准确率是一个总体的统计概念，但形态出现的位置可以降低或提高形态的准确性。

- 趋势是由多个回调组成的。在支撑位，反转形态（短期的）会使原趋势重启，而持续形态会终结原趋势。

- 跟随趋势进行交易与利用趋势的周期性进行交易是不同的。跟随趋势进行交易是通过观察在支撑位附近出现回调失败来确定趋势的终结。利用趋势的周期性进行交易要求我们寻找在支撑位和阻力位附近的蜡烛图反转形态以确定趋势方向。

- 波段的持续时间决定了它是否适用于反转形态。

- 西方传统图形技术能够很好地显示出潜在买家已经入场，而日本蜡烛图则可以显示出其做多的迫切程度。

## 信息

### 名字中反映出的信息

北美臭鼬共有 5 种：条纹臭鼬（striped skunk）、东部斑臭鼬（eastern spotted skunk）、西部斑臭鼬（western spotted skunk）、猪鼻臭鼬（hognose skunk）、大尾臭鼬（hooded skunk）。当它们受到惊吓或感觉受到威胁时，它们都会做同一件事情。如果一位步行者看到一只身上有黑白相间花纹的小动物用屁股对着自己，那么他绝不能停下来去看到底是东部斑臭鼬还是西部斑臭鼬。不管遇到哪种臭鼬，信息都是一样的：快跑！

　　同样，有很多种蜡烛图形态和多种基于同样信息演变出的变化形态。犹豫的信号有很多名字，但识别其中包含的信息比记住这些名字更重要。当我们遇到某种形态时，往往过多强调它叫什么名字，而不是去理解蜡烛图信息的含义。看上去很艰巨的任务会令人们退缩，而记住 80 多种蜡烛图形态和信号的名称、变化及规则就是一件十分艰巨的任务。幸运的是，你不必牢牢记住这些东西就可以有效地使用蜡烛图。本章将为你提供一些原则和工具，帮助你简化并加快熟练应用蜡烛图的过程。这一技巧也将在以后扩展你的蜡烛图知识和使用蜡烛图的技能。

## 什么是好的形态

　　人们经常会提出这样一个问题："什么才是好的反转形态呢？"好的形态？这个问题模棱两可，到底要问什么呢？问这个问题的人是想节省时间，等着别人随意列出三四种形态吗？这个问题问得不明确。他们想要知道什么？是最好的反转或持续形态吗？他们所说的"好"是什么意思？多好才算"好"？

　　所谓的"好的形态"可能会因其出现的位置不同而被显著强化或削弱，因为在支撑位或阻力位，反转信号的预测效果更好。每一种形态或信号都包含着某种信息，因为它们描述的是不同的市场行为。

　　如果将其从实际使用条件中剥离，那么"好的形态"也不会有好的效果。重新定义什么是"好的形态"将能够提高正确解读和理解信息的能力，我们通过实际的数据来对"好的形态"进行进一步的解析。

　　首先是识别蜡烛图中包含的信息，然后再根据它出现的位置判断其相关性与重要程度。

## 短实体蜡烛图

　　小实体、极小的实体或者根本没有实体的蜡烛图（如锤子线或十字星）会传递出一种十分特别的信息。在对几百万个交易日的数据进行的测试中，十字星以及小实体、极小的实体形态的预测准确率为50%左右。50%并不十分引人注目，但这些小实体在预测市场处于犹豫时的准确率为100%。市场缺乏动能或消息的刺激可能会造成市场出现整固或调整，而小实体则代表了市场缺乏方向，交易者缺乏交易的兴趣（见图10-24）。任何一次反转都是原有趋势先停滞（这就是市场处于犹豫状态），再停止，最后才能形成相反方向的趋势。也就是说，市场处于犹豫状态是市场转势的必要条件（但不是充要条件）。

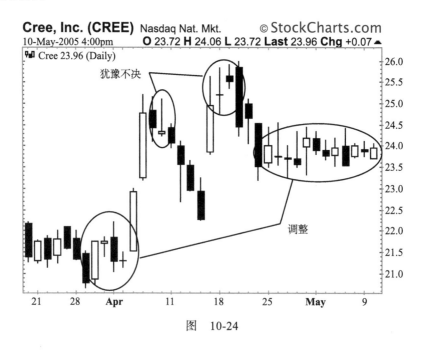

图　10-24

　　如果股票在一个关键的点位失去方向，那么这只股票是在上涨还是在下跌并不重要，重要的是交易在一个重要的价位上失去方向这一事实。交易者知道他们所处的位置，试图确定市场的情绪。犹豫不决的信号随处可见，而在支撑位或阻力位，它就像一座明亮的灯塔（见图10-25）。

图 10-25

如果价格在一个重要点位处犹豫不决，随后出现了突破的持续形态，虽然小实体并没有预测这个反转的发生，但成功地预测了这个反转发生的位置（见图 10-26）。这里，小实体所代表的市场犹豫不决的信息十分明确且意义重大。无论趋势随后向哪个方向运行，市场犹豫不决就已经提示了交易者随后一定会出现一波走势，当然它并没有提供具体的方向，因此交易者在这时需要保持中立和灵活性，观察突破的方向，并顺着突破的方向交易。

## 长实体蜡烛图

长实体蜡烛图是实体部分较长的一日形态，与长影线的形态不同。许多希望在买卖中获利的人都由于误解了长实体的含义而遭受损失。乍看起来，长实体蜡烛图应该给出明确的看涨或看跌信号，但后续的走势会使很多激进的交易者失望。

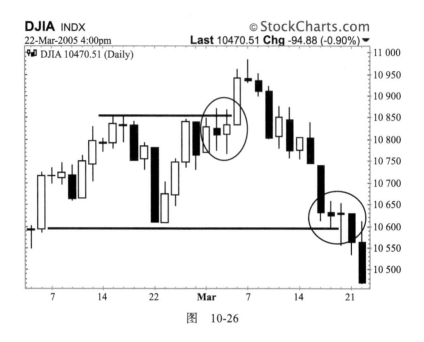

图　10-26

长实体蜡烛图传递的信息很明确，但同时按照它本身的倾向交易也是一种挑战。我们很容易见到在一个长实体交易日后有 2～4 天进行试探的情况。当对长实体形态发起的挑战失败后，市场会恢复原先的走势，这时就会形成上升三法持续形态和下降三法持续形态（见图 10-27 和图 10-28）。沿着趋势方向出现的长实体是一个好的交易信号，但它也可能代表着一个警告，即离趋势结束不远了。⊖

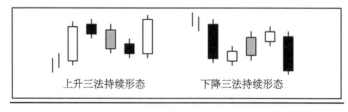

上升三法持续形态　　　　下降三法持续形态

图　10-27

---

⊖　长实体蜡烛图可以表明趋势很强烈，但有时也可能出现在趋势的尾声，这就是我们在第 2 章中讲到的阴尽阳生、阳尽阴生。交易者在实盘时一定要特别注意。——译者注

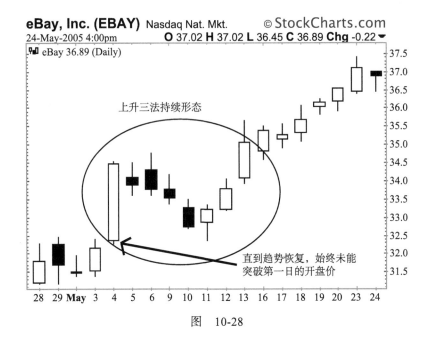

图　10-28

### 交易提示

如果根据趋势进行交易，那么交易者可能需要暂缓兑现长实体交易日的收益，直到趋势重新结束。新手常常会落袋为安，等到回调结束，趋势重启，他就只能眼睁睁地看着趋势继续运行而已经没有可获利的仓位。大多数交易者没有足够的经验或勇气重新入场，而通常只能当旁观者，当价格沿原来的趋势一路前进时，他们感到自己被市场耍了。其实，蜡烛图显示出的信息并没有欺骗他们，这些信息十分清晰明确，但由于他们缺乏蜡烛图知识和对市场行为的了解，才使得他们产生错误的想法和做出错误的决定。

请注意，上升三法形态与下降三法形态的准确率为50%，这意味着出现的位置在交易策略中十分重要。如果第一天达到某个关键点位或目标价位，交易者就可以卖出股票从而锁定利润，因为再等几天趋势按原方向运行的机会也只有50%，这对于已经达到心理目标价位的交易者来说并不划算。如果长实体蜡烛图的变化方向与趋势方向一致，但价格还没有达到目标价位，那么交易者可以考虑在第一天先不卖出，观察第二天的实际走势。

### 更复杂的形态

交易者通常需要几天的时间才能和市场达到一致。4～6 天的形态表明，交易者需要一段时间才能跟上市场的情绪。每一天都会发出不同的信息，等到形态完成时，反转可能已经发生了。试图理解每一天的信息并等待形态确认的交易者可能会发现，理想的买入点在几天前就出现了（见图 10-29）。

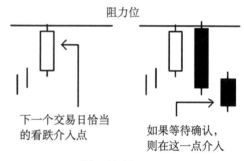

阻力位

下一个交易日恰当的看跌介入点

如果等待确认，则在这一点介入

图　10-29

最好的入场就是在价格刚离开支撑位或阻力位时入场。当复杂形态完成时，它会向那些早就应该参与的交易者发出一个明确的确认。确认很重要，但不必等到复杂形态彻底完成后才入场交易。

### 交易提示

交易者可以在最好的入场点清仓入场，当且仅当形态被确立后进行加仓。如果入场后出现了假突破，那么损失也不太严重，而且随后交易者就可以进行正确的交易了。

### 准确性与频率（惊喜？）

一般来说，人们认为，形态越复杂，准确性就越高，某些研究数据也支持这一假设，特别是在特殊的支撑位和阻力位。但是，本书作者莫里斯在本书中使用的数据却揭示出了一些出人意料的事实。某些简单的形态在准确率排名中名列前茅。一些复杂的形态也许更准确，但它们出现的频率要低得多，因此，大部分反转与简单的一日至三日形态有关。人们在绝大多数交易中最常见到的反转信号是由更简单、更常见的蜡烛图形态发出的（见表 10-1）。

表 10-1

| 天　数 | 最经常出现 | | 天　数 | 最经常出现 | |
|---|---|---|---|---|---|
| 2 | 孕线 – | R– | 3 | 孕线 – | R+ |
| 2 | 孕线 + | R+ | 1 | 孕线 + | R– |
| 2 | 吞没 – | R– | 2 | 吞没 – | R– |
| 2 | 吞没 + | R+ | 2 | 吞没 + | R+ |
| 1 | 上吊线 – | R– | 1 | 上吊线 – | R+ |
| 1 | 锤子线 + | R+ | 3 | 锤子线 + | R+ |
| 1 | 十字孕线 – | R– | 3 | 十字孕线 – | C+ |
| 2 | 白色一兵 + | R+ | 3 | 白色一兵 + | C+ |
| 2 | 十字孕线 + | R+ | 2 | 十字孕线 + | R+ |
| 1 | 十字星 – | R– | 3 | 十字星 – | R– |

真正重要的是，找出关键点位并正确解读蜡烛图信息。准确率和形态的特性的确很有价值，但问题的关键是形态出现的位置。有些人可能会感到失望，形态准确性已经不如从前重要了，这也就降低了寻找"好的形态"的迫切性。

**影线的方向**

从本书使用的数据中，我们可以发现一种很有意思的关联性，涉及 4 种我们熟悉而且十分相似的蜡烛图形态。锤子线、上吊线、流星线、倒锤子线以及它们的"远亲"（纸伞蜡烛图和长腿十字星）在预测反转时具有同样的价值。锤子线和上吊线特别常见，许多图书和网站都将它们看成"好的形态"。但是，与许多陈规旧习一样，关于这些蜡烛图形态的假设被最近的深入研究推翻了，在对它们进行适当的分析和比较后，我们就会发现一种有趣的现象。

蜡烛图形态的长影线方向是与原有趋势相同，还是与原有趋势相反，这对预测结果有什么样的影响呢？对数百万个交易日的数据进行分析后得出，影线的方向与它们预测的反转信号的准确性有很大的关系（见图 10-30）。

上吊线和倒锤子线的预测准确率（63% 和 62%）明显高于锤子线和流星线（44% 和 48%）。与小实体、长影线蜡烛图相互之间非常相似的假设不同，上吊线和倒锤子线分别拥有 19% 和 14% 的优势。在小实体形态中，实体的大小对反转准确性的影响远不如影线长度的影响，这是一个经过验证的结论。如果小实体、微小的实体和十字星拥有长影线并出现在相似的位置上，那么它们应该产生与图 10-31 类似的结果。

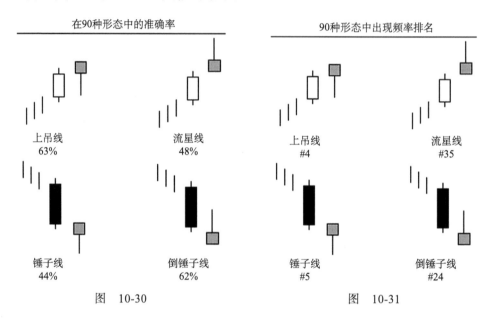

图　10-30　　　　　　　　　　　　图　10-31

请注意，我们使用的百分比是每种形态连续 7 天准确率的平均值，因此各百分比加在一起不一定等于 100%。

这一信息是很有意义的。在这些"好的形态"中，人们非常重视的锤子线在接受测试的 90 种形态中排名第四，而上吊线在准确性评级中名列第二。长影线的方向会对反转出现的可能性产生显著的影响。

出现频率也为我们提供了一些有意思的信息。与看跌反转流星线相比，看跌反转上吊线形态（准确性更高）多出现了 30 次。看涨反转锤子线（准确性较低）出现的频率比看涨反转倒锤子线多 5 次。因此，在支撑位，锤子线会更常见一些；在阻力位，上吊线出现的频率会更高（见图 10-31）。在阻力位，更经常出现的上吊线比流星线要准确得多，而在支撑位，更经常出现的锤子线却比倒锤子线的准确性低得多。这一切都表明，我们应该牢记位置的影响。锤子线出现的次数很多，粗略地观察一下就能看出，它在关键点位的准确性较高。

## 相反的形态

相反的形态具有截然相反的结构和代表着相反的信息，而且绝大多数蜡烛图形态都有相反的形态，并传递出相反的信息（见图 10-32）。大多数相反形态的准确率也十分相似，但有几个例外需要交易者注意。

在前面的讨论中，看跌反转上吊线的准确率（63%）比看涨反转锤子线的准确率（44%）高出19%，但上吊线的相反形态是倒锤子线，而不是锤子线。用上吊线和锤子线进行比较是因为它们与反转的关系十分密切，而且在支撑位和阻力位都会出现。它们是相似的形态，而不是相反的形态，它们之间的准确性有如此大的差异实在让人吃惊，但上吊线与其相反形态倒锤子线相比差别很小，而锤子线与其相反形态流星线相比也很相似（见图 10-33）。

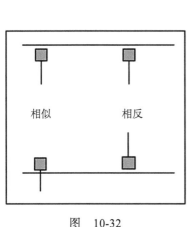

图 10-32

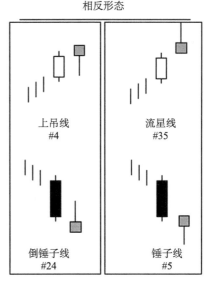

相反形态

上吊线 #4    流星线 #35

倒锤子线 #24    锤子线 #5

图 10-33

在接受测试的 90 种形态中，有 44 对相互相反的形态（总共有 88 种），其中只有 7 对相互相反的形态在准确率上相差 5% 以上。34 种相反形态的准确率差别低于 4%，有 3 种几乎相等（见表 10-2）。

7 种相差较大的相反形态在预测看涨时比预测看跌时的准确性要高得多（高于 5%，见表 10-3）。这是看涨形态的一个令人奇怪的优势。

表 10-2

| 相差大于 5%<br>7 种相反的形态 | | 相差 1%～4%<br>34 种相反的形态 | | | |
|---|---|---|---|---|---|
| 触底后向上跳空 + | 52% | 一只黑乌鸦 − | 46% | 十字孕线 + | 52% |
| 触顶后向下跳空 − | 41% | 白色一兵 + | 49% | 十字孕线 − | 50% |
| 北方三星 − | 45% | 三只黑乌鸦 − | 48% | 孕线 + | 51% |
| 南方三星 + | 53% | 白色三兵 + | 52% | 孕线 − | 49% |
| 前进受阻 − | 47% | 三次向下跳空 + | 51% | 三内升 + | 50% |
| 下降受阻 + | 52% | 三次向上跳空 − | 52% | 三内降 − | 47% |
| 跳空两只乌鸦 − | 45% | 三线直击 + | 55% | 切入线 + | 44% |
| 跳空两只兔子 + | 64% | 三线直击 − | 52% | 切入线 − | 46% |
| 跳空三法 + | 55% | 弃婴 + | 52% | 锤子线 + | 44% |
| 跳空三法 − | 49% | 弃婴 − | 50% | 流星线 − | 48% |
| 两只乌鸦 − | 46% | 执带线 + | 51% | 反冲 + | 44% |
| 两只兔子 + | 52% | 执带线 − | 47% | 反冲 − | 41% |
| 奇特三川 + | 49% | 脱离 + | 53% | 梯形底部 + | 53% |
| 奇特三山 − | 43% | 脱离 − | 52% | 梯形顶部 − | 50% |
| | | 深思 + | 54% | 执带线 + | 51% |
| | | 深思 − | 52% | 执带线 − | 48% |
| | | 俯冲之鹰 − | 53% | 相同高价 − | 63% |
| | | 传信鸽 + | 54% | 相同低价 + | 62% |
| 几乎相同的 3 种<br>相反形态 | | 乌云盖顶 − | 47% | 黄昏星 − | 45% |
| | | 刺透线 + | 49% | 启明星 + | 46% |
| | | 十字星 + | 54% | 待入线 + | 49% |

（续）

| 相差大于 5%<br>7 种相反的形态 | | 相差 1%～4%<br>34 种相反的形态 | | | |
|---|---|---|---|---|---|
| 下降三法 – | 50% | 十字星 – | 52% | 待入线 – | 51% |
| 上升三法 + | 50% | 向下跳空并列阴阳线 – | 51% | 分手线 + | 46% |
| 约会线 + | 49% | 向下跳空并列阴阳线 + | 50% | 分手线 – | 43% |
| 约会线 – | 49% | 三外升 + | 49% | 竖状三明治 + | 58% |
| 挤压报警 + | 52% | 三外降 – | 46% | 竖状三明治 – | 54% |
| 挤压报警 – | 52% | 吞没 + | 46% | 并列阴线 + | 50% |
| | | 吞没 – | 45% | 并列阴线 – | 46% |
| | | 十字黄昏星 – | 49% | 并列阳线 + | 48% |
| | | 十字启明星 + | 48% | 并列阳线 – | 46% |
| | | 倒锤子线 + | 62% | 插入线 + | 53% |
| | | 上吊线 – | 63% | 插入线 – | 52% |
| | | | | 三星 + | 47% |
| | | | | 三星 – | 46% |

表 10-3　相差大于 5%

| 相差大于 5%<br>7 种相反的形态 | | 相差大于 5%<br>7 种相反的形态 | |
|---|---|---|---|
| 触底后向上跳空 + | 52% | 跳空两只兔子 + | 64% |
| 触顶后向下跳空 – | 41% | 跳空三法 + | 55% |
| 北方三星 – | 45% | 跳空三法 – | 49% |
| 南方三星 + | 53% | 两只乌鸦 – | 46% |
| 前进受阻 – | 47% | 两只兔子 + | 52% |
| 下降受阻 + | 52% | 奇特三川 + | 49% |
| 跳空两只乌鸦 – | 45% | 奇特三山 – | 43% |

过去有一种很微妙的假设：人们一般认为，看跌反转形态具有一种优势，即推动价格上涨比推动价格下降要困难。数据显示，在 44 对形态中，有 33 种偏向于看涨信号，有 8 种偏向于看跌信号，有 3 种没有偏向（见表 10-4）。

实际数据表明，看涨形态远远胜过与其相反的看跌形态，相差较大的形态对全部偏向于看涨反转。

表 10-4

| 偏向看涨 | | | | 偏向看跌 | |
| --- | --- | --- | --- | --- | --- |
| 一只黑乌鸦 − | 46% | 跳空三法 + | 55% | 三次向下跳空 + | 51% |
| 白色一兵 + | 49% | 跳空三法 − | 49% | 三次向上跳空 − | 52% |
| 三只黑乌鸦 − | 48% | 十字孕线 + | 52% | 向下跳空并列阴阳线 − | 51% |
| 白色三兵 + | 52% | 十字孕线 − | 50% | 向上跳空并列阴阳线 + | 50% |
| 触底后向上跳空 + | 52% | 孕线 + | 51% | 十字黄昏星 − | 49% |
| 触顶后向下跳空 − | 41% | 孕线 − | 49% | 十字启明星 + | 48% |
| 三线直击 + | 55% | 三内升 + | 50% | 倒锤子线 + | 62% |
| 三线直击 + | 52% | 三内降 − | 47% | 上吊线 − | 63% |
| 北方三星 − | 45% | 反冲 + | 44% | 切入线 + | 44% |
| 南方三星 + | 53% | 反冲 − | 41% | 切入线 − | 46% |
| 弃婴 + | 52% | 梯形底部 + | 53% | 锤子线 + | 44% |
| 弃婴 − | 50% | 梯形顶部 − | 50% | 流星线 − | 48% |
| 前进受阻 − | 47% | 执带线 + | 51% | 相同高价 − | 63% |
| 下降受阻 + | 52% | 执带线 − | 48% | 相同低价 + | 62% |
| 执带线 + | 51% | 黄昏星 − | 45% | 待入线 + | 49% |
| 执带线 − | 47% | 启明星 + | 46% | 待入线 − | 51% |
| 脱离 + | 53% | 分手线 + | 46% | | |
| 脱离 − | 52% | 分手线 − | 43% | | |
| 深思 + | 54% | 竖状三明治 + | 58% | | |
| 深思 − | 52% | 竖状三明治 − | 54% | | |
| 俯冲之鹰 − | 53% | 并列阴线 + | 50% | | |
| 传信鸽 + | 54% | 并列阴线 − | 46% | | |
| 乌云盖顶 − | 47% | 并列阳线 + | 48% | 没有偏向 | |
| 刺透线 + | 49% | 并列阳线 − | 46% | 下降三法 − | 50% |
| 十字星 + | 54% | 插入线 + | 53% | 上升三法 + | 50% |
| 十字星 − | 52% | 插入线 − | 52% | 约会线 + | 49% |
| 三外升 + | 49% | 三星 + | 47% | 约会线 − | 49% |
| 三外降 − | 46% | 三星 − | 46% | 挤压报警 + | 52% |

（续）

| 偏向看涨 | | | | 偏向看跌 | |
|---|---|---|---|---|---|
| 吞没 + | 46% | 两只乌鸦 − | 46% | 挤压报警 − | 52% |
| 吞没 − | 45% | 两只兔子 + | 52% | | |
| 下降三法 − | 50% | 奇特三川 + | 49% | | |
| 上升三法 + | 50% | 奇特三山 − | 43% | | |
| 跳空两只乌鸦 − | 45% | | | | |
| 跳空两只兔子 + | 64% | | | | |

### 50% 并不等于 50/50

50% 并不等于有 50/50 的机会出现反转。准确率可能是一系列数字，如果一只股票的价格只能朝两个方向变化，那么这种观点就是对的。将 50% 看成 50/50 的机会很诱人，但实际上蜡烛图走势有 3 种可能性：上升、下降和横盘。这使我们的看法发生了很大变化（见图 10-34）。如果信号在预测反转时的准确率只有 50%，那么不出现反转的情况还可以被分成趋势继续和横盘趋势。因此，出现反转的机会将大于出现横盘或持续的机会。

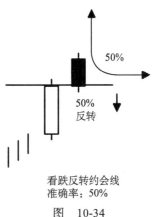

看跌反转约会线
准确率：50%
图　10-34

考虑价差⊖（如看跌买入期权价差）的期权交易者希望一只股票的价格保持在某一特定的价格之下，以便获取最大利润。交易开始之前先要找到一只位于阻力位或有可能跌破支撑位的股票。如果同时在蜡烛图中出现了十字星、上吊线、流星线、纺锤头或其他表示犹豫不决的形态，则表明交易者处于观望之中，价格走势在关键点位失去了方向。现在，一个简单反转信号的准确率约为 50%（48%～63%），但套利交易成功的机会将远大于 50%。因为即便出现横盘走势，交易者也有套利机会，因此在上述情况出现时，有超过 50%

---

⊖　spread 有 "价差、差价" 的意思，有时也被称为 "点差"。——译者注

的反转概率，再加上横盘的概率（不管概率是多少），使得看跌买入期权成功的概率远高于50%（见图10-35）。

### 交易提示

在关键点位出现犹豫不决的信号会增加某些交易成功的机会。交易者应该根据阻力位和小实体反转信号的出现制定一个明确的出场标准。交易成功的概率远高于50%，因此，适当的套利交易是可行的。

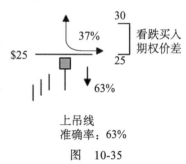

图 10-35

### 实体与影线、优先权与信息、情绪与波动性

各种蜡烛图形态都会传递出每天的信息，这些信息是由实体（开盘价与收盘价之间的差）、影线、"蜡烛芯"（最高价与最低价）构成的。在评估和解释蜡烛图传递出的信息时，实体比影线更重要。

实体信号表示当天市场的情绪，即硝烟散尽之后的总体局势。实体是大是小，或是巨大？是阳线还是阴线，多空双方的信心如何？一场比赛的最终比分决定了输家或赢家，但比分并不总能说明一切。

影线表示当天的波动性，说明多空双方争夺的激烈程度。长影线表明交易者的分歧和情绪差别很大。较短的影线确认并支持当天的实体传递出的信息。不管是哪种类型，影线都会增加或降低当天交易行为的波动性，并揭示大量与市场情绪有关的信息（见图10-36和图10-37）。

### 跳空缺口

跳空缺口是一种需要简要说明的定价现象。真正的跳空缺口很少出现，它的出现将是一个重大事件（见图10-38），通常伴随着剧烈的价格波动。在关键点位出现的跳空缺口更具有效力，代表了市场中的极端情绪，可能会中断一次反转。尽管本节并不准备对跳空缺口理论进行深入，但观察蜡烛图中跳空缺口对于解读市场走势无疑有着重大的帮助。

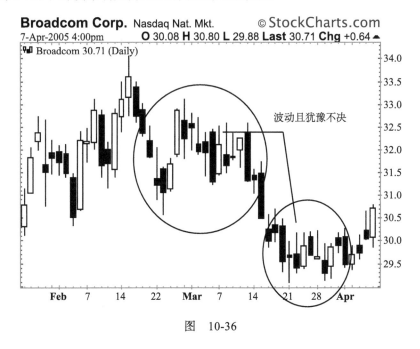

图 10-36

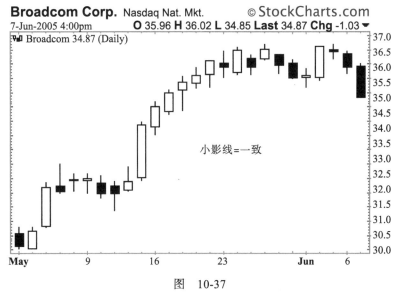

图 10-37

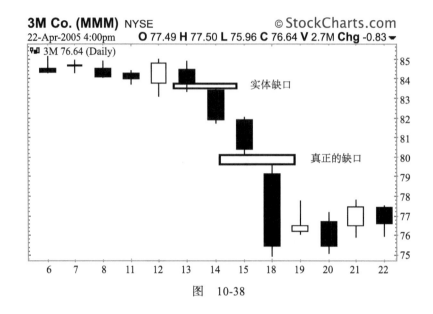

图　10-38

缺口有好几种形态，其隐含的信息如下：

1.开盘价高于或低于前一日的收盘价就出现了跳空缺口，反映收市后人们对价格的观点发生了改变。

2.跳空缺口未被回补上的时间越长，其重要性就越大。

3.跳空缺口经常出现，但一般都在随后的交易日结束前被回补。

4.回补跳空缺口的方式有助于解读市场的情绪。

**交易提示**

90%以上的跳空缺口在随后的交易日结束前即被回补。因此，跳空缺口几乎总会被补上，而回补的方式非常重要。如果蜡烛图调头去填跳空缺口，然后再继续沿缺口的方向继续运行，则是对跳空缺口方向的一种有力确认。如果蜡烛图调头回补缺口，而收盘时价格接近前一天实体或进入前一天的实体之内，则通常代表着市场将要出现反转（见图 10-39）。缺口是由对估值的变化造成的，交易者如何应对是理解缺口重要性的关键。

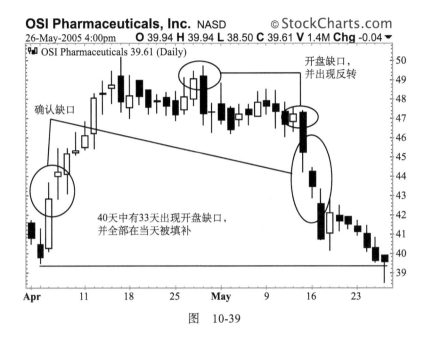

图 10-39

真正的有空缺口十分罕见，而且通常连续几天都不能回补。最重要的跳空缺口可以保持数周、数月甚至数年，才会被回补。对于参照蜡烛图进行交易的人来说，缺口的回补方式十分重要。价格是不是在当天就将回补上，并形成一根长影线，然后像小孩玩"按完铃就跑"的游戏一样向另一个方向跑去，或者恰好停在缺口的边缘等第二天去回补（见图 10-40）？

这一行为传递出至关重要的信息，大多数缺口都像是去"完成未完成的任务"一样被回补。了解交易者对一个特定跳空缺口的感受以及如何解读蜡烛图传递出来的信息十分重要。

### 视角

首先，我们必须理解每一天的信息，否则就不可能将各种混在一起的信号综合在一起。是的，我们可以熟记这些形态，但形态的准确率还没有高到可以单独指导交易。形态出现的位置能够提高准确性，但在关键点位保持中立是必要的。蜡烛图信号可以为交易增加筹码和保障，但它们不能决定交易。

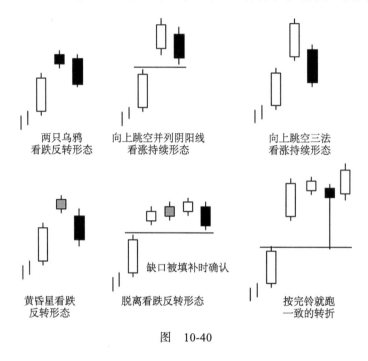

图　10-40

股票或市场的波动反映出了人的本质，因此可以想象，它们一定是变化不定的。就像我们在人们应邀发表演讲时解读他的身体语言一样，他可能看起来很紧张或者充满信心，但那并不能决定演讲的效果。

我们必须找出价格接近某一支撑位或阻力位的真正原因。关键交易者正在将一只股票推到一个重要的价位，我们可以通过一个比喻来正确理解这一信息。一支运动队在赛季中奋力拼搏，向最后的决赛迈进，希望能够参加决赛并获得冠军。运动队在这一赛季中所向披靡，赢得都比较轻松。教练员很高兴，而且充满信心。我们可以用蜡烛图来表示输（阴线）赢（阳线）。下影线表示运动队曾经落后但被追回的比分，而上影线表示运动队曾经领先但被对手追回的比分。看一看下面几种比分接近的方式，试着理解教练员的感受（见图 10-41）。

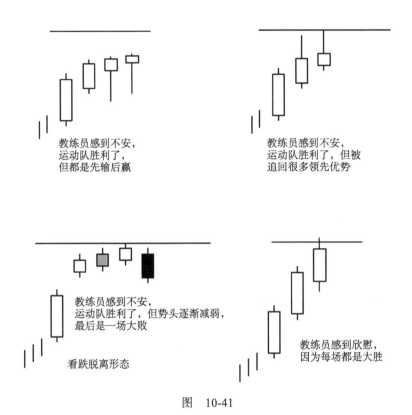

图 10-41

尽管最后赢了，但教练员对获胜方式的感受是不同的。运动队可能已经失去了获胜的动力，或者是正处在全盛时期，而这的确可以反映出他们在关键的最后决赛中的表现。在最终的决赛中，运动队只有输掉少量的比赛才能继续前进。这支运动队可能在第一轮比赛中就被淘汰出局，也可能坚持到最后一场比赛。他们可能是每场必胜，也可能需要奋起直追。不管是哪种情况，这支运动队不是朝冠军迈进，就是打道回府（见图 10-42）。

## 蜡烛图形态的形成

200 多年的观察与研究为我们带来了能够描述价格运动趋势与特性的蜡烛图形态。这些研究必须得到尊重和高度评价，而位置的重要性以及对信息的理解使我们能够更加深入地解读和利用蜡烛图。另一种分析将有助于我们进一步完善对蜡烛图信号的应用及解释。

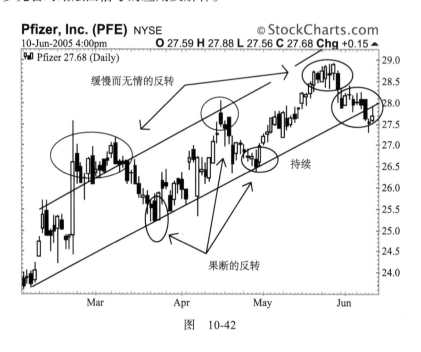

图　10-42

正如接近关键点位的方式可以告诉我们很多与交易者的情绪和态度相关的信息一样，一根蜡烛图的形成方式也会说明第二天的一些情况。两位跑步者参加一场两英里的赛跑，跑完 1 英里后，一位选手已经筋疲力尽，而另一位选手则依然精力充沛。最终结果是两位选手都跑到了终点，但我们可以看出他们在下一轮比赛中的表现。人们会为单一的蜡烛图起一个名字，并对它有所预期，但它在随后一天的具体走势可能取决于它的形成方式。

在支撑位，锤子线形态显示出价格先下降后上升。价格下跌表明空方在支撑位努力打压价格，而多方则奋力反击。市场表现出明显的胶着状态，但多方在支撑位开始反击这一事实表明，这一支撑位是有效的。在历史上，锤子线形态的准确率是 42%（在支撑位时更准确），但市场在关键位置的迟疑不决会增加反转的可能性。

一天之内锤子线形成的方式可以传递出显著不同的信号（见图 10-43）。多方信心的恢复可能十分强烈，也可能很脆弱，可能出现在一天的开始，也可能出现在一天的结束。在收盘铃声响起时，这只股票可能在一直被卖出，也可能在一直被买入，或者是在痛苦地挣扎。短线交易者都知道，当天收盘时的市场情绪通常会影响到第二天早晨的开盘。

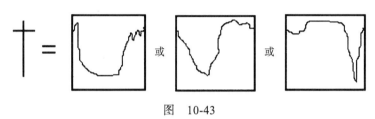

图　10-43

### 交易提示

在一个关键点位，交易者希望尽可能多地获得明天一早价格将如何变化的线索。看一看上一交易日蜡烛图的形成方式可能会为你带来一些非常有价值的暗示。我们需要每日的数据来评估当天的图形，但不必是实时信息。我们可以在互联网上找到当日的图形。有时候看一看当日图形的形成方式会在很大程度上改变我们第二天的交易计划。

### 信息摘要

蜡烛图形态或信号是一个交易日内所有交易者行为的集合。这具有广泛的指导意义，仔细研究蜡烛图传递的信息、出现的位置和形成的方式，可以提高形态的准确性，明确市场随后的走向。

● 每天都会传递出一种信息，但在关键点位，信息的重要性就会显著提高。

知道形态的名字远不如理解它传递出的信息重要。

不要浪费时间寻找"好的形态"。

不明确的一日蜡烛图形态的准确率也可以达到100%。

一日反转信号最可靠。

复杂的形态出现的频率较低。

准确性评级是根据所有出现的形态进行的，但关键点位发出的信号的准确率要高得多。

50%的准确率并不意味着有一半机会。

蜡烛图的实体揭示出市场的情绪，而影线则揭示出市场的波动性。

跳空缺口表示市场情绪的突然变化，回补缺口的方式告诉我们这一缺口的重要性。

接近关键点位的方式能够揭示出交易者的情绪。

当日蜡烛图的形成方式可以影响市场随后的走势。

## 蜡烛图的家族关系

一旦交易者能够识别单日的信息，那么理解形态的意义就会更容易，因为它不再是抽象的图形，也不需要再死记硬背。当交易者理解一种形态的信息后，相似形态也会更自动地浮现在交易者的脑海里。

本节将有助于你学习并记住各种蜡烛图形态。本书在前面已经给出了各种蜡烛图形态的完整解释，因此本节中出现的蜡烛图形态的图示和参考只是为了便于识别与比较。大多数蜡烛图形态都具有一定程度的灵活性，因此为了显示出形态所有的变化，需要很多示意图。再强调一遍，需要了解蜡烛图形态的详细规则或细节时，请参考本书前面的解释。

根据分类学习蜡烛图形态与认识家族成员十分相似。如果一大群亲戚分散在一群陌生人中，那么你很有可能看不到他们。但如果这些亲戚都集中到前面并按家庭进行分组，那你就很容易认出他们，就算他们再与陌生人混在一起也是如此。

与亲戚一样，在学习蜡烛图形态时也可以将其分成不同的"家庭"。它们可能是近亲，也可能是远亲。和许多家庭一样，某些远亲并不常见面，但如果把他们放在家庭之中，要认出他们就会容易得多。

蜡烛图形态有十分严格的定义，但每种有名字的蜡烛图都有很多变种，而日本人并没有给这些"十分相近"的形态起名字。经验和常识使交易者能够解读蜡烛图的信息，就算这些蜡烛图不能准确地匹配本书提供的图形或定义时也是如此。

我们已经在其他地方讨论了犹豫不决信号，它们的特点是实体小，其不同长短的影线代表波动性。这些形态有些有名字，有些没有名字，但它们传递出的信息十分明显。大部分一日形态不一定需要一个名字，但并不会影响它们传递出的信息。试图确定一根蜡烛图是不是真正的锤子线或只不过是锤子线的无名"远亲"没有任何意义（见图 10-44）。典型的犹豫不决形态如锤子线和十字星都拥有名字和严格的定义，而且它们可能比其没有名字的远亲更重要一些，但这又能怎样呢？"呃，让我想想，那是一只东部斑臭鼬还是西部斑臭鼬？"

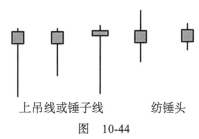

上吊线或锤子线　　　纺锤头

图　10-44

### 单日蜡烛图形态家族

家族关系最明显的例子可能是各种形态过于相似，因此很难一眼分辨，这就像从看涨光头 / 光脚蜡烛图到看跌光头 / 光脚蜡烛图的过渡。在这一家族的各个终点上，都有一些重要的蜡烛图。日本术语"marubozu"是指一个和尚在打坐（见图 10-45）。从后面看，这个和尚坐在平地上，头顶非常光滑。

光头 / 光脚蜡烛图形态被认为是最强烈的单日蜡烛图形态，不管是看涨还是看跌，它传递出的信息都十分明确。没有任何影线表明交易者的观点达成了一致，市场处于强烈的趋势之中。

光头光脚

看涨　　看跌

从背后看像一个
打坐的和尚

图　10-45

影线传递出的信息可能难以理解，但如果按一定的顺序来理解则更容易一些。例如，看涨光头/光脚蜡烛图（也被简称为秃蜡烛图）没有影线。在其顶部添加一根影线，我们就会得到一根光脚开盘蜡烛图，在其底部添加一根影线则可以得到一根光头收盘蜡烛图。顶部或底部出现的影线有不同的含义，特别是在关键点位上（见图10-46）。底部的影线表明，在开盘时，价格下探，但随后多头猛烈进攻，收盘于当天的最高价。顶部的影线表明，开盘时价格一路上冲，但随后便开始下降。更强烈的信号来自当天收盘时，而不是开盘时，因为一天如何收盘比如何开盘更重要。

光头/光脚蜡烛图信号出现在几个形态中，包括执带线形态、待入线形态、切入线形态、分手线形态、反冲形态，还出现在一些镊子形态中（见图10-47）。

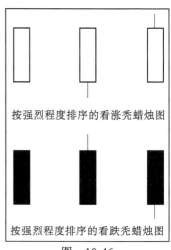

按强烈程度排序的看涨秃蜡烛图

按强烈程度排序的看跌秃蜡烛图

图　10-46

从看涨光头/光脚蜡烛图到看跌光头/光脚蜡烛图的过渡，就像从一座山峰走到另一座山峰。上山和下山的路有很多条，两座山峰之间是一条平坦的山谷。最中立的形态——四价合一十字星——位于谷底。四价合一十字星是我们假设的一种形态，是一种开盘、收盘于当天最高价和最低价的形态，这意味着没有进行交易。十字星是我们能够看到的最不明确的形态。

　　每一根单独的蜡烛图都是这一大家族中的一员，把它们放到这一广角视野中有助于我们的理解。以看涨光头/光脚蜡烛图（交易者完全达成了一致）开始，增加影线或缩小实体会减弱市场的情绪，使波动性增加，最后形成十字星（见图 10-48）。

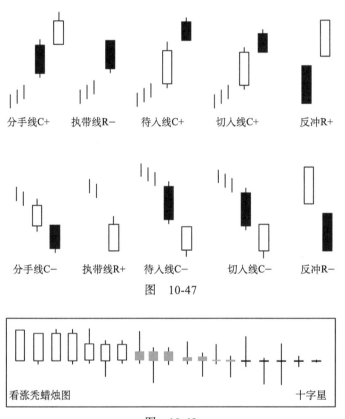

图　10-47

图　10-48

　　过了中点之后，随着实体部分越来越长，市场情绪越来越稳定，影线越来越短。信号越来越明确，最终形成看跌光头/光脚蜡烛图（见图 10-49）。

### 实体大小：多大才算大

　　日本蜡烛图中有长实体、中实体和小实体之分，对这些差别也有明确的定义，但对大多数交易者来说，常识就够了。看一看前几周的蜡烛图，我们就会知道什么是长实体、中实体和小实体。小实体就是实体比较短，而微小的实体介于小实体和十字星（根本没有实体）之间。

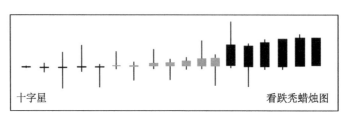

十字星                                          看跌秃蜡烛图

图　10-49

## 实体的颜色

长实体很重要，因此它们的颜色也很重要。随着实体越来越小，市场热情也不断减弱，颜色的重要性也就越来越小。极小的实体是什么颜色无关紧要。

影线增加了波动性，所有的一日形态都表现出犹豫不决。有一些一日形态有名字，很多没有名字，但它们都传递出同样的信息（见图10-50）。变化的种类很多，但在混乱的中间部分，颜色或名字没有多大意义。

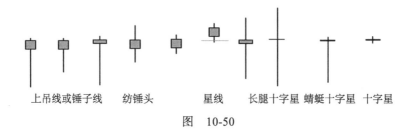

上吊线或锤子线　　纺锤头　　　　星线　　长腿十字星　蜻蜓十字星　十字星

图　10-50

## 不要太钻牛角尖

对于优秀的学生来说，一分之差并不能决定他们是 A 等生还是 B 等生。许多蜡烛图形态也会引起同样的争论。某些反转和持续形态十分相似，只是一些微小的差别决定了一种形态是反转形态，而另一种形态是持续形态。看涨插入线和刺透线形态是一个很好的例子。它们的相反形态分别为看跌插入线形态和乌云盖顶形态（见图 10-51）。插入线形态（持续形态）和刺透线形态（反转形态）之间的唯一区别，是第二天的收盘价是否位于前一天价格变化范围的中点之上，但 200 年的经验表明，这一差别十分重要。平均准确率显示出这些信号的重要性。

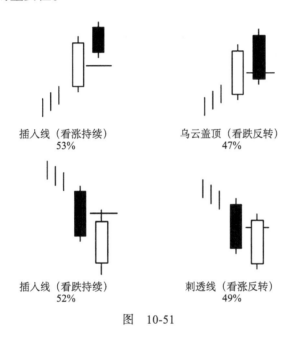

插入线（看涨持续）
53%

乌云盖顶（看跌反转）
47%

插入线（看跌持续）
52%

刺透线（看涨反转）
49%

图    10-51

大多数讲解蜡烛图的图书并没有将这 4 种形态列在一起，但我们的确应该将它们联系起来，将它们当成在一个形态家族中从持续形态到反转形态的过渡。

看跌插入线和看涨插入线是相反形态，但都是反转形态。顺着山坡将石头滚下山更容易一些，因此，虽然这两种插入线形态是相反形态，但在阻力位，看跌插入线形态不大可能持续。

**确认**

形态定义的一个共同要素就是确认。有些形态建议确认，有些形态需要确认，而有些形态不需要确认。确认反映了信心的水平或一种形态能够达到预测结果的可能性。犹豫不决的信号不需要确认，因此，需要在某种程度上进行确认的是反转形态和持续形态，以确定它们对各自预期的支持程度。

对一种形态进行某种程度的确认是有用的，但看一看为什么一种形态比另一种形态更需要确认也很有意思。为了理解各种形态需要确认的程度为什么不同，我们必须理解这些形态的简化。

### 多蜡烛图形态的简化

许多年前，本书作者莫里斯描述了如何将两日和三日形态简化为一日形态。前面的章节讨论了这一问题，但比较一下外包日线形态和内包日线形态将为我们带来很多启发。

### *外包日线形态*

十分常见的看涨吞没形态是一种外包日形态，在下降趋势中，先出现一根长阴线，紧随其后的是一根更长的阳线。第二天的开盘价低于第一天的收盘价，而其收盘价高于第一天的开盘价。我们可以通过第一天的开盘价、三天中任意一天的最高价和最低价以及第二天的收盘价来构建一个单独的蜡烛图以对其进行简化。看涨吞没形态传递出一种强大的力量，这一形态可以简化为锤子线还是长腿蜻蜓十字星线，取决于第二天收盘价的位置（见图 10-52）。

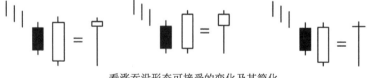

看涨吞没形态可接受的变化及其简化

图　10-52

这一形态发出的信号十分明确，因为它没有多少变化。卖压很快就被耗尽。疯狂的买入终止了价格的下滑，而且如果形态出现在支撑位，这种买入行为将更明显。如果第三天仍然上涨，收盘价高于第二天的收盘价，那么不确定性就会减弱，同时传递出强烈的看涨反转信号（见图10-53）。这一形态被称为三外升，看一看它的构成我们就会明白：三（天）、外（第二天是一个外包日线形态）、升（确立了上升趋势）。现在，我们将确认作为一种强大的工具，最常见的两日反转形态是吞没形态和孕线形态。孕线形态要求确认，而吞没形态不要求确认。这两种形态的形

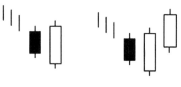

看涨吞没形态　　　带有确认的看涨
　　　　　　　　　吞没形态
　　　　　　　　　三外升形态

图　10-53

状显示出了一个明显的原因：吞没形态看起来比孕线形态的确定性更高。这一观察是正确的，但其原因并不像看起来那样明显。更深层次、更复杂的原因只有通过比较两种形态的简化形态才能被揭示出来。

### 内包日线形态

孕线形态是一种典型的内包日形态。它的第一天是一根阳线，其方向与当前价格走势相同，随后是一根小实体的内包日线。第二天的蜡烛图实体可能会触及第一天的开盘价或收盘价，但不会同时触及收盘价和开盘价。它可以是阳线，也可以是阴线，但与第一天的颜色相反更能够支持这一形态。看涨孕线和看跌孕线可以简化为一系列蜡烛图形态，从长腿十字星到长实体的看涨或看跌蜡烛图。与吞没形态不同，孕线有多种变化，很难传递出一致的信息。

将两种形态放在一起进行分析，我们就能清楚地看出为什么孕线需要确认，如果没有确认，孕线就可以传递出看涨或是看跌信号，它只代表市场没有确定方向。让我们看一下看跌孕线形态和吞没形态的简化（见图10-54）。吞没形态在第二天可以传递出的信号，孕线形态则需要三天的时间才能完成。

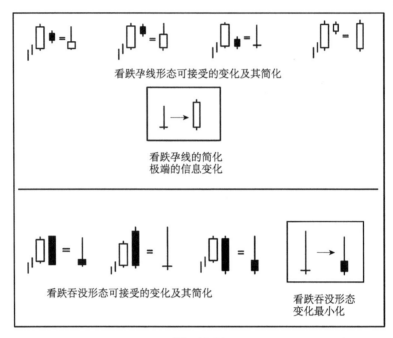

看跌孕线形态可接受的变化及其简化

看跌孕线的简化
极端的信息变化

看跌吞没形态可接受的变化及其简化

看跌吞没形态
变化最小化

图　10-54

第二天的小实体终止了原先的趋势，但它传递出反转信息的可能性比吞没形态要小得多。

加入第三天的确认对于看跌孕线形态产生了一个有趣的影响。确认日的开盘价在第一天的实体之内，而收盘价位于第一天的收盘价之上。因此，孕线形态发出的信号与吞没形态在第二天发出的信号相同，但信号强度要弱一些。孕线形态要三天才能完成，使其信号在某种程度上较弱（见图10-55）。带有确认的孕线形态有一个新的名字，即三内升，你现在应该能够理解这个奇怪的名字了：三（三天）、内（一个内包日线形态）、升（确立上升趋势）。

我们在上一节讨论了当日的价格波动如何形成一根蜡烛图。一天中价格的波动方式会影响其传递出的信息。大部分的反转形态都需要进一步确认，经过确认的形态较为可靠。

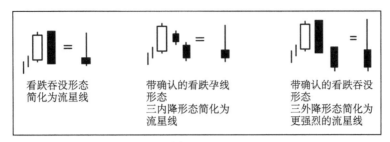

看跌吞没形态
简化为流星线

带确认的看跌孕线
形态
三内降形态简化为
流星线

带确认的看跌吞没
形态
三外降形态简化为
更强烈的流星线

图 10-55

## 接近阻力位或支撑位

有很多蜡烛图形态描述了价格接近支撑位或阻力位的方式。我们在前面用教练员如何看待运动队逐步接近最终决赛的例子进行了比较说明。这些形态可以是反转形态，也可以是持续形态，或者是犹豫不决的形态，大多数形态都拥有一个相反的形态，传递出与其相反的信息。在此，我们可以将接近的方式分成五组。第一组和第五组反映出强烈的反转和持续倾向，第二组和第三组是反转形态，第四组主要是持续形态。在每一个分组中，形态的分布和数量与人们的普遍认知相符，即大多数蜡烛图形态是反转形态。因为大多数反转发生在支撑位或阻力位（不管交易者能否看到这一点），知道可能的关键点位（有能力解读蜡烛图）使得交易者能够更好地评估反转形态。

我们借用了篮球中的术语来为这五个分组起名字：抢断（steal）、失误（turnover）、回场（over and back）、头部假动作（head fake）、快攻（fast break），它们反映了当遇到支撑或阻力时形态的行为方式（见图 10-56）。我们必须把重点放在出现的位置以及在实际情况中解释这些信息。蜡烛图可能是不完美的，但它们在努力告诉我们一些东西，因此，学会解读这些信息并理解它们可能给出的暗示是非常重要的。敲门的可能是"大灰狼"，也可能是手拿支票的艾德·麦克马洪⊖（Ed McMahon）。但重要的是，有人在敲你的门。

---

⊖ 艾德·麦克马洪，美国著名的节目主持人，主持过"寻星"和"下一个伟大明星"等星探节目，节目中经常出现艾德去敲明星苗子的门，然后告诉他入选节目的好消息。——译者注

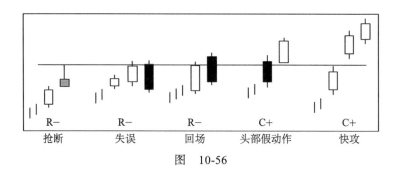

图　10-56

### 抢断

　　成功的抢断会给对手造成打击。在价格接近关键点时，这种"抢断"会使市场情绪发生变化。在线形图上，交易者可以很清晰地看到这个失误（miss），因为图形会停止在关键点位并发生反转（见图10-57）。这会使那些等待（希望）价格到达关键点位后企稳的交易者感到沮丧。

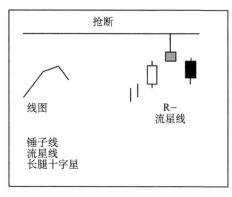

图　10-57

　　只有那些能够看到支撑位或阻力位或在特定价位上设置报警信号的交易者，才能把握这种机会。如果这一切发生在一个交易日之内，那么很多长线交易者将无法把握这一机会。虽然如此，事后我们总是会在图形上看到这一现象，长影线好像在告诉我们："嘿，我们顺路来拜访过，但家里没人。太糟了。"

　　在关键位出现大的跳空缺口，随后市场发生反转，这说明庄家（market maker）对市场的判断有误。这一交易日内市场波动十分剧烈，在收盘后，人们会质疑到底是什么造成了这一切，而且市场将持续下跌（见图10-58）。

### 失误

　　失误是将球转到对方手里。大多数失误由裁判员处理，通常是在得分或犯规后出现。在蜡烛图中，这些形态到达一个关键点位，然后毫不犹豫地出现反转（见表 10-5 和图 10-59）。在 5 种蜡烛图形态的分组中，这一分组中的蜡烛图形态最多，其中包含一日至五日形态，这种形态比较清晰，它们逐步接近关键点位，打个招呼，然后出现反转。

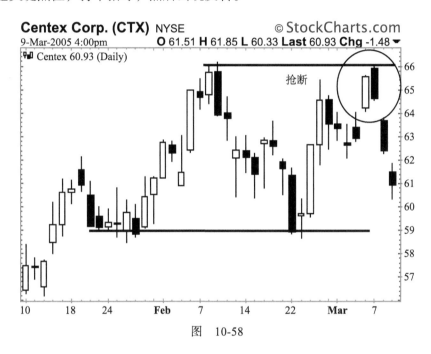

图　10-58

表 10-5 "失误"形态

| R+ | 十字星 + | R+ | 孕线 + | R+ | 竖状三明治 + |
|---|---|---|---|---|---|
| R– | 十字星 – | R– | 孕线 – | R– | 竖状三明治 – |
| R– | 一只黑乌鸦 – | R+ | 三内升 + | R+ | 藏婴吞没 + |
| R+ | 白色一兵 + | R– | 三内降 – | R+ | 奇特三川 + |
| R– | 俯冲之鹰 – | R+ | 相同高价 – | R– | 奇特三山 – |
| R+ | 传信鸽 + | R– | 相同低价 + | R– | 北方三星 – |
| R+ | 深思 + | R+ | 梯形底部 + | R+ | 南方三星 + |
| R– | 深思 – | R– | 梯形顶部 – | | |

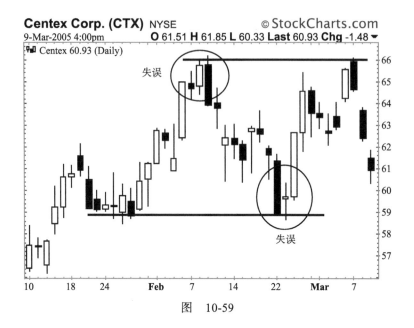

图 10-59

**回场**

回场是指退回到某一界线后再跳回来。这一比喻并不恰当，但这一分组中会出现跨越关键点的缺口，然后又返回来。这是一种"令人吃惊"或"开玩笑"式的变化。有些持续形态也属于这一分组，但大多数都是在突破后重新反转的形态。

**第四组和第五组形态中经常出现跳空缺口**

跨越某一关键点位然后又反转回来的形态也会拥有长影线（如流星线形态和锤子线形态）。在一天之内，它们可能会越过支撑线或阻力线，然后再返回来。它们发出的信号仿佛是在说"哇！我想我们不该去那里"（见表 10-6 和图 10-60）。有些形态既属于失误形态，也属于回场形态。

表 10-6　"回场"形态

| R+ | 三星 + | R− | 跳空两只乌鸦 − | R− | 跳空两只乌鸦 − |
|---|---|---|---|---|---|
| R− | 三星 − | R+ | 跳空两只兔子 + | R+ | 跳空两只兔子 + |

（续）

| | | | | | | |
|---|---|---|---|---|---|---|
| R− | 两只乌鸦 − | R− | 乌云盖顶 − | R+ | 吞没 + |
| R+ | 两只兔子 + | R+ | 刺透线 + | R− | 吞没 − |
| R− | 黄昏星 − | R+ | 十字星 + | C+ | 脱离 + |
| R+ | 启明星 + | R− | 十字星 − | C− | 脱离 − |
| R+ | 约会线 + | R+ | 三外升 + | | |
| R− | 约会线 − | R− | 三外降 − | | |

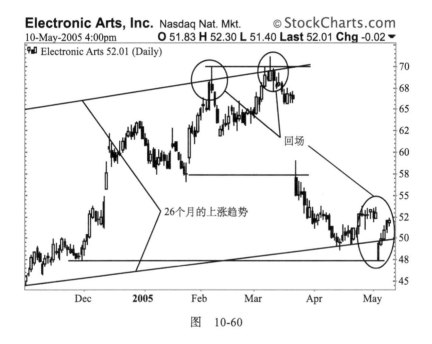

图　10-60

### 头部假动作

好的投手能够先装出要停下来的样子，然后再加速绕过"上当的"对手。这个分组是由一些持续形态构成的，它们首先突破重要的支撑或阻力，随后出现反转。这时交易者常常会被假动作欺骗，在反转出现时提早出场（事实上也应该这样做），然后沮丧地看着市场朝突破的方向运行。市场的确按预期（向突破方向）运行而交易者已经提早下车，这使得交易者感到懊恼（见图10-61）。

知道这种情况可能出现以及了解市场会怎样运行可以使交易者能够继续持有正确的仓位，不被市场的假动作欺骗。

图　10-61

　　头部假动作很有代表性，优秀的交易者知道突破后的反转可能持续，也可能不会持续，他们会在心里进行权衡。如果趋势继续运行，那么他们就进行了正确的交易；如果再次出现反转，他们就可以快速识别并立刻出场，而不是感到受到伤害。许多交易者都感到受到"戏耍"，从而过早出场，而他们本应继续持有他们的仓位。

　　充分理解这个分组十分重要，因为它们都是多日形态，发出的信号常常较为复杂。学习这些形态有助于交易者更好地掌控在持续形态后出现反转时的交易。这些形态看起来像大写字母"Ｎ"，因为它们先是突破支撑线或阻力线，然后出现短暂的回调，就像"回场"一样，随后又按原来的方向前进。

　　这一分组也包括那些大到足以维持趋势运行的跳空缺口（见表10-7）。

表 10-7　"头部假动作"形态

| | | | |
|---|---|---|---|
| C− | 向下跳空并列阴阳线 − | C+ | 分手线 + |
| C+ | 向上跳空并列阴阳线 + | C− | 分手线 − |
| C+ | 执带线 + | C+ | 三线直击 + |
| C− | 执带线 − | C− | 三线直击 − |
| C− | 下降三法 − | C− | 跳空三法 + |
| C+ | 上升三法 + | C+ | 跳空三法 − |

### 快攻

最后一个分组是快攻，这些蜡烛图会一鼓作气直接越过支撑位或阻力位（见图 10-62）。

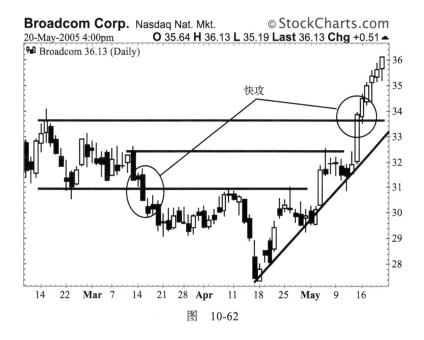

图　10-62

这个分组中包含的形态较少，因为穿越关键点位的强烈看涨或看跌蜡烛图（如大阳线或大阴线）太明显了，以至于不必给它起名字，不被回补的缺口也十分少见且引人注目。只有经过一段停顿然后继续运行的跳空缺口才有名字（见表 10-8）。

表 10-8 "快攻"形态

| C+ | 并列阴线 + | 重大突破日 | C+ | 并列阳线 + | 支撑或阻力 |
|---|---|---|---|---|---|
| C− | 并列阴线 − | 未回补的缺口 | C− | 并列阳线 − | 一组蜡烛图 |

这一组形态并没有特定的名称（一日形态和五日形态）。在实际交易中，交易者必须清楚地知道支撑位和阻力位的位置。在市场确定方向之前，通常在某个位置（支撑位和阻力位）附近出现激烈的争夺，这个过程的持续时间可能很长，也可能在一瞬间就分出了胜负。分组一与分组五是例外，它们可能代表着放弃。对分组一来说，对手实在"太可怕了"，因此他们只能放弃并后退。对于分组五来说，对手放弃争夺而只是进行微弱的抵抗，或者根本就不进行抵抗。但大多数时候（分组二、分组三、分组四），要想在关键点位处达成一致，双方需要进行一番争夺。

## 扩大的家族

扩大的家族包括许多表亲，如堂兄弟、姑母、男性孙子辈成员等，蜡烛图也可以借鉴这一类比。由于时间和篇幅的限制，我们不能讲述每一种家族成员的关系，但读者可能希望利用下面的形式来分析额外的家族关系。

我们在此列举的例子假定处于支撑位，并在经过改良的家族树中讨论尽可能多的蜡烛图。我们假定市场处于下降趋势之中，并且已经到达了这一支撑位。尽管我们使用的家族树不可能像人类学家使用的生物分类图那样精确，但它为读者提供了一个很好的概述，读者可以任意在上面添加额外的亲属关系（见图 10-63）。我们的布局采用横向按从左至右的顺序排列。第一个形态是孕线 R+（看涨反转孕线形态），最后一个是三外升 R+。这与前面讨论的分为五组的方法有些相似，但此处的相关形态包括反转形态和持续形态。位于中线上的每一种形态都与其左边的形态略有些差别。相关形态（如果有的话）会以向上或向下的分支形式绘出，并标记 R+（看涨反转）或 C−（看跌持续）。由于空间的限制，我们无法列出一些额外的数据（如准确率）。各个形态的相关数据请参阅本书在进行单个形态分析时提供的数据以及相关概要图。

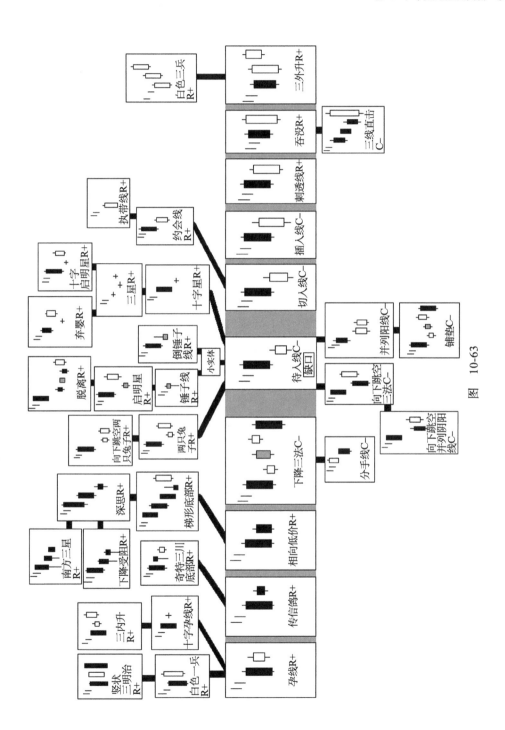

图 10-63

这张图的价值在于它以可视的方式展示了相关形态。最初看起来会有点儿乱，但这也正是它的优势。绝大多数人可以从这张图中受益良多，而且常常需要反复学习才能从一张优秀的图形中发现宝藏。在花一些时间熟悉了这些形态的名称和形状后，家族关系就变得有意义了。我们熟悉后的每一个部分或小组都变成了一块积木。在许多情况下，这些差别都很小，而有时候正是微小的差别决定了一种形态是反转形态还是持续形态。

很多单根蜡烛图形态并没有被收录，但它们的相关形态却很容易在图形中找到。例如，长腿十字星是锤子线形态和倒锤子线形态的变化，它是一种波动性更大，更能显示市场犹豫不决的形态。

### "堂兄弟"

让我们继续寻找形态之间的相互关系、特性和相似性，这有助于我们更容易地记住这些形态。在前面讨论孕线形态和吞没形态及其各自的确认时，我们引入了"堂兄弟"的概念，原因之一就是它们是交易者最常见的形态，在此我们对这一概念进行一些扩展。这是为了鼓励读者继续寻找并识别家族形态中的相互关系。换句话说，这只是开始，而不是结束。

### 跳空缺口

要记住，并非所有的跳空缺口都是一样的。真正的缺口在交易日结束后会留下一个间隙，而且当日与前一日的实体和影线不会出现重叠。实体缺口是指两日的蜡烛图之间实体没有重叠，只有影线会重叠。开盘缺口在当日会被回补，这意味着收盘时实体会有所重叠（见图10-64），当然，并不是所有的缺口形态都出现在关键点位，但很多缺口会出现在关键位置，而且通常是较复杂形态的一部分。

实盘时我们会看到，超过90%的缺口会在出现的当天被回补，因此真正的缺口十分少见。价格出现缺口这一事实在开盘时传递出一个重大信息，但它如何表现（保持缺口开放、影线重叠或者回补缺口）将告诉我们这一缺口的真正价值。真正的缺口是一种持续信号，如果它们跨过支撑线或阻力线，就表明持续的可能性极大。而实体缺口和开盘缺口不像真正的缺口那样强有力，而且常常是反转形态的一部分（见图 10-65）。蜡烛图缺口不是被回补就是保持开放（未回补）。真正的、未被回补的缺口几乎都是持续形态，而回补后的缺口通常是反转形态。

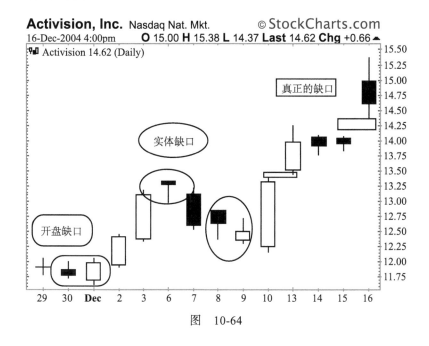

图 10-64

## 镊子形态

镊子的两只脚会在同一点处相遇（见图 10-66），有一些蜡烛图形态包含着镊子形状。镊子更多的是一个概念，而不是一系列形态。一般来说，人们对某一点位的关注越多，这一点位就越重要，这是一个常识。

### 交易提示

镊子形态通常是反转形态的一部分，但有一点还需注意：许多股票的开盘价通常与其上一个交易日的收盘价相同。解读镊子形态需要将它们放在实际的环境中，正如过于频繁地出现的缺口意义不大一样，经常出现的镊子形态也没有多大意义。

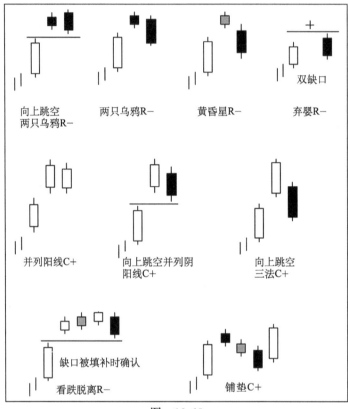

图　10-65

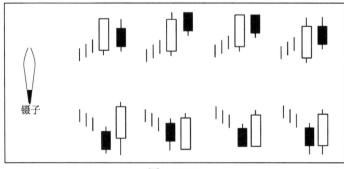

图　10-66

以下几种形态在其构造中包含着镊子形态（见图 10-67）。

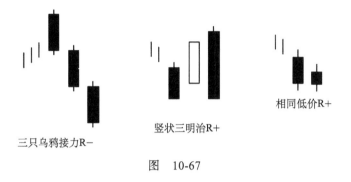

三只乌鸦接力R−

竖状三明治R+

相同低价R+

图 10-67

### 外包日线和内包日线家族

外包日线和内包日线是不同的反转信号，它们可以简化成不同的形式，传递出不同的信息，从强烈的反转信号到犹豫不决的信号，当得到确认后，它们都会传递出相同的信息。但是，在外包日线和内包日线之间存在着一些过渡形态（见图 10-68）。同样，由于篇幅有限，我们只列出了一些看涨反转形态。它们的相反形态会发出相反的信息。

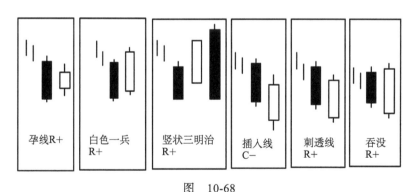

孕线R+　白色一兵 R+　竖状三明治 R+　插入线 C−　刺透线 R+　吞没 R+

图 10-68

孕线形态通过形成一根较小的内包日线来表示出犹豫不决。第一天形成长实体，表达出明确的含义，第二天表现出犹豫不决，可以演化出三内升形态或下降三法形态。白色一兵是孕线形态的众多变化之一（见图 10-69）。

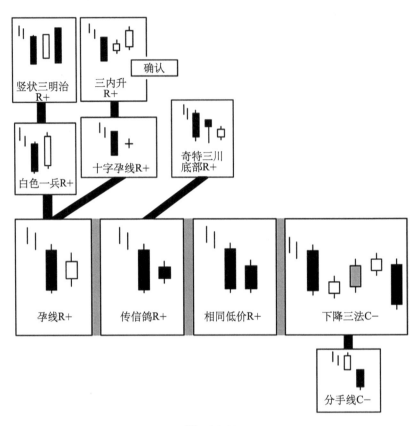

图 10-69

三外升法是看涨吞没形态的确认，其预测准确性较之也略有提高，但其简化并没有太多看涨倾向。形态最后两根蜡烛图可以简化为一根很长的看涨蜡烛图，但其效果仍然是犹豫不决的。第三根阳线与前面的蜡烛图构成了白色三兵形态，这可以简化为一根实体很长的阳线，准确率大幅提高。三线直击形态四天的蜡烛图简化后与吞没形态发出的信号相同。这一吞没发生在一个交易日内。这是一种反常的表现，吞没日之后，随之而来的很可能是看跌持续形态而不是看涨反转形态（见图 10-70）。

最后，我们列出几种复杂的形态（三日形态至五日形态）以及它们的准确率。反转形态的数量占绝大多数。有意思的是，这些形态都会简化为锤子线的某些变形（见图 10-71）。

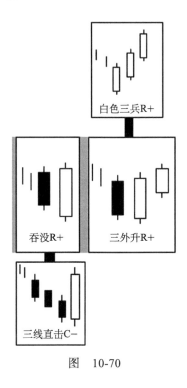

图　10-70

**交易提示**

三线直击形态提醒交易者不要过度相信一天的强劲反转，但如果价格处于支撑位，那么交易者这时应该将持有的空单出场，甚至可以在反弹时入场做多。了解这种形态的人会继续观察它是否会回调测试支撑线，随后在再次上升时做多，或在测试失败后做空。

**小结：家族关系**

蜡烛图扩展了交易者在理解市场特性和形态识别方面的视角。但是，正如我们最初提到的，从知道几个名字、寻找"好的形态"到理解并有效利用蜡烛图之间，还有很长的距离。新晋的黑带高手发现，经过艰苦的努力，他们已经具备了较高的水平。实际上，他们的老师会在此时告诉他们，他们的旅程刚刚开始。他们的努力为他们真正开始学习"武术"打下了基础。

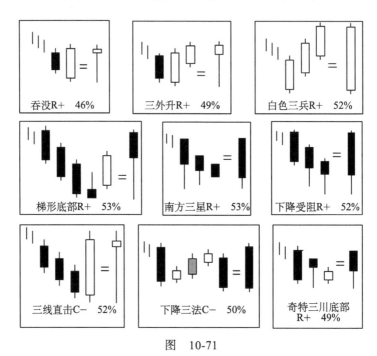

图　10-71

# 第 11 章

# 结　　语

　　成功地分析股票和期货市场并不是一件容易的事情，大多数交易者或投资者的准备工作并不充分，甚至还没有他们参与棋牌游戏时考虑得周详。首先他们必须研究和理解市场的规律，随后还要学习不同种类的分析方法，诸如基本面分析和技术分析。准确地说，技术分析为交易者提供了一系列研读市场的技巧，日本蜡烛图分析就是其中之一。

　　纵观本书，我们可以发现，本书始终强调蜡烛图分析应该和其他分析方法一起配合使用。同时，我想提醒大家，事物总是有正反两面，使用过多的技术分析方法只会给交易者或投资者带来混淆，从而给交易造成阻碍。这让我想起了一句格言，一个人带着一只表就知道时间，但一个人带着两只表则无法确定时间。

　　让我说得更清楚、准确一些，蜡烛图形态分析应该与其他形态确认方法结合起来应用。这些形态确认方法包括在第 9 章中探讨的过滤技术和赖安·里奇菲尔德在第 10 章中讲述的支撑和阻力区域。

　　事实证明，利用蜡烛图形态分析可以帮助交易者更好地选择技术指标，并提高使用技术指标分析的成功率。通过此前的学习，我们也发现经过技术指标过滤验证后的蜡烛图形态的成功率远高于单独使用的技术指标或单独使用蜡烛图形态的成功率。将技术指标与分析技巧结合起来综合使用，并不是什么新鲜的方法，实际上，许多成功的交易者或投资者都采取了这一方法。古老的日本蜡烛图无疑是交易者市场分析武器库中的一件利器。

超过 700 万个交易日的数据有力地支持了形态详细信息的统计分析。平均成功率为 41%～64%，其中有 5 种形态的成功率在 59% 以上。难道 58% 的平均成功率就足够好到不需要其他的确认？我并不这么认为。这就是我一直反复强调蜡烛图形态需要与其他技术分析一起使用的原因。日本的蜡烛图文献缺乏细节，不够具体，因此蜡烛图形态的定义并不清晰——详细而具体的描述较少，一般性的描述较多，有些大而化之。不要被天花乱坠的宣传所迷惑而将日本的蜡烛图奉为圭臬，应该把它视为提高其他技术方法成功率的一种辅助工具。蜡烛图技术揭示了短期价格运动的本质，因此可以提升其他技术分析的准确率。

蜡烛图技术显然以一种更为可视化的方式展示了价格运动，从而提高了我们观察价格数据的能力。喜欢使用线图的人只是害怕变化，墨守成规。这一偏好只能证明这些人故步自封而已。

我相信，随着时间的流逝，会出现新的、不同的分析技术，这些技术分析方法，一些将会流行，一些将会被淘汰。任何具有坚实基础的分析技术都经得起时间的考验。我坚信蜡烛图和蜡烛图形态分析技术一定会经久不衰，永远流传。

# 日本期货交易员 Takehiro Hikita 先生访谈录

Takehiro Hikita 先生曾经为我的蜡烛图技术研究提供了很大帮助，他的许多精辟见解使我受益匪浅。应该说，迄今为止，我还没有遇到比 Hikita 先生更全身心地投入蜡烛图技术分析的专家。许多年前，他就开始了蜡烛图技术的研究，即使是在没有计算机辅助系统的时候，Hikita 先生依然坚持手工绘制蜡烛图进行市场技术分析。

在 1992 年 1 月的那次日本之行中，我深入学习了蜡烛图技术，并且有幸与 Hikita 先生进行了交流。直至今日，我依然保存着我们之间的交谈记录。下面我就从中选取一些有趣的问题以飨读者。

在介绍 Hikita 先生访谈录之前，我首先要向读者声明一个事实。为了便于大家理解笔者和 Hikita 先生的问答，我在没有改变原意的基础上对先生的回答做过一些细微的修改。事实上，我和 Hikita 先生的访谈是用英语进行的，用英语进行交流的目的是使对话双方的态度更加诚恳，问答更加直接、准确，绝没有卖弄的成分。我个人觉得这种访谈的方式非常新颖，也非常有效，我相信读者慢慢也会体会到这一点的。

**1. 您怎么会对投资和证券交易产生兴趣? 您又是从什么时候开始的?**

大概是在我 31 岁的时候,也就是 25 年前,我开始对这一行产生兴趣。但是这 25 年间,我曾经有两年离开了市场,那是因为我在市场中损失了大量资金,我对市场感到厌倦和恐惧,所以中断过一段时间。

**2. 您是在什么时候意识到技术分析要优于基本面分析的?**

那应该是在我重新回到市场的时候,那时我大约是 41 岁,因为某些原因我离开了此前工作的公司。从蜡烛图形态分析开始,我学习和研究过很多种常见的技术分析方法,可以说,只要能够在文献和著作中查到的技术方法,我都有所了解,并且把它们运用到实际的市场交易中去。从我再次开始进行市场交易时起,我就已经抛弃了简单的猜想和基本面分析,而转向依靠技术分析来指导我的市场操作和投资决策。很幸运,到目前为止,我交易的收益还不错。

说得更远些,我最早开始进行期货交易的时候,订阅和购买过许多如《商品期货交易系统和方法》(考夫曼和韦尔德主编)等一系列专业性杂志或书籍。我刚开始是用得州仪器公司生产的可编程计算器来计算韦尔德提出的技术指标,后来计算器换成了卡西欧的,技术指标也变为自创,我逐渐开始摸索适合自身特点的技术指标。再往后,到了 1977 年,我购买了带有 32K 内存的 IBM-5100 型计算机,这使我每日的分析更加容易、更加准确。

1979 年,我又在市场上发现了苹果 II 型计算机,那是一种带有制图功能的计算机。我毫不犹豫地从美国订购了一台。1980 年,我有幸加入了 CompuTrac 协会,并出席了它们在新奥尔良举行的 TAG 会议。从那一年起,我主编的杂志《股票和期货》也开始正式出版发行。

**3. 您是否在您的市场分析中一直采用蜡烛图分析方法? 如果不是,您又是从什么时候开始的?**

由于日本市场的价格信息和历史数据都是采用蜡烛(线)图标注的,所以应该说，只要你用技术分析来分析市场就会接触到蜡烛（线）图分析方法，或者说，即使是你只希望了解最基本的市场交易状况，你也会接触到蜡烛（线）图。就同美国使用的高低线图（OHLC）一样，无论你是否喜欢它，只要你想了解美国股票和期货市场，就不可避免地会使用它。

但是，同蜡烛（线）图不同，蜡烛图形态分析就是另一码事了。在开始从事期货交易的一两年后，我开始阅读有关蜡烛图形态的书籍。我第一本阅读的是 Shimuzu 先生写的介绍蜡烛图形态的书，就是被史蒂夫·尼森先生翻译成英文并介绍到西方的《日本蜡烛图技术》的原著。

### 4. 现在，日本对蜡烛图的使用是否像美国对线图的使用一样广泛？

这个问题其实在前面我已经回答过了。在日本，除了蜡烛（线）图，没有其他的市场价格信息提供方式。这种情况同美国比较类似，在美国只用线图这种信息提供方式。当然，如果你是指蜡烛形态识别和辨认在图形分析中的比重，那应该另当别论。

### 5. 蜡烛图是不是西方人给这种方法起的名字？在日本，蜡烛图和蜡烛图分析被称为什么？

实际上，在日本，所有的价格趋势变动和市场交易状况都是以蜡烛图的形式表示的。所以，在日本，专业的交易员和普通投资者都了解蜡烛图这种技术分析方法。但是，只有利用蜡烛图技术指导交易的人士才真正掌握它的精髓。同西方经常使用的点线图类似，我们在使用蜡烛图时，也有很多的专业术语。例如，我们通常把日蜡烛图称为"Hi Ashi"，周蜡烛图称为"Shu Ashi"，月蜡烛图称为"Tsuki Ashi"。在日语中，"蜡烛"一词的读音是"roshoku"。

下面我继续回答你的问题。"Ashi"在日语中的意思是"腿"，更准确地说是"脚、脚印"。在这里，"脚印"具有记录过去交易轨迹和市场状况的含义。我们通过观察市场的脚印就可以了解它过去的发展轨迹，并预测未来的发展趋势。"Ashi"的这种深刻含义，不仅在股票、期货市场的解释中适用，而且也具有通用性。其实，我本人觉得蜡烛图轨迹可能更适合这种技术分析方法。但是蜡烛（线）图这个名词已经在日本使用了多年，大家都觉得听起来顺耳、说起来顺口了。

## 6. 您是进行股票交易，还是期货交易，还是对两者都有涉猎？

是的，我不仅从事股票交易，也从事期货交易。我的交易重点主要放在期货上。对于股票，我通常会长期持有，基本上买入后就不再卖出，我购买股票的目的不在盈利，而是为了对冲通货膨胀造成的风险。相反，我进行的期货交易大多是短线的，目的就是追求短期盈利。

另外还有一个原因促使我乐于从事期货交易，那就是我善于在期货市场中找到市场的轴心点位，即好的放空点位。我喜欢做空，我精通此道。同做空相比，我在做多时经常会出现判断失误。此外，期货市场的一个特性就是，在上升时比较缓慢，在下跌时比较迅猛。因此，获得相同的盈利，做空时所需要的时间往往只有做多时的1/3，出于时间成本的考虑，我偏好做空。

## 7. 您认为蜡烛图分析技术更适合于股票交易、期货交易，还是两者都适用？

首先，请允许我纠正你的提问。蜡烛（线）图和蜡烛图形态应该被严格区分开。蜡烛（线）图只是反映市场价格变化的一种图形，而蜡烛图形态却是以酒田战法为基础的利用蜡烛线组合对市场走势进行分析的一种技术。实际上，关于蜡烛图形态，我们既可以把它们运用到每日蜡烛图（日图）分析上，也可以用于每周蜡烛图（周图）分析。在期货市场，我们一般使用日线作为交易的主周期，因为期货市场的趋势变化更迅速，同股票相比，期货的价格运动周期更短。

**8. 您在市场交易中，最喜欢使用哪些蜡烛图形态，能否给大家列出10 种您最拿手的形态？**

你的问题太随意了，其实这个问题很难回答，每种不同的市场状况都有自己的特性。首先，你应该清楚，蜡烛图形态分析来源于交易者经验的总结，是市场趋势和交易者心理的混合物。蜡烛图分析方法本身就不具有科学逻辑。

如果从统计学的角度来看，一个百分之百完美的蜡烛图形态 1 年最多出现一次，有时 3 年才会遇到一个完美的蜡烛图形态，这种交易机会我们很难遇到，当然更难把握。这一切都是在大量统计分析与数据处理的基础上得到的结论。另外，我要声明的一点就是，即便过去某个蜡烛图形态有百分之百的预测成功率，也不能绝对保证未来预测的准确性。套用一句统计学的行话就是，统计样本的数量是一个重要的统计要素，但不同样本间（过去和现在）的统计结果没有可比性。

我很希望看到一些由你利用分析软件做出的蜡烛图形态的研究报告，或者其他人的一些类似的研究报告。然而，你会发现，即使你们采用同样的数据，这些报告绝不可能完全相同。原因在于，每种软件对数据、公式的定义都不一样。这种在参数和定义上的细微差别，最终可能会导致同样的蜡烛图形态会有不同的过滤结果。所以，你们应该在每一种研究报告上都注明数据处理采用的软件名称和各种使用的参数。蜡烛图形态能否通过过滤检验是由软件系统参数决定的。

总的来说，蜡烛图形态的使用是和它所分析的市场紧密联系在一起的。市场价格的变化、新的高点或是新的低点的出现次数才是问题的关键。蜡烛图形态不是问题的根本，请你记住，蜡烛图形态只是众多技术分析方法中的一种。

**9. 您认为哪些蜡烛图形态的市场预测功能最差？能否给我们列个清单？**

我的回答跟前一个问题的答案一致。形态的好坏取决于分析的对象——

市场、价格等诸多因素。

## 10. 在进行交易时，您是把蜡烛图形态分析作为唯一的判别工具，还是同其他技术指标搭配使用？

我当然是把蜡烛图形态分析与其他技术指标搭配使用了。你也知道，事实上根本就不存在尽善尽美、完美无缺的技术分析方法，蜡烛图分析也不例外。但是应该承认，对于期货交易来说，日线的蜡烛图形态分析是目前市场分析的利器之一，但是确实不存在万能的技术分析方法。

一般来说，我比较在意开盘时的成交量，它是当天市场走势的开始，也体现了前一天投资者深思熟虑的结果。我比较喜欢在开盘时就进行交易，当然这也是一种比较冒险的行为，但是交易有时的确需要勇气。每次只下一手，不可能让你致富。如果你想赚钱，就必须密切关注盘面的变化，并及时应对。这也是我不喜欢自动交易系统的原因。这些软件剥夺了我对市场的判断，它使整个交易过程看起来像是在进行一场电子游戏。任何想赚钱的人都应该记住：天上不会掉馅饼，如果你想盈利，你必须下功夫进行市场分析。

作者注：Hikita 先生提到，在蜡烛图形态支持的情况下，即出现了非常好的交易信号时，他会适当加大交易的头寸。同时，他不仅利用蜡烛图形态作为入场的依据，还使用（与前一蜡烛图形态）相反的蜡烛图形态作为出场指导，甚至有时在出现了相反的蜡烛图形态时会据此快速改变头寸的方向（即期货术语中的快捷反手）。

## 11. 您认为哪种技术分析指标最适合同蜡烛图形态一起搭配使用？

我再强调一遍，这同我分析的市场状况和价格趋势有关，而不是哪种形态一定搭配某种指标。但是，我个人觉得 %D 随机指标的通用性较好。如果你能够正确找出市场的运动周期并据此设定 %D 的参数值，同时正确地界定随机摆动指标的上下临界值，相信你一定会取得满意的结果。

## 12. 蜡烛图分析现在在美国为越来越多的人所接受，您认为这只是一种短期现象，还是会一直保持下去？

我个人认为这种情况不会是一种短期现象，它会在美国不断受到追捧。因为同美国传统的线图相比，蜡烛图的优点非常明显。你会发现通过蜡烛图，你可以更为直观地感受到每日的价格变化，同时蜡烛图所包含的信息也更为丰富。你只需瞄上一眼，就可以了解整个交易日内所有的价格变化。同江恩的分析方法类似，蜡烛图分析的另外一个优点就在于，它体现了市场参与者的心理变化情况。

## 13. 您认为应该对现在正热衷于蜡烛图分析的读者提些什么忠告？

想真正掌握蜡烛图形态分析，交易者不应该死记硬背各种持续形态或反转形态，而是要去理解蜡烛图形态背后的交易思想。蜡烛图代表了同时反映着市场中交易者的整体心理变化，理解了这一点，才能在实际应用时游刃有余。当然，蜡烛图分析也不是一种完美的方法，因此你们也就不应该把它作为指导交易的唯一工具。正确的做法是，把蜡烛图形态与其他技术分析指标结合起来一同使用。蜡烛图形态分析是一种基于历史数据总结出的交易分析方法，其有效性经过了时间的检验。除了技术分析之外，交易的成功还有另一个要素，那就是正确的交易心理。

如果蜡烛图形态给出了交易信号，你就应该相信它，遵循它的指示，进行交易。你应该参与到市场交易中，这样你才能了解交易双方的心理活动，才能把握这种技术分析方法的精髓。同时一定要坚持观察每个交易信号，以保证你不会错失机会。

一旦你建立了自己的交易策略，就应该持之以恒，除非出现大的变化，你都应该按照交易策略进行交易。只要你坚信利用蜡烛图形态所进行的市场趋势判断是正确的，你就应该进行交易。不要被偶然的挫折和失败吓倒，如果自己的判断与市场不符，不要怨天尤人，不要埋怨市场出现了错误；相反，你应该检查一下是不是自己的交易策略出了问题。记住，永远不要和市场对着干。

### 最后的注释

阅读了对 Hikita 先生的访谈录后，大家会发现，Hikita 先生非常注意蜡烛图和蜡烛图形态分析方法的区分。另外，他还提示我们，正确使用蜡烛图分析的关键不在于牢记各种形态，而是理解各种形态所反映的交易者（包括未入场的交易者）的心理变化。推动市场价格波动的不是供需关系，或其他一些神秘的因素，而正是交易者的心理变化（预期）。

Hikita 先生还指出，他的所有交易分析都离不开对市场趋势的判断。虽然这个观点对于技术分析派来说没有什么新意可言，但是很多交易者都是在市场中交足了学费之后才真正认识到这一点的。

# 由蜡烛图衍生出的图形分析方法

日本蜡烛图已经衍生出了大量的变化图表和多种图形分析方法。作为一种利用市场数据描述市场变化的图形分析方法，蜡烛图的魅力就在于它可以为市场分析人士理解市场提供一种直观的、可视化的方法。由于它的直观性和可视性，投资者可以在短时间内整合和理解市场信息。通过在蜡烛图中加入成交量这一要素，我们可以把普通的蜡烛图改造为蜡烛能量图（CandlePower Charting）。CandlePower 是 N-Squared Computing 公司（现在的名字为 North Systems 公司）的标志性作品之一，该公司是这一概念的发明者。

## 蜡烛能量图的绘制

蜡烛能量图是另外一种非常实用的、可视化的图形分析技术，它是日本蜡烛图分析和成交量分析的结合体。在使用这一制图方法时，大多数软件都用 CandleVolume 这一专业术语来代替 CandlePower。

传统的图形分析（无论是西方的高低线图，还是东方传统的蜡烛图）都是以时间作为图形的横坐标，以价格作为图形的纵坐标（参见第 1 章的介绍）。在价格图底部以柱状图的形式表示市场的成交量。通常每笔市场交易包含两个重要的信息：一个是成交价格，另一个是成交数量。我们通常会留心价格的变动，却忽视成交量的变化。实际上，成交量也是一个非常有力的市场分析工具。理查德·阿姆斯曾经说过，价格可以告诉我们市场上发生了什么，而成交量则告诉我们是如何发生的。约瑟夫·格兰维尔（Joseph Granville）曾经用毕生精力来研究成交量所包含的市场信息，并写下许多关于成交量分析的文献。

有人认为，在大部分时间里，成交量的变化要领先于价格变化。虽然这仍然是一个非常有争议的观点，但是有一点毋庸置疑，我们在进行市场判断时，同时关注价格和成交量的变化，可以提高市场决策的准确性。简单地说，价升量涨是典型的看涨信号，价跌量缩是典型的看跌信号。

如图 B-1 所示，绘制蜡烛能量图的方法与绘制传统的日本蜡烛图的方法十分相似，实体仍然是由最高价和最低价间的价差决定的，实体的颜色以及上下影线的确定也和蜡烛图一样，不同之处在于，实体的宽度代表了成交量的变化。对于成交量大的交易日来说，当日蜡烛图的实体要比成交量小的蜡烛图实体宽。采用这种方法绘制的蜡烛图可以使我们在图形上一眼就能找到成交量较大的交易日。

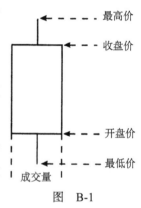

图 B-1

我们知道，在许多蜡烛图形态的识别和判断中，都需要涉及成交量这个市场要素。例如，在看涨吞没形态中，我们就要求第二天不仅是阳线，而且成交量要较前一交易日有所放大。又如，在启明星形态中，如果最后一个交易日的成交量较前几日有明显放大的话，市场反转就更有可能实现。

图 B-2 是 Avon Products 公司（AVP）的蜡烛能量图。大家可以看到，上升的蜡烛图通常实体部分很粗，这说明它是带量上涨，成交量随着股票价格的上升而逐渐放大。在上涨趋势的顶部，大家可以发现，随着上涨趋势的减缓，蜡烛线的宽度也在逐渐缩小。

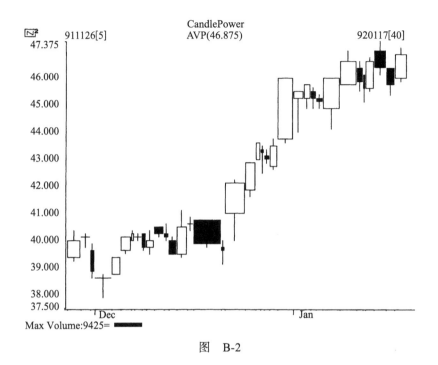

图　B-2

　　图 B-3 是贝尔南方公司的蜡烛能量图。在图中出现了一根非常巨大的阴线，这一天的成交量也骤然放大。这说明在经过一段上升后，多方的能量逐渐被消耗，投资者不再看好该股。这时，股价跳空高开，获利盘蜂拥而出，大家开始逢高离场，市场全天都在开盘价之下运动。随后几日多方虽然组织了顽强的抵抗，但是终究不能扭转市场的颓势，一个向下的跳空缺口终结了多方的抵抗，市场开始进入漫漫熊市。

　　图 B-4 是花旗集团（CCI）的蜡烛能量图。我们可以看到市场的转势点伴随着巨大的成交量。市场在触及底部时出现了巨大的成交量，随后开始小幅上升。一根宽大的阳线终结了这个短暂的上升趋势，市场开始进入横盘调整。一段时间以后，一根大阳线的出现使市场开始了新一轮上扬，这次上扬还出现了两个向上的跳空缺口，这说明多方做多的信心坚决。但是在市场顶部，出现了两根阴线，这两根阴线的实体相对前面两根跳空的阳线来说，实体部分都比较宽大，这说明市场在顶部出现了犹豫不决的情况，这两根大成交量的黑色纺锤线说明市场的多空分歧严重，在这个价格上，有人选择获利回吐，有人选择激进放空，相对放大的成交量和相对较小的价格变动区间是这一点的最好说明。

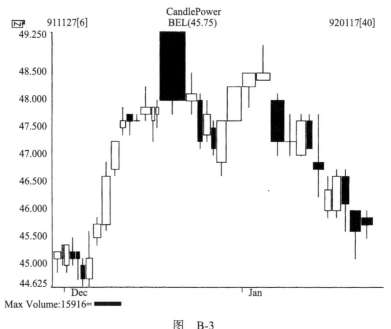

图 B-3

图 B-5 是 Litton 公司（LIT）的蜡烛能量图。我们发现，12 月底，股票价格多次出现成交量放大的交易日。实际上，如果我们仔细观察这一段时期的蜡烛图就会发现，在底部出现了白色小纺锤线形态和看涨启明星形态等多种证明市场将出现反转的信号。这里利用蜡烛能量图是为了从成交量上再次验证市场底部在逐渐夯实，并开始走出反转的趋势。

图 B-6 是蜡烛能量图的最后一个图例。我们可以清楚地看到市场在底部转势时伴随着巨大的成交量。希望读者在研究蜡烛图形态时，也不要忽视成交量的市场作用，深刻体会图形表达的市场含义。

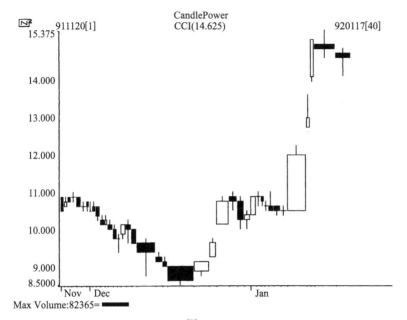

图 B-4

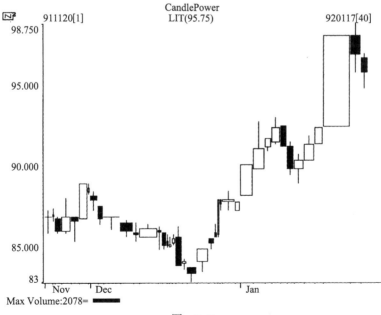

图  B-5

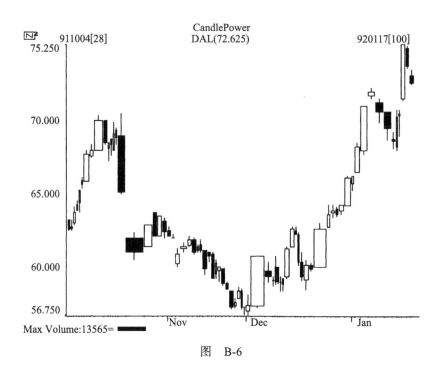

图　B-6

## 缩合蜡烛能量图

除了蜡烛能量图以外，还有一个和它很类似的蜡烛图表示方法：缩合蜡烛能量图（Condensed CandlePower charting)。在这种图中，时间在横坐标上水平分布，蜡烛线实体宽度所代表的成交量依然可以精确地在图上表示。由于交易日之间的时间跨度是固定的，所以在固定的水平区域（时间区域）内绘制蜡烛能量图就会出现蜡烛图的重叠。这种绘图方法可以为交易者提供更多的市场信息，而且使大成交量的交易日更加明显，但是它会影响蜡烛图形态的识别。

通过缩合蜡烛能量图，交易者可以直观地观察该股票历史上的密集成交区域。当然，在这种图表上绘制的趋势线也能反映成交量这一要素。

图 B-7 是一张缩合蜡烛能量图，它与图 B-6 反映的是同一只股票的走势，但是交易日之间的水平间隔（横坐标）是固定的。读者可以很轻易地分辨出两张蜡烛图的不同之处。

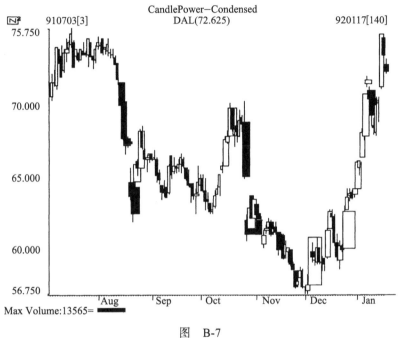

图　B-7

# 参 考 文 献

*Analysis of Stock Price in Japan.* Tokyo: Nippon Technical Analysis Association, 1988.

Hikita, Takehiro. *Shin Shuu-Ashi Tohshi Hoh—Tohkel to Kakuritus de Toraeru* (New weekely chart method—based on statistics and probability). IOM Research Publications, 1977.

Hikita, Takehiro. *Daizu no Sekai—Yunyu Daizu no Semekata Moh-hekata* (The world of Soybeans—attacking methods on imported soybeans and how to profit from it). IOM research Publications, 1978.

Kaburagi, Shigeru. *Sakimono Keisen—Sohba Okuno Hosomichi* (Futures charts—explained in a detailed way to be an expert in trading). Tohshi Nipoh Sha, 1991.

Kisamori, Kichitaro. *Kabushiki Keisen no Mikata Tsukaikata—Tohshika no Tameno Senryakuzu* (How to read and apply charts on stocks—Strategies for the investor). Toyo Keizai Shinpoh Sha, 1978.

Lane, George C. *Using Stochastics, Cycles, and RSI.* Des Plaines, IL, 1986.

North Systems. *CandlePower 6 Pro Software.* Salem, OR, 2005.

Nison, Steve. *Japanese Candlesticks Charting Techniques.* New York: New York Institute of Finance, 1991.

*Obunsha's Essential Japanese—English Dictionary.* Japan, 1990.

Ohyama, Kenji. *Inn-Yoh Rohsoku-Ashi no Mikata—Jissenfu ni Yoru* (How to read black and white/negative and positive candlefoot—In view of the actual record). Japan Chart Co., Ltd., 1986.

*Sakata Goho wa Fuurin Kazan—Sohba Keisen no Gokui* (The Sakata Rules are wind, forest, fire, and mountain): 2nd updated 3rd ed. Nihon Shohken Shimbun Sha, 1991.

Author's note: The above reference was an excellent source for many of the candle patterns. The name Fuurin Kazan may be translated as Fu—the speed like wind, Rin—that quietness like forest, Ku—that battle like fire, and Zan—that immobile positions like mountains. This idiom originated from the Chinese battle strategy the Honma was said to have read.

Shimizu, Seiki. *The Japanese Chart of Charts*. Tokyo: Tokyo Futures Trading Publishing Co., 1986.

Wilder, J. Welles, Jr. *New Concepts in Technical Trading Systems*. Greensboro, NC: Trend research, 1978.

Yasui, Taichi. *Kabushiki Keisen no Shinzui—Nichi Bei Keisen Bunseki no Subete* (A picture of the stock chart). Tokyo: Toyo Keizai Shinpoh Sha, 1981.

Yatsu, Toshikazu. *Tensai Shohbashi "Honma Shohkyu Hiden"—Kabu Hisshoh Jyutsu* (A genius trader Sohkyu Honma into his secret—To be confident of victory on stock investments). Diamon Sha, 1990.

Yoshimi, Toshihihko. *Toshihiko Yoshimi no Chato Kyoshitsu* (A classroom on charting). Japan Chart Co., Ltd., 1991.

# 推荐阅读

| 序号 | 中文书名 | 定价 |
|---|---|---|
| 1 | 股市趋势技术分析（原书第11版） | 198 |
| 2 | 沃伦·巴菲特：终极金钱心智 | 79 |
| 3 | 超越巴菲特的伯克希尔：股神企业帝国的过去与未来 | 119 |
| 4 | 不为人知的金融怪杰 | 108 |
| 5 | 比尔·米勒投资之道 | 80 |
| 6 | 巴菲特的嘉年华：伯克希尔股东大会的故事 | 79 |
| 7 | 巴菲特之道（原书第3版）（典藏版） | 79 |
| 8 | 短线交易秘诀（典藏版） | 80 |
| 9 | 巴菲特的伯克希尔崛起：从1亿到10亿美金的历程 | 79 |
| 10 | 巴菲特的投资组合（典藏版） | 59 |
| 11 | 短线狙击手：高胜率短线交易秘诀 | 79 |
| 12 | 格雷厄姆成长股投资策略 | 69 |
| 13 | 行为投资原则 | 69 |
| 14 | 趋势跟踪（原书第5版） | 159 |
| 15 | 格雷厄姆精选集：演说、文章及纽约金融学院讲义实录 | 69 |
| 16 | 与天为敌：一部人类风险探索史（典藏版） | 89 |
| 17 | 漫步华尔街（原书第13版） | 99 |
| 18 | 大钱细思：优秀投资者如何思考和决断 | 89 |
| 19 | 投资策略实战分析（原书第4版·典藏版） | 159 |
| 20 | 巴菲特的第一桶金 | 79 |
| 21 | 成长股获利之道 | 89 |
| 22 | 交易心理分析2.0：从交易训练到流程设计 | 99 |
| 23 | 金融交易圣经II：交易心智修炼 | 49 |
| 24 | 经典技术分析（原书第3版）（下） | 89 |
| 25 | 经典技术分析（原书第3版）（上） | 89 |
| 26 | 大熊市启示录：百年金融史中的超级恐慌与机会（原书第4版） | 80 |
| 27 | 敢于梦想：Tiger21创始人写给创业者的40堂必修课 | 79 |
| 28 | 行为金融与投资心理学（原书第7版） | 79 |
| 29 | 蜡烛图方法：从入门到精通（原书第2版） | 60 |
| 30 | 期货狙击手：交易赢家的21周操盘手记 | 80 |
| 31 | 投资交易心理分析 | 69 |
| 32 | 有效资产管理（典藏版） | 59 |
| 33 | 客户的游艇在哪里：华尔街奇谈（典藏版） | 39 |
| 34 | 跨市场交易策略（典藏版） | 69 |
| 35 | 对冲基金怪杰（典藏版） | 80 |
| 36 | 专业投机原理（典藏版） | 99 |
| 37 | 价值投资的秘密：小投资者战胜基金经理的长线方法 | 49 |
| 38 | 投资思想史 | 99 |
| 39 | 金融交易圣经：发现你的赚钱天才 | 69 |
| 40 | 证券混沌操作法：股票、期货及外汇交易的低风险获利指南（典藏版） | 59 |
| 41 | 通向成功的交易心理学 | 79 |

# 推 荐 阅 读

| 序号 | 中文书名 | 定价 |
|---|---|---|
| 42 | 击败庄家：21点的有利策略 | 59 |
| 43 | 查理·芒格的智慧：投资的格栅理论（原书第2版·纪念版） | 79 |
| 44 | 彼得·林奇的成功投资（典藏版） | 80 |
| 45 | 彼得·林奇教你理财（典藏版） | 79 |
| 46 | 战胜华尔街(典藏版) | 80 |
| 47 | 投资的原则 | 69 |
| 48 | 股票投资的24堂必修课（典藏版） | 45 |
| 49 | 蜡烛图精解:股票和期货交易的永恒技术（典藏版） | 88 |
| 50 | 在股市大崩溃前抛出的人：巴鲁克自传（典藏版） | 69 |
| 51 | 约翰·聂夫的成功投资（典藏版） | 69 |
| 52 | 投资者的未来（典藏版） | 80 |
| 53 | 沃伦·巴菲特如是说 | 59 |
| 54 | 笑傲股市（原书第4版.典藏版） | 99 |
| 55 | 金钱传奇：科斯托拉尼的投资哲学 | 69 |
| 56 | 证券投资课 | 59 |
| 57 | 巴菲特致股东的信：投资者和公司高管教程（原书第4版） | 128 |
| 58 | 金融怪杰：华尔街的顶级交易员（典藏版） | 80 |
| 59 | 日本蜡烛图技术新解（典藏版） | 60 |
| 60 | 市场真相：看不见的手与脱缰的马 | 69 |
| 61 | 积极型资产配置指南：经济周期分析与六阶段投资时钟 | 69 |
| 62 | 麦克米伦谈期权（原书第2版） | 120 |
| 63 | 短线大师：斯坦哈特回忆录 | 79 |
| 64 | 日本蜡烛图交易技术分析 | 129 |
| 65 | 赌神数学家：战胜拉斯维加斯和金融市场的财富公式 | 59 |
| 66 | 华尔街之舞：图解金融市场的周期与趋势 | 69 |
| 67 | 哈利·布朗的永久投资组合：无惧市场波动的不败投资法 | 69 |
| 68 | 憨夺型投资者 | 59 |
| 69 | 高胜算操盘：成功交易员完全教程 | 69 |
| 70 | 以交易为生（原书第2版） | 99 |
| 71 | 证券投资心理学 | 59 |
| 72 | 技术分析与股市盈利预测：技术分析科学之父沙巴克经典教程 | 80 |
| 73 | 机械式交易系统：原理、构建与实战 | 80 |
| 74 | 交易择时技术分析：RSI、波浪理论、斐波纳契预测及复合指标的综合运用（原书第2版） | 59 |
| 75 | 交易圣经 | 89 |
| 76 | 证券投机的艺术 | 59 |
| 77 | 择时与选股 | 45 |
| 78 | 技术分析（原书第5版） | 100 |
| 79 | 缺口技术分析：让缺口变为股票的盈利 | 59 |
| 80 | 预期投资：未来投资机会分析与估值方法 | 79 |
| 81 | 超级强势股：如何投资小盘价值成长股（重译典藏版） | 79 |
| 82 | 实证技术分析 | 75 |
| 83 | 期权投资策略（原书第5版） | 169 |
| 84 | 赢得输家的游戏：精英投资者如何击败市场（原书第6版） | 45 |
| 85 | 走进我的交易室 | 55 |
| 86 | 黄金屋：宏观对冲基金顶尖交易者的掘金之道（增订版） | 69 |
| 87 | 马丁·惠特曼的价值投资方法：回归基本面 | 49 |
| 88 | 期权入门与精通：投机获利与风险管理（原书第3版） | 89 |
| 89 | 以交易为生II：卖出的艺术（珍藏版） | 129 |
| 90 | 逆向投资策略 | 59 |
| 91 | 向格雷厄姆学思考，向巴菲特学投资 | 38 |
| 92 | 向最伟大的股票作手学习 | 36 |
| 93 | 超级金钱（珍藏版） | 79 |
| 94 | 股市心理博弈（珍藏版） | 78 |
| 95 | 通向财务自由之路（珍藏版） | 89 |

# 中国证券分析师丛书

"新财富""水晶球""金牛奖""金麒麟"获奖明星分析师为
投资者打造的证券分析实战指南。

一本书读懂建材行业投资
ISBN: 978-7-111-73803-9
价格: 88.00 元

荀玉根讲策略
ISBN: 978-7-111-69133-4
价格: 88.00 元

王剑讲银行业
ISBN: 978-7-111-68814-3
价格: 88.00 元

吴劲草讲消费行业
ISBN: 978-7-111-71184-1
价格: 88.00 元